农村电商实践

农业农村部信息中心 ◎ 编著

中国农业出版社
农村读物出版社
北　京

图书在版编目（CIP）数据

农村电商实践 / 农业农村部信息中心编著 . —北京：
中国农业出版社，2022.9
ISBN 978-7-109-29239-0

Ⅰ.①农… Ⅱ.①农… Ⅲ.①农村－电子商务－研究
－中国 Ⅳ.①F724.6

中国版本图书馆 CIP 数据核字（2022）第 047085 号

中国农业出版社出版

地址：北京市朝阳区麦子店街 18 号楼
邮编：100125
责任编辑：刘昊阳
版式设计：杨　婧　责任校对：刘丽香
印刷：中农印务有限公司
版次：2022 年 9 月第 1 版
印次：2022 年 9 月北京第 1 次印刷
发行：新华书店北京发行所
开本：787mm×1092mm　1/16
印张：18.25
字数：500 千字
定价：69.80 元

编写委员会

主　　任：王小兵

副 主 任：蔡　萍　张　国

委　　员：王曼维　刘　洋　林海鹏　陈　莎

吴艳冬　刘恬园　任瑜珏　邢燕君

张莫凡　高兴明　韩国福　钟　锋

贾国强　周志茹　程晓东　麻剑钧

程小宁　钟志宏　耿墨浓　高　峰

李化武　刘　阳　郭振环

本书编写组

主　　编：蔡　萍　张　国

副 主 编：王曼维　林海鹏

参编人员：刘　洋　陈　莎　吴艳冬　刘恬园

任瑜珏　邢燕君　张莫凡　程小宁

钟志宏　耿墨浓　高　峰　李化武

刘　阳　郭振环　张燕莉

目 录
MULU

第一篇

农村电商专家观点

全国农村电商发展成就、现状特点、问题与对策建议

农业农村部信息中心　王小兵　蔡萍　王曼维　陈莎　林海鹏

2021 年 7 月 30 日，习近平总书记主持召开中共中央政治局会议，在研究部署下半年经济工作时指出，要挖掘国内市场潜力，加快贯通县乡村电子商务体系和快递物流配送体系。这一重要指示，为农村电商发展指明了方向、明确了重点。为此，农业农村部信息中心对全国农村电商发展成就、现状特点和存在问题进行了监测分析，并有针对性地提出了对策建议。

一、发展成就

经历 20 多年的持续创新发展，我国已经成为世界第一大农村电子商务国，近年来，农产品网络零售额保持两位数的增长速度，取得了超出预期的好成效。特别是新冠肺炎疫情发生以来，农村电商凭借线上化、非接触、供需快速匹配、产销高效衔接等优势，在稳产保供、复工复产和民生保障等方面的功能作用凸显。尤其是特色农产品电商在脱贫县持续快速发展，为脱贫攻坚取得全面胜利做出了独特的历史性贡献。

1. 农村电商成为活跃城乡市场的重要渠道　2021 年全国县域数字农业农村发展水平评价报告显示，2020 年全国县域农产品网络零售额为 7 520.5 亿元，占农产品销售总额的 13.8%，比上年增长了 3.8 个百分点。农村居民通过电商更加注重个性化、品牌化、多元化的消费体验，农村市场的消费潜力不断释放；城镇居民通过电商选择全国各地特色优质农产品，减少了交易环节，同时不受地域、时间限制，方便快捷。2020 年，我国电商物流农村业务量指数保持增长态势，全年均高于电商物流指数。农村电商在促进农产品上行和工业品下乡方面，开辟出了一条方便、快捷、促进城乡商品"双向流通"的重要渠道。

2. 农村电商成为发展农村数字经济的突破口　电子商务从流通端切入，逐步向农业产业链上游延伸，渗透到农业生产、加工、流通等环节，推进农产品在生产、组织、管理、加工、流通、储运、销售、营销、品牌、服务等环节互联网化，提升全要素生产率，节本增效，优化资源配置，促进农业全产业链数字化转型。2020 年，全国各类返乡入乡创业创新人员达到 1 010 万人，比 2019 年增加 160 万人，同比增长 19%，是近年来增加最多、增长最快的一年，形成了农民工、大学生、退役军人、妇女 4 支创业队伍；1 900 多万名返乡留乡人员实现了就地就近就业。据统计，在返乡入乡创业项目中，55% 运用信息技术开办网店、直播直销、无接触配送等，打造了"网红产品"；85% 以上属于一二三产业融合类型，广泛涵盖产加销服、农文旅教等领域。

3. 农村电商成为打赢脱贫攻坚战、有效应对新冠肺炎疫情对农产品保供影响的超常规武器　农村电商极大增强了农产品供应链的稳定性，促进了农民收入较快增长，特别是对打赢脱贫攻坚战、在新冠肺炎疫情防控期间农产品稳产保供发挥了独特作用。商务大数据监测显示，2020 年全国 832 个脱贫县农产品网络零售额为 406.6 亿元，同比增长

43.5%。《阿里巴巴脱贫基金三年报》显示，从2017年12月至2020年12月，832个国家级脱贫县共在阿里平台销售商品超2700亿元。2020年，拼多多农产品订单的年成交额超过2700亿元，同比涨超100%。疫情期间，农业农村部组织了3场农产品产销对接视频会商活动，网络签约销售金额达6.9亿元；一亩田搭建的"保供稳价安心平台"销售农产品超10.3亿元；拼多多上线"抗疫开拼、爱心助农"专区，覆盖全国近400个农产区、230多个国家级贫困县，帮助贫困地区和部分农产区解决农产品滞销问题。电子商务已成为许多家庭购买农副产品的日常方式，疫情重塑了城乡居民消费习惯和消费场景，服务线上化、产品线上化的"宅经济"需求持续增长，电子商务成为激活县域消费潜力的重要引擎。

4. 农村电商成为构建新发展格局的重大引擎 农村电商充分发挥产销高效对接、供需精准匹配、联通国内国际市场以及创新能力持续活跃等优势，在服务新发展格局建设中发挥重要作用。农业农村网络零售激活国内大循环，2020年全国农村网络零售额达1.79万亿元，同比增长8.9%，农业农村网络零售市场为推动消费增长、打通国内经济大循环提供了有效支撑。直播电商、社区团购、生鲜电商、跨境电商、订单农业、众筹农业等新业态新模式蓬勃发展，为拉动农产品上行、促进乡村消费升级、扩大农民就业、带动农业数字化转型、促进电商脱贫长效机制建设等提供了坚实保障。农产品跨境电商畅通国际国内双循环，2020年全国农产品跨境电商零售进出口总额达63.4亿美元，同比增长19.8%，农产品跨境电商加快释放"双循环"连接纽带价值，凸显了巨大活力。依托农产品跨境电商进口，满足了我国农业高质量发展和人民对美好生活的需求；依托农产品跨境电商出口，李子柒、大益茶、三只松鼠等知名农食电商品牌加快"走出去"，更加深入地参与全球分工，加快融入全球农产品供应链。

二、现状特点

近年来，随着信息技术的快速发展，在国家乡村振兴战略和相关重大政策、重大项目的推动下，农村电商不断创新，新模式、新业态持续涌现，呈现出许多新特点。

1. 东中西部全面发展 监测数据显示，从区域情况来看，2020年，华东地区县域农产品网络零售额达1481.7亿元，占全国县域农产品网络零售额的比重为42.2%，排名第一。从增速来看，东北地区县域农产品网络零售额增速最快，同比增长69.8%。近年来，"网红经济"在东北地区迅速崛起，带动了直播电商、网红带货等新业态新模式发展，并不断与特色产业、精准扶贫、县域经济等创新融合，为区域农产品电商发展提供了新动能。从县域网络零售额看，在华东、华中、东北、西北等地区，均出现了零售额正增长、零售量负增长的情况，标志着这些地区网络零售的客单价实现较高增长，居民网络消费水平不断提升。

2. 电商瓶颈不断突破 2020年，全国共建成县域电商公共服务中心和物流配送中心2120个、村级电商服务站点13.7万个，物流集中进一步降低了快递成本。全国在基本实现快递网点乡镇全覆盖的基础上，将快递直投到村比例提升至超过50%。农村地区揽收和投递快递包裹量超过300亿件。农村地区邮政快递业务量比重达36%，比2019年提高12个百分点，进一步解决了"最后一公里"问题。2020年，消费者对于生鲜到家需求急速增长，前置仓、店仓一体化、社区拼团、门店到家、冷柜自提等新型运营模式发展态势良好，冷链物流体系进一步完善，生鲜销量呈现爆发式增长。据监测，县域生鲜电商网络零售额为 519.72 亿元，同比增速 24.5%。其中，动物类生鲜网络零售额为 274.45 亿元，同比增速 43.5%；植物类生鲜网络零售额为 245.27 亿元，同比增速 8.4%。

3. 品牌效应持续彰显　数字消费深刻改变了商业模式及消费生态，为农业品牌发展注入了新动能，面对高速增长、潜力无穷的网络市场，依托电商平台加强农业品牌打造与价值提升是促进农业增效、农民增收、农村发展的重要手段。阿里数据显示，2020 年，阿里平台 300 个区域公用品牌农产品交易总额超过 41 亿元，交易总单数首次突破 5 000 万单，消费者对区域公用品牌农产品复购率高于 25%，农业品牌消费者忠诚度不断提升。在电商驱动下，运用新媒体营销，打造了褚橙、阳澄湖大闸蟹、海南火山荔枝、东港草莓、秭归脐橙、湖北小龙虾等一大批知名农产品品牌，创新了品牌营销渠道，提升了农产品的溢价能力。

4. 新型电商落地乡间田头　数字技术向"三农"领域逐步渗透、线上线下融合加速发展，推动县域农村电商迭代创新提速，直播电商、网红带货、社区团购、农旅直播等新模式新业态在县域掀起热潮，手机变成了"新农具"，数据变成了"新农资"，直播变成了"新农活"。习近平总书记点赞"小木耳大产业"的柞水木耳，让陕西省柞水县金米村这个曾经的深度贫困县走上了增收致富之路，2020 年，依托木耳产业发展，金米村人均可支配收入达 1.1 万元。越来越多的农民通过网络直播、短视频平台等开展电商销售，为自家农副产品、文旅产品、原生态风光等"代言"，涌现了一批"网红"新农人。《2020 年快手"三农"生态报告》显示，2020 年"三农"创作者电商成交超过 5 000 万单，快手"三农"电商用户比 2019 年增长 330%。

三、存在问题

2015 年，国务院常务会议上提出，国家将农村电商作为一条打破城乡数字鸿沟、推进农村物流产业发展的道路，此后 7 年时间，农村电商快速发展，但出现的一些问题也需引起高度重视。

1. 电商政策协同性不足　各级政府部门高度重视农村电商，相关部委也从不同角度出台政策措施，大力发展农村电商，但由于各部门横向沟通和配合动力不足，尚未建立围绕促进农村电商发展的部门协调机制，政出多门，资金重复投入，造成人力、财力等资源浪费，降低了政策支持效果。之前电商扶贫以公益性为主，相关电商扶贫基础设施和服务体系建设以政府补贴为主，市场化程度不足，难以持续运营，电商扶贫体系面临可持续性挑战。受限于农村电商轻资产模式，中小微电商企业面临融资难、融资贵等问题，电商金融服务，尤其是适合中小微企业发展的电商金融服务亟待创新。

2. 电商产品质量良莠不齐　近年来，随着国家一系列电商产业政策出台以及头部电商企业加快布局县域电商建设，我国农村电商发展势头迅猛，城乡居民充分享受到电商发展带来的数字红利。同时，因产品质量等带来的一系列问题也逐渐成为当前县域电商发展的突出问题。在下行方面，由于农村地区市场供应链条长、流通成本高，加之农村消费者辨别能力差、维权意识薄弱，导致农村劣货、假货问题久治不愈。特别是近年来，个别头部企业、微商、团购、社交电商为获得错位竞争优势，主打低端商品，以廉价商品和假冒伪劣产品等迅速抢占农村市场，产生了"劣币驱良币"的不良影响。在上行方面，普遍存在农产品标准化程度低、地域品牌影响力弱、深加工发展滞后明显等问题，产品形态大多以初级农产品为主，且农民品控能力弱，没有形成农产品标准，农产品品质得不到保障。

3. 电商基础设施薄弱 农村电商基础设施薄弱，已成为电商发展的最大短板。截至2020年12月，我国农村互联网普及率为55.9%，仍低于城镇的79.8%，中西部地区表现尤为明显，虽然省市县乡基本实现了互联互通，但信息传输在进村入户环节出现"梗阻"的情况仍然存在，特别是在移动互联网时代，5G在农村的覆盖仍然任重道远。农村物流体系末端服务能力不足，降低了电商产品的品质，增加了电商产品的物流配送成本，出现农产品"难以出村"、工业品"难以进村"的双重困境。尤其是生鲜农产品电商，还未形成稳定的冷链运输、冷冻仓储、冷链配送体系，极大地阻碍了农村电商规模性发展和突破。

4. 农业电商专业人才短缺 农村电商人才培养滞后是制约农村电商发展的重要因素。受地理位置、区域经济差异等因素的影响，农村电商人才引进难度大且流失率高，专业人才缺口大，呈现"难培、难引、难留"现象。据《2020中国农村电商人才现状与发展报告》显示，2021年我国农村电商人才缺口预计为217万人，2025年将进一步增至350万人。农村电商培训内容和方式有待加强，目前针对农村电商人才的培训形式单一，实践课程少，跟踪辅导少，内容有限且不成体系，没有对产品策划、运营推广、美工设计、数据分析、客户维护、物流仓储等方面的内容进行系统性培训。

四、对策建议

在迈入实现中华民族伟大复兴新征程，推动巩固拓展脱贫攻坚成果同乡村振兴有效衔接的大背景下，对于如何创新推动农村电子商务高质量发展，现提出以下建议：

1. 完善强化扶持政策 一是培育农业农村产业新业态，推动电子商务与休闲农业、乡村旅游深度融合，发展乡村共享经济，推动社交电商、直播电商、内容电商、生鲜电商等业态健康发展。二是统筹政府与社会资源，发展订单农业，支持利用电子商务大数据推动农业供给侧结构性改革。三是探索电子商务平台数据有序开放共享机制，充分利用电商大数据，将大数据与农业生产进一步融合，借助消费端积累的大量消费者数据，按照消费者的需求来确定种植、生产地品种和方式，与市场建立持续、稳定的新型供需关系，赋能订单农业、定制农业、众筹农业、预售农业等创新发展，推动电商大数据与农业管理深度融合，促进数据要素高水平开发利用，从而使产业链、供应链、创新链深度协同。四是推进"互联网＋高效物流"，健全农村寄递物流体系，深入发展县乡村三级物流共同配送，发展统仓共配模式，形成产业集聚效应，推动乡村末端物流线路共享，实现工业品和农产品的双向流通。

2. 加强基础设施建设 一是加快完善农村电商基础设施，深入推进"互联网＋"农产品出村进城工程、电子商务进农村综合示范工程、农产品仓储保鲜冷链物流设施建设工程，改造提升农村寄递物流基础设施，打通农产品"出村进城"通道。二是鼓励支持把直播间作为新型基础设施纳入乡村建设行动的重要内容，以直播间建设为抓手，引导新零售、在线旅游、在线教育、休闲娱乐等业态在农村落地，完善农村互联网生态，充分释放农村地区发展潜力。三是在东中西部建立一批电子商务创新示范基地，着力解决电子商务发展不充分不平衡的关键问题。四是以政府引导的方式，建设中国农业品牌与营销服务平

台，做好农业品牌培育塑造、营销服务和监管保护，发挥农业农村部门牵线搭桥的作用，帮助市场主体对接电商平台，并通过电商平台实现优质优价，扩大品牌的影响力。

3. 加大人才培养力度 一是加大农村实用人才带头人农业农村电子商务专题培训举办力度，通过培训，改变农村地区专业人才缺失现状，促进资源对接、规模发展和协同进步。二是加强专业性电商服务组织建设，强化电商人才培养，鼓励各地建设专业的农村电商人才培训基地，建立校企合作的人才培养长效机制，培养熟悉农业以及愿意扎根农村的复合型人才、紧缺型人才。三是培育专业团队，加强实操指导，开展线下线上融合、多层次、多梯度的网络运营、美工、推广等方面的业务指导培训。四是加大线上线下新媒体人才培训力度，培养"村红"和"农民带货主播"，让群众加深对电商的认识和理解，成为能够有效提供市场信息的供给者和有效利用市场信息需求的农业生产者、创作者、传播者，引导更大范围的创业创新。

4. 推动形成电子商务发展的良好生态 一是在部委层面建立促进电子商务发展的协同推进机制，加强顶层设计、统筹规划，以现有工程项目为抓手，促进农村电子商务基础设施和公共服务资源整合；发挥协同互补效应，建立健全更加长效的政企利益联结机制，合力提升农村电子商务公共服务支撑保障能力，引导农村电商规范、健康和高质量发展。二是加快转变农村电商发展思路和政策支持重点，进一步发挥市场力量，打造农村电商服务新机制，注重由单纯的政府推动向"政府＋市场"驱动转变。强化农村电商市场主体培育，加大对扎根农村、服务当地百姓的创新型企业的支持力度，鼓励企业做大做强，做好连接电商市场与农村需求的"连接器"和"赋能者"，带动农村电商新业态新模式发展，激发农村电商创新创业活力。三是积极推动农村电商数据资源整合，探索部、省两级的农村电商大数据中心建设，全面提升数据传输、存储、运算、分析能力，实现与市场数据的协同共享，支持电子商务相关企业开发数据产品，拓展数据资源在农村电商全业务场景中的应用，释放数据要素价值。

（原载《农村工作通讯》2021年第24期）

全国农产品跨境电子商务监测分析报告

农业农村部信息中心　王小兵　蔡萍　王曼维　陈莎　林海鹏
中国国际电子商务中心　李鸣涛　张艺

2020 年以来，在新冠肺炎疫情全球蔓延背景下，新一代信息技术加速向农产品贸易领域渗透，农业农村电商与跨境电商进一步创新融合，带动农产品跨境电商新业态新模式蓬勃发展，成为稳定农产品贸易基本盘的有效举措，驱动农业农村电商创新升级的重要引擎，推动农村数字经济与实体经济融合的关键动能，助力巩固脱贫攻坚成果同乡村振兴有效衔接的超常规武器。

一、跨境电商发展成效显著

1. 全球农业贸易大国地位巩固　目前，我国已稳居全球第二大农产品贸易国、第一大进口国、第五大出口国，2020 年农产品贸易额达 2 468 亿美元。我国是大豆、油菜籽、棉花、猪肉、羊肉、奶粉等大宗农产品的全球最大买家，也是大蒜、生姜、罗非鱼、苹果、茶叶等产品的最大出口国。

2. 农业对外合作实现稳中有进　自 2017 年以来，农业农村部认定了 10 个境外农业合作示范区、10 个农业对外开放合作试验区和 115 个农业国际贸易高质量发展基地。我国通过 19 个自贸协定，与全球 26 个国家和地区建立了稳定的优惠贸易体系，2020 年与自贸伙伴间的农产品贸易额达 884.1 亿美元，占农产品贸易总额的 35.8%。

3. 新冠肺炎疫情加快贸易数字化进程　受新冠肺炎疫情影响，超万家外贸企业触网上线，网络购物、在线旅游、在线教育、远程医疗等线上消费方式快速普及。2020 年，全球零售电子商务销售额超过 4 万亿美元，增速高达 27.6%；全球跨境电商交易规模突破 1 万亿美元，年均增速高达 30%。

4. 跨境电商新业态蓬勃发展　面对新冠肺炎疫情全球蔓延的挑战，跨境电商凭借线上化、多边化、数字化等优势，呈现高速增长态势，成为稳外贸的重要力量。2020 年，我国跨境电商进出口 1.69 万亿元，增长 31.1%。

5. 外贸新业态新模式迎来政策红利　习近平总书记多次做出指示，强调要推动跨境电商等新业态新模式加快发展，培育外贸新动能。2021 年 7 月，国务院发布《关于加快发展外贸新业态新模式的意见》，促进新业态新模式可持续发展。国务院将跨境电商综合试验区扩至 105 个。商务部将 2021 年确定为"外贸创新发展年"。

二、跨境电商呈现突出特点

1. 农产品跨境电商规模不断扩大　中国农产品跨境电商贸易规模持续扩大，呈现高速增长态势，凸显了新业态的巨大活力。据中国国际电子商务中心研究院测算，2020 年，我国农产品跨境电商零售进出口总额为 63.4 亿美元，同比增长 19.8%。其中，进口额为

61.8 亿美元，同比增长 24.1%；出口额为 1.6 亿美元，同比减少 48.4%。

2. 农产品跨境电商制度创新持续推进　一是监管模式不断创新。各地海关结合实际，围绕跨境电商 B2B 出口（9710 和 9810）业务落地、简化申报、便捷转关等方面，创新农产品跨境电商监管制度，提升贸易便利化水平。二是载体建设取得积极进展。2020 年 10 月，全国唯一的"国家农产品跨境电子商务标准化示范区"落户东莞。广东省农业农村厅先后在佛山市南海区里水镇、汕头市澄海区设立"农产品跨境电子商务"综合试验区，探索适合农产品特点的跨境电商发展模式。

3. 农产品跨境电商直播快速兴起　一是农产品跨境直播成为海外获客新入口。凭借简单易学、成本低、互动性强等优势，跨境直播成为农产品外贸企业升级数字营销方式的重要选择，香蕉、蜜柚、高山茶油等中国特色农产品通过跨境直播走向海外。二是直播电商助力海外农产品加速入华。在直播电商的加持下，卢旺达咖啡、泰国榴梿、智利樱桃等海外优质农产品在国内市场的销量大幅提升。

4. 跨境电商助力脱贫兴农升级　以跨境电商为代表的互联网新模式不断向脱贫地区渗透，一些脱贫地区的电商企业通过组建跨境电商团队、入驻跨境电商平台、升级数字营销工具等方式，将农产品网络销售的出村半径延伸至海外市场，跨境电商成为脱贫地区促进电商助农长效机制建设的新抓手。

5. 跨境电商成为食品品牌出海新通道　得益于我国跨境电商基础设施和服务能力的持续完善，以及面向终端消费者的营销经验，国货食品品牌出海取得显著成效。2020 年，李子柒通过天猫海外平台售出螺蛳粉近 50 万份，在 100 多个国家地区热销。"李子柒""大益茶"入选天猫海外发布的 2020 国货出海十大新品牌榜单。

6. 跨境电商带动农业特色产业集群发展成效初显　农产品跨境电商的快速发展拉动了特色农产品的出口，激活了农业特色产业集群外贸发展的新动能。一方面，跨境电商平台整合产业集群资源，打造数字化助农体系，赋能农产品国际化和农业数字化。2020 年，阿里巴巴国际站农业行业的成交额同比增长 183%，高于全平台 101% 的增速，其中，新鲜大蒜的出口额增长近 5 倍。另一方面，借助跨境电商零售出口渠道优势，产业集群上的中小农企整合国际市场碎片化需求，通过电商消费数据指导农产品种植生产，助力农产品质量提升，促进产业集群实现品牌化发展和转型升级。2020 年，柳州螺蛳粉出口额突破 3 000 万元，为 2019 年的 35 倍。

三、跨境电商面临的主要问题

1. 扶持政策与监管制度不完善　我国现有的跨境电商、农村电商政策扶持体系聚焦在农产品跨境电商领域的比较少，政策缺乏针对性。农产品跨境电商运行模式复杂、涉及主体多，国内缺乏顺畅的协调机制，与农产品进出口相适应的贸易便利化措施仍待完善。

2. 跨境电商应用意识有待加强　传统农企对跨境电商的认识不充分，开展跨境贸易经营仍以传统贸易方式为主，还未意识到跨境电商给国际贸易带来的革命性变革，利用跨境电商实现农产品对外销售、品牌转型、数字化升级的意识不足。

3. 跨境电商运营能力亟须提高　我国农产品经营主体以中小企业为主，其跨境电商运营能力和海外市场意识不足。受限于农产品供给质量不高，大量农产品不能通过跨境电商平台直接销售，加之各国平台针对农产品的规则标准不统一，增加了运营难度。

4. 整体产业服务体系尚不健全　面向农业领域的跨境电商专业化服务不足，如农产品跨境电商经营以阿里巴巴国际站、速卖通、亚马逊等综合性跨境电商平台为主，缺乏农产品领域的垂直平台；在通关、营销、认证、品控、物流等环节，缺乏专业的服务主体。

5. 专业人才短缺问题亟待突破　农产品跨境电商发展需要熟悉网络营销、农业生产经营以及外贸经验的国际化、复合型人才，目前国内人才培养无法满足实际需求，高端管理人才、基础运营人才等存在大量缺口。

四、发展趋势和机遇

1. 双循环新发展格局释放农产品跨境电商发展潜力　一方面，农产品跨境电商进口将立足国内消费升级和供给侧结构性改革，促进国内大循环提质增效。另一方面，农产品跨境电商出口将创新全球农业分工及协作方式，促进国内国际双循环畅通。

2. 区域贸易合作深化带来农产品跨境电商发展新机遇　随着《区域全面经济伙伴关系协定》《中欧地理标志产品协定》等协定的生效，制约农产品跨境电商发展的相关标准规则有望在多双边市场率先实现突破、协同，为农产品跨境电商发展创造更加稳定、开放、透明和便利的营商环境。

3. 农村电商与跨境电商协同创新效应将逐步显现　一方面，农产品跨境电商发展离不开规模化、特色化、电商化的农产品供应体系。商务部数据显示，2020年，全国农村网络零售额达1.79万亿元，农村电商进入规模化专业化发展阶段，农村地区基本形成了适应农产品网络销售的供应链体系和运营支撑体系。另一方面，跨境电商平台打通了内外贸环节，使通关、物流、支付、结汇、退税等内外贸市场规则的差异逐步缩小，再辅以AI实时翻译等数字化工具，降低了中小农企参与国际贸易的门槛。在政策、技术、市场等因素的叠加驱动下，两者的协同创新效应将逐步显现。

4. 跨境直播打开农产品跨境电商发展新空间　顺应跨境电商走入万物可播、人人可播的时代趋势，跨境直播、视频电商、短视频带货等新业态将成为农产品跨境电商的标配和拉动其快速增长的强大引擎。

五、思考与建议

1. 依托载体平台，健全农产品跨境电商政策体系　政府需高度重视全球经济数字化背景下农产品跨境电商的战略价值，加强统筹谋划，利用农业贸易高质量发展基地、跨境电商综试区等载体，先试先行，突破阻碍发展的体制机制障碍，集聚政策合力，形成发展推力。

2. 树立示范标杆，培育农业国际贸易新主体　鼓励企业借助跨境电商开展农产品对外销售，建立线上线下融合、境内境外联动的营销体系。鼓励农产品电商企业"走出去"，在海外注册商标、建立品牌。立足农业优势和特色，选择具有品牌优势的企业，开展试点示范。

3. 加强标准认证，提高农产品供给质量和效益　支持农业外贸企业开展国际认证活动。加快制定农产品跨境电商相关标准规范。引导农业经营主体基于跨境电商平台对接市场需求，培育贯穿生产、流通和销售全流程的新型农产品贸易链。

4. 突出品牌引领，推动农企借助跨境电商出海　结合农业生产和农产品两个"三品一标"建设，发挥农产品区域公用品牌的引领作用，挖掘和培育一批地域特色突出的"小而美"品牌，打造一批特性鲜明的"爆品"。发展农产品跨境电商直播模式，面向全球展示推广中国农业品牌和农耕文化。

5. 聚焦要素保障，加快补齐产业链和生态体系短板　提升跨境仓储物流体系的服务保障能力，进一步完善冷链基础设施，加大海外仓建设力度。各地要加大农产品跨境电商培训力度，鼓励通过校企合作等方式建设人才培训基地，加快对行业急需人才的培养。

（原载《中国农网》）

农村电商引领农业农村数字经济加快发展

农业农村部信息中心　王小兵　刘洋　王曼维

经历 20 多年的持续创新发展，电子商务已经成为农业农村数字经济的突破口、领头羊，在助力打赢脱贫攻坚战中发挥了超常规作用。2020 年新冠肺炎疫情发生以来，我国农村电商呈现逆势高速增长的态势，在促进农产品稳产保供、扩大消费需求、帮助农民脱贫增收方面的作用更加凸显。

一、农村电商呈现的新情况与新特点

1. 农村电商保持高速增长　据农业农村部信息中心会同中国国际电子商务中心监测，2019 年全国县域农产品网络零售额达 2 693.1 亿元，同比增长 28.5%，其中 832 个贫困县农产品网络零售额为 190.8 亿元，同比增长 23.9%。同时，农村网络基础设施建设明显加强，全国行政村通光纤和通 4G 比例均超过 98%，贫困村通宽带比例达到 99%，农村地区互联网普及率达 46.2%，全国农村网商突破 1 300 万家，农村信息服务体系已覆盖全国 3/4 的行政村，乡镇快递网点覆盖率达到 96.6%。2020 年一季度，832 个贫困县农村电商实现逆势增长，农产品网络零售额 83.2 亿元，同比增长 49.7%。

2. 直播电商等新业态新模式爆发增长　疫情发生以来，400 余名县市长直播带货，习近平总书记也走进了直播间，被称为"史上最强带货员"，对直播电商发展给予方向性指引和极大鼓舞。目前，手机变成了"新农具"，数据变成了"新农资"，直播变成了"新农活"。农业农村部信息中心联合北京字节跳动科技有限公司在全国 110 个国定贫困县开展了"110"网络扶贫创新活动，疫情期间辐射全国，助力各地农产品销售达 4.5 亿元。安徽但家庙村的 90 后"网红"陈家凤通过直播等线上平台，2019 年卖出 1 000 吨虾田米、200 吨稻田虾，带动 3 000 多户村民每户增收四五千元。直播电商还为贫困地区接入新经济打开了一扇大门，陕西宜川县委书记在直播中向广大网民展示了壶口瀑布、信天游、剪纸等自然风光和民俗文化，获得了广泛关注和认可。

3. 生鲜与农资电商发展强劲　疫情期间，生鲜电商成为市场高频刚需，前置仓、社区拼购、"超市＋餐饮＋物流配送"等新型运营模式发展态势良好，据预测，2020 年我国生鲜电商行业市场交易总额有望突破 3 000 亿元。专业农资电商平台快速发展，线上农技培训、线上农机作业对接、无人机病虫害防治等农业生产性服务受到农民群众的纷纷点赞。湖北农产品生产销售在电商带动下，整体走势转旺，截至 5 月 5 日，以恩施硒茶、随州香菇、潜江小龙虾为代表的三类重要农产品累计销售 45.1 万吨，销售额 251.8 亿元，茶叶产销率自 4 月 21 日以来保持在 80% 以上，香菇库存较 3 月底下降 27.5%，小龙虾销售进度超过 20%，"五一"期间日均销售 7 100 吨。

4. 电子商务向农业生产端深入渗透　产地直供、订单农业、云养殖等模式进一步发展，带动新一代信息技术在农业生产经营管理中加速渗透与广泛应用；不少电商企业通过互联网手段有效聚合市场资源，加速电商渠道下沉。阿里巴巴通过开展"基地直采"模式，在农业生产端建立数字化基地，打造数字农场；京东在县域农业农村落地平台、运营、生态等，赋能农业产业链供应链；拼多多通过"拼模式""多多农园"等，深入深度贫困地区，帮助农户搭上社交电商快速通道。

5. 互联网"长尾效应"优势凸显　农村电商帮助越来越多的贫困人口实现就地创业、就近就业，助力脱贫攻坚成效突出。据监测，中西部地区农村电商高速发展，西南地区县域农产品网络零售量同比增长 52.2%。据估算，国家级贫困县电商吸纳用工就业超过 900 万人。2020 年，贵州省深度贫困县纳雍县通过 12316 开展"互联网＋"技术服务，联合渠道商、采购商、各大电商平台，创新"保鲜包装＋蓄冷剂"物流配送，实现当地自主选育的玛瑙红樱桃种好果、卖好价、卖得远，4 月以来销售樱桃 11 万余单，有效解决了疫情导致的销售难问题。

6. 农村电商区域小流通市场加快发展　随着交通、物流、通信等基础设施的逐步完善，农产品上行带动农村就业和收入增长，农村消费潜力进一步释放，消费升级趋势在农村地区愈加明显。以县域为单元形成自循环的区域性小市场加快发展，吸引了以赶街网为代表的一批企业扎根小区域、做实新流通，抖音、快手等"村播"服务于产品地方化销售也蔚然成风。大量短期内无法形成规模化、标准化的农特产品通过县域及泛县域的电商小流通找到合适的消费群体，加之物流成本低、保鲜要求低，有效激发了本地市场的活力。

二、农村电商引领农业农村数字经济加快发展

全球疫情给农业发展带来不少新的困难和挑战，电子商务成为疫情防控、复工复产的突出亮点，也是经济恢复、扩大消费的重要手段，我国"电商大国"的地位将更加稳固。

1. 电子商务成为农业农村数字经济的领头羊　电子商务是在农村地区发展最早最快的现代信息技术，不仅在发达地区发展迅速，在贫困地区成效更加明显。目前农村电商呈现东、中、西部全面加快发展的良好局面，电商服务站、直播间等建设都延伸到村，农产品出村进城的"最初一公里"和"最后一公里"问题都得到较大缓解。

2. 电子商务成为数字赋能农业的重要平台　需求侧的数据、信息日益成为供给侧结构性改革的驱动力，农业生产由以产品为中心转变为以市场为导向、以消费者为中心，农业的产业链、供应链、创新链、价值链正在加速重构，数字红利将在农村地区，特别是贫困地区得到更宽领域、更深程度的释放，让农民群众更多更好地分享信息化发展成果。

3. 电子商务成为"绿水青山就是金山银山"的"转换器"　农村电商有效缩短了农业供应链，极大地扩大了农产品消费半径，一根网线让偏远山区、贫困地区农产品飞出了大山。在市场机制的作用下，贫困山区干净的水、空气和土壤等以农产品为载体，以物联网、大数据的展示方式为手段，通过电子商务与外部市场直观、精准对接，实现了农产品的溢价，让"绿水青山就是金山银山"的理念变为现实。

4. 电子商务成为打赢脱贫攻坚战的超常规武器　发展产业是实现脱贫的根本之策。我国农村地区，尤其贫困地区的农产品大都是特色、优势农产品，但产品较难实现产业化、标准化的发展，因此，"小而精、小而特、小而美"的农村电商不断涌现，展现出强劲的发展势头。实践证明，电商能够促进贫困地区"一村一品""一乡一业""一县一特"的发展，同时更能为贫困人群赋能，提升贫困地区农民靠产业、靠自己脱贫致富奔小康的

内生动力。

三、思考与建议

1. 进一步发挥农村电商扩大内需的作用 实施好"互联网＋"农产品出村进城工程、农产品仓储保鲜冷链物流设施建设工程，让农产品运得出、供得上、卖上价；推进互联网基础设施建设，促进各类产业园、示范园、孵化园、服务中心、村级站点、物流配送点的资源、信息及人才共享；鼓励电商平台下沉，构建平台与农户间有效合理的利益联结机制，畅通供需信息对接，扩大线上消费渠道；引导新零售、在线餐饮、在线旅游、在线教育、休闲娱乐等业态参与到农村互联网生态建设中，带动电子商务的全面发展，激活农村消费，释放消费潜力。

2. 将电子商务纳入新基建范围加快推进 进一步拓展新型基础设施的内涵和外延，将电子商务纳入新基建范围，统筹开展顶层设计；基于物联网、大数据、人工智能、区块链、5G 等，建立数字化供应链、智慧物流、无人零售等线上线下充分融合的农村电商应用新场景；加强部门协同、政企协同，政府做好营商环境建设，以财政资金为引导，充分调动市场主体积极性，在农村地区加快布局以电子商务为引领的数字经济新兴产业，形成发展新动能。

3. 促进直播等新模式、新业态规范健康发展 加强供应链和诚信体系建设，充分发挥直播电商强化连接、增强信任、提高效率的作用；加大线上线下新媒体人才培训力度，在返乡下乡人员、新型农业经营主体和广大农民中培养"村红"，作为农特产品、农村旅游文化资源的代言人，进一步成为能够有效提供市场信息的供给者和有效利用市场信息需求的农业生产者、创作者、传播者；防止直播电商野蛮生长，规范主播、规范商品、规范行为，让"火"起来的直播电商行得正、可持续、走得远。

4. 以大数据为驱动加强农村电商创新 促进农村电商有关数据互联互通，建立基础数据库，推进交易信息共享、信用信息共建、监管信息互换，挖掘电商实时交易大数据，开展基于大数据的电商创新，以需求侧数据抓取、统计、分析和应用为基础，加快农业各行业改造升级，增强供给结构对需求变化的适应性和灵活性，满足有效需求、激发潜在需求；开展区块链技术在农产品质量安全追溯体系方面的应用试点，推进农产品品牌化建设，提高农产品的附加值和信誉度。

（原载《农村工作通讯》2020 年第 11 期）

电商啃下精准扶贫"硬骨头"

农业农村部信息中心　张国

3月6日，习近平总书记在决战决胜脱贫攻坚座谈会上指出，要切实解决扶贫农畜牧产品滞销问题，组织好产销对接，开展消费扶贫行动，利用互联网拓宽销售渠道，多渠道解决农产品卖难问题。大力发展电商扶贫，用电商发展成果惠农利民，是贯彻落实习近平新时代中国特色社会主义思想的重要内容，也是贯彻落实习近平总书记关于扶贫工作重要论述、决战决胜脱贫攻坚的重要抓手。

一、以习近平同志为核心的党中央高度重视电商扶贫

1. 电商扶贫是落实习近平总书记网络扶贫指示的重要工程　2016年4月，习近平总书记在网络安全和信息化工作座谈会上强调，要实施网络扶贫行动，充分发挥互联网在助推脱贫攻坚中的作用，推进精准扶贫、精准脱贫，让更多困难群众用上互联网，让农产品通过互联网走出乡村，让山沟里的孩子也能接受优质教育。当年，中共中央网络安全和信息化委员会办公室等三部门正式提出实施"网络覆盖工程、农村电商工程、网络扶智工程、信息服务工程、网络公益工程"五大扶贫工程。通过电商扶贫工程的实施，贫困地区的农产品生产经营企业和贫困群体被纳入全国电商生态。一方面，贫困地区农产品生产经营企业电商能力不断增强，其组建电商运营团队、打造特色产品品牌、掌握新型营销手段的水平大大提高，极大带动了贫困户脱贫；另一方面，贫困群众的电商思维不断增强，不少贫困群众搭上电商扶贫快车，通过网店试水农产品电商销售，走上了致富路。还有不少贫困群众深度参与到电商的生产、分拣、加工、包装、仓储、物流、配套服务等产业链条中，分享产业增值收益，实现了稳定就业、有效脱贫。

2. 电商扶贫是落实习近平总书记精准扶贫理念的重要举措　2013年11月，习近平总书记在湖南湘西考察扶贫开发工作时指出，脱贫攻坚，精准是要义，必须坚持精准扶贫、精准脱贫，更好推进精准扶贫、精准脱贫，确保如期实现脱贫攻坚目标。电商扶贫给扶贫工作带来了模式上的巨大创新，让贫困群众在家门口就能就业创业。当前，电商扶贫已经成为精准扶贫的首要利器和重要抓手，成为"精准"二字的重要实现路径。电商扶贫涉及产品品牌塑造、专业技能培训、营销体系建设、特色产业培育等多个方面，必然极大促进贫困地区农业生产经营的品牌化、专业化、市场化、规模化程度，从而进一步提升扶贫工作的精准对接、精准帮扶、精准施策水平，进一步促进精准脱贫。从电商大数据角度看，随着电商扶贫的深入实施，贫困地区种养大数据和消费者需求大数据的精准对接成为现实可能。电商扶贫将实现从贫困农民有什么电商就帮助卖什么到消费者需要什么贫困农民就种养什么的转变，从而推动贫困农民进行精准的定制化生产。

3. 电商扶贫是落实习近平总书记提高脱贫实效指示的重要手段　习近平总书记特别重视提高脱贫攻坚的成效，强调巩固脱贫成效、实现脱贫效果的可持续性，这是打好脱贫

攻坚战必须正视和解决好的重要问题。当前，脱贫攻坚任务艰巨繁重，剩下的都是贫中之贫、困中之困，都是难啃的硬骨头。通过电商来啃下精准脱贫的硬骨头是充满智慧的中国方略。电商扶贫聚焦农产品上行，致力于将贫困地区的农产品卖出去、卖上好价钱，为农产品出山插上翅膀，大大促进了贫困群众增收，成为确保脱贫攻坚实效的重要手段。通过电商扶贫，贫困群众与巨大的农产品消费市场实现了紧密联结，拓宽了销售渠道，扩大了市场半径，分享了增值收益，从而获得了稳定收入，提高了生产积极性。更重要的是，电商扶贫极大促进了贫困地区特色产业的标准化、规模化、品牌化建设，助其实现了产品增值和溢价，建立了可持续的发展模式。此外，电商扶贫还产生了巨大的示范引领效益，不少贫困地区形成了"一店带多户""一店带全村"的电商创业致富新模式。

二、十八大以来电商扶贫的成绩与困难

十八大以来，在习近平总书记的关心指导下，在中央及各地各部门的积极引导推动下，我国电商扶贫取得积极成效，形成政府引导、市场主体、社会参与的可持续系统性扶贫机制，为打赢脱贫攻坚战提供了有力保障。

1. 顶层设计不断加强，为电商扶贫创造良好政策环境 2015 年 10 月，国务院办公厅发布《关于促进农村电子商务加快发展的指导意见》，提出把电子商务纳入扶贫开发工作体系，以建档立卡贫困村为工作重点，提升贫困户运用电子商务创业增收的能力，鼓励引导电商企业开辟革命老区和贫困地区特色农产品网上销售平台。2015 年 11 月，中共中央、国务院发布《关于打赢脱贫攻坚战的决定》，提出加大"互联网＋"扶贫力度，实施电商扶贫工程，加强贫困地区农村电商人才培训，并对贫困家庭开设网店给予网络资费补助、小额信贷等支持。2016 年 10 月，中共中央网络安全和信息化委员会办公室、国家发展和改革委员会、国务院扶贫开发领导小组办公室联合印发《网络扶贫行动计划》，将电商扶贫确定为"网络扶贫"五大工程之一。2016 年 11 月，国务院扶贫开发领导小组办公室等 16 部委出台《关于促进电商精准扶贫的指导意见》，提出到 2020 年，在贫困村建设电商扶贫站点 6 万个以上，扶持电商扶贫示范网店 4 万家以上。商务部 2017 年印发《2017—2020 年商务脱贫攻坚工作总体方案》，提出力争到 2019 年，实现对具备农村电商发展基本条件的国家级贫困县全覆盖。总体上，近几年，党中央、国务院相关部委及地方各级政府都出台了多个相关政策和多项具体措施，鼓励、支持、规范电子商务发展，其中，中央和国务院相关部委发布的相关文件就有近百个。

2. 基础设施不断完善，为电商扶贫打下坚实基础 近年来，我国农村地区网络基础设施不断完善，为贫困地区发展电商提供了有利的硬件条件。据第二届数字中国建设峰会《数字中国建设发展报告（2018 年）》，2018 年，我国网络扶贫与数字乡村建设持续推进，贫困村通宽带比例达 97％，实现"宽带网络覆盖 90％以上贫困村"的发展目标。此外，面向广大农村地区的快递物流体系建设深入推进。全国乡镇快递网点覆盖率达到 92.4％，21 个省份实现乡镇快递网点全覆盖，行政村直接通邮率超过 98.9％，24 个省份实现全部行政村直接通邮。一些地方的新型农产品冷链流通模式探索也取得积极成效，为下一步构建全程农产品冷链流通链条积累了不少可复制、可推广的经验。

3. 项目实施重点倾斜，为电商扶贫提供坚强支撑 为推动农村地区电子商务的发展，特别是发挥电商扶贫的作用，商务部自 2015 年实施了电子商务进农村综合示范项目。截

至 2019 年年底，电子商务进农村综合示范县已达 1 231 个，覆盖了所有的（832 个）国家级贫困县，贫困县实现农产品网络零售额 280 亿元，提高了 28.9%。各地政府也积极实践，探索适宜本地的电商扶贫模式。农业农村部自 2014 年起实施信息进村入户工程，2019 年年底，已在全国 30 万个行政村建立了益农信息社，超过全国行政村总数的一半以上，开展公益服务、便民服务、电子商务、培训体验等，实现电商交易额 300 多亿元。

4. 市场主体积极参与，为电商扶贫提供内生动力 在商务、农业农村等有关部门的大力引导推动下，各大电商企业也积极参与脱贫攻坚，增强了电商扶贫的内生动力。据中国国际电子商务中心研究院《中国农村电子商务报告（2018）》，2018 年国家级贫困县网络零售额达 697.9 亿元，同比增长 36.4%。据有关机构数据，2018 年，国家级贫困县在阿里巴巴平台的网络销售额超过 600 亿元；京东上线贫困地区商品超 300 万种，实现销售额超 500 亿元，直接带动 70 万户建档立卡贫困户增收。电商扶贫也带动分享农业、定制农业、创意农业、康养农业、共享农庄、加工体验等新模式新业态快速兴起。

尽管电商在助力贫困地区农民就业、增收、脱贫方面发挥了积极作用，但也面临诸多困难。一是贫困地区人才缺乏，社会发育滞后。我国现阶段建卡贫困人口中因病致贫、因残致贫的比例依然很大，缺技术、缺劳动力的占到 60% 以上。二是基础设施差，位置偏远，物流成本高。一些贫困地区通村路坡大、弯多、路窄、承重低，且农村物流季节性强，物流企业出于成本和利润的考虑，在农村布局的网点严重不足，配送体系不成熟。三是一些贫困地区资源贫乏，产业规模小，品牌缺乏，难以被市场认可。上述因素从客观上制约了贫困地区电商更快发展。

三、进一步发展电商扶贫的思考与建议

1. 从产业链和价值链角度打造农村电商 电商扶贫的实质是在基础交易层面实现农民增收，在产业链层面吸纳农民就业，在价值链层面形成区域规模化的农民集体共享收益。从产业链、价值链、供应链等角度规划农村电商发展，协同农村电商各要素之间的需求，构建有效合理的利益共享机制，用目标激励人、用行动打动人，优化农村资源配置，突出地域特色，调整产品结构，促进产业融合，培育打造品牌，树立区域形象，让品牌溢价。让农村电商产业和相关特色产业实现上下游联动效应，发挥对扶贫攻坚的重要依托作用。

2. 转变电商扶贫发展思路和工作重点 农村电子商务交易收入的实现是助力扶贫攻坚的第一步，而开拓市场则是交易达成的关键点。我们在重视农产品上行市场的开发过程中，忽视了农产品横向区域内的可流通市场，这将是下一步的工作重点。随着农业生产标准化、专业化和规模化的发展，区域农产品结构性短缺将成为必然。在农村各区域协作、优势互补、互为市场、互为支撑的思路指引下，5.6 亿农村人对农产品的需求市场就成了扶贫攻坚可开拓的区域。同时，本地农产品优先在就近地区销售，一方水土养一方人，这样不仅符合消费习惯，也可有效降低物流成本，实现效益最大化。

3. 创新电商扶贫发展模式 电子商务交易内容和模式的发展为农村电商发展提供了新参考。我国现阶段扶贫攻坚已进入最后阶段，在整合实现原有模式效益最大化的同时，新发展模式的开辟不可或缺。其一，在现阶段网红、名人带货，政府官员背书促销的情况下，电商平台不能嫌贫爱富、傍大欺小，更不能以专业化、标准化之名，扼杀了特色化、

个性化，要更多地考虑农产品生产者、消费者的利益，积极推出农民自产自销的模式，让供需双方在网上见面，有效实现拼质量、竞价格、可追溯。其二，构建农村电商二手交易租赁平台，让农民把自家暂时不用而别人想用的资产、设施机具及生活物资等利用起来，真正使资产变资金。其三，构建农民技能信息服务平台，让农村的能工巧匠、农民的一招一式随时都能发挥出来，换取更多收益，让能力变金钱。其四，构建农村物流快递信息服务平台，考虑物流快递企业的成本收益，充分利用农村本地各类交通资源，超速发展"最初一公里""最后一公里"的顺风车业务。

4. 充分发挥农村电商的数据价值，让扶贫攻坚精准化、可持续 电子商务具有较强的数据集成效应，主要包括线上数据集成和线下数据集成两方面。在线上数据集成方面，筹划平台类电商和社交类电商在本地的合理布局，依托平台类电商在数据抓取、分析和运用方面的固有优势，发挥社交类电商在数据方面的长尾效应，努力改变粗放的扶贫模式，力争实现可持续的真扶贫。在线下数据集成方面，可以将信息服务、数据管理和产业发展、村民自治有机结合。注重对本地生产生活各种数据的采集，做好数据清理、数据存储、数据分析、数据保真、数据安全和数据应用管理，便于实现通过数据找不足、找问题、找办法、找市场、找规律，解决跟风发展、盲目发展、产销脱节及管控滞后、自治不力等问题，让农村电商的数据服务精准扶贫。

5. 注重农村电商市场主体培育和人才培养 扶贫攻坚需要增强贫困地区、贫困群众的内生动力和自我发展能力。营造农村电商发展的良好环境，培育专心敬业、充满活力的市场主体，培养专业化的人才队伍，实现专业化发展，是从根本上激活脱贫的内生动力。一方面，可以避免拉郎配、瞎指挥和拍脑袋决策等问题的出现；另一方面，可以通过人才建设帮助解决扶贫攻坚中自我发展的问题。

（原载《农村工作通讯》2020 年第 7 期）

促进农村电商发展的思考和建议

中国国际电子商务中心研究院　李鸣涛

自 2014 年以来，我国农村电商进入快速发展期。阿里、京东、苏宁等电商平台企业成功上市之后纷纷开展渠道下沉战略，布局农村电商市场，争夺新增用户，挖掘市场潜力。商务部、财政部及国务院扶贫开发领导小组办公室联合开展电商进农村示范县创建工程，重点面向中西部地区、革命老区、国家级贫困县等地方，开展电商服务网络建设、物流、人才培训和产品上行开发等。伴随农村电商基础设施的加速完善，农村电商的创业创新氛围不断增强，涌现出拼多多、赶街网、汇通达、乐村淘等一大批农村电商服务企业。2019 年 9 月 17 日，习近平总书记在河南省光山县文殊乡东岳村考察时强调，要积极发展农村电子商务和快递业务，拓宽农产品销售渠道，增加农民收入。按照总书记指示精神，面向"十四五"期间农村电商的发展，建议优化"电商进农村"等农村电商发展工程支持方向，积极发挥农村电商在流通环节的引导作用，挖掘农村电商基础设施服务潜力，由政府驱动变为市场驱动，由"电商进农村"变为"电商惠农村"，全方位助力乡村振兴战略目标的实现。

一、当前阶段亟须解决的农村电商的三大问题

1. 县域农村电商发展动力机制切换的问题　目前，在很多地方，政府一直冲在促进农村及县域电商发展的第一线，出台促进电商发展的支持政策，利用国家项目及地方财政资金建设电商服务基础设施，补贴物流，开展人才培训，创立公用品牌，建设上行供应链等，这些政府的主动作为都成为农村电商实现快速发展的重要推动力。在农村电商的基本面已经铺开之后，政府把电商"扶上马、送一程"的任务已经基本完成。面对未来农村电商可持续、高质量、融合化的发展要求，如何建立起农村电商发展的内生动力，让市场真正成为电商发展的最终驱动力就显得尤其重要。在这方面，政府面临一个角色的转换问题，要逐步从发展电商的最前线回归到营造氛围、弥补短板、引导方向的公共服务领域，支持市场主体做大做强。

2. 电商服务体系升级发展的问题　经过前几年的快速发展，农村电商在农村消费、产品开发、营销推广、品牌建设、人才培育、创业孵化、物流配套、电商扶贫等方面都已经形成了相对完善的服务体系，电商进农村综合示范县实现了国家级贫困县的全覆盖，全社会电商发展氛围不断增强，电商要素聚集度不断提升，在电商扶贫方面也取得了突出成效。但是，电商市场变化日新月异，新技术、新模式层出不穷，在原有的电商服务体系基础上，农村电商亟须建立起能够快速应对外部市场变化的敏捷反应机制，各个服务要素都需要不断调整升级，如县级电商公共服务中心、村镇服务网点、网货供应平台、产品品牌建设、人才培育方向等全产业链条。一方面，需要不断探索自身的市场化运营模式；另一方面，也需要不断升级服务，以适应电商市场快速发展的需要。

3. 与传统产业深度融合的问题 在农村地区产品电商上行方面，不少地方取得了很好的突破。尤其是一些贫困地区，得益于独特的地理位置和气候特点，地区特色产品丰富，全渠道"电商＋特色产品网货＋贫困户"的电商链条已经基本成形。但电商对于农村实体经济的深度促进作用还发挥得不充分，很大程度上仍然停留在卖货的层面上，电商对于传统加工企业、生产大户、合作社的品牌建设、产品创新、订制化生产、组织创新等方面的带动作用仍然有限，电商与地方文旅资源的结合也还不深入。十九大报告指出，要"推动互联网、大数据、人工智能和实体经济深度融合"。面对新一轮技术革命带来的发展契机和巨大的创新空间，农村在推进电商与传统产业融合发展方面依然空间巨大、前景广阔。

二、全面认识农村电商发展的动力机制

要推动农村电商的可持续发展，有必要基于对前一阶段农村电商发展现状、特点、趋势的把握，正确认识农村电商的内涵和发展规律，找准关键环节，实施重点突破。

1. 农村电商的内涵 农村电商从概念上可以定义为"以农村地区居民为最终服务对象的网络购销活动"。按照上面的定义，农村电商的最终服务主体应该是农户（合作社、农产品加工企业可以理解为农户上行销售需求的组织形式）。农村电商服务农户的最终需求包括：

（1）通过下行电商服务买的需求。最终消费需求包括工业制成品（用），肉、蛋、奶、蔬菜等农副产品（食），旅游、文娱、健康、教育、医疗、游戏等服务性消费（精神）等。

（2）通过上行电商服务卖的需求。包括农副产品、手工艺品、工业品、民宿旅游等体验资源、人（网红）等。

2. 驱动农村电商发展的第一阶段动力主要是农村消费需求 回顾我国农村电商的发展历程，驱动农村电商发展的最初动力是来源于农村地区的网络消费潜力。2014年，京东、阿里上市之后纷纷下沉农村市场，阿里通过"千县万村"计划设立村淘站点，帮助老百姓采购网上商品，京东帮直营店也是立足满足农村地区的网络消费需要。政府推动的电子商务进农村工程最初也是立足赋予农家店电子商务服务功能，打通县乡村快递物流断点，更好地服务农村现代流通体系建设。在政府和市场的投入下，农村网络消费市场被迅速激活，部分农村电商服务站甚至出现了排队下单购买网货的现象。时至今日，如何更好地满足农村地区居民的网络消费需求仍然是驱动我国农村电商发展的一大动力源泉。在满足农村网络消费的需求拉动下，电商服务资源开始向农村地区聚集，快递物流向乡镇等村落下沉服务速度快速提升，农村电商的网络生态迅速形成。

3. 农村地区产品上行蕴含巨大发展空间 在农村地区电商基础设施不断完善、服务要素不断聚集的基础上，如何把农村地区的产品开发出来，实现更好的上行网络销售就成了农村电商发展的必然方向，也蕴含着更大的发展空间。在农村地区产品上行销售方面，国家政策层面、引导资金方面更是持续加大力度，尤其是电商进农村工程加入电商扶贫的导向后，重点投入方向就是围绕如何促进农民增收的电商上行供应链体系建设。各大电商企业也不断加强对优质农产品的开发力度，包括加大对冷链设施的投入，持续满足城市消费者消费升级的需求。在这个过程中，一系列的挑战出现了，比如产品的安全认证、品质

保证、供货能力、品牌建设、冷链保障等，都有待于找到可持续发展的突破口。同时，农村电商公共服务体系面临的挑战，如村级网点生存艰难、物流基本靠补贴生存、培训针对性不强等也需要在更大的发展空间中找到可持续的发展模式。

4. 实现"电商惠农村"，解决发展动力机制是关键 农村地区电商市场总量大、增速快，但无论是上行还是下行，在可持续发展上面临的最大挑战依然是需求散、分布广。一家一户，甚至一村一镇的购买需求和产品集中度仍然达不到规模经济效益。长期以来，我国农村流通面临的小生产和大市场、集中性市场和分布式需求的矛盾在电商领域依然存在。在互联网等信息技术广泛渗透的技术背景下，农村电商为我们提供了解决上述矛盾的新手段。农村电商的可持续发展，继续打造需求牵引是关键，应想方设法把需求聚合到一定规模，满足盈亏平衡点后就会形成市场，就会有市场服务主体去占领这个市场，这应该是农村电商发展的最终动力来源。因此，通过互联网的手段实现有效需求聚合是解决问题的关键环节。在市场创新方面，可以看到汇通达的核心优势是通过农村加盟店汇聚了大量农村地区对家电产品的需求，反过来再去压低供应商价格、订制产品，实现竞争优势。拼多多的一个核心逻辑也是先通过拼团汇聚需求，有了量以后再去对接产品、优化物流。

三、发挥市场动力，打造农村电商服务新机制

要实现"电商惠农村"，让农村居民真正体验到电商的获得感和价值，建议政府部门围绕电商公共服务体系的建设和完善，把汇聚需求、促进形成规模效应作为支持政策的重要发力点。

1. 政策支持重点由重建设向重服务、重运营转变 经过前期的政策资金投入，基本完成了农村地区电子商务公共服务网络设施的建设任务。下一阶段的工作重点应更加聚焦在如何盘活已建设施，发挥电商公共服务设施的资源汇聚作用，实现可持续发展的运营模式。应要求各示范县因地制宜提出可行的农村电商基础设施整合运营方案，纳入县域"十四五"电商发展的统一规划，明确定位、弥补短板、强化优势，真正发挥出县域农村电商基础设施的基础支撑和公共服务作用。

2. 重点培育一批扎根农村电商市场的创新型企业 农村电商最终是市场行为，要实现基于市场驱动的自我发展、自我完善，主体应该是企业。从政策支持方向上，应继续加大对扎根农村、服务百姓的创新型企业的培育支持力度，鼓励企业做大做强，做好连接电商市场与农村需求的"连接器"和"赋能者"。建议示范县可以通过奖补的方式按本地化运营效果支持电商企业发展。

3. 以"连接、协同、数据"为关键点，鼓励创新发展 支持以村镇电商服务站为节点的服务网络建设，汇总上行、下行需求，大力发展农村地区的社区团购及相应的供应链设施。支持地方性农产品公共品牌，扩大产品覆盖范围，优化与产品生产者的连接机制，鼓励跨地域整合产品资源，加强分拣、加工、冷链、包装等公共服务设施建设。整合县域农村电商数据资源，在地市、省级建设农村电商的大数据中心，实现与市场数据的协同共享，开放数据服务，开发数据产品，实现数据驱动。建议在示范县建设中，在省、市级预留一部分资金用于支持跨地域的项目需求。

4. 开展电商惠农工程，普惠低收入群体 农村电商应继续对农村地区的低收入群体

进行普惠性支持，电商全产业链的各个环节应创新服务形式，与低收入群体实现更广泛的连接。从电商购销、股权收益、就业创业等方面多维度惠及农村地区的低收入群体需求。在示范县建设中，继续面向中西部、革命老区、低收入地区进行资金及政策资源倾斜，加强电商企业及产业链服务资源的对接与引导，注重由单纯的公益性向"公益＋市场"驱动转变。

农产品电商标准体系建设现状

中国农业科学院农业信息研究所　赵俊晔　高丙超

农产品电商是转变农业发展方式、深化农业供给侧结构性改革的重要手段。近几年来，我国农产品电商蓬勃发展，在完善农产品流通体系、助力脱贫攻坚、促进农村经济发展等方面发挥了巨大作用；在新冠肺炎疫情防控期间，更是助力农产品产销对接、保障民生的重要途径。但是，农产品电商标准化不足的问题也日益凸显，如产品信息标识不明、货不对板、服务规范缺失等，严重制约着农产品电商的健康可持续发展。

为了规范和推进农产品电商产业发展，2018 年，国家质量监督检验检疫总局、工业和信息化部、农业农村部等七部委共同发布了《关于开展农产品电商标准体系建设工作的指导意见》（简称为《指导意见》），我国农产品电商标准体系建设进入新阶段。本文根据《指导意见》提出的农产品电商标准体系框架，对现行标准进行梳理，分析各标准子体系内国家标准、行业标准、地方标准、团体标准的制订修订情况，简要剖析标准体系中尚存在的问题，为相关主体推进农产品电商标准化建设提供参考。

一、基础通用标准子体系

电子商务行业的基础通用标准相对较多，但是鲜有适用范围直接针对农产品电子商务的。

1. 基础术语标准　基础术语标准指总体性、基础性的标准。相关国家标准有《电子商务质量管理术语》（GB/T 35408—2017）、《电子商务业务术语》（GB/T 38652—2020）、《重要产品追溯追溯术语》（GB/T 38155—2019）等。

2. 分类与编码标准　分类与编码标准指信息资源基础分类、编码的标准。业态分类方面，《零售业态分类》（GB/T 18106—2021）将网络零售定义为通过电子商务平台、物联网设备等开展商品零售的活动，是无店铺零售的一种。交易主体方面，有《电子商务信用网络交易信用主体分类》（GB/T 31951—2015）、《电子商务参与方分类与编码》（GB/T 32875—2016）、《电子商务交易主体统一标识编码规则》（GB/T 39319—2020）等。物流服务方面，有《物流信息分类与代码》（GB/T 23831—2009）、《物流服务分类与编码》（GB/T 26820—2011）等，均为电商行业通用标准。

农产品分类与编码方面，相关标准有《农产品分类与代码》（NY/T 3177—2018），也有具体农产品，如蛋与蛋制品术语和分类（GB/T 34262—2017）等，关于农产品电商分类与编码的标准相对欠缺。

追溯方面，有《农产品追溯编码导则》（NY/T 1431—2007），以及《电子商务交易产品可追溯性通用规范》（GB/T 36061—2018）、《电子商务商品编码与追溯管理规范》（DB33/T 984—2015）等电商行业通用规范。

3. 信息描述标准　信息描述标准是对信息资源进行著录、标引、评价的标准。已有

《电子商务交易产品图像展示要求》(GB/T 39570—2020)、《电子商务产品信息描述 大宗商品》(GB/T 40037—2021)等电商行业通用标准。农产品方面，仅有《电子商务交易产品信息描述 茶叶》(GB/T 38126—2019)，规定了电子商务交易中茶叶类产品信息的描述属性、方法、模型、摘要描述以及扩展办法。关于农产品购销基本信息描述的标准较多，包括《农产品购销基本信息描述总则》(GB/T 31738—2015)，以及热带和亚热带水果类、茄果类、薯芋类、谷物类、坚果类、仁果类、禽蛋类、茶叶等农产品购销基本信息描述的标准，但针对电商交易的农产品信息描述的标准和规范仍非常欠缺。

二、支撑技术标准子体系

1. 农产品质量分等分级 农产品质量分等分级方面，既有《农产品质量分级导则》(GB/T 30763—2014)等通用类标准，也有针对具体农产品的分等分级标准，涉及肉类、果蔬、中药材、鲜花盆景、切花等多种农产品，既有国家标准，也有行业标准、地方标准。但总体上覆盖的农产品品类不多，部分标准标龄过大，更新缓慢，许多标准条款中判断等级的方法主要依据感官、经验等，没有采用量化的标准来确定等级之间的差距。另外，等级数划分也较少，容易造成同等级农产品的质量有很大区别。

针对网络销售农产品验收的标准有《电子商务农产品验收规范》(GH/T 1323—2021)、《电子商务果品验收操作规范》(GH/T 1301—2020)等行业标准，未见针对电商农产品质量分等分级的专门标准。

2. 采后处理标准 采后处理标准以行业标准和地方标准为主，主要包括果蔬等农产品采后处理技术规程，如《冬枣采后处理技术规程》(DB 61/T 1241.5—2019)、《甜樱桃采后处理技术规程》(DB 37/T 3687—2019)、《芒果采收及采后处理技术规程》(NY/T 3333—2018)等。总体来说，蔬菜类相关标准标龄较长，标准覆盖的农产品细分品类也有待进一步提高。

3. 农产品储藏和保鲜标准 农产品储藏和保鲜标准颇具规模，随着保鲜技术发展和设施设备改进，细分品类农产品储藏保鲜的标准也不断丰富，较早制定的标准有《苹果冷藏技术》(GB/T 8559—2008)、《枣贮藏技术规程》(GB/T 26908—2011)、《食用农产品保鲜贮藏管理规范》(GB/T 29372—2012)等，最新的标准既有国家标准，如《桃贮藏技术规程》(GB/T 26904—2020)，也有行业标准《茄果类蔬菜贮藏保鲜技术规程》(NY/T 1203—2020)、《梨冷藏技术》(GH/T 1152—2020)等。

4. 包装标准 包装标准主要涉及包装材料、填充物、标识等，有针对农产品的通用标准，如《鲜活农产品标签标识》(GB/T 32950—2016)、《农产品物流包装容器通用技术要求》(GB/T 34343—2017)、《农产品物流包装材料通用技术要求》(GB/T 34344—2017)、《冷藏、冷冻食品物流包装、标志、运输和储存》(GB/T 24616—2019)，也有针对具体农产品品类的标准，如《畜禽产品包装与标识》(NY/T 3383—2020)等，以及针对特定主体的标准，如《农民专业合作社 农产品包装要求》(GH/T 1279—2019)等。

5. 运输与配送标准 运输与配送标准方面，果蔬、肉类、水产等许多生鲜农产品有相应的(冷链)运输技术规范，如《新鲜蔬菜贮藏与运输准则》(GB/T 26432—2010)、《甜瓜冷藏和冷藏运输》(GB/T 25870—2010)、《畜禽肉冷链运输管理技术规范》(GB/T 28640—2012)、《新鲜水果、蔬菜包装和冷链运输通用操作规程》(GB/T 33129—2016)、

《活水产品运输技术规范》（GB/T 36192—2018）等。农产品电商末端配送环节尚未有专门的技术标准。

物流配送服务与管理方面，《电子商务冷链物流配送服务管理规范》（GB/T 39664—2020）规定了电子商务冷链物流配送的基本要求、管理要求、作业流程及要求、内审及改进，适用于电子商务冷链物流配送服务提供方对配送服务作业的管理。针对城市配送中心和社区，有《鲜食果蔬城市配送中心服务规范》（GB/T 35105—2017）、《鲜（冻）食用农产品社区配送服务规范》（GH/T 1311—2020）。针对电子商务农产品运输和末端配送，没有专门的服务规范。

三、管理服务标准子体系

1. 主体管理标准　主体管理标准方面，有《电子商务管理体系要求》（GB/T 36311—2018）、《电子商务信用自营型网络零售平台信用管理体系要求》（GB/T 36302—2018）等通用标准，也有针对涉农电商的管理标准，如《农村电子商务服务站（点）服务与管理规范》（GB/T 38354—2019）、《农业生产资料供应服务农资电子商务交易服务规范》（GB/T 37675—2019）。

2. 服务评价标准　服务评价标准方面，有《第三方电子商务服务平台服务及服务等级划分规范》（GB/T 24661.2—2009）、《电子商务物流信用评价体系》（SB/T 11156—2016）、《电子商务第三方平台企业信用评价规范》（GB/T 36312—2018）等通用规范。针对农产品电子商务各主体服务质量评价与反馈未有专门标准。

四、安全标准子体系

1. 安全标准　安全标准方面，针对农产品质量安全的标准较为丰富，有少量国家标准，如《农产品追溯要求茶叶》（GB/T 33915—2017）、《马铃薯商品薯质量追溯体系的建立与实施规程》（GB/T 31575—2015），主要是行业标准和地方标准，包括《农产品质量安全追溯操作规程通则》（NY/T 1761—2009），以及部分农产品的质量安全追溯操作规程、追溯系统建设要求、检测标准等。

2021年4月正式实施的《农产品电子商务供应链质量管理规范》（GB/T 39058—2020）规定了电子商务交易环境下食用农产品的采购和供应、初加工处理与包装、贮存与运输、销售、配送等各环节的质量管理要求，适用于电子商务交易环境下食用农产品供应链各环节的相关方在主体资质、设施设备、作业环境控制、检验检测、信息记录等方面的质量管理。但是针对具体农产品品类供应链质量管理尚未有专门标准。

2. 信息安全标准　信息安全标准主要是通用性的国家标准，如《信息安全技术信息系统安全运维管理指南》（GB/T 36626—2018）、《信息安全技术个人信息安全规范》（GB/T 35273—2020），针对农产品电商交易中的信息安全没有专门的标准。

农村电商发展与"三农"信息服务的变革

中国农产品市场协会　吴秀媛

近年来，随着"互联网＋"的深入发展，电子商务成为脱贫攻坚和乡村振兴的切入点与助推器。实践中，相关部门创造性地出台了一系列相关政策，采取了一系列行之有效的具体措施，实施了一系列卓有成效的项目工程，通过"三农"信息服务，发展电子商务，助力脱贫攻坚，接续乡村振兴，并通过不断完善农村地区互联网基础设施和支持互联网及电商平台建设，助推农村电商和农村地区的全面发展。

一、抗疫亮点——农产品电商

2020年，突如其来的疫情使多个省份的农产品主产区出现了不同程度的滞销现象，但是信息服务、电子商务较好地帮助农民，特别是贫困地区的农民缓解了农产品滞销风险，助力农批保供稳价、市民抗疫无忧。据公开发布的商务大数据显示，2020年，中国农村网络零售额达到 1.79 万亿元，同比增长 8.9％。

此次疫情对我国城乡经济社会的影响巨大，挑战与机遇并存。从某个角度看，疫情也是非常态下对信息社会、数字社会的强制体验和测试。在"三农"领域，由于有以 12316 要素服务为依托、以"信息进村入户工程"奠定的良好基础为支撑，以及延伸拓展的"农产品出村进城工程"作为基础，抗疫助农和农产品线上经济亮点频现，在一定程度上起到了缓解危机的作用。

因此，在疫情尚未结束的今天，我们认真总结实践、回顾变革、理清思路、展望未来是非常必要的。

二、奠基工程——农民电商启蒙

我国农业农村电商的全面奠基在 2006 年，标志性工程是 12316 服务。12316 是经电信行政管理部门授权农业农村部及其系统服务"三农"的全国农业公益性服务专用号码。12316 服务的最初形态是"三电合一"，即电话、电脑、电视（电台）相互配合，发挥功能作用，后来在此基础上发展成为"三农"综合信息服务体系，目前已经成为全国"三农"服务的标志和权威知名品牌。

其主要特点可以概括为"四个集"。平台集中：中央平台统一指挥协调，省级平台面向农民服务。服务集成：按照需求组织信息供给，天空地一体化集成服务。资源集约：各级平台开展服务下乡，中央平台汇聚分析数据。商务集群：采集农民需求，聚散成群，按需组织物资，送货上门。

农业农村电商的最初形态虽然无法与当今主流电商模式相提并论，但在 15 年前却起到了启蒙和奠基作用。我们甚至在早期 12316 的信息服务和电商实践中，都可以看到网销、台销（电台、电视台），甚至直播带货的雏形。

三、助力工程——电商落户乡村

2014 年 4 月，农业农村部信息进村入户工程正式启动试点示范。信息进村入户工程是顺应"互联网＋"时代，农民对信息的需求和信息化与农业现代化深度融合的新态势，由农业农村部主导，利用信息化手段为农民提供服务的一项惠民工程。这项工程以"统筹规划、试点先行，需求导向、社会共建，政府扶持、市场运作，立足现有、完善发展"为原则，以 12316"三农"信息服务体系为依托，以村级信息服务能力建设为着力点，以满足农民生产生活信息需求为落脚点。

其主要目标是切实提高农民的四个能力：信息获取能力、增收致富能力、社会参与能力和自我发展能力；主要功能为四大任务：公益服务、便民服务、电子商务服务和培训体验服务。所以说，信息进村入户就是服务进村入户，服务的主要载体是益农信息社。截至 2020 年 6 月底，全国已建成益农信息社 42.4 万个，覆盖了全国 80％以上的行政村。

新冠疫情发生以来，全国 12316 和益农信息社上下联动，充分发挥服务农民的宗旨作用，借助平台、专家等资源和渠道优势，全面开展防控信息宣传、技术指导和市场信息服务，畅通生产经营困难反馈渠道，监测市场动态，促进产销对接，为疫情防控和农产品稳产保供做出了积极贡献。

四、赋能工程——建立三大体系

必须看到，此次疫情初期出现的农资、农产品断供问题和农产品滞销卖难问题，从深层次看，就是农业供应链脆弱所致。

2019 年年底，农业农村部、国家发展和改革委员会、财政部、商务部印发了《关于实施"互联网＋"农产品出村进城工程的指导意见》，其内涵是：抓住互联网发展机遇，加快推进信息技术在农业生产经营中的广泛应用，充分发挥网络、数据、技术和知识等要素作用，建立完善适应农产品网络销售的供应链体系、运营服务体系和支撑保障体系。目标是：促进农产品产销顺畅衔接、优质优价，带动农业转型升级、提质增效，拓宽农民就业增收渠道。重点是：建立市场导向的农产品生产体系，加强产地基础设施建设，加强农产品物流体系建设，完善农产品网络销售体系。2020 年 5 月 6 日，农业农村部印发了《"互联网＋"农产品出村进城工程试点工作方案》，计划建设"互联网＋"农产品出村进城试点县，经过自愿申报，市、省推荐，专家评审，公开公示，110 个试点县已于 2020 年 8 月 26 日正式公布。优化农产品供应链，助力农产品出村进城，对于促进农产品产销顺畅衔接、优质优价，带动农业转型升级、提质增效，拓宽农民就业增收渠道，助力乡村振兴和农业农村现代化具有积极意义。

"互联网＋"农产品出村进城工程有一个新提法：建立完善适应农产品网络销售的供应链体系。从 12316 到进村入户，再到出村进城，我们看出一个由人（农民）到站（益农社），再到链（供应链）的清晰演进逻辑和"三农"信息服务的变革历程。

五、要素助力——开展供应链体系建设

首先，从 12316 到进村入户，再到出村进城的总盘子看，应适时建立供应链体系。贯穿信息进村入户和农产品出村进城工程的一条红线是"互联网＋"，以"互联网＋"为重

点的数据链无疑是关键要素，但并不是全部，要顺畅实现农产品出村进城，还需要资金链、物流链、价值链等全要素资源的充分整合。数据链、资金链、物流链、价值链完整度越好，匹配度越高，农产品出村进城越容易达成最佳效益。当前，12316 工程、进村入户工程在服务和支撑方向上已经具备较好的基础和条件，推进"四链"全要素体系建设、促进农产品顺畅出村进城正当其时。

其次，从服务下行、产品上行存在的难题看，应适时建立供应链体系。农产品生产和服务普遍存在前端杂、后端重、中间难把控等问题，而这些问题的实质就是农产品供应链诸多要素未达到最优配置。农业供应链是一条连接农业投入品到终端用户的完整链条，包含物流链、数据链、资金链，而且是一条价值增值链。在数据流、物流、资金流高效流动的过程中，供应链各环节都得到相应的价值回报。

长期以来，农业过于传统，价值回报低，农业供应链始终是一个短板。在国家高度重视"三农"服务下行、农产品上行的有利形势下，大力加强农产品供应链体系建设，持续优化农业供应链，是行业做优之要、产业做深所需。

最后，从农产品出村进城的总体要求看，应适时推进"要素助力"。《关于实施"互联网＋"农产品出村进城工程的指导意见》和《"互联网＋"农产品出村进城工程试点工作方案》都明确提出了"建立完善适应农产品网络销售的供应链体系、运营服务体系和支撑保障体系"，文件中将供应链体系放在至为关键的位置，是非常正确的。

好的供应链管理可以支持产品管理，帮助农业主体生产出质优新特的好产品；同时，好的供应链管理又能够支持需求管理，帮助农业主体将产品卖出好价钱。将数据链、资金链、物流链、价值链全要素资源充分整合，打造优质的农产品供应链管理体系，农产品出村进城才能更为顺畅、更加有效率。

据调研了解，大型电商平台和农产品批发市场都愿意在要素服务下行和农产品上行两个方向上发力，计划积极参与到要素资源整合和农业供应链大数据服务之中。而有些地方已经尝试在特色农产品中选择有代表性的产业和品种，作为重点推进领域，研究推动物流链闭合、区块链支付、大数据风控、金融保险融资和价值链重塑，确保农产品数据透视化、物流高效化、资金便利化，供应链各环节用户都能得到很高的价值回报。

做好"三农"服务，建设供应链，支撑农产品、农业、农村电商，助力价值链发展，促进数字乡村建设，大有可为，前景可期。

农村电商中的大数据技术应用

一亩田研究院　林广毅

一、引言

近 20 年，我国电子商务产业高速发展，农村电商也随之兴起。据国家统计局和商务部的数据显示，2020 年全国网上零售额达 11.76 万亿元，其中实物商品网上零售额 9.76 万亿元，占社会消费品零售总额的 24.9％，全国农村网络零售额达 1.79 万亿元，占网上零售额的 15.2％。电商在当今的社会经济中发挥着日益重要的作用。

我国电商产业的高速发展，除了政府政策支持、互联网的快速普及等因素外，与大数据技术在电商领域的广泛应用是分不开的。实际上，大数据当前已然成为电商平台的标配，不仅是平台开展专场促销、新产品营销推广等运营活动的基础支撑，也是平台挖掘用户需求，持续优化服务业务流程、创新服务内容，以及充分发挥公共服务功能等社会作用的重要依托。

农村电商作为电商产业的重要组成部分，在大数据方面同样有着大量应用。下面，以一亩田 B2B 农产品电商平台为例，具体介绍当前农村电商平台的大数据技术应用现状。

二、农村电商大数据技术应用现状

1. 服务于农村电商平台运营　电商平台应用大数据技术首先是为了满足平台运营的需要。电商平台可以直接采集用户的各类行为信息、用户信息、商品信息等大量数据，通过对这些数据进行整理和分析，对专场促销、首页改版、新功能上线等日常运营活动的效果进行量化评价，分析原因，总结经验，进而调整和优化后续策略。

例如，采用弹窗的方式来推广一个千万级用户规模的西瓜专场促销活动。通过大数据系统的埋点设置和采集整理，我们可以实时掌握活动的情况，例如，当前累计弹窗推送了多少用户、有多少用户点击打开、有多少用户查看了商品供应详情、有多少用户打电话联系、完成了多少次交易撮合等。活动结束后，我们还可以进一步分析，如西瓜采购商主要来自哪些地方、哪些地方的西瓜更受欢迎、什么时段推广效果更好、什么样的西瓜供应最受欢迎等（图 1）。

2. 服务于农村电商交易　随着大数据技术应用的不断深入，电商平台为给用户提供更加精准的个性化服务，会利用所采集的用户行为数据对每个用户进行画像，明确其需求，并据此提供相应的服务。当前，对用户精准画像和需求挖掘的能力已经成为各类主流电商平台的核心竞争力之一。

以农产品采购商用户为例，最关键是要了解其想要采购的品类、对规格品质的要求、对供货能力的要求、对产地的偏好、其心理价位是多少等信息，这样就可以为其推荐尽可能匹配的供应，从而提高找货效率，提升用户体验及其对平台的黏度。因此，在对一位采购商用户画像时，除了看性别、年龄、所在地区、职业等基础信息，还要重点分析其行为

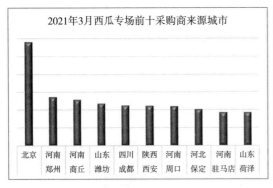
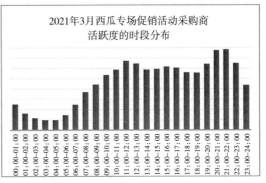

图1 2021年3月在一亩田平台开展的西瓜专场促销活动的部分数据指标分析示例

数据，如他/她会搜索哪类产品、主要看哪些产地、是看整车批发还是小件批发、停留时间较长的供应详情页都具有什么共性等。除此以外，我们还会通过"推荐-反馈系统"不断修正对其偏好和需求的判断，为他/她推荐更想要的供应或信息，力争让每一位采购商可以更快、更便捷地找到满意的产品和供应商（图2）。

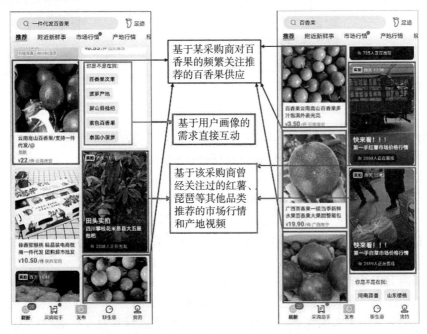

图2 基于用户画像的产品推荐效果简单示例

3. 服务于农村电商新业务拓展　随着电商平台间的竞争日趋激烈，为了给用户提供更多更有吸引力的服务，也为了拓展新业务，平台运营方会持续对所采集积累的海量数据进行深入挖掘和开发。例如，依托平台数据，为商家开发经营辅助类工具，让商家对其经营活动和效果一目了然；为商家提供所经营品类的分析报告，让其全面掌握市场走势和需求动向；为商家提供客户管理工具，告诉商家哪些是需要及时维护的老客户，哪些是潜在的新客户，哪些客户对其新品可能会感兴趣；联合金融机构，为用户开发并提供线上金融保险产品服务等。

作为B2B农产品电商平台，一亩田除了提供上述服务外，还针对农产品生产经营者的需求开发了市场行情信息服务产品，让采购商及时了解哪些产品即将上市，这些产品的主产地有哪些，这些产地的收购价是多少、走势如何；让生产者和供应商实时掌握当地及周边地区的报价范围，全国各大批发市场的销售价格及其走势、规格要求、走货速度及在售量等。有了这些行情信息服务，农产品生产经营者就能制定正确合理的生产经营决策（图3）。

图3　一亩田平台提供的部分市场和产地行情服务产品示例

4. 服务于农村电商平台的公共服务职能　电商平台作为众多买家卖家经营交易的网络场所，天然具有公共服务设施的属性，自然而然要履行相应的公共服务和公共管理职能。不管是从自身利益和经营可持续性出发，还是从市场平稳有序运行的大局出发，电商平台都要具备公共服务和公共管理的能力，而这种能力必须要有大数据的支撑。当前主流的电商平台动辄数千万上亿的用户规模，缺少大数据支撑，很难对这种规模的用户群体进行有效的管理。例如，用户诚信体系建设、商家违规经营行为自动识别、违法信息传播行为自动处理等管理工作都必须有大数据作支撑。

作为国内 B2B 农产品电商领域领先的平台，除了在上述管理工作中应用大数据技术外，一亩田始终充当着农产品出村进城的畅通器和农产品交易市场的稳定器，充分利用其在农产品流通领域的大数据优势，助力农产品市场平稳运行和农业产业健康发展。例如，大数据系统会自动实时监测市场动向，对于异常情况会及时发出警示，提请人工分析判断。通过这样的系统，可以提前发现潜在的滞销卖难、市场供应短缺等情况，及时制定应对措施。此外，还可借助大数据技术，发布市场行情、产品需求等报告或短评信息，让市场信息更透明，促进市场运行更平稳，同时也可以将市场需求更准确及时地传递给生产者，促进农业生产侧结构性改革。

三、农村电商大数据技术应用展望

当前，农村电商处于快速发展阶段，随着整个产业和大数据技术的不断发展，大数据技术必将在农村电商中不断扩大应用范围，不断深化和强化应用效果。我们认为，下一步，农村电商中的大数据技术应用将会继续朝着以下几个方向发展：

1. 数据来源更多元，服务更精准 目前农村电商的数据主要来自平台自身，对农业农村系统、气象系统、农业遥感数据、线下市场及行业新闻资讯等相关信息的采集和分析还严重欠缺。随着数据信息的价值不断被挖掘和认识、官方数据的逐步整合与开放、平台线上线下业务的不断融合，农村电商平台或大数据服务商将会获得更多样、更系统的数据来源，让农业农村大数据真正成为一座数字金矿。

同时，随着数据来源的多样化、数据类型的多元化、数据积累更多，以及大数据分析技术的进一步发展成熟，平台的数据分析结果将会更精准，应用也会更深入。尤其是对农村电商买家和卖家的画像，将会更全面、更准确，这将有助于平台业务的进一步拓展和服务能力的进一步提升。

2. 应用范围更广泛，服务产品更丰富 目前，农村电商中的大数据技术应用主要聚焦于平台的主营业务。未来，随着数据量的不断扩大，数据类型进一步多元化，大数据技术的应用范围必将不断扩大，服务产品也将更加丰富多样。例如，如果能结合全国主要农产品的种植面积数据、历史产量数据、库存数据等，平台就有可能对这些农产品的未来行情走势进行更精准的预测，进而提出市场风险预警和生产经营指导建议。再如，若能汇集全国主要农产品批发市场的市场价格数据和货物进出场数据，就完全可以绘制出全国农产品实时流通图，进而为农产品经营者提供调度服务，进一步提高农产品流通效率，确保各地农产品的有效供给和市场平稳。

3. 公共服务功能更强化，政企联手更普遍 诸如农产品质量安全监管、主产地农产品市场体系建设、区域公用品牌打造、农业保险、农业补贴等政府公共服务功能，未来将会越来越多地融入农村电商的服务中，因为农村电商平台，尤其是农产品电商平台汇集了全国大大小小不同类型的农产品生产经营主体，通过平台，借助大数据对这些主体进行监管和服务将会更加高效和精准。

四、结束语

农村电商是数字经济的重要组成部分，是农业现代化和乡村振兴的重要驱动力。不断拓展和深化大数据技术的应用，不仅是各类农村电商平台提升服务能力、拓展新业务、打造核心竞争力的重要手段，更关系着农村电商整个产业未来的发展速度、规模和质量。要加快大数据技术应用，推动农村电商高质量发展，不仅需要各农村电商平台进一步提高认识，加大研发投入，也需要政府、科研机构及行业协会等各方加大支持。我们相信，大数据必将成为"十四五"时期农村电商中的一大亮点，推动农村电商实现高质量发展，促进我国实现更高质量的农业现代化和乡村振兴。

水果电商发展现状与对策建议

陕西省果业中心　　魏延安

水果电商是近年来发展最快的领域之一，目前全国水果网络零售已经超过 1 600 亿元规模，成为果品流通主渠道。必须及时把握这一新趋势，科学分析研判，使之成为果业高质量发展的新动力。

一、水果电商发展现状

1. 鲜食水果高居农产品电商首位，占比超 1/5　2020 年，鲜食水果在网上的零售额为 1 295.69 亿元，突破千亿元，同比增长 43.32％，较农产品网络零售增速高出 5.62 个百分点，占比 22.88％，超过 1/5，是全国最大的农产品电商品类。所以，行内也有"农产品电商决胜于生鲜电商，生鲜电商决胜于水果电商"之说。2020 年全国农产品分行业网络零售额见图 1。

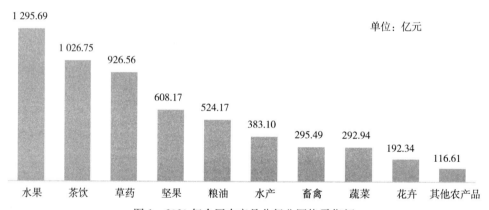

图 1　2020 年全国农产品分行业网络零售额
（数据来源：陕西省果业中心、映潮大数据。）

2. 水果电商总规模超 1 600 亿元，鲜食占 4/5　如果加上水果加工品，水果电商的总规模达到 1 648.11 亿元，但鲜食是绝对主流，占比为 78.61％，接近 4/5。水果加工品主要包括果脯、果干、果酒、果醋等。从数据上看，有一类产品发展特别快，全年保持了200％～300％的增速，就是低度果酒，特别是气泡酒，一般酒精度在 5～6 度，主要的消费群体是青年女性。2020 年全国水果农产品和加工品网络零售及占比分布见图 2。

3. 水果生产大省也是水果电商大省　水果电商大省一般也是生产大省，产业基础决定了电商基础，产业基础强，水果电商才会强。在全国水果生产格局内，广西、山东、陕西为前三强，电商销售也是这三个省份排在前列。与 2019 年数据相比，陕西水果电商前进了一个位次，居第二位，一些品类上升较快，据惠农网大数据反映，洛川苹果超过阿克苏苹果，成为苹果电商影响力第一品牌。2020 年全国水果网络零售前十省份交易指数见图 3。

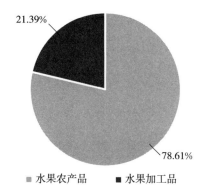

图 2　2020 年全国水果农产品和加工品网络零售及占比分布
（数据来源：陕西省果业中心、映潮大数据。）

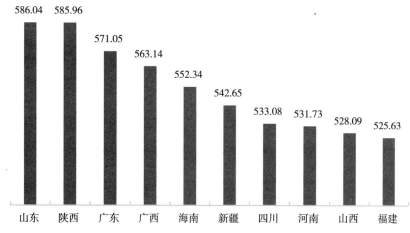

图 3　2020 年全国水果网络零售前十省份交易指数
（数据来源：陕西省果业中心、映潮大数据。）

4. 小规模网商占据主流，近 90％的网商年营收额不足 1 万元　水果电商经营主体基本上以小规模经营为主。2020 年水果网络零售额在 1 万元以下的网商占 89.32％，超过 10 万元的网商仅占 3.74％。与 2019 年数据相比，1 万元以下的网商增加了 6.75 个百分点，也从侧面印证了有更多的果农选择直接上网销售这一事实。2020 年全国不同网络零售额区间水果网商数占比见图 4。

5. 中低价网销水果更受欢迎，中小包装最为畅销　电商的水果产品总体以中低价为主，98.39％的单品售价在 50 元以下，其中 5 元以下的单品占比最大，为 55.62％。从包装规格看，2～3 千克的中小包装最受欢迎，这与当前家庭小型化有关。当然也与水果保鲜时限有关。水果在网购产品中的属性正在加速向小量多次的快消品转型。2020 年全国水果网络零售分规格单品供给及单品需求占比见图 5。

6. 新模式新业态推动水果电商快速发展　水果电商发展快，新模式新业态功不可没，特别是正在兴起的直播电商。在 2020 年的抗疫助农中，多位明星、大量主播和县长走进直播间，叫卖水果，例如网络红人助农直播带货陕西洛川苹果，5 分钟销售了 5 万件，销售金额达 4 000 万元。农民通过直播销售水果的比例在不断增加，而且不是在传统的淘宝、京东等电商平台。因为对农民而言，如果上传统电商平台，从一开始的装修店铺、美

33

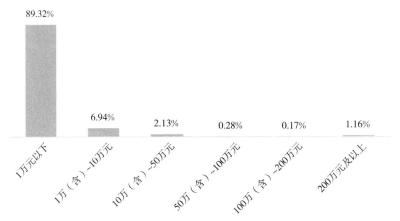

图 4 2020 年全国不同网络零售额区间水果网商数占比

（数据来源：陕西省果业中心、映潮大数据。）

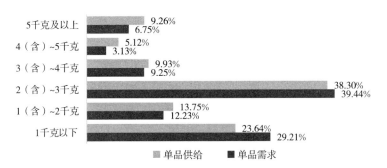

图 5 2020 年全国水果网络零售分规格单品供给及单品需求占比

（数据来源：陕西省果业中心、映潮大数据。）

工摄影、文案创作到后台客服、数据分析、电子接单等，有十几个程序，复杂难学，但直播简单有效。内容电商、社区团购等也都在参与水果网上销售。

7. 水果电商渠道日益多元 水果电商正在加速多元化，主要通过以下渠道：一是传统的平台电商，主要有淘宝、天猫、京东等，均有生鲜频道；二是垂直的生鲜电商平台，如本来生活、每日优鲜、中粮我买网等；三是网店直销，有越来越多的水果企业、合作社、农户等借助网络平台开设自己的网店；四是平台的地方窗口，早先是政府委托专业公司运营淘宝、京东等地方馆，后来又授权规模较大的网店承担区域公用品牌、地理标志等特色产品的销售，但整体看，其宣传意义大于销售效果；五是跨境电商，农产品跨境电商还在起步期，但也有一些大宗的出口水果开始在网上找到新的通道；六是新零售，最突出的特征是线上线下一体、前店后仓，水果是重要的供应产品；七是社交电商，从最早的朋友圈到微博橱窗，再到后来拼多多平台的崛起；八是直播电商，以抖音、快手为代表的直播带货增长十分迅猛；九是大宗电商，主要有一亩田、惠农网、中农网等农产品网络批发平台，阿里巴巴旗下的小额批发平台 1688 也有水果批发业务。

二、水果电商存在的问题

1. 标准缺失 主要表现为果品标准化水平低，果品的大小、颜色、品味一致性差，与进口水果形成鲜明对照。一些地方大规模网上直销水果以后，出现"货不对板"的现象，一度引来网上关于农民道德素质的争议，其根源主要是农民没有受过电商的严格培训，还按照原先的"统货"对待。

2. 体验不好 水果供应链体系，特别是配送体系还不健全，包装、冷链、物流、仓储等环节跟不上，影响保鲜和配送时效，导致消费者在收到货物时包装破损、产品变质。

3. 良莠不齐 存在夸大宣传、以次充好，甚至"挂羊头卖狗肉"等现象，伤了消费者的心，影响了区域公用品牌的形象。产品质量认证、追溯体系不健全，存在安全风险。

4. 人才匮乏 电商人才目前普遍较为匮乏，农村电商人才更加稀缺。在前期的水果直播中，县长、明星纷纷助阵，但农民自己上阵的还比较少。有大量的果农想自己直播，但缺少培训和指导。

三、水果电商发展建议

1. 产品标准化 从某种意义上讲，没有标准化就没有水果电商。标准化有三层含义：第一是外观标准化，不要混品种，颜色不同、大小不同均不可一同放置；第二是品质标准化，口感不同、品质不同也不可一同放置；第三是生产标准化，外观标准化、品质标准化都是生产标准化带来的，要拿产品的标准化倒推生产。现在生产标准和产品标准脱节，生产上定的标准化消费者买的时候不认账，需要统一。

2. 营销品牌化 农产品品牌化有 4 种状态：没有品牌、出现区域公用品牌、上演品牌公地悲剧、企业市场品牌崛起。目前好多水果产业进入第三阶段，洛川苹果、静宁苹果等知名品牌假冒现象严重，但打假维权难。在加强品牌授权管理的同时，应重点扶持企业品牌，李逵壮大了，李鬼就无机可乘了。同时，品牌宣传要改进，既要宣传区域公用品牌，又要宣传企业品牌。

3. 渠道多样化 重视水果电商，但不唯水果电商，着力构建传统媒体与网络平台并重、宣传与营销融合、线上线下一体、专业市场批发与商超直供协同发力的立体化营销格局，充分利用各类渠道扩大销售。同时，区分不同经营主体，企业可能需要进驻网络批发平台，但农民可能直接销售即可。

4. 供应链条化 完成一次电商销售需要许多主体合作参与，平台、电商企业、政府部门、服务商、水果生产者等多个部门或个体缺少合作是目前的痛点。必须倡导协作、政府推动、各环节参与、打通供应链，引导不同电商主体聚焦最擅长的领域，不搞面面俱到和小而全，卖货最强就卖货，做供应链最强就做供应链，做设计、做推销最强就做营销。

5. 竞争规范化 分层分级是方向，一级、二级、三级果分别卖给不同的消费群体。坚持优质优价，不搞低价营销，也不能搞夸大其词的宣传，切实增进城乡互信。建立完善产品质量可追溯体系，一个二维码即可掌握水果产地、生产过程、质量检测等信息。要治理所谓的"悲情营销"，对那些夸大宣传水果滞销、趁机扰乱市场秩序、欺骗消费者感情的行为要予以严厉打击。

6. 应用普遍化 从广大农民的急迫愿望出发，加大培训力度，让其掌握电商应用技巧，加大直接销售比例，让果农从生产者变成网络经销者，真正实现"让手机成为新农具，让直播成为新农活，让农民成为新网红，让果品成为新网货，让数据成为新农资"的数字乡村发展愿景。

社交电商助力乡村文化旅游融合发展

中央财经大学中国互联网经济研究院　欧阳日辉

乡村旅游已成旅游市场的热点，成为中国居民的新旅游方式。数据显示，2019 年，全国乡村旅游达 30.9 亿，占国内旅游总人次的一半以上，乡村旅游总收入 1.81 万亿元。2020 年上半年，受疫情影响，7—8 月，乡村旅游有序复工复产，乡村旅游总人数、总收入均已恢复往年同期的九成多，近郊乡村游已成为群众外出游玩的首选方式。2020 年第二季度，乡村旅游环比增长 148.8%。

乡村旅游已经成为乡村振兴的重要抓手之一。一方面，乡村旅游市场在多元需求中不断成长，传统"农家乐"形式正在向观光、休闲、度假复合型转变，旅游产品由田园观光向特色民宿、夜间游览、文化体验、主题研学等多样化和个性化的文化旅游融合态势转型，单点单村乡村旅游向成片成区、特色旅游带、乡村风情小镇、沟域经济等形态发展；另一方面，政府高度重视乡村旅游，2015—2020 年的中央一号文件中，曾多次涉及乡村旅游相关内容，2021 年的中央一号文件重点提到了休闲农业、乡村旅游精品线路和实施数字乡村建设发展工程 3 项内容。

在乡村旅游发展中，有两个突出的特点：一是乡村文化旅游融合发展，乡村文化振兴是乡村振兴的"铸魂工程"，乡村文化成为乡村旅游发展的灵魂。乡村旅游不仅可以促进文化振兴，保护、传承、创新优秀乡村文化，也是实现乡村产业兴旺繁荣的重要途径。二是电子商务在农村发展迅猛，为乡村振兴提供了新动能和新载体，短视频、直播等社交媒体成为乡村旅游宣传的重要窗口，在推动乡村文化旅游融合发展中效果显著。本文主要围绕这两方面总结已有的发展路径和经验。

一、社交电商开拓乡村文化旅游融合发展的新空间

文化和旅游产业融合发展潜力巨大。据联合国教科文组织和世界旅游组织测算，全球近 40% 的旅游业是由文化驱动的。另据我国研究机构调查数据显示，2019 年国庆黄金周，国内旅游人次约 8 亿，其中 66.4% 的游客参观过人文旅游景点，重点博物馆、大型主题乐园、古街与古镇为全国热门文化和旅游景区品类，消费人次同比增长 22.9%；62.44% 的受访者表示将增加本地文化体验，周末文化休闲消费占比达到 60.03%，57.64% 的受访者表示将增加文化消费支出。

精品线路建设突出新媒体的运用和文旅融合。2020 年 9 月，文化和旅游部推出了 300 条覆盖全国所有省份的乡村旅游精品线路，包括精品民宿型、景区带动型、旅游扶贫型、民俗文化型、田园观光休闲型等多种类型。乡村旅游精品线路注重加强与数字文化企业、网络传播平台的深度合作，注重培育一批本地网络直播带货人，通过动漫、游戏、短视频、纪录片等形式推进乡村优秀文化与旅游资源的数字转化与网络传播，提升乡村旅游的影响力和吸引力。精品线路以知名景区景点为核心，连接民族民俗村落、古村古镇、现代

农业生产基地、农业产业化龙头企业、水利风景区、森林公园、地质公园等，促成多个特色景点集群围绕文化生态旅游产业融合发展，聚合成各具特色的旅游目的地。

社交电商和文旅融合为乡村旅游可持续发展注入了新动能。社交电商是在社群经济、网红经济、自媒体经济、直播经济的环境下催生的一种新型电子商务模式，不同于传统电商以"货"为中心的产品导向的流量经济发展模式，社交电商以"人"为中心，是用户导向的利用社交媒体基于分享经济的电子商务模式。随着旅游者审美能力的不断提升，只有将文化元素注入乡村旅游，改变传统的观光旅游模式，使旅游者可以参与、学习与体验，乡村旅游才能更加具有生机。乡村信息闭塞、交通不便，而社交电商方式多样、低成本、传播速度快、内容丰富、互动性强，通过"获客种草"的方式赢得较高粉丝关注度及流量，不仅改变了乡村旅游的营销模式，也推动了乡村旅游与文化的融合创新。

社交电商和文旅融合对乡村旅游发展提出了新问题。文化因素对乡村旅游的重要性已经达成了共识，接下来的问题是：针对本土文化资源，如何深入挖掘地方特色，开发具有浓郁地方性色彩的乡村旅游？如何在乡村旅游整体形象塑造上更加富有文化色彩，从而打造目的地品牌？乡村文化旅游产品如何实现从单纯的凝视观光走向可参与、可体验的文化旅游项目，用文化基因塑造乡村旅游产业？社交媒体如何在乡村旅游的营销推广、品牌打造和多维度展示中发挥作用？

二、社交电商助力乡村文化旅游融合发展的主要模式

社交电商是借助社交网络服务、直播、微博、社交媒介、网络媒介的传播途径，通过关注、分享、讨论、沟通互动、用户自生内容等手段，辅助商品和服务的购买与销售行为。通俗地说，通过时下流行的社交工具和粉丝做社交互动，来辅助商品的销售，就是社交电商。当下，社交电商主要有文字、图片、短视频、直播等形式，将乡村旅游的产品服务形态与社交电商深度融合，可以建立消费者与目的地的强关系，解决信任问题，从而跟进交易。各地将社交电子商务、乡村旅游、文旅融合结合在一起，探索了几种典型的乡村文化旅游深度融合发展模式，推进乡村传统文化、本土文化、红色旅游、旅游演艺等融合发展业态提质升级。

1. 网红模式带动乡村文旅融合发展 网红模式有两种：一种是乡村网络红人模式，以丁真、李子柒、拉面哥程运付、巧妇九妹、华农兄弟、麦小登、侗家七仙女为代表。借助现代传媒技术而发展起来的乡村网红，在带动乡村旅游、促进乡村文化繁荣、实现乡村振兴方面展现出了巨大的潜力。比如，在宣传片《丁真的世界》中，丁真行走在雪山脚下，甩着鞭子放牛，骑着白马奔跑在高原草地之上，躺在草地上看着蓝天白云。丁真的背后所代表的是甘孜理塘，是四川藏区的牧民文化，带火了理塘旅游。侗家七仙女是贵州黎平县政府借着当地传说所组建的团队，通过直播展示侗族婚礼、打糍粑、斗牛、长桌宴等民族特色活动，传播侗族非遗文化，助销当地特色农产品，吸引人们到黎平旅游。另一种是打造网红打卡地。内容创意加上网红场景，线下景区导流，线上短视频平台助推。"网红打卡"在制造网红景点、扩大文旅传播等方面呈现出巨大潜力。比如，陕西袁家村挖掘关中地域文化，发展民俗旅游，日均游客接待量近 4 万人次，假日期间游客接待量达 10 余万人次，拥有各类商户 600 余家，创业就业人数达 3 000 多人，年收入 10 亿元，被称为中国乡村旅游第一网红，荣获"中国十大美丽乡村""中国传统村落""中国魅力乡村"

等荣誉称号。

2. 直播带火乡村文化旅游 2020 年，各行各业掀起了直播热潮，也是"旅游直播元年"。直播凭借其强大的内容承载力，可以更真实、更直接地展示乡村旅游。不少旅游企业通过直播平台为合作商家搭建舞台，一些地方运用网络直播、图文直播等新媒体手段，多角度、多形式宣传一批有地域特色的文化旅游精品线路。比如，2020 年 8 月 13 日，"2020 晴隆第十届彝族火把节"拉开帷幕，"最美乡聚"旅游扶贫直播展示了火把节烘托之下的特色旅游、特色餐饮、特色民宿、特色物产以及特色舞蹈，吸引了近 40 万名网友在线观看，获得 5.9 万个点赞，有效助力深度贫困县旅游资源的宣传推广。2021 年 4 月 7—10 日，广州市委统战部、市工商联组织 18 家广州民营企业家、民营旅行社负责人及直播主播到广州对口帮扶的贵州黔南州、安顺市、毕节市开展乡村振兴对接暨"产业协作＋直播旅游"光彩行活动。在 4 天 3 地的乡村振兴对接活动中，线上旅游直播推介共进行了 6 场，累计观看人次近 300 万。直播正在成为社交电商的主要形式。

3. 短视频掀起了全民创作热潮 短视频解决了以文字为主的传播媒介受参与者的文化程度限制的缺陷，让广大的农村、农民群体成为内容的生产者，这也使得短视频成为打造乡村旅游的最佳载体。短视频平台涌现出了一批"草根网红"，他们只需要一部手机、一个账号，就可以拍摄和发布内容，创新优秀传统民俗文化的推广方式。2020 年"首届中国美丽休闲乡村短视频大赛"以精彩、生动、灵活的短视频形式，依托新媒体矩阵流量平台，立体式、多维度、互动式展现了广袤乡村之美，向广大城乡居民展现游绿水青山、寻快乐老家、忆游子乡愁、赏农家戏曲、享特色美食的乡村休闲旅游美好体验。

4. 多种社交媒体综合使用，打造品牌 比如，广西融水苗族自治县的"85 后"创业青年石秋香创立了"秋野家山珍"品牌，从 2015 年起，启动网红电商。从 2019 年 2 月 24 日起，"秋野家"分别在抖音号（广西苗妹）、今日头条上分享以融水食材、美景、民俗为背景的美食视频。公司同时运营多个抖音小号，通过抖音视频带货，带货期间日均发货量在 1 000 单左右。2019 年 11 月，广西苗妹海外版通过 YouTube、Tik Tok 等渠道在美国投放视频，把家乡的农副产品和融水的美景民俗民族文化推广到全世界。"秋野家"通过"农业产业化带动＋互联网＋自媒体＋乡村游＋电商＋产业"模式，带动了超过 3 000 户约 12 000 人次的农户从事相关的产业生产，公司农产品的销售额也从 2014 年的 5 万元增加到 2019 年的 1 200 多万元。

5. "村晚"讲好乡村群众的文化故事 作为近年来中国乡村的一道特色春节文化风景，乡村春晚讲述着乡村群众的文化故事，承载着乡音、演绎着乡愁、传递着乡乐、凝聚着乡情。2020 年 12 月 30 日，由文化和旅游部公共服务司、全国公共文化发展中心、中央广播电视总台央视频联合举办的"欢乐过大年·迈向新征程"——我们的小康生活 2021 年全国"村晚"示范展示活动启动，选取河北、黑龙江、山东、广东等地共 14 个村和社区作为示范展示点。2021 年 2 月 4 日，《我的"村晚"我的年》2021 年全国"村晚"示范展示活动云直播晚会，用 1 个主会场联结东西南北中多个"村晚"示范展示点以及各地优选的"村晚"举办地，在国家公共文化云、央视频等平台播出，总访问量达 608 万次。为引导群众春节期间就地开展有益身心、健康向上的居家文体活动，文化和旅游部官网于 2 月 8 日发布了"居家舞"展示视频。

6. 乡村旅游全渠道和全民营销模式 乡村旅游市场的重要主体不仅仅是政府和企业，

本地村民乃至旅游者都是乡村旅游市场的重要营销人员。比如，为推动安徽乡村振兴工作深入开展，凤凰网安徽以深度稿件、创意视频、直播探访等形式，依托凤凰网、凤凰新闻客户端、手机凤凰网、凤凰网安徽双微等多种渠道进行全面推广，形成聚合声势，讲好安徽乡村振兴故事。社交电商的本质是创造连接，抖音、快手、微信、微博等平台营造了一个价值共创、全民参与传播的线上空间，本地村民可以利用这些平台传播旅游信息，旅游者可以利用各种社交媒体进行讨论与交流，形成了乡村旅游全民营销的新局面。比如，福建泰宁县鼓励利用个人微信、微博等宣传泰宁旅游，营造"人人都是旅游宣传员、人人都是旅游形象代言人"的氛围，开展全民旅游大营销活动。

7. 电商平台让美景出山、游客进山 电商平台在贫困地区深入开展智慧景区建设，通过平台优势，有效助力乡村文化旅游融合发展。比如，美团拥有 4.8 亿名年度交易用户和 650 万家活跃商户，贵州省毕节市织金县与美团合作，经过美团线上推广及运营，使织金洞景区特有的旅游形象触达潜在客源，激发旅游动机，带动景区整体增长。与 2016 年相比，2019 年，景区整体入园人次增长近 3 成；2020 年，其网络销售比例已经达到80%，绝大多数都是年轻新客。

8. "云旅游"等新模式将旅游分享和旅游资源深度融合 所谓"云旅游"，就是利用科技手段，实现足不出户旅游。《关于深化"互联网＋旅游"推动旅游业高质量发展的意见》提出，要扶持旅游创新创业，引导云旅游、云演艺、云娱乐、云直播、云展览等新业态发展，培育"网络体验＋消费"新模式。数字技术已经成为推动文旅产业深度融合的重要驱动力，VR、AR、5G 等数字技术在文旅产业的应用，促成了诸如虚拟现实景区、数字博物馆等业态，各类传统的文化资源和旅游资源借助数字技术得以"活起来"。数字技术将逐步渗透到乡村旅游中，成为乡村文化旅游融合发展的核心驱动力。

三、主要经验与发展建议

习近平总书记指出，乡村振兴是一盘大棋，要把这盘大棋走好，要推动乡村文化振兴。旅游本质上是人们认识世界、感悟人生的一种精神文化活动，参与度高、覆盖面广、体验感强。"千园一面"和"千村一面"的现状已经不能满足人们日益增长的文旅需求，规模化、高端化、新颖化的文旅新场景建设需求潜力巨大。回顾过去，展望未来，发展乡村旅游有以下几点值得重视：

1. 用数字技术记录、创新和传播乡土文化，为乡村旅游提供不竭动力 乡土文化是乡愁的重要载体，农村要留得住乡愁，必须振兴乡土文化。同时，只有重视乡土文化、挖掘和利用好乡土文化，不断推动乡土文化繁荣发展，才能使其成为乡村旅游的不竭源泉，为乡村振兴提供持续的精神动力。应创新乡土文化旅游开发模式，进一步加强数字技术的运用，注重科研、科普、生态加工与保持挖掘地方传统文化资源的结合，探索原生自然、原地浓缩、复古再现、集锦荟萃等不同的乡村文化创意旅游模式。

2. 注重 IP 打造运营和多种新媒体综合利用 IP 是知识产权的英文缩写，在社交电商中是一个集合多元化意识形态共生的抽象载体，既可以是形象的某个人，也可以是某个物或某个地方。应依托当地独特的自然优势和文化魅力，或注入艺术、或注入文化、或注入科技，深入挖掘文化内涵并加以呈现，以品牌创新为乡村特色文化产业振兴赋能。打造一个具有一定规模的旅游产品、塑造一个品牌 IP（知名商标）、设计一个故事 IP（历史文化故事),把本地的好物都做成品牌 IP 授权冠名(商标)的产品,做到"IP 四合一"(故事 IP、形象 IP、产品 IP 和企业 IP),形成"乡村旅游—文旅融合—产品销售"的闭环。

3. 专业的人做专业的事,培养高素质人才队伍 乡村文化旅游融合在产品、服务和营销等方面对技术的要求比较高,社交电商助力乡村旅游需要专业人员加盟。建议政府牵头,推动鼓励乡村、企业和科研院校联合,建立产学研一体化农文旅融合专业技术人才培养机制,鼓励专家学者、党政干部、企业家等各类人才加入乡村文旅融合发展队伍;打好"乡贤牌",激活乡贤资源、凝聚乡贤智慧、汇集乡贤力量,鼓励引导乡贤参与乡村文旅融合发展,建立乡村能人、新乡贤和返乡的"新农人"带动机制。比如,云南红河县积极发动返乡大学生、返乡农民工、大学生村官、农村创业青年、电商网点负责人等,带领村民学习自媒体、短视频、电子商务等业务知识,进一步挖掘红河电商"新农人"。

4. 政府引导互联网平台下乡、数字技术下乡、旅游服务下沉,建立支撑乡村文化旅游融合发展的科技创新服务平台 县级政府支持乡镇利用数字化技术收集、管理农村非物质文化遗产信息,建立规范化、特色化农村资源数据库,设立专项资金,支持乡村文化 IP 打造,联合农、林、住建、交通、文旅等部门,推动夜间经济、乡间经济、网间经济"三间"发力,提升参与性、娱乐性、互动性消费体验,以科技创新驱动乡村文旅消费升级。

5. 坚持全链条发展,建立"产品+(包装)设计+特色+场景(文旅)+IP+品牌+礼物+新媒体平台+内容传播+文创电商"全产业链发展的利益联结体 2020 年 6 月,习近平总书记在宁夏考察时强调,发展现代特色农业和文化旅游业,必须贯彻以人民为中心的发展思想,突出农民主体地位,把保障农民利益放在第一位。要探索建立更加有效、更加长效的利益联结机制,确保乡亲们持续获益。乡村旅游利益联结机制不仅可确保农民直接或间接分享旅游发展红利,而且有效激发了农民参与旅游经营和文化保护传承的热情,助力乡村产业振兴、乡村人才振兴、乡村文化振兴、乡村生态振兴、乡村组织振兴。

农村电商助力打造农产品电商供应链

国家职业教育研究院电子商务行业分院　李建华

目前，我国农产品电商供应链建设仍处于初级阶段和较低水平，农产品标准化程度不高、商品化率不足、物流成本高、品牌影响力不够、对于品控的控制力较弱，导致农产品上行乏力。同时，困扰农产品上行的分级、包装、检测、质量追溯、营销推广等问题，也给农产品上行带来很大困难。而要解决上述问题，需要地方政府借助国家电子商务进农村综合示范和"互联网＋"农产品出村进城工程等政策机遇，从农产品的生产、流通、销售等环节着手，打造高效、先进的农产品电商供应链，实现电商与当地产业资源的精准对接。其具体步骤如下：

一、摸家底——梳理分析，清晰定位

不是所有的农产品都能借助电商渠道销售出去。打造农产品电商供应链一定要聚焦地方优势产业和特色产品，梳理出适合上行且具有相对优势的农副产品、乡村旅游、民俗产品等特色产品。这就需要地方政府摸一摸家底，根据当地的资源禀赋，因地制宜，组织当地的农业农村、林业、畜牧、旅游、商务等相关部门，对辖区内农村产品的生产情况，特别是亩数、产量、上市时间、质量、技术水平、销售渠道及比例、自主品牌拥有情况、农产品电商企业等进行全面统计，形成基本档案和农产品数据库。然后根据摸底情况，制定有针对性的网络销售措施，具体包括适合网销的农产品、网销的方向和客户、网销模式（网络零售还是批发），以及哪些农产品需要生产认证、哪些需要冷链延长农产品保鲜时间和网销周期、哪些农产品可以实现错峰销售、网络销售的痛点和难点在哪里。

目前对于大部分县域而言，全面和精准的摸底不够，制定的销售措施也缺乏针对性。此外，由于数据统计过窄，没有把乡村旅游、民俗产品、餐饮住宿等统计进去，导致本地特色农产品错失拥抱电子商务的机遇和机会。

二、制标准——规范流程，加强品控

农产品的鲜活性、季节性、区域性、分散性等特点非常突出，加上生产主体的多元化，导致农产品标准化程度不高，同品不同质成为制约农产品规模上行的重要因素。而要解决上述问题，就要规范产品的标准化生产流程，如育种、种植、养殖、施肥、浇灌、除草、采摘等生产环节；规范产品采后的商品化处理和流通环节，如仓储、分级、包装、预冷等，向本地合作社、农户、家庭农场等进行推广。流程的标准化对于提升特色农产品的品质控制和标准化水平，提高小农生产的集约化水平，增加农产品有效供给，促进农业供给侧结构性改革有着重要的意义。

地方只有制定特色农产品的生产标准和流通标准，才能保障产品的品质，通过积极培养本土的农产品供应链企业，让电商企业与之对接，进行统一采购，降低采购成本，让农

产品能够上行得更远、上行的价格更高，生产主体的积极性才能被调动起来，才愿意投入到农业中来，从而保障农产品的规模化。如湖南省新宁县当地涌现出像龙丰果业合作社这样专注做崀山脐橙供应链的龙头企业，他们一方面引导社员进行标准化科学种植，另一方面提供脐橙的仓储、分级、包装、加工和快递。专业化的分工极大地保障了农产品的品质，加快了农产品上行的效率和质量，让崀山脐橙得以更优质优价地"走出去"。

此外，地方政府和企业还应该促进物联网、大数据和质量追溯技术在农业领域的应用，让生产信息透明，全程可追溯，增加产品的可信度。

三、育品牌——统筹品牌，统一推广

区域公用品牌作为农产品电商供应链的重要环节，是兴农、助农、富农的有效途径，是带动区域经济发展的重要抓手，是一个区域的"金名片"，对区域的形象、美誉度、旅游等都起到积极的作用。建设区域公用品牌一定要挖掘区域产品的生态、人文和特色价值，提升其商品价值，利用新媒体讲好产品故事，利用区域公用品牌，统一质量标准、统一包装标识、统一追溯、统一营销、统一宣传推广，以品牌担保品质。同时，区域公用品牌的运营一定要尊重市场规律，可以遵循"地方政府主推、行业协会主导、优势企业主用、专业团队运营"的思路，建立品牌共享机制，充分调动企业的积极性。品牌的建设离不开内外价值创造者和运营者的共同努力，政府可将运营权委托给企业，让各方与品牌共成长、共呵护，避免"品牌公地"的现象发生，共享品牌带来的附加值和收益。

四、抓质量——支持认证，产品深加工

与传统的销售渠道相比，农产品电商具备降低交易成本、减少交易对象不确定的无效运输、缩短流通时间等优点，但同时也存在单次流通批量小、流通价值较低、单次物流成本高等短板，一旦由于质量问题发生退换货，对于电商企业来讲，是无法承受的高成本，故农产品电商对产品质量要求更高。

地方政府一定要建立符合本地实际的农村电子商务市场秩序监管机制和商务信用评价制度，为电商发展创造环境，保障网销产品的质量安全，防止不合格商品在网上销售。同时建立抽查奖惩机制，提高本地经营主体、创业者的质量意识和诚信意识。此外，还要积极支持本地合作社、创业青年等取得营业执照、食品生产许可证（SC）等资格认证，鼓励农产品深加工，让非标农产品转化为标准化的商品，提升产品附加值，延长农产品销售周期，突破农产品季节性和周期性的限制，提升市场占有率，让农户享受到电商发展带来的便利和成果，真正让农产品上行成为一种现实和可能。

五、拓渠道——订单农业，提升附加值

农产品电商拓展了销售渠道，让生产者和消费者精准对接，让农户突破交易空间和时间的限制，打破"信息贫困"的瓶颈，了解真正的市场供需关系，跟上消费者从"吃得饱"向"吃得好"转变的消费升级要求。同时，借助电商积累的消费者信息，可以进行预售农业、订单农业、众筹农业，按照消费者的需求来确定种植的品种和方式，提供有机、绿色、健康的农产品，与消费者确定持续、稳定、长期、可控的新型供需关系，提高农产品附加值，增加农户的收入。农产品电商不应一味地要求卖到全国去，在供应链能力不强

的前提下，县域内的小循环同样也是值得关注的。

六、畅物流——冷链运输，高效配送

目前，我国发展农村电商面临着物流设施薄弱、运营效率低、物流成本居高不下、企业不愿配送、物流专业人才稀缺、物流企业资金不足的短板。因为乡村道路偏远、交通不便等问题，农村的物流在及时性、可靠性、服务水平、时间、成本等方面都与城市存在较大差距，与客户期望值存在差距。农产品上行要想更进一步，必须解决农产品上行"最初一公里"的问题。

由于农产品鲜活性的特点，要加快建设适应农村产品电商发展的冷链仓储物流等基础设施，发展产地预冷、冷冻运输、冷库仓储、定制配送等全冷链物流，通过宏观调控和政策引导将物流企业整合起来，形成一个统一的物流集散地。同时，要积极推进条码、智能标签等自动标识技术在物流领域的应用，打造智能配送信息服务系统，实现物流可查和准确高效配送。

新型农产品电商供应链要求供应链在生产、采购、加工、流通、销售等各环节都要通过互联网去改造和匹配供需，要求短流通、短操作、配送及时。它以消费者需求为核心，让需求信息贯穿供应链的各个环节，可以保障农产品质量安全、降低农产品损耗、提升产品的高附加值，提高客户的体验感。

区域之间的竞争，特别是农产品上行之争也将由产品之争演变成供应链之争，希望地方政府积极培育本地新型农产品电商供应链。

短视频、直播＋电商，走出乡村振兴新路子

北京快手科技有限公司　宋婷婷

　　"民族要复兴，乡村必振兴"，在 2020 年的中央一号文件中，乡村振兴战略被明确为实现中华民族伟大复兴的一项重大任务。发展产业是实现脱贫的根本之策，产业兴旺是乡村振兴的物质基础。在乡村振兴战略中，互联网技术应发挥怎样的作用？应如何运用数字科技赋能乡村、振兴产业、普惠共享发展？

　　中国拥有全世界最多的短视频和直播用户，2019 年，中国短视频平台的平均日活跃用户人数已达 4.957 亿，中国直播平台的平均日活跃用户人数达到 2.134 亿[①]。电子商务是伴随互联网出现以来发展至今的新型经济模式，经过 20 年的发展，已经遍布了现代人生活的方方面面，农村电子商务正是其中的一个重要分支。乡村振兴的基础是产业振兴。2019 年，中共中央办公厅、国务院办公厅印发的《数字乡村发展战略纲要》明确指出要建设数字乡村，开展电子商务进农村综合示范。

　　中国网络视听节目服务协会估计，2018 年，网民平均手机上网时间增加了 1 小时，增加部分中，有 1/3 用于刷短视频。在短视频行业如火如荼的今天，"短视频＋电商"的社交电商新模式成为电子商务领域最热门的话题，中国直播电商的商品交易总额在 2019 年就达到了 4 168 亿元，这一数字预计在 2025 年将达到 65 172 亿元。在直播带货正处在风口的形势下，农民也纷纷学做直播电商，将手机变为新农具、将直播变为新农活。

　　2020 年，一场突如其来的疫情打乱了全球经济的步伐，国际交流与贸易受阻，但直播电商却迎来了一轮爆发式的增长。一方面，电商的消费群体扩大，原来不习惯线上购物方式的消费者也在特殊场景下开始转变；另一方面，消费者对电商的需求不再局限于服饰、日用品等，也拓展到农产品、生鲜食品等快速消耗的生活必需品品类。

　　快手科技原 CEO 宿华在 2016 年就指出，视频是新时代的文本。视频是一种可以极大释放生产力的科技手段，是推动内外循环和消费升级的新基建，正在改变一切。它不仅缩短了时空，成就了更有温度和信任感的社会；同时，商业也会被重构，商业新物种开始出现。直播电商作为视频时代的重要场景，在疫情这场加速的风吹过之后，也仍然会继续向前发展[②]。

　　与其他电商业务不同的是，农村电商所经营的业务内容主要是农产品、生鲜品，而直播电商是最适合农村电商发展的形式之一。

　　首先，对于消费者来说，相比于传统电商平台中以图片展示商品的形式，短视频和直播的结合能够让他们更直观、真实地感受到商品的质量，从而进一步避免由于信息不对称造成的误购损失，让消费者找到自己真正需要的商品。此外，传统路子上的农产品上行或

---

　　①　快手研究院. 直播时代——快手是什么Ⅱ［M］. 北京：中信出版集团，2021：413.
　　②　快手研究院. 直播时代——快手是什么Ⅱ［M］. 北京：中信出版集团，2021：407 411.

外销一般会经过好几层分销商，属于"三三制"分成，即 1/3 地头价，1/3 流通环节，1/3 终端零售环节。现在通过直播电商销售农产品①，节省了"中间商赚差价"的环节，消费者能用更低的价格买到商品，农民也能够赚到更多的钱。这种"消费者—主播—产品"的链条，是迄今为止从消费者出发，与商家连接的最短、最有效的模式。

其次，对于农民来说，直播电商不仅能帮助他们获得比传统农产品外销更多的利润，而且相比其他类型的电商平台，直播电商的进入成本相对较低。传统电商虽然已经对店铺的注册和开张流程进行了简化，但是在店铺日常经营上其实有着不低的门槛。比如，搞定商品展示的摄影美工、文案撰写，玩转平台复杂的销售及优惠规则等，对于普通农民来说仍然比较困难。而直播带货只需要农民面对镜头，向观众介绍他们最熟悉的产品，很容易和买家建立起相互信任的关系。

最后，农村直播电商节省了分销商的中间环节，缩短了链路长度，地头采购、入库、分拣、包装、快递等流程被集中起来，提升了运输效率，优化了资源配置。对于农产品、生鲜品来说，更短的链路在一定意义上也是对品质的保障。另外，直播电商还能建立市场与生产的联动反馈机制，把庞大的市场需求内化为本地产业升级的动力，以终为始，打造全供应链反馈体系，以最终销售促进前端供应链的提升和改善，助力农村直播电商中农产品质量的提升。

事实上，农村直播电商助力农产品上行在许多地方的尝试都已经取得了非常喜人的效果，成功案例比比皆是，不管是个人，还是政府、企业，短视频、"直播＋电商"是不可忽视的机会，可以把本地资源嵌入一个更大的市场中。

快手科技有限公司作为全球领先的内容社区和社交平台，快手拥有海量用户资源，目前月活用户超 7 亿人，日活用户超 3 亿人，日均使用时长超 87 分钟，电商日活用户超 1 亿人。快手自成立以来，坚持普惠的流量分配原则，通过短视频和直播的方式，使中国每一个毛细血管末端的乡村都能够被看到，从而与外界产生积极的连接，这种连接将带来无限的可能性。

2018 年，快手成立了扶贫办公室，其对乡村的帮扶从未间断，连续开展了乡村振兴、幸福乡村带头人、福苗计划等项目，深入挖掘广袤的乡村潜能，为乡村振兴注入新活力。助力发展乡村电商直播，正是其中的重要一环。截至 2020 年 9 月 30 日，在 9 个月的时间里，超过 2 300 万名快手用户通过快手获得收入，其中有很多人来自乡村地区。

快手"幸福乡村带头人"格绒卓姆是一位来自四川稻城的藏族姑娘。2017 年，格绒卓姆在亚丁景区做服务员时与丈夫杜沫奎结识，夫妻俩在县城开了一家小吃店，虽然每天起早贪黑，但收入并不理想。当时，格绒卓姆在小吃店看到顾客玩快手，划动一下手机屏幕就能看到千里之外人们的生活，她十分好奇，便也下载了快手。没想到，这个小小的举动却让她的生活发生了翻天覆地的变化。2018 年，只有 50 多户人家的贡色村通了宽带网络，格绒卓姆除了玩转短视频外，还能直播卖货。当年，格绒卓姆在快手平台的销售额就超过 30 万元，还带动亲戚朋友一起受益。2018—2020 年，他们的合作社通过快手共售出虫草 5 万多根、松茸 7 000 余斤②，还有牦牛肉干、当归、黄芪等多种高原特产，总销售

---

① 快手研究院. 直播时代——快手是什么Ⅱ［M］. 北京：中信出版集团，2021：167-174.

② 斤为非法定计量单位，1 斤＝0.5 千克。——编者注

额达 500 万元以上。

快手"乡村振兴官"张飞通过快手"短视频＋直播"的方式，改变了整个村子的命运。作为四川省阿坝州小金县甘家沟村扶贫第一书记，张飞从农户那里收购新鲜的黑猪肉，再通过快手把产品卖向全国。看到直播电商的好处，村民们也都自发地开始效仿，销售的农产品类别和数量越来越多，村民们的生活也一天比一天好。

截至 2020 年 12 月，快手"幸福乡村带头人计划"已经培育乡村企业和合作社 57 家，提供就近就业岗位 1 200 多个，全年总产值超过 5 000 万元。"福苗计划"累计进行了 720 多场带货直播，直播带货累计销售额超过 4.48 亿元。

由此可见，农村电商与"短视频＋直播"的结合将是农村电商未来业态发展的重要方向，鼓励农民用好这个"新农具"，能够带动农业产业的进一步发展。由于农村直播电商的经营者多是小微商家或个体户，短视频、直播平台也应在电商领域继续坚持平等普惠的价值观，与广大农民一起，共同走出乡村振兴新路子！

直播电商时代农产品销售突围

淘宝教育　冯慧

2021年，直播电商如火如荼，开播成本低、行业门槛不高，触发全网直播热潮，也为农民及农产品销售带来更好商机。正因为直播热，红海之下，入门容易突破难。于是，常有商家抱怨：同样的商品、相同价格（甚至我更便宜），为什么我的直播间人少、卖不好？

站在平台的角度：谁能服务好我的顾客，我就服务好你！服务的表向就是平台奖励流量的多少。而站在商家运营角度，即直播间权重的高低。

为了便于理解，我们将淘宝直播间的权重分为静态权重和动态权重。静态权重提升的目标是吸睛，动态权重提升的目标是流量。

一、静态权重

静态权重与直播流程的安排相关，包含直播封面、直播标题、直播标签、直播预告、开播时间、开播时长这些指标（图1）。

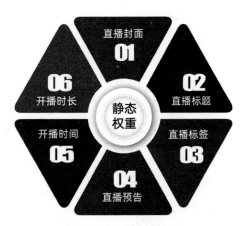

图1　直播间静态权重

持续而稳定的开播（包含直播时长和直播频次）是获取流量的基础，每天在固定时间直播3小时以上，即使人少也要坚持，可提升直播账号的曝光度。开播前要养成发布直播预告的习惯，最少提前一天创建。预告中标注好此次直播的具体时间以及直播亮点，通过预告拉动粉丝关注。

直播封面和标题是直接影响直播间点击的核心（图2）。封面图设计应当干净美观、主体突出、色彩明亮、清晰易懂，能在直播瀑布流中脱颖而出。在保证图片质量的情况下，一般真人出镜视觉冲击力更大。标题字数有限，应尽量放入促销活动、利益点或者粉丝比较感兴趣的热点词作亮点，形容直播亮点要一语中的。

图 2　淘宝直播瀑布流

　　直播标签（图 3）下会有原始累计权重，要圈对人群，精准对标用户，选定一个适合自己的标签。前期标签可以去测试（在直播时间、封面图、标题不变情况下换标签测试3～5 天，看自己直播间流量的变化），确定后不要轻易更换。注意，封面图、标题与直播标签必须相符。

← 频道栏目	
时髦穿搭	手工烘焙
一起变美	地方小吃
亲子萌娃	健康轻食
乐活时光	茗茶酒水
全球扫货	无肉不欢
吃货力荐	方便速食
男神潮范	营养滋补
珠光宝气	休闲零食
旅行优选	南北干货
产地直供	海鲜水产
花鸟市场	肉禽蛋品
大牌精选	新鲜蔬果
家乡好货	五谷杂粮
居家生活	进口食品
吃喝玩乐	美食大赏

图 3　直播标签

二、动态权重

动态权重是由开播以后的数据决定的，包含转粉率、转化率、停留时长、在线人数、直播互动率、分享数、粉丝回访率（图4）。这些数据反馈越好，直播间权重越高！

图4　直播间动态权重

转粉率＝直播间新增粉丝数/直播间访问人数，也就是用户进来以后能够留住他（她）并引导其关注直播间。在直播前通过主播人设、产品福利优惠、直播间利益点设计，在直播中通过产品优势、主播话术引导、自动关注卡片、才艺表演、利益点引导用户关注，下播前通过下期直播活动预告、下播福利引导用户关注。

粉丝的停留时长受直播产品、主播直播风格、主播销售技能、互动技巧、直播节奏等多方面影响。同时，粉丝延时福利、精彩直播内容的设计（直播场景搭建、直播间背景音乐、直播玩法及氛围营造）同样有利于增加粉丝的停留时长。目前大部分店铺的停留时长数据在300~400秒。

直播间转化率＝直播间订单成交数量/直播间访问人数，也就是进入直播间的用户有多少人最终在直播间成交。影响成交的因素有直播选品、销售策略、主播讲解能力、直播间利益点设计等。

很多商家说直播间没有流量，但事实是，当流量进来，商家却不知道怎么维护。我们需要重点关注直播间互动热度，提升互动率。你问我答、聊天互动、抽奖互动、福利惊喜、趁热点、找共鸣、才艺秀、直播连麦等方式都可以引发直播间互动。当粉丝停留时长和直播间互动热度提高，直播间的实时在线人数也会得到相应提升。

所以，一场高效的直播并非架好设备直接上手卖货，而是需要通过开播前及开播中的

直播预告、淘宝群、订阅、客服等站内渠道吸引粉丝进入直播间，提升粉丝回访率，再通过微博、微信群、抖音、快手、朋友圈等站外渠道增加更多流量。最后在收尾时对下场直播进行预告，留存粉丝，建立以粉丝为中心的流量闭环（图5）。

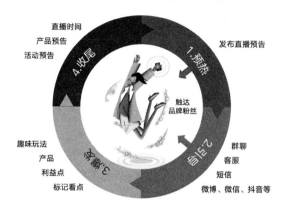

图5　直播间流量闭环

短视频助力农村电商，让乡村生活被看见

中国摄影家协会特约讲师　佟海宝

一、短视频已成为生活的一部分

我的老家在东北的一个小县城，前几年过年回家，与同学聚餐，同学的孩子只有两三岁，吃完饭就吵着要玩手机，这个年龄的孩子玩手机不是新鲜事，但是孩子拿起手机，就开始津津有味地刷起了快手短视频。

因为疫情，我有 2 年没回老家过年了，梦见了 80 多岁的奶奶。我问我妈，奶奶最近身体怎么样。于是她给我发了一张图片，是奶奶家监控器的画面，奶奶正坐在沙发上刷短视频，看得津津有味。

2018 年春节，短视频突然火爆，一时间，大家的空余时间都在不停地刷短视频。我也是在那个时候开始看短视频的，不知不觉，几个小时的时间就过去了。我突然意识到，短视频的魅力太大了。于是，在 2018 年 3 月，我开通了自己的抖音账号，通过短视频分享手机摄影的技巧。随着短视频行业的兴起，短短几个月的时间，我的粉丝就突破了 300 万人。

经过几年的飞速发展，短视频现在已经成为人们生活中不可或缺的一部分了。同时，人们对短视频的依赖也在发生着变化，从开始的单纯为了消磨时间，到后来可以在短视频上获取知识技能，再到现在乐于在短视频平台分享自己的生活，用户已经从内容的消费者变成了生产者。

无论是基于农村还是城市，伴随着经济条件的提升，国家政策的推动，以及智能手机、移动互联网的普及，短视频让我们见到了更大的世界。

二、短视频助力农村发展

《中国青年报》曾刊发过这样一个故事：2015 年，英国勋爵麦克·贝茨和妻子曾在中国进行过为期两个月的徒步旅行。在山东泰安，他们与当地村民聊天后，想和对方合影留念。麦克·贝茨当时有点担心，这些从未见过外国人的村民，可能不知道相机是什么，"更不用说是手机上的相机了"。结果，拍完照后，每个人都拿出了手机，包括一位 95 岁的老人，要加他那位华人妻子的微信，接收照片。麦克·贝茨勋爵震惊了，他说自己不会忘记这段经历。由此可见，智能手机的普及让农民有了更多与外界产生链接的机会，短视频的发展也让更多人看到了中国农村的发展。

我曾经做过一个扶贫的项目。在河南省栾川县的拨云岭，有一个小山村，这个地方原来没有路，每次出去都要蹚过一条大河，这里的村民也非常贫穷。后来公路修通了，村支书要带领村民脱贫致富，于是就带着村民外出学习手擀面的手艺。拨云岭风景秀丽，但外面的人知道的很少，所以村支书想以手擀面为特色，吸引游客。我为他们拍摄了一条 40 秒的关于手擀面的视频，发布到抖音上后，获得了 1 100 多万的播放量。在国庆节的 7 天

里，很多人因为看到了视频，专门开车去拨云岭吃手擀面。一户村民，在国庆节 7 天，靠卖 15 元一碗的面条，收入 2 万多元。可能这 2 万多元是这户农民过去一年的收入，因为短视频，大大提高了他们的收入水平。

脱贫是我们国家这几年的政策，过去农村的很多年轻人都外出打工，村里剩下的都是老人和孩子。现在，很多新农人回归农村，他们带回了新的见识和新的思维。拍视频、做直播、农业电商已经成为助力农村脱贫的重要手段。从过去的农村土味低质量视频，到现在很多高质量的视频，新农人也在探索新的方向。

在短视频平台上，我们可以经常看到很多"三农"账号，每天坚持分享他们自己种的蔬菜、水果和各种当地的土特产。通过视频，我们看到了祖国各地的大好河山。视频让农村走向世界，也让世界了解中国的农村。

2019 年，以新农人曹永利为主人公的短视频《从修摩托车到年销 20 吨野山菌》，讲述了他从修摩托车到卖野山菌的勤劳致富经，当年，该短视频的播放量突破 1 200 万次，不仅提高了个人的知名度，也扩大了品牌的影响力。

2018 年，快手开始系统性开展扶贫项目，成立"快手扶贫"办公室，并宣布启动幸福乡村"5 亿流量"计划。通过数据统计，快手发现，在全国 832 个贫困县，每 5 个人里面就有 1 个快手活跃用户。除了快手，抖音也在积极推动与贫困县合作的项目，我曾经参与过河南、云南、四川等多个地方的推广活动。不仅是农民需要短视频，国家和平台也在大力扶持"三农"短视频项目，给予了相当多的流量倾斜。短视频配合直播，打造持续制造内容的"三农"账号，是当下新农人运营短视频的一种常见模式。现在是注意力经济时代，人们的注意力在哪里，经济发展就会在哪里。短视频无疑是现在最吸引人注意力的形式。

三、新农村人如何学习短视频

对很多人来说，视频的拍摄是一件既熟悉又遥不可及的事情。随着短视频的火爆和人们需求的提升，拍摄视频的门槛越来越低了。手机功能日新月异，无论是拍照还是拍视频，都变得更加容易，各种视频制作软件和剪辑，即使没有学习过，也能在短时间内掌握其操作方法和视频模板的使用方法。如何让普通人快速制作完成一条短视频，已经成为相关领域最为关注的事情。

那么，对于想要通过短视频助力农村电商的人，应该如何快速学习短视频呢？

1. 通过网络课程获取理论知识　网络课程是最快捷的学习方式，通过碎片化的学习，可以快速掌握一些实用的技巧，并且可以随时查看、随时复习。如今，在短视频平台或者在线教育平台，短视频的相关课程非常多，价格也相对便宜，而且还有很多免费的教程。

2. 大量的实操提升拍摄剪辑技巧　要想熟练掌握拍摄视频这门技术，就需要大量的练习和实操。拍摄视频会涉及角度、景别和运镜等各种技巧，还要考虑到画面的构图、美感和声音，以及如何通过软件，把视频素材有效地剪辑成一个完整的视频作品。如今的学习门槛很低，操作门槛也在逐渐降低。

3. 学习优秀作品，提升审美　如今，拍摄技巧越来越普及，技术已经不能成为竞争壁垒了，"三农"领域的创作者热情高、产量大，所以竞争也会越来越激烈。最终拉开距离的并不是技术的比拼，而是审美的比拼。技术决定下限，审美决定上限。要不断学习优秀的作品，研究他们的拍摄思路和拍摄脚本，力争提高自己的作品质量。

4. 了解用户喜好，知己知彼 作为短视频自媒体，拍摄视频的目的是让用户观看，最终实现种草和买单的转化。但是不同用户有不同的属性，作为视频创作者和农业电商从业者，首先要了解自己的目标客户、所在区域、年龄、感兴趣的内容、购物习惯，知己知彼，才能百战不殆。再火爆的视频，也只能影响某一个群体，想把商品卖给所有人是不可能的。

5. 新农人要起到带动作用 新农人对于短视频的制作及平台的运营有一定的经验，但是长期身在农村的农民可能对此并没有太多的基础，多数都属于观看用户。所以，新农人需要带动身边的农民一起参与进来，让农民看到短视频对于农村电商发展的有利作用，共同致富。

视频一定是未来传播的重要形式，任何领域、任何层级都在积极地拥抱变化，用视频来展现农村的生活，展现脱贫的进展，让更多人看到农村的优质产品，通过短视频链接更多可能。

内容电商时代下网红农产品的打造

湖南惠农信息科技有限公司　邓武杰

根据 2020 年发布的《中国互联网发展报告》，我国互联网用户数达到 13.19 亿，电商交易规模达到 34 万亿元，几乎所有用户已成为电商服务的常态化用户。在各大电商巨头平台存量市场下，商家获客成本大幅提升，流量红利见顶，是近几年电商行业商家普遍面临的问题。

一、内容电商是电商发展的升级与趋势

2020 年 6 月，字节跳动对外宣布成立电商部门，而淘宝在 11 月的改版中，上线集合了达人种草内容的"逛逛"。内容平台的电商化与电商平台的内容化，让"内容"渐渐成为连接"流量"和"消费"之间的纽带。"内容电商"正成为新的流量入口和未来发展趋势，它是内容传播渠道和产品销售渠道前所未有的深度融合。

二、内容电商的兴起，给农村电商带来新机遇

近几年，随着各电商平台与内容平台的流量及用户不断下沉，直播和短视频成为内容电商的重要承载手段，这为网红农产品的打造带来了新机遇。

一方面，移动互联网的文化产品天生带有强烈社交属性，让处在文化沙漠里的小城市和农村青年找到了消磨时间的方式。另一方面，直播与短视频的创作门槛较低，内容电商平台涌现出大批土味文化内容创作者及以农村生活、农村美食为内容的网红。同时，以抖音、快手为代表的内容电商平台推出小店及各类组件功能，区别于传统电商体系，极易上手，使农产品触网难度大大降低。"今日头条"的农村电商网红"巧妇九妹"，通过直播与短视频内容创造积累百万级粉丝，荔枝销售单日最高冲到了 5 万斤，成为内容电商农产品带货代言人。

三、网红农产品打造的基本方法与核心要素

无论是传统电商还是内容电商，农村电商的关键还是在于"人"，网红农产品的打造核心还是"优质产品"。以下将从农产品的商品化、品牌化、内容营销、销售渠道等几个方面来看网红农产品打造的方法和核心要素。

首先，在选品以及农产品商品化的环节上，加强产品电商属性与网红属性的建设。不是所有的农产品都适合做电商，也不是所有的农产品都必须做电商。从产品附加值和电商难易度两个维度综合评估，高附加值且易做电商的农产品是首选。杨梅作为生鲜水果，从电商难易度、销售时间上来看，并不是网红农产品最优选择。但在杨梅商品化的过程中，我们就包装进行了更为合理的设计，大大延长了杨梅的可配送周期，扩大了该产品在全国的配送范围，强化了杨梅的电商属性。

一款网红农产品，高颜值是必备条件，品质决定了产品价格。农产品不同于工业产品，它的品质无时无刻不在发生着变化。这要求我们在农产品商品化过程中，要进行严格品控。以"靖州杨梅"为例，应从地头采摘时间、大小、外观进行农产品初级标准化控制，从源头、储存、包装进行基本商品化的控制。完成农产品基本商品化，只是完成了网红农产品打造的第一步。在农产品电商运营过程中，要进一步提升用户的体验，提前规避农产品的售后问题，从而加强农产品的网红属性。比如在"靖州杨梅"的运营中，通过"梅颂"的开箱活动，很多用户会在活动参与过程中自发地进行农产品的社交传播。

其次，从地域特色、文化底蕴、产品故事多维度出发，塑造高辨识度、高传播、高附加值的农产品品牌。靖州位于湖南省西南，怀化市南部，湘、黔、桂交界地区。地处云贵高原东部斜坡边缘，雪峰山脉西南端，沅水上游之渠江流域，全县森林覆盖率达 74.1%，环境优美，空气、土壤质量极佳。同时，靖州有苗族、侗族、汉族等 25 个民族，其中苗族、侗族人口占 74.4%，具有浓郁的民族色彩。靖州有上千年的杨梅种植历史，是中国杨梅种植之乡，"靖州杨梅"是地理标志性品牌。我们在品牌宣传内容创作上，无论是图片还是视频，都充分展示了靖州自然环境的优越。使每一个看到图片或视频的用户，都能从优美的画面中迁移，想象在这样优越的环境中生长出来的杨梅，自然是鲜美多汁。同时，通过对靖州少数民族生活、风俗的呈现，赋予靖州杨梅神秘、多元的民族色彩，加深品牌文化底蕴。在靖州杨梅品牌的打造上，我们深度挖掘了袁隆平院士曾经在靖州的故事素材。袁隆平院士曾在多个地方进行杂交水稻的种植实验，都没有成功，唯独在靖州成功了。他回忆自己在靖州的往事，说每年最怀念的就是吃到的第一口靖州杨梅的味道。通过讲述袁隆平院士这样"有影响力的人"与产品之间的故事，大大提升了用户对品牌的认知度、信任度以及传播度。

再次，从内容电商的核心理念出发，打造有需求价值的知识型内容、故事型内容、搞笑型内容，以内容营销，实现网红农产品的销售转化。在"炎陵黄桃"的运营过程中，我们从产地村支书的角度切入，打造了他带领全村人多年种植黄桃的故事性内容，以及他对黄桃生长环境的介绍和改植过程等知识型内容，这种具备专业知识、真实的故事、浓郁农业情怀的内容，契合了用户的价值需求，也促进了黄桃的销售转化。同时，结合黄桃的一些产品特性，比如根据形状特征等内容，我们创作了一系列的趣味性内容，也实现了用户在自媒体平台的自发传播以及购买行为的转化。

最后，渠道就是销量，传统电商启动了农村电商，但农产品的上行依然存在着困境。近几年，尽管涌现了一些具备带货能力的农产品电商网红，但农产品的规模化销售依然需要借助专业的平台，将外界的资源链接进来，形成内在的优质农产品和外部需求的有效链接，实现资源整合，营造农村电商良好的发展环境。农产品触网上行，核心是"货"。如何把贫困地区的农"货"叫响，把深藏于农村的特产搬运到消费者手中，带动农民增收致富，是农产品上行的难点和痛点。可持续发展离不开产业的支撑，产业的基础就是"货"。

寻找支柱产业一定要结合当地的自然人文和农业基础条件，因地制宜，找到核心特色和亮点。脱贫地区特色农产品的挖掘和推广，首先在于挑选品质好的产品，然后做出品牌，进而实现商品化、电商化，在销售过程中做好品控，并实施品牌保护，从而形成完整的产业链条，让原始产业借助电商获得更大的市场认知度和影响力，实现农产品的优质优价，进而吸引更多人加入支柱产业中来，实现增收致富。

在具体实践过程中，主要是三步：一是深挖资源。寻找货源是电商化的第一步，也是最关键的一步。具体包括汇总整理农特产品信息，对品名、价格、规模、产地、销售渠道等进行挖掘和普查，并登记造册，确定适宜网销的特色农产品。二是打造品牌。根据当地产业及区域文化特色确定品牌发展战略，打造区域专属公用品牌，在品牌名称、品牌标识、品牌视觉策划、包装上形成统一并推广使用。三是制定供应链标准。为实现标准化生产、品牌化运营，使脱贫地区农特产品走向更多渠道，惠农网按照统一品牌、统一包装、统一标准、统一宣传、统一管理的要求，为当地龙头企业和种植大户制定生产、加工、选品和流通标准，使农民足不出户就可以将当地特产销往全国。此外，惠农网还针对品牌产品开展品牌保护，建设农产品质量安全追溯管理系统，从源头把控农产品质量和标准，实现对农业生产、流通等环节信息的溯源管理。

第二篇
农村电商实践优秀案例

智农宝全产业链精准服务电商平台

北京市数字农业农村促进中心　芦天罡

一、基本情况

北京市农林科学院数据科学与农业经济研究所坚决贯彻落实党中央的决策部署，在北京市农业农村局的领导下，以"科技惠农、信息助农"为己任，立足首都、面向京津冀、服务全国，组织产业规划、籽种推广、农技指导、农业物联网、农产品智能追溯、电子商务等专业技术团队，精准服务农业生产上下游，建立了支撑全产业链的农业科技信息服务体系。

数据科学与农业经济研究所以"创新、开放、合作、共赢"的理念，坚持"互联网+"思维，搭建了"智农宝全产业链精准服务电商平台"（以下简称"智农宝电商平台"），整合北京市农林科学院种质、技术、智库、平台等科技资源，面向农业新型经营主体，示范性投入设备、人才、资金，组织开展产业规划、科技指导、品牌塑造、新媒体营销等全方位服务，建立了从种到收全程产业管家服务模式，将科技资源精准投放到农业生产的各个环节，将优质农产品无缝嫁接市场营销渠道，健全供应链，优化营销生态，推动小农户与大市场充分对接，提升农业新型经营主体自主发展的内生动力，推动首都农业实现真正意义上的提质增效。

二、主要做法

2012年至今，中央一号文件连续提出发展农业农村电商。2018年，全国农业农村电商工作会议进一步提出：要深刻认识当前我国农业农村电子商务发展的机遇与挑战，充分发挥我国深入到村的行政体系优势和互联网发展优势，紧紧围绕实施乡村振兴战略，以"互联网+"农产品出村进城工程为抓手，以优质农产品为重点，建立健全供应链、生物链、产业链、价值链体系，加大新型职业农民培育力度，以电子商务牵引带动农业农村信息化建设。8年来，智农宝电商平台致力于整合推广首都种业创新成果，从源头保障农产品质量；致力于运用智能追溯技术，采用专家远程指导方案，精准全程化服务生产各环节，保障农产品质量安全；致力于为生产经营主体提供规划、种苗、技术、销售一条龙解决方案，解决了从种到售全程的农资问题、技术问题和渠道问题，形成了精准服务农业全产业链的综合电商平台。具体措施如下：

1. 建立优质农资电商矩阵，推广种业创新成果，从源头保障优质农产品生产　智农宝电商平台与多家电子商务营销公司合作，整合北京市农林科学院优质籽种资源，发挥各自优势，共同推进网络营销主渠道建设。从2020年开始，在淘宝、京东、拼多多等多个平台设立运营籽种销售网络店铺，搭建优质农资电商矩阵。其中，京东平台上架 8 类 245 个产品，年累计销售额约 227 万元；淘宝平台上架 6 类 867 个产品，年累计销售额约 318 万元；拼多多平台上架 9 类 248 个产品，年累计销售额约 73 万元。所有在售籽种产品，85% 以上都是北京市农林科学院自主研发的优新品种。通过建立籽种电商营销矩阵，累计在全国示范推广白菜、油菜、甜（辣）椒、番茄、黄瓜、西甜瓜、西葫芦、南瓜、菠菜、萝卜、甘蓝、茄子及各种名特优新蔬菜和玉米品种 500 多个，扩大了院所创新成果的示范推广，从源头为优质农产品生产提供了保障。

2. 集成信息化＋新媒体，创建全产业链信息服务模式 依托北京市农林科学院的技术、专家、成果、平台优势资源，智农宝电商平台创建了"产业规划＋技术推广＋信息服务＋电子商务"的全产业链信息服务模式。产前通过产业规划，为基地、园区产业发展提供支撑和依据；产中通过种植技术和信息技术指导，提高生产效率、产品产量和品质；产后通过智农宝融媒体品牌传播服务体系，实施专业品牌策划设计，建立多渠道宣传、销售方式，解决基地、园区农产品卖难问题。通过在产前、产中、产后构建全产业链条，有效整合农业生产经营各要素，帮助基地、园区解决产业发展思路模糊、产业链条短、生产技术落后、产品附加值低、销售渠道单一等诸多制约发展的问题。

3. 实施"设计＋营销＋传播"组合拳，帮扶小农户对接大市场 通过线上线下相结合的 O2O 发展方式，将互联网与体验店、体验基地对接起来，实现互联网落地。建立起销售及宣传推广服务体系，促进小农户与大市场更好对接，解决农产品销售难题，增强农村市场经济内驱力，推动农业提质增效。

通过网上商城、微商城、实体店，以及超市、大宗交易等多种途径，解决基地、园区农产品销售难题。同时，通过组织"食品安全进社区"科普公益活动，助推优质农产品推广，举办优质农产品品鉴活动，帮助基地进行公益宣传和产品展卖。

借鉴整合传播思想，秉承媒体融合理念，搭建新媒体矩阵，开展新媒体营销业务。根据不同的营销目标、不同的受众群体，制定内容生产和媒体运营策略，利用各种有效发声点，在市场上形成统一的、多方位的营销声浪。在短视频、直播互动、微动画等新媒体表现形式的整体框架下，为基地和园区量身定制高效、精准的整合营销传播策略并予以执行。

三、经验效果

区别于传统电子商务平台单纯的产品展示和商品交易功能，智农宝电商平台将成果、智库、信息技术、新媒体、渠道集成统一到服务优质农产品供应链全程当中，在组织、模式和服务等方面进行了实践和创新，具体如下：

以北京种业之都建设为契机，建立网络营销矩阵，通过对北京市农林科学院优势新品种的推广和应用，逐步替代进口品种，打破国外品种的垄断，实现了高端品种的本土化。

建立"京科惠农"新媒体服务品牌，组建了 200 余人的专家咨询服务团队，建立了网站、App、微信、QQ、短视频等融媒体科技传播矩阵，开展 24 小时全天候专家服务，直接解决生产问题 10 万多个，节本增收上亿元。

搭建"京科惠农"网络大讲堂，开展良种应用、农机耕作播种、栽培管理、灌溉施肥、病虫害防治、收获加工等技术直播，将科技服务贯穿"耕、种、治、收"全过程。

通过"科研院所搭台、农业大咖带货"的形式，组织新品种直播推介，建立农资供需双方的网络沟通渠道，实现了"网上介绍品种、线上直接下单"，降低了交易成本和农资价格，真正实现了让利于农。

搭建优质农产品销售共建共享开放平台，与北京现代种业博览会、寿光国际蔬菜博览会、中国农交会等展会合作，共同策划举办线上线下结合的品牌活动，2020年带动北京展团实现成交2.97亿元。

组织实施了张家口市农村信息进村入户工程，提升了当地乡村建设的信息管理水平。开展了基于数据分析的京张蔬菜全产业链信息服务研究与应用，实现了张家口与北京蔬菜产销信息的对接，直接带动了当地产业的发展。

综上，智农宝电商平台紧紧围绕乡村振兴战略实施，以打造农业农村综合型电商服务品牌为目标，将科技资源、创新成果、智库服务、先进技术集成应用于优质农产品供应链、生物链、产业链、价值链体系建设，创立全产业链精准服务模式，为京津冀地区众多农业基地、园区提供了覆盖产前预测培训、产中监测控制、产后可溯销售的全产业链专业服务，辐射京郊8个区县以及河北的张家口、承德、唐山3个地区，共有90多个乡镇、300多个农业生产基地、3 000多名全科农技员受益。借助现代化信息技术和新媒体平台，将农业信息服务精准对接农业产供销各环节，进一步加强科技创新成果的普及推广，提升主体生产经营的组织化程度，与市场进行紧密对接，实现了农业产业链、价值链、供应链的联通，大幅提升农业生产智能化、经营网络化、管理高效化、服务便捷化水平，成为数字乡村建设的现实范例之一。

四、典型案例

北京松各庄瓜菜产销专业合作社位于北京京东蔬菜第一镇——顺义区杨镇。顺义区被列为第二批国家农产品质量安全县，杨镇的蔬菜产业是区种植业发展的重点。该合作社是一家以蔬果种植为主的农民专业合作社，有社员168户，辐射带动周边农户132户，覆盖蔬果种植面积270亩[①]，其中，生菜、茄子、大椒、西红柿、黄瓜以及西甜瓜生产面积最大。该合作社主要存在的问题是，蔬菜种植品种略显单一，信息化技术应用能力不足，蔬菜种植技术存在短板。

针对该合作社蔬菜种植品种单一、缺乏特色品质优良品种、不能满足广大消费者需求的问题，智农宝电商平台调查市场需求，并通过采集、整理、分析农产品市场信息，建议其进行西瓜、番茄、茄子、辣椒等品种的新品种引进、展示、示范工作，并依托北京市农林科学院蔬菜研究所和植物保护研究所的专家进行技术指导。同时，还为该基地提出了有针对性的产业发展指导性建议，科学分析、判断、预测了农产品市场运行状况及走势。服务三年来，促进了该合作社瓜菜产业优化升级，带动了该基地的经济发展，使基地累计新增总产值185万元，新增纯收益85万元。

---

① 亩为非法定计量单位，1亩≈667米²。——编者注

密农人家电商案例

密云区农业农村局　刘士莉

一、基本情况

北京密农人家农业科技有限公司位于密云区河南寨镇，是一家集品种引进、生产、加工、配送、产品开发于一体的现代农业电商企业。目前密农人家团队共70余人，并吸引了20多名大学生回乡一同创业，通过密农人家天猫、淘宝、京东、微信等电商平台，全年稳定供应蔬菜、水果、禽蛋、杂粮等160余种密云优质农产品。公司发挥自身示范带头作用，把实施乡村振兴战略摆在优先位置，与多个低收入村建立对口帮扶工作，帮助低收入农户增收。经过不断努力，密农人家分别被农业部和科学技术部评为2017年度全国农业农村信息化示范基地、国家级星创天地。

从2012年成立以来，密农人家借助"互联网＋"打开农产品电商市场，创立了"精准调查—农科融合—标准生产—打造品牌—电商营销—价优富农—模式共享"的创新型电商运营模式。充分发挥密云区的天然资源优势，针对现有市场农产品安全问题和消费者对农产品的高要求，利用密云区的生态环境优势和特色农产品资源，发展生产基地。通过与合作社签订供应合同、收购农户农产品等，在确保食品安全的同时保障农民的利益。

二、主要做法

1. 通过大数据开展农业精准种植　一是采取"公司＋合作社＋农户"的经营模式，与本地17个镇的72家合作社、460名农户达成生产合作关系，发展标准化生产基地800余亩，分别通过直供直销和订单生产等方式，持续为消费者提供优质特色农产品。二是发挥大数据优势，开展农业精准种植。利用阿里巴巴、京东商城等大数据系统，对终端13余万名用户进行消费特点和趋势分析，筛选优质新品种进行试种，并通过销售平台进行新产品满意度测试，获得消费者好评后，立即组织合作社和基地调整种植结构，按照统一的生产标准进行订单生产，实现了由"种什么卖什么"向"要什么种什么"的转变。由此，密农人家较其他电商获得了差异化、更优质的产品，与农民和合作社建立了更紧密的关系，同时也倒逼了农业产业基地的提质增效和种植的结构调整。

2. 通过线上线下活动提升品牌影响力　一是通过特色农产品试验示范推广基地进行"土地认领""线下体验"等活动，共吸引5 000余名北京市民前来体验、600余组家庭认领土地，让顾客在品尝特色农产品的同时还能体验农耕的乐趣，同时提高了会员认可度和土地附加值，促进本地一二三产业融合发展。二是创新销售模式。2018年9月，密农人家体验店在华润万象汇四层开业，并与多家精品水果超市展开战略合作，进行密农人家特色农产品的推广。三是伴随着农产品电商购物群体的逐步形成，线上流量已经趋于平缓，为了持续吸引消费者，增强顾客黏性，密农人家在稳定线上流量的同时，在线下与顾客面对面交流，通过组织参加展会、线下体验、开通直播等形式多样的互动交流方式，加深消

费者的品牌认知程度，提升消费购买力。

3. 通过产品分级标准促进企业转型发展　随着人民生活水平的不断提高，选择食用优质农产品渐渐成为大众的一种消费观念和消费文化，满足消费者个性化需求成为企业关注的重点。农产品品相差、包装不规范、保鲜方法落后、管理不规范等因素严重制约了企业的发展。为此，密农人家特向有关专家及科研院所请教，在农产品采收、分级、包装、配送、保鲜等环节对企业进行调研，对存在的问题进行系统性的挖掘与分析，制定了一套符合企业自身发展的农产品分级包装标准。通过应用农产品包装分级标准，一方面满足了企业的个性化需要，增强了企业农产品质量的竞争力，实现了农产品的优质优价，促进了农民的增产增收；另一方面，产品质量上了一个较大台阶，有效解决了产品质量等级不规范、产品质量不稳定、包装破损率高、产品损耗大等问题。

4. 通过精准帮扶带动农民脱贫致富　一是采取"互联网电子商务＋线下资源整合"的扶贫方法，在互联网上推广和销售西白莲峪村、燕落村、黄土坎村、新王庄村、大城子镇等低收入镇村的农产品，帮助低收入农户拓宽销售渠道。通过此种方法，成功打造了网红品牌"林下清香木耳"，并代表北京市在湖南卫视《天天向上》节目中推介密云板栗。二是依托产业和市场优势，开展实用人才技能培训，课程包括"农产品标准化种植""区域农产品电商运营""农产品质量安全"等，累计培训超过1 000人次，为培育"一懂两爱"的农村科技队伍提供支撑服务。三是发展产业，探索低收入村"造血"机制。在燕落村、塔沟村、西白莲峪村、流河峪村等本地低收入村进行了特色红薯种苗免费发放，并回收特色红薯的探索，累计回收特色红薯2万多斤。同时，探索在低收入村发展特色红薯产业，通过高品质、节水、省人工的特色红薯产业可持续帮扶，实现将低收入地区多样化的资源优势逐渐转化为产业优势、经济优势和后发优势的目标。

5. 通过打造区域品牌实现协同发展　密云地区有30多家从事区域农产品品牌打造的农产品电商创业企业，密农人家在分享经验、开展培训的同时，于2016年联合本地农产品电子商务企业创建了北京市内首家农产品电子商务协会——密云区农产品电子商务协会，共同打造密云区域农业品牌。截止到2020年年底，协会已经初具规模，电商总数达到60余家，实现了抱团取暖、协同发展的目标。

三、经验效果

密农人家通过创新型电商运营模式，充分发挥辐射带动作用，实现了农户增收、企业发展、产业振兴有机结合，先后打造了"栗面贝贝南瓜""两河沙田红薯""莓莓番茄"等网红爆款产品，为成果转化和产品发展打通市场渠道。目前累计销售密云本地农产品160余种，全年销售本地产品2 000余吨，提供基地周边劳动力就业岗位70余个，带动了本地区460名农户致富。同时，和农户建立了利益联合机制，以推进一二三产业融合发展，让传统一产种植产业的农户享受到了二三产业的增值收益。

经过多年的努力，密农人家通过淘宝、天猫、京东、微信商城等平台，累计服务京津冀乃至全国13万个用户家庭，并运用"互联网＋农业"的订单合作方式，在网络市场上塑造了密云农产品"绿色、安全、健康"的品牌形象。密农人家先后荣获"北京市农业好品牌""最受北京农民喜爱的十大农业电商""北京市农业信息化龙头企业"等荣誉称号，并分别被农业农村部、科学技术部评为"全国农业农村信息化示范基地""全国农村创业创新园区""国家级星创天地"等；孔博也先后荣获"第九届全国农村青年致富带头人""第三十届北京青年'五四'奖章""全国农村创业创新优秀带头人典型案例""首都精神文明建设奖"等荣誉称号，并担任了北京市第十五届人大代表。

今后，密农人家将以实施乡村振兴战略为引领，使互联网与农业生产、经营、管理、服务、创业创新深度融合，将密农人家发展成产、学、研一体的现代农业龙头企业，把密农人家团队打造成一支"懂农业、爱农村、爱农民"的"三农"队伍，在实现自身创业梦想的同时，创造更多的价值，努力让农业成为有奔头的产业、农民成为有吸引力的职业、农村成为安居乐业的美丽家园。

搭电子商务平台　助农民脱贫致富

唐山明劲食品有限公司　蒋明霞

一、基本情况

唐山明劲食品有限公司坐落于河北省第一经济大市——唐山市，于2013年5月创建，是一家从事休闲食品加工、销售，且拥有进出口经营权的民营企业。企业管理人员中，95％具有大专以上文化程度。

公司系唐山市农业产业化龙头企业，主要生产"明劲"系列扶贫农产品、即食海产品、蜜饯产品、糖果产品、坚果及炒货产品。公司拥有全自动产品加工生产线、即食水产品加工生产线和冷藏车间，年可加工产品4 500吨。公司一直高度重视产品质量体系建设，产品已通过HACCP认证。

企业成立5年来，始终以为国家和社会创造价值为己任，不懈探索企业发展规律，努力做强做大，现已发展成为理念先进、管理科学、设备精良的新型企业，在同行业中形成了较强的影响力和带动力。同时，为响应政府号召，积极参与对口支援承德市贫困县消费扶贫事业。公司积极履行社会扶贫责任，形成了"贫困县（户）农特产品＋扶贫商城（馆）＋满足城市居民需求"的促进农业产业化、加快农产品上行的产业链，持续带动贫困户增收，在唐山市消费扶贫领域中走在前列。

二、主要做法

公司借助农产品电子商务产业促进区域经济发展，有效破解了农产品滞销困境，全面推进农产品电子商务的高质量发展。

1. 开通电商平台与山村农户对接的"直通车"　公司发挥自身优势和企业特点，以电商平台为依托，通过牵手国企、对接农户等方式，把平台开到山村、农户，全力解决农产品销售困难，为百姓解决燃眉之急。近年来，唐山遵化市娘娘庄乡依托丰富的山地资源，大力发展特色水果种植，水果销售成为群众的重要收入来源，其中，"娘娘贡杏"年产量为40万千克。为帮助遵化市娘娘庄乡相古庄村村民解决农副产品销售难、卖价低的难题，公司架设贫困群众与消费扶贫供需桥梁，2019年6月6日，在唐山遵化市娘娘庄乡相古庄村主办了"国企电商平台精准扶贫对接会"，建设银行、工商银行、国家电网、邮政储蓄银行、中国石化、农业银行等6家国企应邀参加。通过打造新型的"电商＋企业＋贫困户"模式，将鲜果从基地以网络预售方式直接送到消费者手中。此次对接会直接销售鲜杏25万千克，相古庄村286户农民同比增收40％以上，每户直接增收2 000～4 000元。当地村民激动地说："往常我们只能在山下公路边摆地摊卖水果，现在可好了，有你们这个电商平台，不出门就能卖出果子，真的是帮我们大忙了，给我们搭起了一座致富桥。"

2019年8月20日，公司还与金融企业合作，在唐山遵化市举办了大型香蕉梨"金融电商平台消费扶贫对接会"，以金融电商用金融活水润泽更多贫困群体。

2. 线上扶贫商城与线下扶贫馆相结合 公司与国家电网、国铁商城、移动A＋、线上平台签订了战略合作协议并达成紧密合作，在2020年6月20日开设了线上线下联动的扶贫馆——唐山消费扶贫馆，依托唐山消费扶贫商城线上平台，将特色农产品和贫困户滞销的农产品销往全国各地，进一步扩大了电商平台的辐射和覆盖范围，形成了"全国贫困县农特产品＋扶贫商城（馆）＋满足城市居民需求"的促进农业产业化、加快农产品上行的产业链。

3. 打造电商平台与企业销售共同体 先后与多家公司签订合作协议，采取订单农业的方式，累计带动贫困户452户、2 600人。为了确保农户利益，让贫困户"旱涝保收"，商城供货商——唐山市凤凰人家食品有限公司制定了最低收购保护价。收购价每千克高于市场价1元，订单种植收购价格随市场价格变化而变化，但不会低于最低保护价和平均市场价，如果遇到特殊情况导致板栗、花生市场价格大幅下降，仍会以最低保护价为准，兑现订单，切实维护农户的经济利益，让种植户尝到了实实在在的甜头。尤其是在2020年疫情期间，为种植户销售滞销产品共计200余万元，有效缓解了种植户的产品滞销压力，增强了农户的信心。"平台＋企业＋农户"的订单模式形成了产供销一条龙，调动了各方合作的主动性、积极性，建立了唐山遵化鲜果基地、承德隆化稻米基地、黑龙江食用菌基地等稳定可靠的农产品基地。

三、取得的效果

1. 企业在困境中彰显担当 2020年年初，受新冠肺炎疫情影响，实体店等线下销售渠道遭受严重冲击。面对困难，企业不等、不靠，不忘初心，助销滞销产品，以特色产品为帮扶对象，完善种植、加工、销售一体化的产业链条。利用互联网销售，迅速搭建起种植基地与消费者之间的桥梁，帮助农户销售玉田水果萝卜3万千克、玉田羊角葱1万千克、遵化富士苹果2.5万千克、杨白梨4万千克。商城与农户建立了长效稳定的购销关系，确保了农产品的品质，保护了终端消费者的权益。

2. 企业在助力脱贫中实现提升 为贯彻落实国家关于打赢脱贫攻坚战的总体部署，积极响应"精准扶贫"行动的号召，公司主动参与脱贫攻坚战役，以"订单保底、合同价收购"的"订单农业"方式，带动农户和农民合作社发展适度规模经营，建立利益联结机制，走出了一条产业化发展的新路子。建设"唐山消费扶贫商城"平台，助力线上销售。截至2020年9月，通过市直部门预算单位线上采购、线下对接展会等形式，已有563家单位在"唐山消费扶贫商城"采购产品，商城面向社会承诺"利润的20％用于帮扶贫困户"，消费扶贫成果显著。设立扶贫馆，通过线上平台，将唐山市特色农产品和贫困户滞销的农产品销往全国各地，形成"扶贫产品＋扶贫商城（馆）＋满足城市居民需求"的促进农业产业化、加快农产品上行的产业链。同时，以直销为主、兼顾大客户营销为主要营销手段，打造消费扶贫新模式。

唐山明劲食品有限公司搭电子商务平台、助农民脱贫致富的做法和经验受到了社会各

界的肯定与赞扬。2019 年，公司获得"唐山市农业产业化龙头企业"称号；2020 年，获得唐山扶贫开发办公室授予的"真扶贫、扶真贫、献爱心企业"称号。公司将持续关注乡村振兴事业，积极投身乡村振兴事业，为实现巩固拓展脱贫攻坚成果同乡村振兴有效衔接贡献力量。

电商企业结硕果　授人以渔助增收

大厂回族自治县中冀利成肉类有限公司　王昆　王琦

一、基本情况

大厂回族自治县中冀利成肉类有限公司主要经营肉羊屠宰、牛羊肉分割加工、高端牛羊肉产品研发和速冻预包装食品的生产。公司分为屠宰加工厂和食品加工厂两个厂区。公司自 2015 年开始尝试电商销售，2019 年被定为农业农村部益农信息进村入户工程示范点，同时担任大厂县益农信息运营商。2020 年携手县城内电商大户大厂牧之星商贸公司，优势互补，大力发展电子商务，主销牛羊肉类产品。目前公司有生产人员及管理层职工80 多人，电商部有 12 人，还有粉丝 20 万人以上的带货主播 1 人、粉丝 9 万人以上的带货主播 1 人。

二、主要做法

1. 与时俱进，大胆尝试　随着网络普及率的不断提高，人们对于网络的认识不断加深，为农业农村电子商务的应用带来新的发展机遇。同时，国家对农业农村电商的支持力度逐渐加大，各类电商网站纷纷出现，电商发展模式引领销售潮流，传统的销售模式已经落伍。公司面对新形势，抢抓新机遇，迎接新挑战。以市场推动中冀利成经营模式的转型升级，与市场需求匹配，实现供给侧改革与需求侧发展的完美结合。为此，公司自 2015年创立电商部，着力拓展电商业务，尝试打造"互联网＋服务"，推进电子商务与服务、产品、市场、销售相融合，力求以好的措施形成好的发展趋势，以好的发展模式带来好的经济与社会效益。

2. 注重宣传，多元拓展　为确保产品及品牌全面、有效地推广宣传，公司利用京东、淘宝、阿里巴巴、食品商务网、拼多多、微商城、抖音、快手、微信公众号等网络销售平台，全方位、多角度做好宣传推介，让网络平台成为公司销售的主战场。近几年来，公司通过线上线下联合发展，年产值逐年递增，2020 年公司销售额突破 1.5 亿元，其中电商销售占总销售量的 33.6％，电商成交量达到每月 3 000 单以上。

随着疫情后人们消费观的改变，2020 年年初，中冀利成联手牧之星在京津冀地区线上线下同步做直营试点生鲜店，目前已投入运营 5 家。为了有效做到线上线下一体化发展，还建立了 ERP 电商管理体系。公司力争在 5 年内，生鲜加盟店达 500 家以上，成为环京津产能最大、设备设施最领先、技术研发最完善、产品最安全、产品种类最丰富的牛羊肉食品加工及销售的电商企业。

3. 精准定位，以销定产　以市场为导向，以客户需求为定位，将好的产品第一时间送到客户餐桌。公司制定可行方针策略与经营目标，以"互联网＋服务＋物流"的模式开展电商经营，与物流大咖顺丰合作，支持工厂直供、一件代发。利用电商平台，将优质特色牛羊肉产品销往全国，目前公司建有 1 万米^2 的仓储冷链集散库 1 座。

同时，公司根据电商平台的销售情况，结合市场调研，不断开发新品，现有产品多达300余种。此外，公司电商部秉承以销定产的生产管理办法，面对多重消费群体，实施以客户为中心的服务理念，直观了解客户实际需求，从而达到合作的目的。为此，公司制定了《客户满意度调查问卷》《市场产品热销产品收集表》《区域消费力统计表》《客户需求统计表》《餐饮经营常见问题统计表》，精准分析客户的消费需求，根据不同的消费群体、不同年龄段、不同的性别、不一样的价值观来推广不同的产品。

4. 授人以渔、惠农富民 通过几年的探索，公司电商销售逐步纳入正轨，特别是公司与廊坊益农社运营中心合作，加入益农信息社服务平台，运用益农社的服务平台和服务资源，宣传销售产品，拓宽销售渠道，公司业务量大增，销售市场全线飘红，极大带动了县域内牛羊养殖业的发展。目前有 260 户固定农户为公司提供优质牛羊，有 31 人进厂就业，其中有 2 人为贫困户。为了让县域内更多的群众加入电商创业队伍，公司面向社会无偿为有志青年创业者提供电商技能培训，手把手传授销售技巧。据统计，公司共培养出 56 名能够独立带货直播的人员，300 余名能够利用抖音、快手、微信平台拍摄作品销售农产品的人员。在加入益农信息社后，公司作为大厂县益农信息运营主体，先后为县域内 81 个益农信息站点进行了 3 次电商技巧集中培训，通过培训，有 23 人能够在家中进行电商销售，有 1 人在县城内开了精品果蔬电商专营店，专职从事电商创业。通过示范引领县域内群众加入电商创业，实现了公司和群众双赢的发展目标。一是公司提升了电商销售业绩，壮大了电商销售队伍，拓展了电商销售网络。二是群众掌握了电商技能，增长了创业本领，增加了收入。目前，中冀利成和牧之星抖音平台有粉丝近 30 万人。抖音上传的产品宣传视频日浏览量超过 10 万人次，单日直播推广总人数超过 30 万人。2020 年，仅半年时间，客户积累量已超过去十年客户总量。同时，公司培训的电商人员分流出来的 B 端客户、C 端客户也日益增加，促进了公司营收的增长。

三、经验效果

1. 技术创新 为了有效做到线上线下一体化发展，公司建立了 ERP 电商管理体系。企业内部通过网上商城获取用户订单后，能够立刻将订单信息传递至内部的 ERP 系统，用以采购、计算、财务、进销存软件等各部门之间的组织协调，核算库存、资金和销售。ERP 系统根据订单交易数额，对客户进行分类，方便对不同类型的买家表达更加具有针对性的关怀，借此培养客户忠诚度，提高订单买家的二次和多次购买率。通过 ERP 系统，与电子商务平台整合对接，可以降低运营成本，提高工作效率，提高企业竞争力。

2. 组织创新 2020 年年初，中冀利成与牧之星（海记鲜生）全面打造区域特色农业产品。公司合理调配各种资源，在人力资源方面，通过系统性的管理和人性化的沟通，实现"众人耕作、众人分羹"。以年轻化团体为主，实施多元化经营管理模式，大家明确一个核心使命和一个可以预见的未来，共同携手努力；在财务资源方面，经过多年积累，自有资金充足，为公司的发展提供了资金保证。同时，基础设施的投入、信息技术的提升、产品技术的创新和良好的社会关系，均为公司战略发展规划和目标的实现提供了可靠的资源保障。

3. 模式创新 公司的发展模式是一个多元化、现代化、全民化的统战思维，应阶段性地调整发展细节，结合当下时局，确定自身优势，开拓多渠道发展经营。通过对接京津冀各大社区团，实施公司商城线上下单、工厂对接家庭、物流配送到家的模式操作。

4. 服务创新 服务在于每个环节的体验，从而达到最终的服务结果和所带来的价值收益。公司以线上下单、物流配送的模式展开经营，全心全意为客户、一心一意做服务。经过疫情的洗礼，人们的消费观也在发生改变。公司向消费者传达的消费理念是少接触、少花钱，同时获得值得信任的产品。此外，向消费者有效宣传工厂对食品安全的把控措施，展示肉品检验加工过程，消除了消费者在购物时对产品安全的顾虑。

创新发展农村电商 打造数字乡村新引擎

馆陶县农业农村局信息中心 王薇

邯郸市村村帮电子商务有限公司 贾杜鹏

一、基本情况

邯郸市村村帮电子商务有限公司占地面积 40 000 米²。该公司是为进一步加快馆陶县电子商务发展，优化农村电商发展环境，推动电商在馆陶县经济发展过程中的积极作用而成立的，是馆陶县首家专业电商企业。公司现有运营项目包括国家级电子商务进农村综合示范项目馆陶县运营主体企业、河北省信息进村入户工程县级运营服务中心、河北省农村电子商务全覆盖项目馆陶县运营主体企业、河北省农民工返乡创业园、邯郸市电商创业孵化基地、馆陶县电子商务公共服务中心、馆陶县公共仓储物流配送中心、馆陶县彭艾产业园区、彭艾汤泉民宿、慧田家庭农场等。

邯郸市村村帮电子商务有限公司作为馆陶县农业农村电子商务的运营主体企业，全面负责县级农村电子商务公共服务中心、县级益农信息社运营服务中心、县级物流配送中心、农村电子商务服务站、村级益农信息社的基础设施建设、硬件配备和运营工作。通过构建县、乡、村三级服务体系，整合馆陶县农业农村优势资源，利用自身物流优势，打通农村物流"最后一公里"，实现"工业品下乡，农产品进城"，不断推进农业农村电子商务的发展。

二、主要做法

1. 村级信息站全覆盖，完善"新服务"体系 2016 年，馆陶县被评为国家电子商务进农村综合示范县，通过招投标，明确运营主体企业为邯郸市村村帮电子商务有限公司，在全县 277 个村建设农村电商服务站，实现县域全覆盖。服务站具备"缴费支付、收发快递、农村创业、本地生活、网络购物、网络销售、网订店取、网订店送"八大功能，服务农村，提高了农村居民的消费便利性。2019 年，在河北省信息进村入户工程项目中，通过申报遴选，公司被确定为益农信息社县级运营服务中心。全县共建设 217 个益农信息社，依托全省运营管理平台，建立省、市、县、村 4 级信息服务体系，通过开展公益、便民、电商和培训体验 4 项服务，提供买、卖、推、缴、代、取 6 项功能，提高农民的信息技术应用水平，为农民解决农业产前、产中、产后和生活服务等问题，使普通农户不出村、新型农业经营主体不出户就可享受到便捷、经济、高效的生活信息服务。

2. 创新电商营销模式，完善"新销售"体系 促进农村电商业态多元化，要从单一的销售模式向多品类、多服务、多渠道拓展。邯郸市村村帮电子商务有限公司建设了 3 000 米² 的 O2O 体验超市和两家村村帮 O2O 线下连锁便利店，对接美团优选、多多买菜等电商平台。通过高效产销对接、简化供应链等方式，改善农产品生产、分配、流通、消费各环节，让馆陶鸡蛋、馆陶黄瓜、馆陶黑小麦、馆陶黄梨等丰富的农业产业资源和农鲜产品上网销售，覆盖整个邯郸市、邢台市及衡水市，形成线上线下相结合的农村电商营销体系。

3. 打通上行下行通道，完善"新物流"体系 "最后一公里"和"最初一公里"问题是工业品下行和农产品上行共同面临的难题，在完善农村基础设施的基础上，要整合基层站点资源，提升综合服务功能。邯郸市村村帮电子商务有限公司充分发挥馆陶县三省交界的地理优势，建设了县级公共仓储物流配送中心。该中心具备公共仓储、分拣、包装、配送、冷链运输等一体化服务功能，开放仓库储存代托管服务，同部分县级代理商共享使用，实现资源最大化利用；为使农产品，特别是鲜活农产品快捷发往全国各地，加盟德邦物流-馆陶服务中心，同时与邮政速递、天天快递、优速快递等6家快递企业签订战略合作协议，创新农村电商"新物流"模式，依托村级信息站实行双向物流运营，缩短运输时间，为降低物流成本和快捷通道提供了保障。

4. 提升农产品质量安全，完善"新标准"体系 农产品难以标准化是实现农村电子商务的瓶颈问题。邯郸市村村帮电子商务有限公司建立了农产品品控中心，实验室配备了专业的品控检测仪器和设备，包括酸度计、自动检糖计、面筋测定仪、水分仪、农药残留测定仪、色差计、数显离心机、托盘天平、电热恒温干燥箱、箱式高温电阻炉、组织捣碎机、游标卡尺、温湿度控制器、灭火器、排风扇、试验台等。对接"新华网"溯源中国，建立了农产品质量安全追溯体系，实现了农产品上行中的质量追溯。在农特产品研发方面，已完成了粮画小镇挂面、馆青黄瓜、公主湖畔咸鸭蛋、共耕园鸡蛋、粮画小镇杂粮5个农产品品牌的打造。

5. 加强电商队伍建设，完善"新人才"体系 邯郸市村村帮电子商务有限公司对接河北新农人教育学院等电商培训机构，建立了馆陶县农村电子商务培训实践教育机制，通过线上线下相结合的方式，对益农信息社、电子商务村服务站、农村创业青年、农村致富带头人和贫困户等人员开展公开、免费的农村电子商务基础普及性培训和增值性培训，拥有一支懂信息技术、会电商经营的本土农村电商人才队伍。

三、经验效果

邯郸市村村帮电子商务有限公司根据《中共中央国务院关于实施乡村振兴战略的意见》精神，实施数字乡村战略，做好整体规划设计，推动农村电商规模化、集约化、专业化发展，探索具有馆陶特色的农村电商发展路径，为区域乡村振兴、经济社会发展培育新动能。

1. "园区＋新农企"示范模式，助推农村电商孵化升级 公司以馆陶县电商园为载体，为返乡农民工、退役军人、创业青年群体提供农村电商示范、引导和人才培训等创业就业空间。积极搭建集企业孵化、物流分拣、行业管理、产品展销、人员培训于一体的农村电商产业园，提供产品检测、数据保障、经营指导等配套服务，补全农村电商产业链条，大力吸纳外地电商到当地注册经营，为新农村电商企业提供成长摇篮。借助农村电商示范园区，积极创建农产品区域公用品牌，探索农村电商规范和标准，高规格、高质量、高水平培育新型农村电商企业，形成了农村电商带动乡村振兴的繁荣局面，促进农业供给侧结构性改革，巩固拓展脱贫攻坚成果同乡村振兴有效衔接，推动一二三产业融合发展，引领数字农业农村建设的优秀实践探索。

2. 农村电商与农业产业化融合发展，助推传统农业转型升级 公司围绕农业农村特色产业，打造县域电商产业集聚区，完善电商配套服务，提升产业电商化水平，优化整合县、乡、村三级物流配送体系，以益农信息社、村级电商服务站为重要载体，积极开展"互联网＋"农产品出村进城工作，为馆陶优质特色农产品拓宽上行的通道，让农产品优质优价"走出去"。通过订单农业、预售农业等新模式，加快农业生产、经营、管理、服务等领域的数字化应用创新，促进乡村振兴战略实施。

3. 利用新技术、新业态，助推基础设施转型升级 公司加快推动农产品加工、冷链物流等基础设施的数字化、智能化转型，借力"互联网＋"农村电商，让空间上的"远在天边"变为网络里的"近在咫尺"。关注互联网新业态直播电商，让村级信息员成为主播、农业生产的田间地头成为直播间，更好地助力农产品销售，助推乡村振兴。

农村电商作为数字乡村战略的重要组成部分，正在深刻影响和改变着农业农村，馆陶县正用创新独特的发展模式，高质量推进数字乡村建设，以数字乡村建设激发乡村振兴新动能。邯郸市村村帮电子商务有限公司将积极促进多平台发展合作，统筹优势资源，通过开通助农频道、专区、直播带货等多种方式，提供流量支持，搭建助农绿色通道，促进农业农村数字经济发展，推动数字乡村战略落实。

搭建三平台数字化管理 优化"三要素"开启农村电商4.0新模式

辽宁同行时代孵化有限公司 马晓东

一、基本情况

辽宁同行时代孵化有限公司致力于电商理论研究、实践探索、人才培养、大数据平台运算管理和供应链平台管理，打造完善的一条龙式的电商培训体系，为农村电商、乡村建设提供智力支持。重点搭建"三平台"，即质量追溯管理平台、供应链管理平台、大数据应用平台，通过三平台优化"三要素"，助力农村电商开启4.0新模式。

目前，辽宁同行时代孵化有限公司已经培育出"农户＋主播及运营＋快递"的产业模式雏形，提高了"营口海蜇""盖州苹果""鲅鱼圈葡萄"等地方优质特色品牌的知名度及影响力。同时，通过联合第一书记，培育打造321个新农人主播，直接或间接带动就业2 000余人，为鲅鱼圈本地提供就业岗位数百个，孵化本地企业创造直播收益，仅2020年度，就直接或间接带动11亿元的产值。

（一）构建"三平台"

1. 开发建设了鲅鱼圈区农产品质量追溯管理平台 平台以水果、水产加工品、农产品三大类为主，先期纳入同行时代的产品供应链合作商，如各类合作社、加工厂等，逐步扩大推广应用。对平台所有产品的产地、产期、检测数据等进行追溯，保证选品质量。

2. 构建农产品供应链管理平台 以辽宁同行时代孵化有限公司布局的全国5个电商产业园农产品供应链为基础，以农产品质量追溯管理平台为选品保证，建立农产品供应链管理平台，该供应链管理平台可直接对接快手、抖音、视频号等多平台直播流量入口。

3. 开发建设电商大数据应用平台 以大数据平台数据分析为依据，从3个模式成就"流量""产品""变现"三块驱动原理，实现四维场景应用效果。

（二）优化"三要素"

1. 流量 通过农产品供应链管理平台，直接对接抖音、快手、视频号等多平台直播流量入口，进行高效流量引入，以大数据分析精准人群画像，针对精准人群画像配置个性化产品进行推送，做到以有效的流量配置目标人群容易接受和喜欢复购的产品进行直播，精准引流。

2. 产品 以鲅鱼圈区农产品质量追溯管理平台为基础，结合农产品供应链管理平台，将全国各地优秀农产品在全网进行多平台、多方式的高效输出，促进农产品与市场的有效衔接，为各种农产品的流通提供强有力的支撑。

3. 变现 通过大数据平台进行分析，实时对本地产品的包装设计、对外宣传、软文文案进行调整，并根据大数据分析出本地个性化产品营销方案，从而吸取精准粉丝，进行产品变现。

二、主要做法

通过构建三大平台，实施大数据管理，成就电商经营中的"流量、产品、变现"理论，同时，在新农人超级主播培训中也对后台大数据进行提取和应用，用于直播复盘讲解，直观、清晰地展现直播各环节、各时段资源分配对于流量的影响，促进主播打造培育计划，实现21天实操上岗的速成成果。大数据分析管理也可应用于电商"流量、产品、变现"三要素转化的过程，同时也就解决了目前农村电商发展的3个难点问题。

（1）农村电商发展缺乏专业人才和技术支持，有限的电商专业讲师与主播很少深入农村去做电商知识普及和运营。成立农村电商运营中心，提供技术支持，提出并推行"超级新农人主播从业人员21天陪跑计划"，解决电商运营难点中的人才问题。培养大批量农村电商主播专业从业人员，整理出一套21天"陪跑"超级新农人电商主播培训课程（21天可打造出一个新农人主播），每位新农人主播在参加培训时，除了要学习理论课，其余时间都做一对一实体体验培训，都要经历陪播观摩、搭档主播、个人试播和主播带货实操培训等阶段。在新农人超级主播的实操过程中，引入直播后台数据复盘，将园区企业每日运行的72个直播工位数据纳入大数据平台管理，通过每日数据复盘，清晰直观地为试播培训的所有主播学员讲解直播过程中流量波动的原因、直播不同时段的资源分配和引流办法、每日流量中的人群画像分布、产品布放和推介匹配成功率及沟通成效、讲故事效果等。

（2）多地农产品同质化问题严重，在电商经营中，应如何形成产业链条、择优选品？通过同行时代产品供应链平台链接全国十大农产基地和本地合作社，在本地无农村合作社村落设立1~2个农村工作站链接农户，实现农产供应链条。同时，投资开发建设产品质量追溯平台，实现产品质量追溯，制定选品标准，打造优质农产品品牌。

（3）如何打造品牌，靠讲故事出流量；如何通过有效流量实现快速变现是农村电商经营的又一难点。一是提出农村电商品牌依靠本地文化滋养的观念，充分挖掘本地地域性文化资源和非遗物质文化，寻找传承人讲故事，为地方产品品牌推广赋能；二是充分依据大数据分析，精准定位有效人群画像，准确投放；三是多点、多平台有效布局，形成矩阵效应，实现有效变现。

三、经验效果

创建数字化管理三平台，实现三量转化，打造农村电商站运营新模式。

项目模式：依托鲅鱼圈电商孵化产业园"农产品溯源平台＋大数据平台＋产品供应链管理平台"数字化管理运行优势，在各行政示范村内或依托农村产业合作社进行农村电商服务站搭建，将农村电商服务站的运行纳入园区数字化平台管理，通过"产业引领＋基地＋电商企业＋直播＋新农人主播的4.0电商新模式"的推进，实现本地农产品资源线上推广。

农村电商服务站的主要功能有：

（1）产品品质把控，建设优品供应链。整合、链接当地农产品产业链条，将其纳入同行时代商城产品供应链和产品质量溯源平台管理，进行优品推荐和地产品牌打造，突出本地特色，推进优势农业产业化，以多平台、多工位直播的形式，形成矩阵布局销售，实现农商互动和农商互联。

（2）数字化运营，村级电商运行专业化。将村级电商平台对接到同行时代电商供应链中，线上运作，利用产业园大数据电商平台数据分析进行选品、流量推送、视频创作、直播场景设计和平台选择与运行，在专业人和数据化的科学指导下做专业化电商经营。

（3）设立站内培训室，实施"21天超级新农人主播陪跑计划"。

（4）打造新农人超级主播，开设抖音、快手、视频号主流平台直播。每个服务站至少培养2～3名超级带货主播，多效、矩阵式布局。通过数据复盘分析，提炼有效人群画像，有针对性地进行时段产品投放，实现高效直播、有效变现。

（5）凸显快递收发集群谈判优势，实现低价、快捷的物流合作。

（6）强化冷链管理，打造生鲜供应链优势。

（7）多点信息联动，总分资源共享，实现农商互联、社群电商企业有效对接。

（8）高质量客服保障。

打造桓仁智慧市场 促进农产品出村进城

桓仁满族自治县农业发展服务中心　王平　刘柏旭

一、基本情况

桓仁东北参茸农产品城有限公司成立于 2012 年 10 月。该公司投资建设的中国东北参茸城位于桓仁县西江新城核心区，在火车站和新建汽车站前，货物流通顺畅，区位优势明显，地段升值潜力非常大，是省、市、县重点推进和扶持的大型项目。

东北参茸城一期工程总投资 2 亿元，占地面积 3.8 万米²，建筑面积 5 万米²，拥有商铺 200 多套，有 2 000 米² 的交易大厅，大厅内设 300 多个免费摊位。

东北参茸城建成后，先后引进了国家参茸产品质量监督检验中心和互联网金融综合服务平台，进行常年的检验鉴定服务，为广大参农提供一流便捷的优质服务。同时，成立电子商务公共服务平台，使之成为国内首家野山参专业线上销售平台，从根本上解决了东北地区参茸产品和土特产品的卖难问题。

东北参茸城 2015 年 8 月开业后，当年实现交易额 15 亿元。2017 年实现交易额 20 亿元，2018 年实现交易额 20 亿元。东北参茸城经营以来，曾荣获 2016 年辽宁省中小微企业创业创新示范基地、2018 年省级林业产业龙头企业、2019 年省级农业产业化龙头企业、2017 年辽宁省中医药健康旅游示范单位、2018 年市级创业孵化基地、国家 3A 级景区等称号。目前，参茸城入驻商户企业 188 户，直接带动参农近千户，间接带动参农 1 000 余户，解决就业 2 000 多人。

二、主要做法

东北参茸城信息化建设立足高起点、精规划，充分运用大数据、云计算、"互联网＋"等各种手段，立志打造行业领先的中国智慧市场。信息化建设将以"参易"命名打造八大核心技术平台。

1. 参易淘——第三方电子商务交易云服务平台　商户除在市场内进行实体展示与销售外，还可以通过市场提供的第三方电子商务交易云服务平台，面向全国乃至全世界人民销售展示地方特色产品。"参易淘"于 2018 年开始运营，聘请沈阳艾雅玛电子商务有限公司对线上平台进行统一管理。现入驻商家有桓仁东北参茸城土特产批发中心、桓仁康汇参业有限公司、桓仁万德参茸有限公司，销售品种为人参、中药材等。

2. 参易进——商户进销存云管理系统　市场为入场交易的商户免费提供统一的商户进销存云管理系统，各类商品的进货、销售、库存清晰可见、一目了然，并运用大数据挖掘分析技术，给其他相关业务平台提供有力的数据支撑，为商户、市场、客户等在经营、管理、贸易等过程中的决策提供多层次、全方位的参考。

3. 参易仓——智能仓储管理系统　充分运用高位仓架、电子标签、智能视频、烟雾感应、温湿度监测、红外感应等现代技术，为商户提供现代仓储服务。系统支持多货主与多仓库集成管理，可实现库存管理智能条码化、实时库存查询可视化、出入库与盘点操作无线化，有效提高仓储的操作效率和库存准确度。

4. 参易游——旅游体验O2O综合服务平台 现代人讲究玩得开心、买得放心、吃得安心。旅游体验O2O综合服务平台就是市场为商户（农户）量身定制的融餐饮、住宿、农家乐、采购于一体的线上线下综合服务平台。由平台统一引进客源、统一定价，商户（农户）在销售农产品的同时，又获得了餐饮、住宿等多方面的额外收益，同时可充分带动整个桓仁县的旅游资源。

5. 参易展——线上线下中国参茸博览会 结合东北参茸城每年一次的参茸博览会，同步推出线上博览会，以满足因各种原因无法到现场亲自感受盛况的客户需求。精美的展位画面、逼真的动态效果、实时的互动交流，同时又不受时间与空间的局限，若要交易，可与电子商务交易平台无缝对接，一定能带来与现场不一样的体验乐趣。

6. 参易贷——互联网金融综合服务平台 融资难、融资贵一直困扰着当前的中小用户，线下贷款手续繁杂、效率低下也是不争的事实，东北参茸城推出的互联网金融综合服务平台可解决这一系列困扰。作为市场的参与主体——交易各方，可以通过该平台多途径获取银行贷款。通过与电商平台无缝对接，基于真实的贸易数据，不需要抵押担保即可向合作金融机构发起融资申请；通过引入第三方动产质押监管系统，与智能仓储管理系统无缝对接，可获取融资方质押监管仓实时库存信息和供应链信息，对接金融机构系统，以满足融资方短期资金需求；对于小额、短期的资金需求，可通过市场方统一组织办理的信用卡业务实时在线支付，享受最长56天的免息服务。

7. 参易溯——基于二维码的全过程可追溯云服务平台 二维码应用渐趋广泛，其优点也是有目共睹的。可追溯云服务平台通过给种植的每片人参甚至每支人参贴上二维条码电子标签，可为农户、加工厂、国家参茸检验中心、销售商、物流机构等提供信息追加与维护功能，客户只需用手机扫一扫，即可获知种植、加工、检测、销售、物流、配送等各环节的关键信息，实现来源可追溯、去向可查询。客户甚至可以事先向农户购买某特定二维码，就相当于购买了还在生长过程中的人参，实现足不出户监控人参生长。待到成熟时，只需点点鼠标，自己预订的人参就会送货上门。

8. 参易指——基于大数据的参茸行情指数发布系统 充分挖掘各业务系统的数据，通过大数据分析，形成东北参茸城特有的参茸行情指数发布系统，将有关交易数据、价格指数同步投放到市场LED电子显示屏上。这样不仅有利于市场各方的公平交易，甚至还能引导整个行业的种植、采挖、加工、销售等各环节，促进行业长期平稳健康发展。

公司全力塑造中国东北参茸城品牌，现已注册东北参茸城、参易淘、参易进、参易仓、参易游、参易展、参易贷、参易溯、参易指9个商标，引起了国内外客商、知名企业的高度关注。

随着桓仁野山参产业的发展，"中国野山参之乡"的影响力不断向全国和世界各地扩展。公司愿与有关方面共同努力，以服务为先、以诚信为本，全力搭建信息、市场、合作服务平台，开展务实的交流合作，进一步增强人参产业的整体实力和市场竞争力，弘扬山参文化，为桓仁大生态、大健康、大旅游产业发展做出新的更大的贡献。

公司将以打造最具东北特色的农产品集贸中心为目标，逐步完善服务功能，不断增强集聚能力，力争引进和培育中医药中小微企业300户，年交易额达到50亿元，辐射、带动本地区及东北地区广大中医药客商发展相关产业，促进经营业户转型升级。

草根电商的创业之路

吉林省源田居土特产有限公司　张红霞

一、基本情况

吉林省源田居土特产有限公司成立于 2016 年 9 月，主要开展电子商务线上销售、电商人才孵化、网络创业培训、就业实用技能培训及信息咨询等业务。公司坐落于辉南县经济开发区，总面积 1 500 米²，有辉南县源田居农特产销售中心、吉林省拔尖儿手工艺品专业合作社、辉南县拔尖儿职业技能培训学校 3 个实体组织，拥有教学、实训、加工 3 个职业技能培训基地。现有电商运营团队 35 人，其中 28 名女性，包保建档立卡贫困户 11 户。到 2020 年，已发展全国各地代理商 1 000 多名，带领基地供货并参与电商的农民 28 000 多人。其七大系列产品与全国多家企业达成了供货关系，产品已跨出国门销往亚洲、非洲、大洋洲等地的国家和地区。2019 年公司收入 530 万元，带动地方间接经济收入 1 000 多万元，就业人数上万人。

二、主要做法

公司前身于 2009 年 7 月起步创业、注册淘宝，开始在淘宝平台上销售十几种当地的土特产品，2014 年全面步入电商领域，依托长白山得天独厚的自然资源，靠"绿色"开路，营销榛蘑、松蘑、木耳等野生食用菌，松子、核桃、大榛子等野生坚果，人参、灵芝、天麻等野生中药材，刺嫩芽、蕨菜、刺五加等野生山野菜；靠"纯真"取信，经营林蛙、蜂蜜、蜂胶等产品；靠"有机"享誉，有机无公害火山岩大米、杂粮及其深加工产品深受欢迎。

公司一直秉承"信为先、心服务、绿品质、星享受"的发展理念，通过典型带动、基地引领、投资培训、股份合作、跨域联合等多种形式，成功走上了一手种植养殖、一手培训实训、一手生产加工、一手绿色编雕，一手直销网售"五位一体"的电商发展之路。

1. 培训"三位一体"　公司以县城拔尖儿职业技能培训学校为龙头，以辉南镇三合学员种植实训基地、石道河镇大场园学员加工实习基地为框架，以各乡镇 143 个行政村共享驿站为支点，全方位开展电子商务基础、网络创业、新媒体运营、营销直播员、计算机实用技能、淘宝运营等培训。同时，利用乡镇基地，适时开展特产种植、草叶条编织、美工设计、养老护理、科学育婴、现代保育、中西面点、电焊水焊等就业创业技能培训。2017 年，石道河镇大场园学员加工实习基地所在村被评为吉林省电商村、巧姐村。

2. 打造资源共享　公司组织草根电商宣讲员到各个乡镇讲课，邀请在乡青年、妇女参观电商基地，加入"电商之家"。2017 年以来，共投入资金 32 万元，通过车间面授、基地实训、巡回讲座、网络线上授课、直播间视频直播等形式，累计开展电商培训 145 期，培训人员 7 052 人，辐射全县 143 个行政村，实现了共享驿站全覆盖。

3. 开展订单服务 加大对周边县市的辐射，与柳河草编合作社、磐石草编合作社和榆树市巾帼联合社签订草编回收合同，在县内外以订单模式以销带产。2019 年，上行产品收入已达到 100 多万元，下行产品收入也已经达到 20 余万元，为在乡返乡青年、妇女和弱势群体开辟了一条致富路。

4. 坚持品牌发展 2018 年 6 月成立了吉林省拔尖儿手工艺品合作社，把绿色和手工制作作为自己的品牌发展战略。紧紧依托当地农特产资源，以绿色原生态玉米叶、乌拉草、稻草、柳条、藤条等为材料，把手工编、织、雕作品用于营销产品包装，巧妙地将编织设计、色泽搭配、款式风格、销售定位有机结合，使销售的每件土特产品既是一种日用品，又是一件艺术品，既提升了土特产的价值，又推进了当地非物质文化遗产的传承和发展，实现了变草成金，产品供不应求。2019 年，天猫通化人参节草编人参和五谷字画草雕作品获得吉林省草编大赛优秀奖。

三、经验效果

1. 推进平台创新，实施传统培训与"互联网＋"的深度融合 大力拓展"电商平台＋"，工作室小程序平台与火山、快手、抖音相融合，开辟新路径签约，促进直播带货。通过平台销售、巧匠研发、信息共享、成果交流、带动辐射等模式，实现产、供、销一条龙，培训、帮扶、服务全链条发展。在共享驿站覆盖全县 143 个行政村的基础上，计划在"十四五"期间再打造网红村 100 个、技能村 50 个、电商技能妇女 200 名。

2. 拓展项目领域，实施红色旅游与"电商＋"的有机结合 拓展服务领域，公司电商以红色旅游为切入点，拓展"红色旅游＋"产业，与辉南县委党校、县残联达成合作，把特困群体的草编抗联鞋、抗联帽等产品作为县委党校抗联精神培训班的纪念品，让电商产品更贴近红色旅游、党性教育、党史教育和革命传统教育。2020 年，实现红色旅游纪念品电商收入 20 万元。

做大特色品牌，打造热销"网红"，将手工编、织、雕作品用于电商营销产品包装，成为公司电商亮点和特色品牌。在电商屯、电商村、电商镇及各乡镇共享驿站全覆盖的基础上，打造辉南电商品牌，未来利用手工编织，在辉南打造长白山动植物园。

2020 年中秋，在辉南县首届妇女草编技能大赛暨"双爱""双家"巾帼共建活动中，源田居土特产有限公司的"拔尖儿"系列草编展大放异彩。一株株肥硕的"灵芝"宛如孔雀开屏，一棵棵健美的"人参"在阳光下迎风舒展，2.3 米高的草编花瓶"醉美辉南"典雅娟秀……这不仅仅是一件件艺术品，更是魅力辉南——中国野山参之乡、中国长白山林蛙之乡、中国绿色大米之乡、中国矿泉水之乡的闪亮名片。

整合资源 破解难题
依托电子商务打造信息化为农综合服务体系

汤原县供销惠农电子商务有限公司 尹秀丽

一、基本情况

汤原县共有 10 个乡镇、137 个行政村,是国家革命一类老区。汤原县供销联社紧紧围绕信息化综合为民服务这条主线,整合多方资源,在打造"一个中心,两级管理,百人服务"(一个县级为民服务中心,县乡两级管理员和百余名村级信息员)的供销信息化格局,进一步活化电商为农服务形式,激发县乡村三级供销为民服务潜能等方面闯出了一条全新的道路,为县域经济发展提供了强有力的保障。

从 2016 年开始,汤原县供销联社抓住国家推动电子商务进农村的政策导向,争取县财政 340 万元资金支持,建设了汤原县电子商务产业园,在村级供销社设立了电商服务站。2018 年 1 月,县农业部门将"国家农业农村部信息进村入户工程"任务全部交由供销部门组织落实,建立了"益农信息社"村服务站。2019 年,结合农民需求,提出了资源共享、体系共建、服务共同的"三共理念",将电子商务服务于市场经济的主基调延伸并扩展为全方位综合性为农服务。现已建成 1 个县级为农服务中心(管理中心)、10 个乡级为农服务分中心(乡级管理中心)、108 个村级供销社综合服务站(村级信息员)。目前,能够实现为农服务直达到村的业务有:益农信息、电子商务、农事气象 108 个村,物流快递 86 个村,日用品配送、福彩销售 33 个村,财产保险 9 个村,客运交通、无人机植保飞防到达全部村。其他为农服务业务正在向体系整合加载,努力使体系朝着综合性服务农业全程产业链的方向发展。

二、主要做法

(一)实施背景

为农服务是供销合作社的立身之本、生存之基。在谋划构建经营服务体系之初,汤原县通过多年实施"新网工程"建设,全县所辖 10 个乡(镇)中只有 1 个乡没有乡级供销社,村级供销社在全县 137 个行政村中均有设立,经过筛选,初步确定符合进村入户工程"六有标准"要求的村级信息站点 108 个,占行政村总数的 79%,加之还有 6 个社有企业,全系统呈现行业组织架构较为完整、经营服务全域覆盖的格局。为了更好地依托电子商务构建经营服务体系,特别是线上线下有机结合的经营服务体系,汤原县供销联社组织力量,深入基层开展调研,逐步认识到以下问题:①乡级社多在出租老旧门店看摊守招牌,基本没有发挥其对所在乡(镇)各村供销社的业务指导作用;②村级社全部从事农资和日用生活品销售，经营单一，服务不明显。对此，汤原县供销联社转换思路，突破电子信息网络体系建设在系统内部打转的思维，采用"供销合作社＋互联网＋"的模式，为民提供快捷、优质的服务。

（二）主要内容

一是发挥优势，整合资源。为了保证信息进村入户工程能真正实施，汤原县利用供销系统有较健全的县乡村经营服务体系、村级网点人员都已受过农村电子商务综合服务培训、部门之间相互配合的优势，对符合信息进村入户工程要求条件的村级网点进行政策宣传，做好实施准备；将微信平台整合到供销信息化为民服务体系，助力为民服务质量；对不符合条件的，鼓励其加快整改，争取成为合格的信息员。同时，初步明确了乡镇供销社的管理人员为乡级运营专员，县供销电子商务公司的骨干为县级运营专员，确保后期的实际运行能力；联合农业、交通、商务、邮政等尽可能多的涉农部门，共享供销渠道与部门业务直达到村载体，为农服务格局初步形成。

二是分工协作，密切配合。汤原县非常重视电子商务的发展，采取了部门配合、分工负责、狠抓落实的方式加以推进。县政府专门召开会议具体落实，成立了由主管县长任组长、县农业和供销一把手为副组长、两部门的具体负责人和乡镇基层供销社管理人员为成员的领导小组。县农业局指派专人负责，依据省市政策要求，及时向政府汇报，向乡镇部门传达落实，负责行政组织指导和验收考核；县供销联社负责具体实施，组织安装培训，指导具体操作和运营；两部门联合组织实施，及时研究解决具体问题，随时与省市运营系统对接。利用 3 个月时间，对全县 108 个村信息站人员进行了业务培训。同时，对转店不经营、配合程度不高、停滞不运作的村级信息站进行了全面清理，进一步提升了电子商务平台的应用能力。

三是狠抓培训，壮大队伍。自 2017 年电子商务工作全面推进以来，组织了 2 场大型启动会，举办了多次乡镇具体业务研讨会，根据每个乡镇的具体问题具体分析。同时，县级管理人员深入到各乡镇中心站进行研讨，解决实际问题。目前，全县电子商务信息员已达 119 人。

（三）运营模式

县农业农村和供销两个为农服务部门共同打造了 1（县级管理员）＋10（乡级管理员）＋108（村级服务站）"双管齐下"的行业指导体系和经营服务体系，现已全面完成建设，正式开展工作。

（四）破解难题，重服务

一是破解了农副产品销售模式单一、效果差的难题。汤原县供销联社针对农民生产出来的粮食、蔬菜、山产品、畜产品等只能通过会议、展会等方式订购，粮库收购、销售模式比较单一，销售效果不佳的实际情况，积极探索农副产品销售途径。农民生产的农副产品可通过益农信息网、中国供销渠道大联盟、扶贫 832 平台等村级线上电子商务终端进行销售，非常方便，效果较好。

二是破解了为民服务内容不够广泛的难题。汤原县供销联社打破常规，主动承接县政府转交的劳务输出业务，与人力资源有限公司合作，为民提供外出务工增收渠道。制定了由供销联社主导、各乡镇基层社承接、村屯信息员承办的劳务输出工作机制，通过网络发布招工信息，再由村级信息员宣传引导到户到人。解决了工厂找不到人，农民想务工增收

但信息受阻的问题，新时代供销中介服务作用得以充分发挥。

三是破解了农忙时间紧、服务不够便民的难题。汤原县供销联社将农民之所需作为工作出发点，将便民服务效果作为工作落脚点。针对全县备春耕生产农民急需优质、价廉的生产用油的实际，与县石油部门联合开展了"送油下乡，服务'三农'，助力乡村振兴"为民服务活动。把柴油价格谈到最低，每升优惠1.6元，让利于民。通过乡村两级信息员宣传员、登记订购，油商入村进户上门配送，既扩大了基层社和村级服务网点的业务范围，增加了经济收入，又解决了当下农民生产用油之所急。目前，此项工作正在推进，订购热线不断，已为450多户农民送油15.4万升。

四是破解了重特大公共卫生安全事件保供、保价、保稳定的难题。2020年年初，全球性新冠疫情暴发，汤原县积极采纳区域隔离、人不离家、足不出户、事不离村（社区）、避免交叉感染的防控措施，日常生活物资保障成为重中之重。县供销联社主动担当，线上采购，线下配送入村入户，为疫情防控做出了积极贡献。

三、经验效果

在电子商务活动运行过程中，汤原供销联社在不断探索、不断积累、不断完善中逐渐发展壮大，形成了具有汤原特色的综合为农服务体系。

一是平台创新。为农服务是供销合作社的立身之本、生存之基。汤原县供销社采用"供销合作社＋"模式，突破在系统内打转的思维，联合涉农力量，构建了县乡村三级为农综合服务体系。在新网工程的基础上，大力引进并建设了电子商务平台，社属企业新组建的惠农电商公司正式运行，开展业务。

二是服务创新。打破电子商务本身的服务内容仅局限于农产品销售这一局限，将其延伸并转化为多角度、多渠道的为民服务。汤原县供销联社按照农民需求的不同，为农民提供优质、便捷、价廉的服务，最终达到农民满意，乡村两级供销服务网点扩大业务范围、增加收入的目的，逐渐形成了多种形式的为民服务方式。每逢重大节假日，各村级供销服务网点就开始备货，积极为农提供多品种、价格低、品质优的商品。但由于没有统一的购货渠道，商品价格会偏高。针对这个问题，县供销联社为农服务中心寻找大型商超，为乡村两级供销服务网点提供购货渠道，各网点可通过微信群方式上报所需商品，然后由为农服务中心统一配送，既降低了价格，又能送货到店。

三是经济社会效益。通过送油下乡活动，目前已减轻农民经济负担20.02万元，户均减少经济支出445元；通过劳务输出，157名城乡务工人员每年可实现收入942万元，人均可实现增收6万元；通过为农服务中心统一配送日常生活物资，交易额达到35万元，2020年，通过农村电子商务平台实现交易额2 000多万元。为农服务能力明显提升，城乡居民在享受到的服务中感受到了电子商务延伸服务的好处，体会到了供销系统的为民情怀。

精准对接，载体联创，
助力农业农村高质量发展

常州市小菜园农业发展中心　赵娟

一、基本情况

常州市小菜园农业发展中心是在常州市农业农村局指导下成立的民办非企业组织，主要为常州市范围内的农业企业、合作社、家庭农场、种植和养殖户等提供品种、农业生产技术、农产品包装营销、农业咨询等专业服务，尤其是为小微农业企业和小农户服务。该中心利用信息化技术与大数据分析手段，打通中间环节，真正实现农产品从田间地头到餐桌，让常州市民吃上安全放心的本地菜。目前，中心重点运营由政府主导的两个项目：

一是常州市农产品电商集聚区的整体运营。运营电商集聚区的主要任务是：通过2～3年的努力，孵化本土农产品电商100家，销售本地农产品过亿元；扶持大学生创新创业项目20个；形成稳定的常州市农产品电商集聚区运营管理模式。

二是常州市农业农村局主导的小菜园项目。由农业农村局扶持，村委会按照小菜园建设标准建造体验式的花园式小菜园，利用乡村的闲散土地和闲散劳动力来种植。由农业农村局和园艺技术指导站提供技术指导，全程绿色防控，采用传统露天种植，使用有机肥，人工除草，不使用化肥农药，带二维码溯源可视化，保障质量安全，开启全新的常州"菜篮子"模式，让更多常州市民吃到安全新鲜的本地食材，让常州好食材做出常州好味道。

二、主要做法

（一）常州市农产品电商线下体验馆运营

该馆展示常州市名优农产品和常州市对口帮扶地区的农产品，有农产品展销区、茶文化体验区、美食体验区等多个区域，其中包括：

1. 农产品展销区　展示、销售常州本土农产品，具体分为肉、酒、粮、油、茶、蛋、果、菜、花九大类，涵盖常州市十大农产品知名品牌和五大特色品牌。让常州市民熟知、了解、吃上常州本土农产品，增加城市自豪感，增强城市凝聚力。

2. 精美小菜园展示体验区　直接将小菜园的模式搬进了产业园，展现"迷你版"小菜园，让市民更直观地了解乡村精美小菜园的运营管理模式——"露天菜、本地菜、绿色菜"，直接将时令新鲜蔬菜从田间地头端上餐桌。这样既能让常州市民吃到安全放心菜，又能帮助村里的低保户、贫困户增收。

3. 农产品质量安全检测区　定期对所有上架的农产品进行抽检，实现"常体检，零风险"，为食材的健康安全"加把锁"。力求对全市农产品生产经营主体全覆盖，实现农产

品质量可控、可管、可追溯，确保上市产品可动态查询、可全程监管。

4. 科普教育区　为学生开展农作物知识教育课程，增强其对农产品的认识，普及农作物种植知识，让孩子们了解相关农作物生长的知识。

5. 帮扶专区　"精准帮扶暖人心，大爱善举奔小康"，结合帮扶政策，展示帮扶地区的农产品，为贫困地区、贫困农民提供爱心帮扶。

（二）建设农产品电商集聚区

该区共有 64 个工位、18 个独立办公室、10 个共享功能区。电商集聚区的功能定位主要是建成五大平台，分别是农产品电商孵化平台、农业农村"双创"平台、农业农村对外合作交流平台、农业金融服务平台、保险服务平台，形成稳定的常州市农产品电商集聚区运营管理模式。下面重点介绍农产品电商孵化平台和农业农村"双创"平台。

1. 农产品电商孵化平台　通过集聚资源，集成服务，扶持壮大和培育催生了一批农产品电商主体，推动"互联网＋"农业蓬勃发展。目前已入驻农产品电商主体 40 家以上，包括本市农业企业、合作社、种植和养殖户等农产品生产经营主体，特别是小微农业企业和小农户，为他们提供统一集聚的办公区，并提供设计、美工、文案、物流、财务、摄影、视频等共享服务。对于已经涉足电商领域的农产品经营户，相当于是为经营户在市区建立了一个备货点，既拓展了经营户的销售范围，又方便市民上门提货；对于想要开拓电商新市场的经营户，为他们提供专业的电商培训服务，提供全套的上线辅导和线上运营服务，帮助经营户快速打开线上销售渠道。

2. 农业农村"双创"平台　开展大学生创新、创业指导，引导大学生与新型农业生产经营主体对接合作。目前，已对接了一批创业大学生，提高他们对电商的认识，进一步掌握农产品电商的策略和技巧，以便为农产品电商主体提供线上店铺运营管理服务，为乡村振兴提供更多人才支撑。与农产品生产经营主体共同发展农产品电商，实现小农户与现代农业发展的有机衔接，为全市农产品电商的发展培育人才、积累经验。

（三）"常州市精美小菜园"的运营

线下"精美小菜园"田间种养可实现本市乡镇农民的土地承包租赁，推广精美小菜园认养模式，由贫困户和低保户提供小菜园的田间种养管理，既可为乡下闲散劳动力解决就业问题，又给贫困户带来了经济收入。线上"常州小菜园"小程序一方面可帮助农户销售多余菜品，另一方面，认养户也可以将菜品发布到小程序上售卖，实现共赢。同时，开设帮扶专区，举办爱心帮扶活动，精准对接贫困户，开展免费赠菜的精准扶贫、筹款活动。

三、主要成效

1. 设计小菜园认养模式，扶贫增收　采取"一对一"认养模式，常州市小菜园农业发展中心积极对接常州水文局、保险公司、朝阳中学等机关企事业单位，与村集体签订小菜园认养协议，建成了一批中小学生科普教育实训基地，吸引市民和学生下乡采摘、参与农事劳作体验。为当地贫困农民增收，确保低收入农户每年在家门口管理 2～3 亩菜地可以获得 2 万～3 万元的工资收入。

2. 疫情保供，打造"美好'菜篮子'"常州样板　新冠疫情防控期间，常州市启动"菜篮子"惠民公益行动。该行动由常州市小菜园农业发展中心提供"常州小菜园"线上下单电商平台，对接全市各蔬菜生产企业、家庭农场、合作社等农业经营主体，与邮政等多方物流合作，起到了本地农产品"线上轻松下单，物流及时送达，线下便捷取货"的保供作用。"常州小菜园"线上每天完成网上订单 500 多单，帮助菜农解决蔬菜无法出村以及卖不出去的问题，吸引了江苏电视台、江苏省农业宣教中心、中国江苏网、新浪网、常州电视台、《常州日报》《常州晚报》等多家媒体宣传报道。

3. 开展"小菜园扶农助残项目"两端扶贫 结合常州市残联的扶农助残工作，依托城区残疾人之家及残疾人组织，在老小区布点，平价销售"小菜园"全露天绿色无公害蔬菜瓜果等农产品，帮助残疾人就业增收。一方面，组织低收入群体利用乡村闲散土地种植蔬菜瓜果，由园艺推广站提供技术指导，并由常州小菜园农业发展中心统一净菜配送至社区经销站，确保菜品质量安全可视化、可追溯；另一方面，依托"残疾人之家"组织，在社区进行集中销售和管理，并由街道或社区提供免费经营场地，确保残疾人和低收入群体全程"有收益、有保障""零投资、零风险"。同时，由于垂直配送，无中间环节，菜品新鲜且普遍低于市场价，所售农产品深受居民认可，销售喜人，有力保障了"小菜园扶农助残惠民"项目的可持续、可发展。将扶持农村困难群众和帮扶困难残疾人就业进行深度融合，同时，有力缓解了城市社区低收入户吃菜难、吃菜贵的问题。截至 2020 年年底，"小菜园扶农助残惠民项目"已成功布点 30 个社区，200 余名残疾人实现就业，人均月增收 1 000 元左右，下一阶段，计划布点覆盖 50 个社区。

4. 线上十线下相结合，助力地产农产品销售 利用信息化技术与大数据分析手段，通过线下、线上有机融合，打通中间环节，服务常州本地农业企业、合作社和农户。在逐步改变农产品传统销售模式的同时，进一步拓展地产农产品的销售渠道。线上以"常州小菜园"小程序为媒介，根据不同时令节气，通过微信群、公众号、抖音等网络平台推送时令品牌农产品，每周定期开展助农直播，截至 2020 年年底，累计开展助农直播 40 多场。线下以"常州市农产品电商线下体验馆"为载体，采用"常州农产品进社区""常州农产品进公园""常州农产品进食堂"等一系列创新推广方式，助力本地农产品的销售。目前，农产品电商线下体验馆展销农产品 350 多种（涵盖常州市十大农产品知名品牌和五大特色品牌），累计开展社区推广活动 120 多场，机关、企业、学校等单位推广活动 30 多场，线下农产品展销会 6 场。通过打造自己的"农业淘宝"，让常州市民吃到安全新鲜的本地农产品。

发展农村电商　促进农民增收

江苏楚汉雄风电子商务有限公司　杨绍金

一、基本情况

江苏楚汉雄风电子商务有限公司成立于 2014 年，位于江苏省沛县经济开发区科技创业园区内，有员工 30 余人，专科以上学历超过 70%，目前公司设有 3 家办事处，分别位于徐州市农副产品批发市场、泰州姜堰区龙创科技园、苏州工业园区。依托各大农村电商平台载体，公司打造了高端社区合作门店 62 个、电商销售平台和店铺 12 个，配备生鲜物流配送车 8 辆、周转仓库 2 300 米^2、冷库 400 米^3，年销售额达 5 000 余万元，服务农业企业、种植及养殖大户近千家。

公司面向新型经营主体提供农产品品牌打造、农村电子商务、信息化服务、智慧农业平台搭建等各项业务，首先提出"公司＋平台＋农户＋品牌＋渠道＋农业金融服务＋直播带货助力新农村"七位一体的农业产业新模式，大力投资农业产业示范园，从事农产品物流供应、生鲜食材配送等业务，旗下签约主播数百位，成功孵化出苏北淘农村电商、大地公社宅配、大橙子直播机构、"苏创优青"农业产业园、"新农菁英"产品库等新型农业经营主体。近年来，公司先后被有关部门评为江苏省省级数字农业农村基地、江苏省电子商务示范企业、徐州市电子商务示范企业、徐州市电子商务优秀服务商、沛县农业农村局关工委活动基地、沛县青年就业见习基地，并在中国创青春大赛中获得银牌。

二、主要做法

乡村振兴战略为农村电商发展带来新机遇。农村电商的发展促进了农村和城市资源要素的双向流动，并初步形成了农村电商的新兴业态，为乡村振兴注入了巨大活力。为企业不断壮大发展，公司主要做了以下工作：

1. 积极培训农村电商人才，带动农村电商发展　农村电商的产业基础薄弱、人才基础薄弱，为了更好地发展农村电商，首先对有意从事电商经营的人员进行系统培训，以创业带动就业，以创业标兵引领创业氛围。目前已经在本县带动 200 多位农村青年从事电商行业，并且收入颇丰，带动周围更多的有志青年加入到农村电商产业中来。以"互联网＋现代特色农业"为创新驱动力，紧扣农村电商服务"三农"主线、紧盯农民持续增收核心、紧抓一二三产融合路径，依托农村电商平台载体，帮助 50 户新型经营主体服务搭建了电商团队，培训高素质农民 1 000 人次，培训村委基层干部 150 人次。

2. 努力打造农业品牌，提高农产品附加值　为本地农产品申请商标，引发关注，打造品牌，树立品牌标签和价格标准，对标地理标志农产品，提升农村电商销售价格，扩大农产品销售渠道。目前已成功打造"沛宫""汉刘邦""苏北淘""老沛城""知未来""桃之霸""橙之霸""苏创优青""阳小蟹""境思源""新农菁英"等 30 个农产品品牌，有效提高了农产品附加值，增加了农民收入。农户收入从亩产 3 000 元增加至亩产 5 000 元。

3. 不断延伸产业链，促进一二三产融合 通过电商销售，向农业产业链深度进军，进一步推动农产品标准生产、品牌打造、渠道拓展、仓储物流等产业经营。农村电商助推农产品品牌，从而倒逼农业结构调整，提升农产品品质。通过电商培训，带动更多涉农青年从一产种植，向二产三产的加工、储藏、物流、销售及电商服务配套产业延伸和转变，积极推进"企村联建"，推动村企融合。

4. 充分依托有利政策，集中发展优势产业 发展农村电商的前提是提高农副产品的质量，而提高农产品质量就意味着村集体必须要抱团取暖、统一管理，打造"一村一品"的高质量农产品，从而提高农产品的销量。结合"三乡工程"，未来计划引进稻米油深加工产业链企业落户沿湖的乡镇，积极促成黄桃冻干深加工企业落户沙河鹿楼、安国、朱寨等乡镇附近，为当地农业产业化发展打下良好基础。同时，发展安国芦笋产业、河口的牛蒡产业、敬安的辣椒产业。

5. 高效使用各种营销手段，量身定做营销策略 电子商务的发展让区域农副产品迎来了品牌化的黄金时期，短视频、直播带货、微信小程序把各类农副产品的销售推向了高潮。公司在乡镇建立农民直播间、助农直播间，帮助沿大沙河产业带优质果品种植户销售黄桃、水蜜桃、红富士苹果等，帮助沿微山湖产业带绿色稻米种植户销售优质稻米，帮助南部高效蔬菜种植户销售牛蒡、芦笋等，"一村一品"的农副产品完全可以率先借助短视频、三大平台直播、微信小程序，低成本、高效地树立自己的"互联网品牌"。

6. 用心紧盯市场脉搏，适时解决实际问题 从 2016 年开始，公司一直在帮助解决农产品滞销问题。在苏陕对口扶贫工作中，帮助陕西麟游县打造了麟游山林土蜂蜜品牌"秦蜜时光"，还带动该县酒房镇和九成宫镇 30 余家蜜蜂养殖农户开辟产品销售新途径，基本实现了农产品出村进城的目标。在新冠肺炎疫情防控期间，利用公司小程序，上线平价蔬菜组合套餐，服务徐州主城区 30 多个小区的生活物资供应，搭建同城配送网店，不但为农户解决了滞销的农副产品，还保证周边社区随时都能买到平价菜、放心肉。通过"短视频＋直播带货"，帮助本地农户销售滞销的鸡蛋和鸡肉。此外，公司还免费为援鄂医护家庭配送"新农经营暖心包"。

三、经验效果

1. 坚持平台创新 结合现在的农村电商趋势，创新思路，首先利用好电商平台流量，做好品牌打造和产品销售；其次是开发好自己小平台的功能，布局农业信息化、"三农"资产评估、B2B 企业链接互动、B2C 品牌产品销售、农业社会化服务体系打造、企村联建案例和项目合作对接；最后是双创人才创新合作，通过校企合作，培育培养农业信息化、数字乡村、智慧农业建设、农业经营管理人才梯队。

2. 坚持技术创新 通过物联网技术，开发农业信息化金融平台。通过人才招引，联合中国矿业大学、南京农业大学等高校，开发农业信息化物联网技术平台。未来，将用数据驱动解决农产品销售的数据问题、农业地面附属物的资产评估问题以及"三农"金融的融资问题。

3. 坚持组织创新 建立现代企业制度，真正做到"产权清晰、权责明确、政企分开、管理科学"。进行企业组织创新，构建企业的经营发展战略，通过供应链的管理方式，打造符合涉农村集体和非涉农社区新模式。

4. 坚持模式创新 以产品采购入库销售的贸易模式，深入到农业企业、新型经营主体的产业内部，打造品牌，拓展线下线上销售渠道，统一规范价格体系、统一仓储和配送物流快递服务、统一售后服务体系。用农业产业化的模式创新，做乡村振兴产业发展、人才兴盛的"江苏模式"。

5. 坚持服务创新 公司拥有多年从事电商行业的经验，有非常专业的产品分析能力。针对直播带货，专门制定了"直播带货三百计划"，即百家企业、百位主播、百场直播。公司的服务宗旨就是为企业创建品牌效益、为村集体打造"一村一品"，进而带动整个村集体的发展。

公司将坚持乡村振兴的方针政策，以"互联网＋现代特色农业"为创新驱动力，紧扣农村电商服务"三农"主线、紧盯农民持续增收核心、紧抓一二三产融合路径，依托农村电商平台载体，利用好农业农村电子商务，促进农业供给侧结构性改革，助力巩固拓展脱贫攻坚成果同乡村振兴有效衔接，推动一二三产业融合发展，引领数字农业农村建设的探索，打造农业农村农产品数据中心，推进农业农村发展新业态。

多措并举奏响共同富裕"协奏曲"

衢州市数字乡村建设中心　张鑫

一、基本情况

近年来，衢州市坚持以习近平新时代中国特色社会主义思想为指导，围绕市委、市政府打造全国数字经济第一城副中心城市、四省边际数字经济发展高地和数字经济"桥头堡"的决策部署，全力推动乡村产业数字化和数字产业化，整合新零售、村播、盒马示范农业区、乡村未来社区、益农信息社五大平台，系统推进农业农村电商发展。全市涉农电商持续保持良好发展态势，"互联网＋"农产品电商模式已成为加快数字化改革、促进共同富裕、激发乡村活力、推动振兴乡村的重要载体。2020 年，衢州电商网零额 389 亿元，同比增长 36.3％，居全省第一，超出全省平均 22 个百分点；居民网络消费 231.6 亿元，同比增长 13％，网零与网络消费实现顺差 157.5 亿元；跨境电商网零出口折合人民币 6.1亿元，同比增长 32.3％，超出全省平均增速。

二、主要做法

1. 系统构建农产品"新零售"平台　顺应"互联网＋"消费升级浪潮，积极探索农产品电商新模式。一是提升电商集聚水平，以培育电商专业村镇为抓手，促进电商产业聚集发展。全市拥有开化县华埠镇、常山县白石镇曹会关村等 58 个省级电商专业村镇及龙游县、江山市、开化县 3 个国家级电子商务进农村综合示范县，农村电商集群发展水平不断提升。二是推动大宗农产品挂牌上市，积极推进特色大宗农产品在全国性交易平台挂牌上市。目前，江山蜂王浆、蜂蜜已在渤商所挂牌上市，龙游"九号牧场"品牌生猪、常发牌山茶油、常山胡柚等在浙江舟山大宗商品交易所挂牌上市。三是农村电商新模式不断涌现，龙游县打造"龙游飞鸡"电商模式，依托互联网销售特有麻鸡系列产品，形成"公司投资＋支部带队＋村资服务＋农户养殖"的精准扶贫模式；在四川叙永等地开展东西部协作扶贫活动，发展建档贫困养殖户 1 000 多户，养殖户平均年增收 2 万元，带动 3 000 多人脱贫，于 2021 年3 月被评为"全国脱贫攻坚先进集体"；常山县成立东海常山木本油料运营中心，通过商流、物流、资金流和信息流四流合一的高效运转，形成全国油茶交易中心，构筑"原料和市场在外、交易和结算在常"的产业高端运作模式，实现资源集聚常山。

2. 创新打造标杆性"村播"平台　2020 年，抢抓全国首个阿里巴巴"村播学院"落户衢州的机遇，孵化带动"村播"产业，建立四省边际直播产业创业街和四省边际品牌馆，创新打造全国首个"农民当主播"乡村振兴村播 IP 品牌，印发《衢州市创建全国"村播"基地工作推进方案》，大力打造全国"村播"标杆地。共打造"村播"学院 7 个、

"村播"教学实训基地 21 个、各类标准直播间 180 多个，建立"村播"飞地 5 个；引进优秀"村播"企业 15 家，培育"村播"学员 1.4 万名，成立全市首个直播产业联盟"南孔直播群英·同心荟"，新孵化出一批"山村小俏"等影响力较大的主播和近 300 名带货农民主播，邀请知名主播开展系列"村播"活动 2 300 余场；打造四省边际直播品牌馆，汇集全国地标性名优农副食品 600 多款；高标准筛选"村播"供应链企业 275 家、不同规格农产品 1 000 多种；印发市、县、乡三级"村播"人才扶持专项政策，与中国农业大学合作上线全国首部《新农人、新农具、新农活——农村直播一本通》村播教材；2020 年"双十一"期间，全国共 19 个村播基地参与直播带货，衢州基地农特产品销售超 3 000 万元，位居全国第一；初步统计，全市村播带货总量超 18 亿元，其中农特产品超 5 亿元。

3. 深度融入高品质"盒马"平台　目前，衢州有"中国特产之乡"产品 20 个，农产品中国驰名商标 4 个，认证"三品一标"农产品 479 个、基地 156.5 万多亩，其中无公害农产品 278 个、绿色食品 78 个、有机产品 104 个、地理标志农产品 19 个，已形成柑橘、食用菌、畜禽、蜂产品、茶叶、瓜果蔬菜、猕猴桃、笋竹、渔业九大优势特色产业，是浙江省重要的特色农产品生产基地、省级农产品质量安全放心示范市。依托优质特色农产品优势，2020 年 8 月，衢州市与"盒马鲜生"签订战略协议，共建数字农业示范区，一期项目面积 1.1 万亩，总面积 2 万多亩，成为目前国内面积最大的盒马村和华东的数字化"菜篮子"，下一步将成为连接长三角、泛珠三角和海西经济区的数字农业重要节点与示范样本。届时，大量品质上乘、产量稳定的果蔬将向上海、杭州等城市持续供应。目前，全市已有 90 多种农产品入驻平台销售，每月供应"盒马鲜生"的农产品销售额达 400 余万元。

4. 全国首推"乡村未来社区"平台　衢州市高起点谋划、快速度推进乡村未来社区建设，先后发布全国首个乡村未来社区建设的地方创建标准、全国首个乡村国际未来社区指标体系与建设指南，牢牢把握"五个三"核心要义，聚焦主体、场景、产业、政策、改革等核心，研究完善资金要素激励、改革试点撬动等政策体系，探索全面推进乡村振兴、加快新型城镇化背景下城乡融合的新路径，加快建设以人为核心的农业农村现代化基本单元和人民幸福美好家园。目前，龙游溪口、衢江莲花、柯城九华 3 个乡村社区项目正式列入"SUC 联合国可持续社区标准试点项目"，已形成"6＋X"的建设格局，力争每个县（市、区）创建 1 个以上省级乡村未来社区，全市有 1 个以上乡村未来社区纳入省级最佳实践案例，已形成衢州模式、标志、制度和品牌。

5. 压茬提升普惠性益农信息社平台　按照"全覆盖、树标杆、深耕耘"的思路，在实现行政村覆盖率 100％的基础上，扎实推动益农信息社示范站点建设，重点按照"六升六好"的标准，打造"六个标准"升级版，建设"六个好站"服务点（公益服务好站、便民服务好站、电商服务好站、产业服务好站、乡村治理好站、信息集成好站）。依托"乡村振兴讲台·村情通"数字化平台，系统集成乡村教育培训、创业富民、产业发展、基层治理、管理服务等智慧化服务，破除数字壁垒，提升平台能级，扩大应用场景，数字赋能益农信息社建设。2020 年累计完成特色示范站点创建任务 30 个，被授予"衢州市示范性益农信息社"称号，为打通数字乡村五级体系夯实基础。

三、经验效果

1. 畅通农产品销售渠道　全市大力发展农业农村电商，充分发挥电商新兴业态优势，重塑农产品销售模式，赋能乡村振兴发展，2020年全市农产品网络零售额9.4亿元，同比增长12.2%。如柯城区直播带动农特产品销售额约5.73亿元，其中疫情期间组织24家电商开展"抗疫助农"直播系列活动35场，帮助销售农特产品5 500多万元；江山市冒个泡公司网络销售猕猴桃近2.2亿元；常山县村播带货常山胡柚超2 000吨，拉动胡柚产业、奇石产业实现销售额3 000余万元；开化县优选茶叶、油茶、清水鱼、蜂蜜、红高粱等主导产品，农产品线上销售额达到3亿元。

2. 拓宽农民增收渠道　出台电商扶持政策，鼓励村民、农场主、农业企业主、村两委班子、返乡创业青年等从事电商行业，打造农民电商创业园区，为农民提供大量就业岗位。2020年，全市"两不愁三保障"突出问题、年家庭人均收入8 000元以下情况、集体经济薄弱村全面清零，全市农民收入和低收入农户收入分别增长7.6%、15.3%，增幅均居全省第二，其中低收入农户脱贫攻坚成效首次列全省第一。如柯城区积极盘活乡村闲置资产，成立村级"村播"运营公司，在万田乡弈园村建成村播基地和四省边际直播产业创业街，为周边村民提供打包、分拣、发货等岗位，自开街以来，已实现直播销售额1.08亿元，带动就业1 000人以上，日均发放劳务工资约3 000元，村集体增收20余万元；常山县砚瓦山村石盆景女匠师姚慧萍带领一群全职妈妈组成"石头姐妹"，从策划拍摄各类小视频做起，坚持石产业、石文化常态直播，带动72名"乡土村播员"就业。

3. 输出共同富裕"衢州模式"　通过"村播"等电商模式实践，探索出一条"农民当主播、手机变农具、直播成农活、数据为农资"的数字赋能乡村振兴模式，获评全国十大淘宝直播村播计划示范县、全国"互联网＋"农产品出村进城试点区；《"衢鲜森"牵手"羌妹子"柯城—北川"共享＋村播计划"赋能增收》东西部扶贫协作入选国家发展和改革委员会"全国50大消费扶贫优秀典型案例"中国样本，并在全国消费扶贫大会上推广，向全国输出了"衢州经验"。据不完全统计，全市"村播"累计获得省部级以上领导批示2次、省级以上媒体报道20余次，接待全国40余个县域、企业代表1万多人次，触达网络人群4亿人次，扩大了四省边际中心的城市影响力。

"网上农博"让数字乡村更美好

浙江省农业农村大数据发展中心　陈慧杰

一、基本情况

网上农博（浙江省网上农博会）是由浙江省农业农村厅主管，浙江安厨大数据技术有限公司提供技术支持和运营管理服务，连接乡村产业主体和城乡居民需求，集成果展示、宣传推广、产销对接、产品交易、数据监测、质量管控、在线服务等多种功能于一体的综合服务平台。网上农博自 2019 年 11 月上线至今，已建成全省地市馆 11 个、区县馆 90 个及对口帮扶地区场馆 16 个；入驻经营主体 2 930 家，上线了 12 279 多款乡村产业产品，服务商数量超 30 家，仅一年多时间，实现产销对接超 1.4 亿元。

网上农博是历史悠久的浙江省农业博览会在乡村振兴大背景下的改革创新，是服务"三农"的创新应用，作为数字乡村建设的有力组成部分，不仅可以满足广大消费者"天天逛农博"的美好愿望，还让乡村产业有了直接展示的舞台。未来将相继建立市县公共冷链物流体系及线下品牌授权店，有效健全数字乡村物流基础设施网络，进一步推进农产品流通营销和政府行业监管的数字化应用。

二、主要做法

（一）构建农产品电商平台，创新农业信息化服务

网上农博积极响应"互联网＋"农业的号召，以政府为主导，以服务"三农"为目标，扩大农产品交易，建立农产品电商公共服务平台，为各地区涉农组织、机关、企业、专业合作社、种植及养殖农户等涉农主体提供各种农业信息服务。

1. 农民直卖，免费开店　农业主体可免费入驻网上农博，此外，其技术服务、运营管理和营销工具永久免费，无任何中间成本，每一分销售额都实打实地进入了农民和经营主体的口袋。让农民直面消费者，零成本触网，零成本对接渠道，零成本销售。

2. 线上平台，线下服务　网上农博除提供交易工具外，还加强线下服务，包括产品开发、包装设计、品牌建设等。自网上农博上线，培训团队已免费提供了 3 000 多人次的商家培训，通过"理论授课＋现场实操＋外出游学＋课后跟踪"，帮助农业主体快速掌握农业农村产业产品的相关要求。此外，还为农业主体量身定做"母岭香""仁智馒头""分水粮言"等品牌，促进商品增值。

3. 优质安全，放心到家　网上农博的所有入驻商家均经过各地农业农村局把关推荐，联通农产品质量安全检测信息，实现农产品质量安全信息可追溯，保障农产品安全。实时监管农业主体和上架商品，同时利用先进的鲜活农产品保鲜技术、农产品冷链运输方式，减少农产品从采摘、运输到消费者餐桌上的物流环节的损失。

（二）打造新时代"乡村客厅"，推动三产融合发展

随着市场用户消费水平的提升和互联网网购的迅速发展，除了满足电商的基础性服务

以外，网上农博还致力于打造一个融合乡村文化、乡村休闲农业、乡村民宿、乡村生活体验等功能的"互联网＋"农业生活智慧休闲平台。

1. 拓展平台功能 组织推荐，严格把关让名特优新农产品、农家特色小吃生产经营主体，特别是农家乐、民宿、乡村旅游精品线路等入驻网上农博平台，不断拓展平台的内涵。发展乡村多产业融合性综合服务产业产品，向广大用户展示乡村振兴阶段性建设成果，助力乡村共享经济、农业创新创业、特色农业产业发展，推动农村一二三产业融合发展。

2. 打造特色场馆 以"大宗农产品上行"服务为核心，通过围绕"一村一品""精准扶贫"等特色性展馆的开发，结合各地区的区域特色发展情况，充分发挥地区资源优势，为县域提供整套振兴农业互联网的解决方案。如网上农博入驻的首个桐庐文旅品牌馆，通过农旅结合，全方位展现桐庐文旅产品。该品牌馆由"宿在桐庐、游在桐庐、桐庐味道、桐庐有礼"四大内容板块组成，将众多桐庐旅游产品以惠民价推向市场，同步上线"0元门票、1元礼包、1折民宿、10元红包"，上线首日成交额超13万元。

3. 统一服务标准 探索组织相关县（市、区），确定一家有丰富农产品电商经验的服务商，为当地农业主体提供质量检测、产品打造、包装物流、详情页设计、售后服务、品牌推广、活动策划等服务，提升网上农博经营主体的运营能力。开展"包销＋同城配送"服务，针对部分农业经营主体线上销售能力较弱的现状，委托安厨优选2 000多家小店分销商，帮助解决小微企业的农产品"卖难"问题。依托桐庐农业公共服务中心，开展统一包装、统一检测、统一仓储、统一运输的"同城配送"模式，降低农业经营主体的运营成本。

（三）打造大数据分析平台，助力数字乡村建设

网上农博广泛集成农业基础信息、生态环境、产销数据等各类基础数据，建立健全数据"保鲜"机制，成为数字乡村建设的重要组成部分。网上农博通过建立交易大屏和区县交易看板，洞悉全网交易情况，同时也将平台数据免费开放给政府和经营主体。

1. 赋能经营主体发展壮大 通过平台数据资源，分析消费群体对优质农产品的购买需求、购买能力、喜欢的购买来源和购买方式，让经营主体看到优质农产品带来的溢价和复购率，以市场和消费者认同的方式开展标准化生产，降低生产风险，构建商家生态圈。绍兴单氏蜂业的"围裙哥"单尧强、温岭红日的朱丹敏、宁海市非物质文化遗产的代表性传承人王肖峰、天台县葛仙茶业的徐宁芬等经营主体都在农博平台上体会到了大数据带来的"惊喜"，尝到了甜头。

2. 推动乡村产业复工复产 网上农博积极联合各地农业公共服务中心，开展乡村产业电商化改造，为当地街道、村镇提供乡村产业数字化、网络化经营策略、互联网营销推广渠道、数字化分析工具。通过服务桐庐城南街道仁智村、旧县街道母岭村、衢州衢江蛟垄村、柯城上彭川村等地，成功推动乡村产业转危机为契机，带动8个村集体、56个农业经营主体复工复产，平均产能恢复80%以上。

3. 引导乡村产业转型升级 依托网上农博，各地都能够获取当地详细的农产品生产销售数据、地区农业产品分布情况、地区农业产业产量和产业支出变化趋势、农产品销售用户群体分布情况、市场需求量变化情况等信息，结合农业大数据分析综合成果展示，利用大数据对农业产业的整体情况开展实时、动态分析，提升农业全产业链运营效率，提高

农业智慧化发展水平，推动产业从传统方式向现代化方式转变，有效避免信息不对称造成的监管漏洞，加快农业供给侧结构性改革，促进总量平衡、结构平衡、质量提升。

三、经验效果

案例一：网上农博平台于 2019 年 11 月试运行，2020 年疫情期间，开展"抗疫情·食材保障行动"，免费为 26 个县的 700 余家主体提供服务，累计为全省人民保障各类农产品 5 000 吨，帮助经营主体解决滞销农产品 3 500 余万元。

案例二：2020 年 8 月，网上农博承办首场大型线上活动"品牌云展会"，云展会共吸引了五芳斋、祖名豆制品、老恒和等 400 余家知名品牌参展，网罗了西湖龙井茶、奉化水蜜桃、温州铁皮石斛等 1 600 多款浙江特色农产品。展会期间累计成交额超 248.8 万元，采购商达成采购意向 2 000 万元。

案例三：2020 年 11 月 20—24 日，首届线上浙江农业博览会落幕，线上农博会依托网上农博平台同步进行，囊括浙江省 11 个地市和 1 137 位商家，共上线 5 818 款产品，累计成交总额超 6 000 万元，共售出农产品 126 202 件，网上农博浏览量累计达 1 742 304 人次。同时，网上农博作为农博会的线上会场，在现场设立线上浙江农业博览会数字大屏，直观可视地将数据汇集起来，展示当日交易额、浏览人次、商品销售排名、热搜商品、地市展区热度等数据。消费者根据交易数据，可更直观地了解热度最高、销售情况最好的产品，商家也可根据数据信息及时调整。数字大屏的出现，在一定程度上解决了商家与消费者信息不对称、反馈不及时的问题。

案例四：2021 年 1 月下旬，网上农博举办"备年货·上网上农博——2021 网上农博新春年货节"，共有绍兴、台州、余杭、衢州桐庐、常山等 28 个地市参与场馆活动，线上线下融合，激活商家门店，让消费者足不出户就能一键下单购买年货。整个活动期间，成交额超 1 642 万元，商品销量 197 389 件，参与人数 206.33 万人，微博话题阅读量 4 425 万次。

借助官媒发声、媒体报道，网上农博不断举办各种活动，扩大平台影响力，未来将探索更多的农民直卖等新模式，拓展农产品批发等新功能，深入数字农业等新领域，承担更多的社会公益功能，输出浙江经验，走出浙江、走向全国，促进农产品销售和乡村休闲旅游业发展，促进农业增效、农民增收，推动数字乡村建设，助力乡村振兴。

五百益农信息员活跃乡村　农业农村电商风生水起

武义县农业农村局　徐上

一、基本情况

武义县益农信息中心是武义县在实施信息进村入户工程中建设的县级益农社，也是武义县农业农村局的一个科室（信息中心）。自2019年以来，益农中心采取"政府搭台、企业运营、益农社参与"政企社三位一体的服务模式，全面整合资源，主动下沉服务，开展产销对接，让益农信息社活起来、益农信息员富起来、农产品火起来，实现了百姓得实惠、运营商有效益、信息员有积极性的多方共赢。

针对基层服务终端网点多、需"多头跑"，基层农民信息化水平较低、"不会跑""跑得慢"，农产品销售信息不通畅等问题，武义县以实施信息进村入户工程为契机，扎实推进农产品出村进城和农村电商工作。据统计，2020年，武义县农产品网络零售额达18.1亿元，从事农村电商的益农社信息员平均月收入超5 000元。武义互联网助推农产品销售的做法先后获省市主要领导的批示肯定，并作为全省唯一县级样本入选《浙江省信息进村入户工程典型案例》，成功入选国家电子商务进农村综合示范项目，先后获评浙江省、金华市农播示范基地。

二、主要做法

（一）建立"政企社"三位一体的工作体系，提升组织力

1. 成立益农信息服务中心　2019年6月，成立全省首家县级益农信息服务中心，负责统筹落实全县信息进村入户工作，并在各乡镇365便民服务中心设立中心站，具体指导、管理村级益农社。通过县、乡、村三级益农社，层层布局，搭建益农大平台。益农信息社囊括了"公益、便民、电商、培训"四大服务，梳理出109项服务办事清单，汇集教育、医疗、就业、社保、气象等部门的信息，集聚电商、金融、供销、旅游、邮政、快递等社会资源，一站式"打包"、一站式服务，实现"村民办事不出村""进一家门，办百样事"，实现农村信息服务一站式管理。

2. 引进专业运营公司　按照"政企联合，协同推进"的运营模式，建立长效运营机制，确保益农信息社持续运营。通过公开竞争的方式引入6家运营企业，负责平台信息技术操作、农业农村服务接入、基层益农社信息员技能培训等工作。政府通过政策、经济扶持，打通信息通道；服务商负责提供各类商业服务和通道，通过扩大市场规模获得收益；运营商综合利用通道和信息高速公路，整合各类公益和商业服务，从服务商那里获得利润分成。同时，农业管理部门也可通过平台收集基础信息，积累农业数据资源，为制定更科学、更先进的管理决策提供数据支持。各方合力推进信息进村入户、农产品出村进城，有效解决信息进村入户"最后一公里"难题。

3. 建设一批农村电商专业站　按照"六有"标准开展基层益农社规范化建设。目前，

全县 258 个行政村已完成 500 个益农信息社建设任务，覆盖了 100％的行政村。除了依托村便民服务中心建设的标准站外，还有三分之一的站点是以电商、商超为主的专业站，涌现了一批农村电商的优秀信息员，如立志把老家祖传的"柘坑辣椒酱"传承下去、专心致志做"辣妹子"的吕虹霏，把家乡优美的环境、优质的农产品"卖"给城里人的戴俊，带动新宅镇高山玉米产业发展的陈芳，年网络零售额 6 000 多万元的网销水果大咖徐志栋，柳城农村电商分中心负责人谢巧阳等。

（二）开展"三送"系列服务活动，扩大影响力

1. 送产品进城　成立优特农产品品尝中心，先后组建 4 个"益农吃货群"，推出了优特农产品"每周新品"免费品尝活动，一批"藏在深闺人不知"的优质农产品变成网红食品，销售额大幅增长。如王宅镇汤处村是毛芋种植专业村，全村种植了 1 300 亩毛芋。过去村民会将采摘后的芋头制作成零食"芋头怪"食用，但因这一食品知道的人不多，没有市场需求，每年总有 100 多万斤的芋头烂在地里。在免费品尝活动中，"汤处芋头怪"深受市民欢迎，不少市民品尝后专程赶到汤处村求购。同时，益农中心还对接了超市、小区乐、芋头深加工企业，推出芋头宴等。2020 年，全村每亩芋田增收 400 多元，增收 52 万元。

2. 送服务下乡　益农中心利用每天晚上 6 点到 8 点的休息时间，携手金融、移动、保险、旅游、红十字会等部门或企业，带上当季时令优质农产品，与农播达人到各行政村开展"五送"（送服务、送政策、送信息、送优惠、送礼品）活动。目前这一活动已经举办了 163 场，服务了 2 万多人次，不仅把各项优惠服务送到村民家门口，而且宣传了信息进村入户，让益农服务深入人心。

3. 送培训上门　通过公开招募和内部选拔等方式，在全县 500 多名信息员中，又成立了百人精英信息员队伍，这些信息员能上能下，每一位都是在通过层层选拔后才进入"精英班"的，周周都有培训课。通过送培训上门、一对一讲解等形式开展实战演练，帮助信息员掌握益农信息社的服务内容和持续运营的策略方法，确保其可以单独开展服务。信息员代销农产品、提供运营商经营性服务均可取得相应佣金，充分调动信息员的积极性。同时，积极组织开展高素质农民培训、农村实用人才培训、益农大讲堂，2020 年，累计培训农村电商人才 330 多人次。

（三）数字赋能产销对接，激发新活力

1. 建好一个"库"，即农产品供应数据库　针对农产品供需信息不对称、销售渠道不通畅等问题，依托农业大数据平台，建立全县农产品供需数据库。由益农社信息员收集本村农特产品生产、种植情况，初步确定优质农产品上市时间，并反馈到县益农信息服务中心汇总。同时，通过"义农宝"App、农民信箱、小程序、微信群等多种信息化手段，益农社信息员、农业生产经营主体一键登录后，能直接上传产销信息，由益农中心进行实时汇总、分类和推送。益农中心实时发布优质农产品供销信息，并及时反馈给各信息员和渠道商，做好供销对接的相关准备工作，让农民不再为销售农产品东奔西跑、渠道商不再为优质农产品寻寻觅觅，为农产品生产提供了良好的指导意见。

2. 织好一张"网"，即农产品销售网　积极推动"线上＋线下"的农产品营销模式，探索开展农产品众筹、订单农业、创意农业、认养农业、观光农业等模式。针对一些品质好、数量少的产品，经县益农信息中心发布信息，550 多名信息员助力对接，实现"内部快速消化"。在"内循环"满负荷的情况下，将信息发布给全国近 1 万家的"武义超市"，进行推广销售。针对 2020 年的新冠疫情，武义县结合"零疫情"的优势，开展了短视频、直播带货、社区团购的电商新零售模式，成立了武义益农直播运营中心，在日常工作中开展"一天一直播、一周一基地直播、一月一场直播培训"的常态化直播，涌现了一批农播达人。如抖音新晋网红楚过寒，拥有 148 万名粉丝，随手发一段视频就会有无数点赞，五湖四海的网友慕名前往他的小山村，茶叶、艾糕、树莓、宣莲等当地的特色农产品通过楚过寒的"另辟蹊径"远销全国各地。疫情期间，通过社区团购这一方式，益农中心把土鸡、鸡蛋、蔬菜、粉干等优质农产品送到了金华、杭州等地的小区，深受好评。同时，加强与各大平台的对接，目前已完成 25 个市级以上平台的对接。

3. 把好一个"关"　武义是全国首批有机产品认证示范区、中国有机抹茶之乡、中国有机国药基地，并正致力于打造中国有机农业第一县。该县立足"无疫"优势，为保证上架农产品质量，严格按照有机品质要求，实行农产品安全检测。从严质量管控，树立生产主体责任意识，强化出售农产品质量安全自查自检。建立农产品追溯体系，对益农信息中心推荐的每一个优质农产品，一是各乡镇街道建立快检室，免费进行初检；二是益农中心进行产品抽检，提供检测报告，让消费者信任益农中心推荐的农产品。同时，对各地优选的产品，由县益农中心进行统一包装后再进入市场。

4. 打好一张"牌"　针对全县各地优选上来的一些"小而散"优质农产品，由县益农中心进行包装，统一打造独具益农特色的"武义味道-益农优品"乡村礼盒，面向市场、企业、机构、单位进行推广。

各电商企业风生水起、各显神通。武义特盛网络科技有限公司以"美县出美品，美品出自美县"为品牌定位，以全国市一级为运营分中心，组建"互联网＋协同"的农村电商社群，致力于打造金华地区农产品区域品牌"八婺一品"。

三、取得成效

进出村庄的物流快递车川流不息，扎根农村的电商带头人"八仙过海"，武义县将信息进村入户与农村电商完美融合，使农村电商成为乡村振兴的新引擎。武义县已建成农村电商县级运营中心 1 个、乡镇分中心 11 个、村级服务站点 233 个，初步形成了农村电商县、乡、村三级网络体系。《2020 全国县域数字农业农村电子商务发展报告》显示，武义县 2019 年进入全国县域网络零售额百强名单，全国排名第 51 位，其中全国县域农产品网络零售额位列第 15 名。武义县已连续多年荣获"全国县域电子商务百佳县"称号；2018年获评"电子商务促进乡村振兴十佳案例"；2019 年获评"电子商务促进乡村振兴十佳县域"荣誉称号，入选首批"国家农村产业融合发展示范园"；楼王村获评浙江省"十二五"电商专业村十强，入选"中国淘宝村优秀案例精选"；农村电商创业园获评"浙江省创业创新园区"。

依托特色产业　彰显文化优势
全力打造泾县县域电商发展模式

安徽泾县紫芳斋电子商务公司　黄爱武

近年来，泾县依托宣纸、宣笔、木梳、茶叶等产业优势，抢抓"互联网＋"发展机遇，将电子商务作为带动地方产业转型升级、推进乡村振兴、助力脱贫攻坚的重要抓手，加快推动电子商务与实体经济融合发展，闯出了一条政府引导、大众创业、协会带动、园区集聚的特色文化电商发展之路。先后荣获"第二批全国信息进村入户试点县""全省电子商务进农村全覆盖工作先进县""全省农村电商巩固提升工作示范县""国家 2019 年电子商务进农村综合示范县""安徽省'互联网＋'农产品出村进城试点县"等称号，农村电商工作连续 3 年获得省级表彰。2019 年，因推进农产品流通现代化、农村电商全覆盖巩固提升行动成效明显，受到省政府通报表彰。

一、基本情况

泾县紫芳斋电子商务创业基地创办于 2012 年 12 月，有互联网综合楼 1 幢、仓储楼 1 幢、加工车间 2 幢，是泾县信息进村入户益农信息社县级运营中心依托单位，现有职工 62 人，是主要从事宣纸、茶叶及本地农村产品经营销售的电子商务民营企业。公司于 2019 年获"宣城市龙头企业""宣城市十佳零售电商企业"，经营的紫芳斋品牌于 2017 年获得"安徽老字号"称号，公司李超也荣获"安徽省农村青年带头致富人"称号。自 2014 年公司成立网络销售部以来，分别在天猫商城、京东商城注册"紫芳斋旗舰店"及"手捞坊"，网络销售产值突破 1 亿元。

二、主要做法

1. 应对市场需求，打造农村电商发展新载体　泾县紫芳斋电子商务创业基地位于泾县开发区电商产业园，现有 30 余家电商企业，2020 年电商产业园网络交易额达 4.5 亿元。紫芳斋电子商务公司成立于 2017 年，是泾县电商协会会员单位。随着泾县宣纸产业规模不断壮大，越来越多的年轻人开始从事电子商务，周边物流快递、纸箱包装等行业也快速发展，形成了完整的产业链条。紫芳斋电子商务公司抓住"互联网＋"发展机遇，将电子商务进村入户作为脱贫攻坚的重要举措，通过互联网渠道进行推广和销售，带动更多农民就业致富。

2. 突出本土特色，完善农村电商服务新体系　公司以电子商务进农村为抓手，积极开展电商主体与贫困户紧密协作对接，充分发挥泾县地方宣纸、茶叶的优势，实施"电商＋农产品＋贫困户"模式，让贫困群众在家门口创收致富，增强贫困群众的内生动力。同时，利用电商强大的网络优势，免费为贫困户在网上宣传促销特色农产品，广泛吸纳并动员贫困户待业子女参加电商培训，免费为贫困户进行电商运营知识普及和网上销售技术培训，使他们接受新的网络经营理念。通过与贫困户共建、贫困户参与经营等形式，拓宽农产品销售渠道，破解农产品销售难的瓶颈，所得利润全部返还贫困户，带动贫困农户增收。在企业电商扶贫的带动下，泾县农村特色农产品销售渠道进一步拓宽，宣纸产业效益极大发挥，农民群众的收益快速提升，企业的电子商务也成为带动周边群众脱贫致富的新引擎。在企业的带动下，周边发展网店经营农户 530 多户，辐射周边乡镇村庄 1 300 多家农民网店。2018—2020 年，网上交易额分别达到 1.12 亿、1.27 亿元、1.44 亿元，年均增幅 13.3％。带动 83 户贫困群众稳定增收，农村贫困群众网络销售收入达 174.3 万元，人均年纯收入超过 0.7 万元；帮助 49 名贫困群众就地就近就业，人均年纯收入 2.88万元。

　　紫芳斋电子商务公司依托天猫旗舰店、淘宝直播、拼多多、微店多种网络店铺开展推广销售，依托互联网的影响力，结合网络媒体，重点宣传泾县宣纸、茶叶等产品的特色优势，大大提高了泾县宣纸、茶叶的知名度。公司创建了微信圈、网络群、泾县益农社微信小程序，培训益农社信息员和农民千余人次。充分发挥互联网在推动农村产业发展中的重要作用，使农村产品实现了"线上＋线下"多渠道深度融合发展，顺应了"互联网＋"的发展新趋势。通过发展新业态、新模式，泾县农产品实现了全渠道销售，同时，农产品电商化发展将成为泾县农业产业结构调整的新引擎。

　　3. 整合电商资源，发展当地产业带优势　公司在县农业农村局的指导下，建立了"政府＋服务商＋运营商"三位一体的合作机制，明确各自的权利、义务和法律责任。农业农村部门组织农业专家和信息员队伍，整合信息资源，提供公益服务；服务商负责提供各类商业服务和通道，通过扩大市场规模获得收益；运营商综合利用网络优势，整合各类公益服务和商业服务，为农民提供免费或低价服务。三方合力推进信息进村入户，形成资源共建、收益共享、风险分担的可持续运营机制。同时，开展信息服务长效机制实现途径的探索。重点开展农产品电子商务服务，构建各乡镇农业信息网络体系，拓展信息服务范围从农业到农村，拓展信息服务对象从农民到市民。企业依托电子商务营销平台，拓宽宣传渠道，提升宣纸的知名度和影响力，将宣纸和茶叶的文化魅力通过电子商务展现给大众。公司借力"互联网＋"，网购进村、土货进城，开创出泾县广袤农村大地创业就业的新模式，影响并带动周边群众共同把泾县的宣纸、茶叶等农产品推广到全国各地、世界各地，让更多的人了解安徽、知道泾县、熟知世界非物质文化遗产——泾县宣纸。

三、经验效果

　　1. 牢记发展"第一要务"，把基础做牢　县委、县政府高度重视电商产业发展，成立推进"电商泾县"建设工作领导小组，由县政府主要领导担任组长，将农村电商发展纳入年度县目标管理考核内容，2015 年率先出台泾县电商发展政策，县财政兑现 2019 年度政策奖扶资金 400 余万元。组建泾县电子商务协会和丁家桥分会，吸纳会员企业 100 多家。成功打造超过 2 万米² 的电商产业园，吸引 30 余家宣纸书画纸、木梳等电商企业集中入园、集聚发展，初步形成"小园带大区"格局。建成 3 500 米² 电商公共服务中心、1 500

米² 农村电商物流配送中心，实现全县 132 个行政村和 4 个农村社区的电商服务网点全覆盖。

2. 抓住创建"牛鼻子"，把产业做大 自 2017 年安徽省政府实施电子商务进农村全覆盖工程以来，泾县一直将农村电商示范创建作为农村电商发展的重要抓手，通过示范创建，逐步达到培育、集聚、辐射带动的作用。目前，泾县已创成中国"淘宝镇" 2 个、"淘宝村" 4 个（全省 27 个，其中泾县李园村是 2016 年安徽省首个中国"淘宝村"）、省农村电商示范镇 4 个、示范村 15 个、省级电子商务现代服务业集聚区 1 个、安徽省电商示范园区 1 个、安徽省电商 50 强企业 1 家、安徽省电商示范企业 4 家、安徽百佳好网货10 个、宣城十佳电商扶贫企业 2 家、宣城十佳电商零售企业 4 家、宣城十佳好网货 4 个。

3. 突出主体培育"总抓手"，把特色做优 经统计，全县电商经营主体总量已达4 200余户（人）。2020 年，泾县网上零售额达到 10.65 亿元，其中宣纸文房四宝产品网上零售额超过 5 亿元，是安徽省为数不多的产品上行超亿元产业之一，也成为彰显泾县特色的网络名片，更形成了代表泾县的文化电商发展模式。"泾县锅巴"网上零售额达 9 000多万元，即将成为下一个年上行超亿元的产业，同时，培育了安徽雅昌宣纸等年网络销售额 1 000 万元以上的电商企业 15 家、线上电商企业 17 家，打造了"御宝阁""紫坊斋""云岭牌""缘木轩""家乡好味道""阎罗谷"等一大批网销电商品牌，极大地提升了泾县电商的知名度和影响力。

培育"万安优品"，助力农产品上行

江西省云游电子商务有限公司　王鑫

一、基本情况

万安县电子商务进农村示范县农产品品牌培育项目由江西省云游电子商务有限公司负责实施。江西省云游电子商务有限公司成立于2015年年底，总部设在南昌，是一家专业的县域电商服务公司。公司专注于电商板块人、场、货的打造，力争做大做强，成为具有江西特色的电商生态服务公司。

公司旗下设有专门的培训机构及供应链公司，业务领域涵盖电商园区服务、区域公用品牌及供应链打造、电商人才培育、短视频直播服务、品牌孵化等，与中国县域电商发展联盟、江西省电子商务协会等单位建立了战略合作关系。公司拥有一支年轻富有活力的运营团队，团队成员的电商实战经验均在5年以上，有曾在阿里巴巴等电商巨头工作的伙伴，也有在互联网一线奋战多年的"老兵"。近年来，团队扎根于县域及农村电商，对县域电子商务的发展历程有切身体会和深刻见解，能够真正做到电商理论和实践相结合。

二、主要做法

依托电子商务进农村示范县品牌培育项目实施的契机，在万安县商务局的指导下，江西省云游电子商务有限公司结合万安县实际，量身打造开放、共享的万安县农村电子商务农村产品上行与品牌培育服务体系。公司成立了项目实施小组，对当地主要农村产品的产供销及网络销售进行摸底调查，形成了与当地主要农村产品生产、加工、销售及电商交易有关的摸底调查报告和数据分析报告。根据调研结果，提出了万安县公用品牌建设培养方向，确定了万安县公共品牌名称——"万安优品"，并同步开展视觉系统、品牌定位、品牌形象、品牌理念、品牌故事、传播主题、产品包装及品牌口号的设计。然后，围绕地方优秀农村产品进行公用品牌应用、产品网货化标准体系建设，统一品牌形象，并积极整合电商平台资源，开通企业线上电商产品扶贫店铺，达到线上线下销售融合发展，带动脱贫户开展网络销售，帮助脱贫户实现增收。其主要运营模式如下：

1. 统筹农特产品资源，专业运作对接市场　万安县农特产品丰富，但农户组织化程度非常低，售卖产品"散"且"单一"、短半径内产品"同质化"、产品未经过专业质检等问题突出。公司安排项目小组深入农村走访，对农户产品信息进行逐一摸查，统一收拢，然后对所有产品进行统一分拣、统一质检、统一包装、统一品牌形象，以专业化的运作帮助农户产品对接市场。

2. 线上线下融合推进，拓宽产销衔接渠道　受制于传统流通模式，万安县当地农特产品"买难""卖难"现象屡见不鲜，产销桥梁断层。公司积极对接阿里、京东、E 邮乐购、扶贫 832、社会扶贫网等电商平台，开通线上扶贫农产品专区，整合农产品资源进行线上销售。此外，在万安县商务局的支持下，公司在万安县电商运营中心建立了万安县电商扶贫商城和江西消费扶贫万安馆，为万安县当地农特产品提供了线下集中展示的渠道。同时，通过举办特色农产品展销会、爱心义卖、网红直播会等活动，加强产销衔接，助推农产品销量增长。

随着"网络直播带货"的兴起，公司紧跟潮流趋势，推出"网红"培育计划，在万安县电商运营中心设立了一个"网红直播间"，作为网红培育基地，并定期举办相关培训，打造"网红达人"。2020 年 12 月，公司协助举办万安县首届网红大赛，共有 48 名选手发布 69 个有效作品参与网络海选。大赛期间，作品累计播放量 227.4 万次，对万安县本土电商的发展起到了积极的推动作用，为农特产品上行打通了新渠道。

3. 强化特色产业引领，打响地方知名品牌　推进当地以农业为主的长效产业，提高农业产业化发展水平，推进分拣包装、分级销售、冷藏冷链、电商推广、主播带货等工作和活动，以井冈蜜柚、万安脐橙为主，以现代农业和养殖业为两翼，构建特色产业多元发展的产业体系，发展壮大特色消费扶贫产业。大力推广井冈蜜柚、富硒大米、万安脐橙、客家米酒等产品，全力打造全域"万安优品"农产品区域公用品牌，共包装推出 15 款农产品，其中，"万安脐橙""万安湖富硒皇菊"成为当地知名品牌，"一江秋"大米位居全省农产品品牌价值前列。

4. 开展企业结对帮扶，助力脱贫攻坚事业　公司建立了与建档立卡贫困户结对帮扶机制，联合当地电商企业，与 200 多户贫困户成功对接，与 5 个产业扶贫合作社达成合作。通过实施"百企帮百村"活动，为各乡镇场贫困群众捐赠爱心包裹，以在电子商务线上平台帮助村民销售农产品和参加全县农产品展销会等形式，号召各电商企业投身脱贫攻坚，帮助贫困村、贫困户加快脱贫进程。加强电商宣传教育引导，着力解决要素分散、效益低下的问题，实现"小农户"与"大市场"的有效对接，以电商新模式激发贫困户创业能力。同时，发挥龙头企业的带动作用，抓住龙头企业这个"关键少数"，带动"绝大多数"农户，打通由农户到用户的堵点，接通由产品到商品的连接，切实把贫困户嵌入产业链。

三、经验效果

1. 提升了当地农户的组织化程度　通过整合电商平台资源，专业对接市场，极大提高了农户的组织程度和生产经营水平，引导农户参与规模化、标准化生产。公司共整合了 17 个乡镇的 40 余款产品，其中，脐橙、皇菊、大米等产品通过"万安优品"品牌专业化运作，成为当地知名品牌，极大地推动了本土电商的发展。

2. 带动了农产品销量增长　通过多渠道对接销售渠道，着力解决了当地农产品"买难""卖难"问题，帮助农户将特色优质农产品卖了出去、卖了个好价钱。依托各大电商平台，上线产品百余款，帮助销售万安农特产品 1 167.25 万元。通过电商精准扶贫产品展销会，产品销售额达 300 余万元；通过举办电商扶贫暖心义卖活动，帮助贫困户销售 1 000 多斤蜂蜜。

3. 加快了脱贫攻坚进程 公司将农产品上行与精准扶贫工作相结合，深入贫困户开展结对帮扶。通过产业扶贫，帮助贫困户销售产品，及时处理农产品滞销问题；通过技能扶贫，为贫困户提供店铺运营、抖音运营等技能培训，介绍贫困户至附近的电商服务站点工作或开展自主电商创业，增加收入来源。

打通供应链条　助力脱贫攻坚

玉山县三清故事农业科技有限公司　张燕红

一、基本情况

玉山县三清故事农业科技有限公司是一家专门从事消费扶贫的农业龙头企业，有“三清燕故事”“玉山燕故事”“四股桥状元”等品牌商标，拥有三清故事农特品直销店、淘宝店、三清故事助农商城电商等销售平台。自2017年9月创办以来，针对玉山县建档立卡贫困户在产业生产中不了解市场信息、农副产品销路不畅、增产不增收等突出问题，以消费扶贫为己任，积极拓展各种渠道，引导和发动社会各界力量开展消费扶贫，每年为贫困户销售各种农特产品近千万元，既拓宽了贫困地区的农产品流通和销售渠道，又激发了脱贫内生动力，增强了贫困群众脱贫致富的信心和决心。公司先后被授予国家级“星创天地”“江西省就业扶贫示范点”“江西省星级农家乐”“全国巾帼脱贫示范基地”等多种荣誉。

二、主要做法

1. 建网络，畅通信息渠道　玉山县共有建档立卡贫困户10 131户，分布在全县16个乡镇（街道）214个行政村。了解在这些贫困户中，有哪些贫困户有农特产品需要销售，又有哪些贫困户想发展产业却无头绪，是开展消费扶贫必须解决的首要问题。为此，玉山县三清故事农业科技有限公司积极加强与各级政府的合作，组建了一支由企业员工、乡村扶贫专干、结对帮扶干部共同参与的“三清故事”消费扶贫工作队。通过入户走访，及时传递贫困户家庭需要销售及企业需要收购的农特产品信息，由乡村两级分别建立产供销台账，构建起一条覆盖县乡村三级、上下通达的信息网络，既解决了企业开展消费扶贫的农特产品来源，又解决了贫困户家庭生产的后顾之忧。

2. 创品牌，提升产品质量　玉山为信江源头第一县，自然条件、生态环境得天独厚，盛产大量优质农产品，为全国农产品质量安全县。玉山县三清故事农业科技有限公司牢固树立品牌意识，创立玉山消费扶贫产品品牌。严格按照国家食品安全质量标准，对收购来的农特产品进行严格甄别。建立生鲜类农特产品24小时送货到消费者手中的配送模式，将各种农特产品分门别类，进行统一包装，在使用“三清燕故事”商标的同时，包装上印有条形码，消费者通过扫描条形码就能知道商品信息，并标识产品来源、烹饪方法。建立完整的产品质量安全追溯体系，方便消费者全方位了解农产品，全力打造“三清故事”系列农特产品品牌。

3. 开商城，拓宽销售路径　2020年年初，新冠肺炎疫情严重影响了农特产品的购销。面对突如其来的市场变化，公司迅速改变销售策略，2月8日，玉山县三清故事消费扶贫助农商城正式上线。紫湖粉丝、双明茭白、四股桥紫米、文成红糖、横街芋头、下塘香榧、怀玉白茶、樟村薯片、南山茶油、下镇白鹅等覆盖全县16个乡镇（街道）的共计

182 个产品入驻商城，其中扶贫产品 85 个，形成了"三清故事"农产品展示展销中心实体店、"三清故事"消费扶贫助农商城网店，共同构成的线下与线上齐头并进的销售渠道。疫情防控期间，针对市民外出不便的实际情况，公司推出了蔬菜食品系列套餐，并零接触配送到小区门口，广受市民好评。"三清故事"消费扶贫助农商城开业来，已累计完成 18 786 单销售业务，实现销售总额 300 余万元，其中扶贫产品占比达 72%。

4. 强对接，拓展销售新路 为助推消费扶贫，2020 年 3 月，玉山下发了《玉山县 2020 年度消费扶贫制定工作方案》。公司于 4 月 3 日在四股桥乡承办"百企帮百村"消费扶贫暨慰问疫情防控人员现场会；4 月 17 日，又与地处山区的紫湖镇联合举办"消费助力扶贫、服务乡村振兴"现场会，与 12 家企业事业单位签订了 50 多万元的扶贫产品销售订单，使农产品源源不断地"抱团出山"，有效解决了山区群众农产品销售难的问题。该镇贫困户颜纯真患有严重的帕金森病，家中一个小孩读大学、一个小孩读小学，在政府的扶持下，饲养了几千只五黑鸡，原本想通过饲养五黑鸡赚一笔钱，结果受到疫情影响，一只也没有销售出去。正在他为销售难犯愁时，公司主动与颜纯真对接，及时帮他销售土鸡 3 012 只。四股桥乡和平村贫困户温廷林种植了 3 000 多斤莴笋，因疫情没有销路，只得忍痛拿来喂猪、喂鸭，公司及时组织专人上门收购，通过线上线下销售，每斤比市场价还多卖了八角钱，拿着销售莴笋的 7 000 多元货款，温廷林激动地连声道谢。

5. 建机制，实现可持续发展 产业扶贫是保证贫困群众能够稳定、长效增收致富的有效手段，而做好消费扶贫则是推进产业扶贫的强大支撑。为保障消费扶贫具有长久的生命力，激发贫困群众自主发展产业的内生动力，公司通过完善机制，采用多种形式与贫困群众构建更紧密的利益共同体：一是"订单式"合作，由公司与贫困群众签订农特产品生产销售合同，公司承诺以市场价全部收购贫困群众生产的农特产品；二是"参与式"合作，由公司统一提供生产资料、技术服务、产品销售，贫困群众分散经营，公司按成本价收购后，再从销售利润中给予一定比例分成；三是"指导式"合作，由公司提供市场信息、技术服务与培训，贫困群众自主选择生产与销售。

三、经验启示

1. 建立政府搭台、企业唱戏的消费扶贫机制是拓展农产品销售渠道的有效途径 玉山建立了由政府主导、企业唱戏的消费扶贫机制，贯彻落实中央、省、市关于消费扶贫助力脱贫攻坚战略部署，广泛动员和引导社会力量参与消费扶贫，各乡镇相继开展了消费扶贫助力脱贫攻坚活动，拓宽贫困地区扶贫产品销售渠道，推动贫困群众增收致富，助力打赢脱贫攻坚战。利用"线上平台＋电商＋贫困户"模式，通过企业与扶贫产业深度融合，拓展销售渠道，吸引更多的单位和个人参与购买贫困户及有带贫、益贫作用的农产品，推进扶贫产品定向直销，做好农产品产销对接，有效解决信息不对称、农产品销售难问题。

2. 动员社会各界开展消费扶贫是破解农产品销售难的有效方式 消费扶贫是以消费者为主体，通过购买和消费来自贫困主体的产品与服务，使贫困主体增收脱贫的扶贫方式。有多少消费者参与进来，直接关系到消费扶贫的实际效果。县委县政府把消费扶贫纳入机关和国有企事业等单位结对帮扶工作内容，出台消费扶贫实施方案，鼓励各级机关、国有企事业单位、学校、机关食堂在同等条件下优先采购贫困主体生产的农产品。一些工会组织在符合工会经费使用规定的基础上，利用定向发放节日购货款的形式，定点在扶贫网点采购扶贫农产品，带动消费扶贫。同时，通过平台承销、单位购销、结对助销、企业带销、商超直销、电商营销、基地订销、宣传推销等方式带动扶贫农产品销售，保证农户，特别是贫困户的产品畅销，无后顾之忧。

3. 启发消费者的公益心是消费扶贫的具体行动　消费扶贫是所有消费者都可以参与的公益行为。为形成人人皆可为、人人皆愿为、人人皆能为的社会扶贫消费氛围，公司加大扶贫消费宣传力度，启发消费者的公益心，增强消费者购买贫困地区的产品就是扶贫的意识，把购买贫困地区的产品看成是支持扶贫的实际行动。通过消费贫困地区的产品和服务，帮助贫困群众增收致富，为贫困群众奉献一份爱心，为全面打赢脱贫攻坚战贡献力量。

4. 产品质量是消费扶贫的重要保障　消费扶贫的关键是要保证产品质量，有质量才有销路。消费扶贫既是扶贫，本质上也是消费，是一种市场行为，要让消费者获得满意的产品和服务。针对消费扶贫过程中个别地方出现的货品质量与价格不符问题，公司强化对产品质量的监督，用制度保障特色农产品的安全与品质，并引导贫困群众树立品牌意识，确保产品绿色、安全。同时，完善退换货机制，打通在生产、流通、消费各个环节制约消费扶贫的痛点、难点和堵点，进一步提升消费者的购买信心，增加消费扶贫的可持续性，使"头回客"变成"回头客"，让消费者愿意为优质产品买单，把消费潜力变成脱贫动力。

电子商务进农村的"平邑模式"

平邑县农业农村发展服务中心　付晓
平邑县商务局　刘如冰

一、基本情况

平邑县是著名的中国金银花之乡、中国特色农产品优势区、中国水果罐头之都。为推动特色优质农产品出村进城和信息进村入户，平邑县自2014年开始发展农村电商，2017年成为山东省首批国家级电子商务进农村综合示范县，2019年实施益农信息社项目，促进一二三产融合发展。积极对接长三角、粤港澳、京津冀等大中城市群，努力促进数字农业、农业农村电子商务发展，活跃农村流通，培育新兴业态，在助力精准脱贫和乡村产业振兴等方面发挥了重要作用。目前，全县拥有网商2 800多家，构建起"县级共同配送中心＋城乡末端配送公共站点"的配送网络，打通了电子商务进农村的"最后一公里"，形成了基础扎实、体制顺畅、特色鲜明、功能完备的农业农村电子商务"平邑模式"，具有重要的示范借鉴意义。

二、主要做法

（一）政府引导，部门落实，企业运作

针对电商发展容易一哄而起、无序发展、恶性竞争的前车之鉴，注重组织领导、规划引领。2014年，成立县电子商务发展领导小组，明确了"政府引导、部门（镇街）落实、企业运作"的工作思路。先后出台《关于加快电子商务发展的意见》《平邑县电子商务进农村综合示范工作实施方案》《平邑县推进电子商务发展奖励扶持办法》，县财政设立电商专项扶持资金，从体系建设、园区打造、人才培育、物流发展等方面予以扶持，有力推动了电商及快递物流产业的发展。根据"谁投资谁受益"的原则，实行市场化运作，充分吸纳各方资本，拓宽园区建设资金渠道，鼓励企业建设物流园区，提高快递的集散、运输能力。出台了快递物流企业入驻三年内享受房租、物业管理费补贴的政策，引导快递物流企业将县级分拨中心设在县电商园区，实现了仓库共用、信息共享。

（二）建设园区，搭建平台，创新载体

坚持把基础建设作为电商发展和县域物流整合的首要任务来抓，积极应对市场需求，全力打造"一园四平台"。

1. 加快电子商务产业园和金银花健康产业园建设，搭建政府配套服务平台　依托物流园，投资建设了占地400亩的县电子商务产业园，并设置了电商运营服务区、人才培训孵化区、农产品网货供应及展示区、农村电商大数据服务区四大功能区域。以县电子商务

产业园为依托，配置园区板块资源载体，搭建了电子商务公共服务中心、电商物流集散中心和大数据分析中心等基础平台，进一步优化资源配置，完善配套服务。在中国（平邑）金银花健康产业园，依托平邑金银花省级现代农业产业园，建设平邑金银花大数据智慧平台、金银花大宗交易系统。

2. 加快农村站点布局建设，搭建农村电商生态平台 在全县515个行政村建立了695个益农信息社、361个电商服务站，广泛开展网上购物、代售农副特产品、代缴水电费等便民服务功能。积极引进市场化机制的农村淘宝、京东等大型电商平台，重点培育邮政、供销、原万村千乡市场主体等本土企业参与农村站点建设。在各种促销活动中，平邑县农村站点销量排名均在全省前列，实现了农产品进城和工业品下乡双向流动。

3. 加快"平邑馆"建设，搭建特色产品展销平台 2015年，率先建立了山东省第一个县级馆——"平邑馆"，重点推出金银花产品，当年网上交易额达1.2亿元，订单好评率达99.9%。2016年3月，在苏宁易购平台注册了"聚全平邑"特产专营店，展示效果非常明显。2018年5月，与京东集团在北京签署"互联网＋"新经济发展项目战略合作协议。项目以京东云仓建设为核心，以京东云产业孵化中心打造为助推，全力打造"11635"产业体系。2018年7月，京东云平邑产业孵化中心落地，同时搭建了京东平邑特产馆，作为平邑农特产品上行京东的主阵地。2020年，平邑金银花旗舰店京东店、天猫店开通，线下有5个实体店运营。

4. 加快"淘宝镇""淘宝村"建设，搭建农民参与交易平台 广泛遴选、培育了一批电商特色村庄，以村级电子商务服务站为支撑，引导村民在电子商务平台上设立个人网店，销售农特产品，增加村民收入。同时，加大农村交通、物流、信息网络等基础设施建设，建立健全农村共同配送体系。以打造花卉苗木产业电子商务核心区为导向，在保太镇规划建设了花卉苗木产业园区，并以此为依托，打造了1个"淘宝镇"、3个"淘宝村"，有效提升了平邑花卉苗木产业的知名度和区域影响力。

（三）健全体系，完善功能，规范服务

健全县、镇、村电商服务体系。建设了1处县级电子商务公共服务中心、12个镇级电商服务中心、361个村级服务站，形成了以县电商服务中心为核心，以镇级电商服务中心为纽带，以村级电商服务站（点）为触角，集公共服务、行业指导、企业孵化、人才引进等于一身的三级电子商务服务体系。

1. 完善农产品上行体系 依托丰富的资源优势，围绕金银花、罐头等特色产业，大力发展农产品网店和微营销平台。先后建设了集货体系、分拣系统、加工生产、质检分级、品牌包装、仓储追溯六大体系，在县公共服务中心官方网站建立了产品目录，实现了农特产品质量安全可追溯。依托平邑县2个沂蒙道地药材交易市场和《地理标志产品 平邑金银花》山东省地方标准，开发运行平邑金银花价格指数。

2. 搭建智慧物流体系 按照"以点带面、点面结合"的原则，依托邮政、农村淘宝、供销等资源优势，改造建设了1个县级快递物流配送中心、12个镇级快递物流配送中心、361个村级快递物流服务网点，逐步构建起了以电商园区为集散中心、镇级服务中心为中转站、村级服务站为具体收发点的"点—线—网"农村物流网络体系。同时，整合了17辆乡镇配送专用车，定时、定班、定点发送物流共配"专车"，服务覆盖率由52.6%提高至100%。

3. 创新精准扶贫体系　在82个贫困村建立了服务站点,让贫困群众通过电子商务购买日用消费品、农资产品,销售当地特色产品。2019年5月,京东中国特产平邑扶贫馆建成。发挥未来果园、大厨进家、新农道等代表性电商企业的带动作用,建立"企业＋贫困户"体系,通过特色农产品电商销售带动贫困人口脱贫。

通过搭建新框架、打造新载体、完善新平台、建设新客体,平邑电子商务进农村综合示范项目扎实推进,快递物流资源有效整合。2019年1—10月,全县农产品上行的交易额突破15亿元,同比增长51%;实现电子商务交易额49.5亿元,同比增长35.9%,有力地支撑带动了县域经济繁荣,推动高质量发展迅速起势。

三、经验效果

推动电子商务进农村的"平邑模式",从萌生出现、培育发展,到完善形成,是勇于改革探索、大胆创新实践的结果。

1. 社会反响　平邑县县域快递物流整合先进做法先后被新华社、人民网、光明网、中国经济网、《大众日报》等重点知名媒体宣传报道。2020年5月,平邑县成功跻身全国县域农产品网络零售额百强县。以"电子商务进农村'平邑模式'"为题,入选了临沂市乡村振兴典型案例。在2020年9月举办的全国电子商务进农村培训班上,平邑县的《区域云仓＋智慧物流实现农村物流降本提速》入选商务部典型案例汇编。

2. 平台创新　开发物流信息管理平台,整合快递企业。引入溪鸟系统,实现了多家快递企业共同分拣,数据集中汇总。该系统与县电子商务进农村电商物流信息交互平台数据对接,形成了具有平邑特色的物流信息监控平台。

3. 社会效益　通过几年的不断摸索,平邑县在快递物流整合方面探索出一套成熟的经验,实现了快递"全面覆盖、统一配送、时效提高、成本降低、企业和群众双受益"多项目标。

快递物流企业提质增效。五家快递公司(天天、百世、申通、韵达、中通)整合后,由统一共配分拣仓进行分拣,节约了仓储空间;分拣件数由每小时4 000件提高到20 000件以上,分拣效率提升近5倍;分拣时间由原来的5～6小时缩短至2～3小时;分拣人员也由整合前的100多人减少到30人左右。便利性明显提高,广大电商从业者和群众获得感明显增强。

快递物流整合后,打通了工业品下乡、农产品进城的通道,让老百姓足不出户就可以网购物美价廉的物品。同时,也让更多的群众参与到电商产业中来,把本地农副产品通过网络销售到千家万户,增加农民收入。其中,武台镇的张训国、李绵刚,自快递进村后,开办了网店,销售自家的地瓜、苗木等产品,日均出单500多单。

快递上行量增大,带动了产业发展。快递上行成本降低,镇、村电商网点省内上行快递费用(3千克)由原来的每件12元降至每件10元,省外上行快递费用按不同区域由每件15元降至每件12～13元。

电商直播创业园助力农业农村发展

平顶山市农业信息服务中心　李敏

宝丰县农业农村局　杨可可

一、基本情况

平顶山市宝丰县赵庄镇大黄村拥有成熟的小商品批发市场、图书批发市场，年销售收入达 15 亿元。随着网络经济的发展，国家出台政策，全面推进"互联网＋"，助力乡村振兴。大黄村群众外出经商较多，见识广，接受新生事物能力强，表演能力强的商户也比较多。村干部因势利导，顺势而为，建设了电商直播创业园。园区位于大黄村商贸一条街北段，总投资 1.17 亿元，占地 46.6 亩，总建筑面积约 3.63 万米²，配套建设绿化、排水等相关设施。该园区结合大黄村图书、小商品批发的区位和市场优势，对外招商入驻一批中小型电子商务企业，打造集电商直播间、仓储配送、总部办公、商品展示交易、小额融资及培训等多功能于一体的创业园区。该园区现已建成仓库 5 个、直播间 50 余个，有多家渔具、服装、化妆品电商公司入驻经营，部分直播间月销售额达到百万元以上，仓储物流配送为周边 200 余名农村闲散劳动力提供了就业岗位。园区形成了电商物流集聚发展的良好态势，带动传统产业经营销售模式的转型升级，为传统产业进军电子商务提供了示范和支持。

二、主要做法

大黄村电商直播创业园加快电子商务人才培育，延伸产业链，利用现有小商品批发市场、图书批发市场等优势，带动群众发展电商产业。积极推行"电商直播创业园区＋特色产业"，推进产品销售。

1. 培育电商人才　园区利用电商直播间举办电子商务专业人才训练营，重点开展电商知识理论实践、电商专业运营、计算机技能等学科培训，加快培养本土电商人才。现已培训商户和群众千余人，打造了数百名网红，吸引了更多的商户和群众投身、转型到电商行业。

2. 健全物流配套设施建设　围绕"电商直播＋特色主导产业"，打造集网络交易、仓储、物流等多功能于一体的物流园区，助力电商经济发展。

3. 延伸电商产业链　强化村商对接、村企对接和商企对接，实现电商企业与商户、村民联动发展。一方面，鼓励村集体、企业和个人通过线上模式开展营销，进一步拓宽创收、就业渠道，实现"有货巧卖"；另一方面，以线上带动线下，拉长产业链条，鼓励村集体合作社、农户进行订单式加工，通过家庭作坊式和前店后厂式，实现单一销售向加工销售突破。

三、取得成效

与传统电商相比，直播带货没有传统电商那样昂贵的流量成本，适合在乡村大范围推广。目前，电商直播创业园已有电商企业 16 家、电商创业带头人 26 名，孵化直播带货达人千余名，成功打造了两名"网红第一副书记"。其中，一位走进团中央带货直播间，与知名主播同台为宝丰特产代言；另一位在美丽乡村博鳌国际峰会上推荐宝丰。大黄村的商户依托电商平台，直播带货，带动经济发展，带动周边 530 名富余劳动力就业，人均年收入近 3 万元，线上交易额突破亿元，成为远近闻名的"网红村"。手机成了大黄村百姓的新农具，直播成了新农活，农民成了带货主播，他们点点鼠标、划划手机就能搞生产、卖产品、增收入。

实施电商消费扶贫　助力决胜脱贫攻坚

河南省机关事务管理局驻楠杆镇田堰村　李志敏

罗山县农业农村局　熊晓燕

一、田堰村基本情况

作为罗山县的西大门和桥头堡，楠杆镇田堰村交通区位优势明显，宁西铁路、312国道、沪陕高速横穿全境，距信阳市主城区仅25公里。该村南部为丘陵浅山区，北部为浉河冲积平原，总面积12.5平方公里，全村有26个村民组、1 147户、4 322人，劳动力总数2 780人，其中外出务工人员1 199人。田堰村是河南省机关事务管理局（以下简称"省事管局"）于2015年8月开始定点帮扶的建档立卡贫困村，有贫困户121户、424人，已于2020年年底全部脱贫。

田堰村发挥党建引领的组织优势、形势发展的政策优势、定点扶贫的帮扶优势、交通便捷的区位优势、多年积累的产业优势、基础设施的硬件优势，推动电商扶贫，通过网络销售大别山扶贫农产品。

2020年4月，田堰村成立了村办集体企业——罗山县田堰农副产品有限公司，通过线上线下齐发力，销售当地农产品。省事管局与村办企业签订了《在田堰村建立省直机关食堂采购基地的框架协议》，按照"能用尽用、能购尽购"的原则，通过省直机关食堂后勤采购平台、农购网等渠道，与村办企业建立长期稳定的直供直销关系，将村办企业的销路拓展到党政机关、高校、医院、非公企业等各个领域。按照"政府引导、社会参与、市场运作、创新机制"的思路，通过互联网平台（田之堰公众号、淘宝、抖音等）积极拓宽销售渠道。一年来，村办企业销售农产品600余万元。

省事管局将电商扶贫、消费扶贫有机结合，走出一条特色精准帮扶之路。田堰村推动农产品出村进城，培养电商人才，积极对接产销两头，对接物流、仓储，打通线上销售的"最后一公里"，建成农村电商示范基地。通过电商扶贫，让群众稳定增收，促进强村富民产业发展，壮大集体经济收入。由于成绩突出，省事管局驻田堰村工作队被中共中央、国务院评为"全国脱贫攻坚先进集体"。

二、主要做法

（一）案例实施背景

1. 领导有嘱托　2020年1月15日，省事管局党组成员在田堰村调研时指出，要积极探索机关食堂食材供货基地建设。4月16日，省人大常委会领导到田堰村考察时叮嘱，要通过网络，让更多的特色农产品"走出去"。5月31日，时任省长尹弘肯定了省事管局在田堰村开展消费扶贫工作的做法并批示"很好"。接下来将进一步拓宽消费扶贫渠道，在总结一些好的做法的基础上，从直供直销入手，提升供应的品种与质量，帮助贫困县村提高产品质量，建立品牌，逐步推向社会，还可探索一些以工代赈的做法和领域。

2. 政策有要求 河南省扶贫办、省商务厅、省事管局、省总工会《关于开展"互联网+战疫情 促销售 助脱贫"活动的通知》要求，以帮助贫困地区解决农产品滞销难卖问题为重点，采取各级部门统一组织推动、网上"点对点"精准对接的方式，为打赢脱贫攻坚战做出积极贡献。

3. 帮扶有优势 省事管局研究制定了《关于2019—2020年做好消费扶贫工作的意见》，打通了直供直销通道，通过建立农产品采购基地，拓展贫困地区农产品采购范围，简化程序，并在同等条件下，优先选购贫困户农产品。

4. 产业有基础 田堰村为标准的农业村，在产业发展方面，全村耕地面积5 400亩，产业发展较为多样化，种植业、养殖业都有领头的家庭农场、合作社和带贫企业，形成了一定的产业基础。

田堰村农产品加工车间

（二）主要内容及运营模式

田堰村按照"在共赢中谋长远"的原则，将消费扶贫、电商扶贫、产业扶贫有机结合，走出一条特色精准帮扶之路。

1. 完善平台载体 成立并发挥村办集体企业的龙头作用，牵头做好"田之堰"商标品牌建设及农副产品资源整合，将特色农产品销售上行至省直机关食堂。建成村、县、省3个展厅，打造线下的农产品展厅和线上的网络交易平台。完善现有电商扶贫基地功能，设置网络直播间。邀请商务局电商办到村培养电商人才，发展农村电商，推动农产品出村进城。按照"党支部+村集体经济+家庭农场合作社+贫困户"的思路带动农产品销售。

2. 理顺购销链条 召集田堰村及楠杆镇5个贫困村的46名家庭农场、合作社、带贫企业负责人在田堰村召开了"互联网+战疫情"产业扶贫座谈会暨电商扶贫基地供货商衔接会，统筹推动特色农产品统一通过该电商基地注册，对接全省消费扶贫"农购网"，实现线上直采。省事管局和村办企业签署了《在田堰村建立省直机关食堂采购基地的框架协议》，打破了贫困地区农产品产、供、销的壁垒，确立了长期稳定的直供直销关系。村办企业与家庭农场、合作社、带贫企业签订代销合作协议，确保货源供应稳定充足。建立产品质量安全监测体系、农产品追溯机制，完善食品检验检疫手续，确保产品质量安全可控。精心做好电商销售产品的组织、销售、配送、售后服务等各环节工作。

3. 拓展市场销路 充分运用自媒体、短视频、公众号、平台直播等媒介，加大宣传推介力度，提升"田之堰"农产品的品牌效益和市场知名度。推进田堰村相关企业和产品

进入"农购网",并同步上线"田之堰农副产品有限公司"微信公众号,积极利用电商平台销售优质特色农产品。省事管局驻田堰村第一书记李志敏积极直播带货,并参加省商务厅、省农业农村厅、省扶贫办、省广播电台组织的河南省首届网络直播大赛,获得"金牌带货第一书记"荣誉称号。通过示范带动,田堰村群众注册各类抖音号、淘宝店、电商店,从事电商产业的人才近 40 人。

(三)解决的主要问题

1. 有效推动了精准扶贫方略　田堰村坚持推动"电商扶贫＋消费扶贫"活动,强化责任担当,狠抓工作落地,使贫困群众获得了更多通过自身努力实现发展的创业和就业机会,增加了他们的"造血"能力,巩固了脱贫成效。

2. 帮助拓宽了农产品销售渠道　通过建成稳定的省直机关食堂网上直采关系,打通直供直销渠道。鸡蛋、咸鸭蛋、大米、土鸡、菜籽油、麒麟瓜、腊肉等采购数量大、品类多、价格相对稳定,帮助田堰村家庭农场、合作社、带贫企业解决农产品滞销卖难问题,带动贫困群众脱贫致富,为高质量打赢脱贫攻坚战做出了积极贡献。

3. 持续推动了村集体经济壮大　成立村办集体企业,线上线下销售当地特色农产品。目前村集体收入已达到 80 余万元,主要用于改善村基础设施、投入公益事业、发展壮大村集体经济。

4. 充分提高了相关干部群众的素质　通过不断强化的公司销售平台和品牌体系建设、物流资源整合及人员培训等,实现扶贫与消费、扶贫与商业逻辑的深度结合,为基层干部开展扶贫、谋划发展赋能。此外,田堰村群众积极享受电商带来的发展红利,用手机、鼠标、键盘代替锄头,足不出户地在互联网上做生意,以订单组织生产和销售活动,从中获得更高的收益。电商扶贫也为群众提供了诸多创业致富的机会,解决了因疫情影响外出务工受阻的问题,让在外工作的人实现家门口创业,感受家庭的温暖,尽享天伦之乐。

三、经验效果

电商扶贫是一个系统工程,连通着生产、流通、销售各环节。田堰村在电商扶贫方面积极探索实践,打通了一些痛点、难点和堵点,运用市场机制实现供给与需求的有效对接,积累了一些经验。

1. 必须高度重视,解决"谁牵头买"的问题　省事管局定点帮扶田堰村,负责省直机关后勤工作。结合机关事务系统职能特点,积极探索实践。通过省直机关食堂网上直采,打通了贫困地区农产品上行的直供直销渠道,取得了初步成效。建立"大集中、小分散"的模式,解决"谁来买"的问题,在做好省直机关食堂网上批量采购的同时,田堰村积极开展网上零售业务,运用互联网,注册微信公众号,开通微店和抖音号宣传、推介、销售农产品。

2. 必须聚焦质量,解决"谁牵头卖"的问题　通过成立村办集体企业,对大别山贫困地区农产品进行资源整合,进一步丰富农特产品品种。通过严把质量关口,建立"从农田到餐桌"的全程可追溯体系,确保产品质量安全可控。按照适销对路、物美价廉、有本土特色的原则,打造"田之堰"农产品公用品牌,努力提高扶贫产品的质量,逐步形成贫困地区农产品绿色、优质、原生态等特色,树立其质量信誉品牌。

3. 必须打破瓶颈,解决"怎么买卖"的问题　贫困地区的农产品之所以容易出现滞销卖难，主要原因在于设施不足、物流不畅、运输较远、成本较高。田堰村持续推进电商扶贫工作，发挥交通优势，畅通扶贫村农产品进机关食堂、进非公企业的渠道，积极对接产销两头，对接物流、电商，对接品种、仓储等，帮助定点扶贫村完善冷库、展厅、快递点等基础设施，建设改造农村物流服务中心和村级网点，支持贫困地区参加各类产销对接活动，发挥好"互联网＋"的作用，打通了消费扶贫的"最后一公里"。

田堰村在电商扶贫领域的积极探索以及取得的一系列成绩得到了各级领导的认可和肯定，也为家庭农场、合作社和贫困户解了燃眉之急，受到了社会的普遍关注和表扬，省内以及新疆生产建设兵团等兄弟单位纷纷前来参观考察，多家媒体先后进行了宣传报道。下一步，田堰村将继续完善扶贫助销平台运营模式，持续拓展农特产品销售渠道，健全完善减贫带贫机制，发挥好村办企业的龙头带动作用，持续扩大消费扶贫覆盖范围，努力将脱贫地区特色农产品推向更广的市场，为实现巩固脱贫攻坚成果同乡村振兴有效衔接做出新的更大的贡献。

五峰借力农村电子商务助推农产品走出深山

五峰土家族自治县农业农村局　田振会　赵翔子

五峰土家族自治县科学技术和经济信息局　郑毅

五峰印象网络科技有限公司　赵鹏

一、基本情况

五峰作为山区贫困县，交通区位薄弱，农民主要种植土豆、红薯、萝卜，养殖土猪、土蜂等。县域茶旅资源丰富，有"中国名茶之乡"的美称。据不完全统计，全县茶业年产量高达 2.42 万吨，全县中蜂养殖面积 10.01 万公顷，土豆、红薯等农作物年产量约 5 000 万斤，从事农业的人口占全县的 70％左右。良好的基本农业生产资源为五峰土家族自治县农村电商实施发展提供了一定的保障。

五峰是 2016 年、2020 年国家电子商务进农村综合示范县，截至 2020 年年底，五峰土家族自治县已建成较为完善的县乡村三级电商公共服务体系。目前，全县电商市场主体主要由 6 家本土电商平台公司、89 家电商企业、6 家跨境电商企业、3 065 家网（微）店构成，涌现出了五峰印象、万绿电商、重泰磨具、风调雨顺等一批电子商务龙头企业。全县电商从业人员 5 600 多人，整个电商产业链上、下游带动就业人员超过 3 000 人，2020年农产品线上交易额达到 4.76 亿元，其中农产品交易占比超过 51％。近年来，五峰紧紧抓住国家电子商务进农村综合示范项目建设的机遇，大力发展农村电子商务，助推五峰农产品走出深山。

二、主要做法

1. 严把安全关　五峰是"第一批国家农产品质量安全县"，严控网销农产品质量，建立可视化实时监管系统、农产品质量溯源系统和快速检测检验中心的网货质量监管体系，确保网销农产品的安全。全面打造产业链质量控制体系，结合"互联网＋"发展新趋势，立足特色优势资源禀赋，围绕茶叶、手工艺、果蔬等特色产业，大力推进电商产业发展。

2. 培育土公司　重点培育本土电商龙头企业，充分调动社会资源，在电商增值培训、政策扶持、规划发展、融资服务、环境建设等方面给予重点倾斜，鼓励发展"电商＋市场主体＋产业＋农户"的产业化经营新模式，加速形成能够满足市场需求、集约化、现代化的农业产业，提升农产品的规模效益和市场竞争力。同时，大力聚合县域内农业龙头企业，统筹资源，加强协作，以信息化带动农产品生产、流通的标准化、规模化和现代化。

3. 深挖好山货　一方面，加速推进产品线上网货化。推进产品大数据建设，将全县2 623种产品统一建库，对这些产品进行开发培育，逐步"网货化"。经过两年的发展，目前已有 426 种达到线上销售标准。另一方面，大力培育本土品牌。目前，已经完成 40 余个本土网货品牌的注册和设计工作，马尔科土豆、牛庄天麻、土家腊肉等一批绿色有机农产品借助农村电商走出大山。

4. 对接大平台 为打通农产品上行渠道，五峰建立本土电商平台"五峰蓝"。先后开通供销 E 家、邮乐网、汉购网、当当网、京东五峰地方特色馆，积极对接天猫、苏宁、1 号店、一亩田、"832"等大型交易平台，拓宽了五峰特色农产品、茶叶、手工艺品等产品的线上销售渠道，有效促进了全县农副土特产、地标产品、特色产品以及文化旅游产品的网上推广和销售。

5. 建设大物流 优化物流服务平台，建立"两个中心、三条物流"专线，由县电商物流公共服务中心统一调配、协同配送，实现快递 24 小时到乡镇、48 小时到村，快递物流价格下降了 55%，县内运输时效平均缩减 16 小时。同时，充分整合县域冷链运输资源，在各乡镇租赁或者自建冷库，主要服务站点配备冰柜，购置冷链运输车辆，由县服务中心统一管理，有效解决了五峰生鲜农产品和新鲜果蔬的运输难题。

6. 探索新模式 通过"电商企业＋合作社＋农户"模式，积极完善农产品下游产业链。成立合作社，与农户签订包销协议，发展订单农业，统一提供种子、统一技术指导、统一回购包装，加强与互联网的深度融合，避免不必要的生产浪费，线上线下共同发力，扩大农产品销售渠道，提高农产品交易的速度。

三、经验效果

（一）经济效益

五峰土家族自治县 2020 年网络零售额总额 4.76 亿元，较 2019 年增长 18.4%，其中农产品网络零售总额 2.51 亿元，较 2019 年增长 21.05%。通过 832 等平台销售的贫困地区农产品近 4 000 万元。

（二）社会效益

1. 市场主体提质增量明显 2016 年，全县仅采花茶业、千雾毛尖在天猫和淘宝上开设有企业店铺，风调雨顺、土家朗商贸开设有个人店铺，万绿电商公司在 1688 平台开展 B2B 业务，上述公司中仅有 1 家线上业务年销售额超过 100 万元。2020 年，全县已有年销售额过 100 万元的电商市场主体近 30 多个，超过 500 万元的 15 家，同时还建有五峰蓝、京东五峰馆、淘宝五峰馆、邮乐五峰馆、供销 E 家五峰馆等县级特产馆 10 余个。

2. 物流整合效果显著 2016 年，各乡镇快递点主要通过班车、拼车、货运物流等方式进行县内运输；发货首重价格为 8～10 元/千克，高于宜昌城区同期 3.5～4.5 元/千克的价格；全年出港件 16.98 万件，日均不足 500 件。到 2020 年，五峰土家族自治县已经建成"两中心三专线"（城东、城西分拣中心，覆盖 8 个乡镇的三条骨干运输专线），其中，"湾潭—渔洋关"专线已实现市场化运营；电商快递首重价格降至 3～3.5 元/千克，虽然较宜昌城区同期首重价格 2.4～3.5 元/千克仍然有差距，但是差距已经越来越小；全年电商出港件 87.43 万件，较 2016 年增长 5 倍多。

3. 电商新业态发展迅速 2016 年，五峰土家族自治县电商业态单一，主要基于阿里巴巴一家公司。近年来，各种电商新业态在五峰土家族自治县得到了快速发展。共享经济代表企业饿了么和美团在 2017 年年底进驻渔洋关镇，2020 年营业额均已达到 1 000 万元，

直接带动近百人就业。牛庄吴晓峰采取信息流的方式销售天麻，成效显著；五峰镇邓立君和长乐坪镇李婷婷以社群电商的模式销售土豆、香椿等农产品，年销售额均超过500万元；湾潭龙桥村电商服务站胡文超夫妇通过淘宝直播销售箬叶、腊肉等土特产；凯年腊味依托抖音、快手等平台，以"短视频＋直播"模式，通过电商销售农产品，线上渠道销售占比超过40％，实现了传统农产品企业经营模式的转型升级。

4. 电商扶贫抗疫效益凸显　五峰土家族自治县国家电子商务进农村综合示范项目已实现贫困村、行政村"两个全覆盖"，并通过开展电商培训，指导贫困户通过电商创业，利用站点为贫困户进行快递收发、小额金融等服务，服务贫困户1 100多人次。指导电商企业组织农产品义卖活动，签订农副产品购销合作协议，收购贫困户的农产品，帮助他们增产增收，助力产业扶贫、乡村振兴。2020年，为引导茶企克服疫情影响，迎难而上，组织了多场公益助农直播活动。媒体全力支持、各大电商平台积极跟进、县长亲自上网带货，激发了线上销售潜力，带动了网民的参与热情。全年共计开展直播带货活动27场次，销售额达770万元。同时，建立五峰茶在线消费渠道，整合县内茶产品入驻扶贫832平台，共上架24款五峰红、绿茶，累计销售茶叶制品4吨，最大限度降低了疫情对五峰茶产业的影响。网销市场的火爆，促进了业态创新，也拉动了全县农业产业的一体化推进发展，使得五峰的茶叶、腊肉、土豆、娃谷糖、竹编等土特产走向更加广阔的市场，让扶贫真正搭上电商"快车"。

倾心竭力打造秭归农村电商综合服务平台
为特色农产品走出峡江插上腾飞金翅膀

秭归县农业农村局　向静

秭归县科技经信局　刘浩天

2015 年以来，秭归县全力创建国家电子商务进农村综合示范县，将电子商务作为库区百姓脱贫致富的有力抓手予以重点扶持，作为重要的战略性新兴产业进行重点培育，探索出了农村电商发展的新路径、新模式，为特色农产品走出峡江插上腾飞的翅膀。

一、基本情况

秭归县位于湖北省西部，长江西陵峡两岸，三峡大坝库首。境内日照时长、雨量充沛，冬暖少有霜冻，是全国橙类最适宜的种植区。全境辖 12 个乡镇、174 个村，总人口 37 万人，2020 年农业总产值 53.94 亿元。全县以柑橘种植为主，现有 12 个乡镇、116 个村、5.9 万户、共约 18 万人种植柑橘，2020 年柑橘种植面积 34.88 万亩，产量 60.72 万吨，已形成"春有伦晚、夏有夏橙、秋有早红、冬有纽荷尔，一年四季均有鲜橙"的产品格局。培育的"秭归脐橙"区域公用品牌先后荣获"中国驰名商标""国家地理标志保护产品""国家农产品地理标志""中国名牌农产品"等众多荣誉称号。产品销往全国 30 多个省市、100 多个大中城市，部分产品出口到俄罗斯，以及东南亚和中东地区。

二、主要做法

1. 建立政策支撑体系　秭归县委、县政府将电子商务进农村综合示范县建设作为推动县域经济发展的重要抓手，先后出台了《秭归县加快电子商务发展的实施意见》《秭归县电子商务进农村综合示范县项目实施方案》《秭归县电子商务进农村综合示范县项目专项资金管理办法》《秭归县 2018 年度促进电子商务发展暨电商扶贫奖补办法》和《秭归县农村电子商务服务站管理及服务规范》等政策性文件，从财政、金融、土地方面全力扶持电子商务发展。不断完善公共服务、物流、培训、营销、供应链、跨境、产业支撑"七大体系"，实现平台、企业、物流、服务紧密融合。

2. 对接网络主流平台　县电子商务进农村综合示范县工作领导小组主动与苏宁集团、京东集团、顺丰集团、微店等平台企业对接，签订电子商务进农村战略合作协议，上线运行"苏宁秭归特色馆""京东秭归特色馆""阿里巴巴秭归农产品大市场""邮乐购秭归馆"等。同时，按照"县域电商＋主导产业＋文化旅游"的思路，连续 2 年举办秭归脐橙线上开园节和屈原故里端午文化节，扩大秭归脐橙和屈原文化的受众面，进而推动秭归农产品的销售。

3. 优化营商软硬环境　结合电商发展实际，从创业者的需求角度建立电商产业孵化园区，园区为青年创业者提供了优良的办公条件、安全的仓储设施、便捷的物流服务、舒适的生活环境。同时，充分发挥三峡秭归在线微信公众号、微博、政府门户网站等媒介的作用，大力宣传电子商务知识与电商创业政策，吸纳一批有上进心、想创业的新农民加入电商事业中，培育了一批青年电商创业典型，成为"双创"带头人。此外，根据电商企业和产业发展的需要，帮助企业做好人才引进和培育工作，建立企、校联合互动机制，为电商企业提供定向型人才。截至2020年年底，累计培训60期，培训电商学员4万人次，培训转化率为56%。

4. 破解农村物流瓶颈　秭归县依托物流公司，通过干线甩挂运输、县乡道厢式货车配送、村道通村客运捎带小件，形成"货运班线＋客货联盟"的物流格局，实现"站到站、站到点、点到户"的无缝对接。同时，建成了县级农村电商物流配送分拣中心，现已入驻物流快递企业33家，服务网点延伸到了乡村，全县所有乡镇集镇与部分中心村都有快递超市和代发点，实现乡镇到行政村路段的货运全覆盖。

5. 规范电商经营秩序　为了更好地给电商企业"立规矩、树规范"，制定了电子商务工作考核办法，将考核结果作为综合评价经济工作、兑现有关扶持政策的依据。成立了电商市场监管小组，建立电商企业失信惩戒制度。同时，建立了以秭归县电商协会牵头的农产品质量追溯体系，实现了"产品有标识，过程有记录，信息可查询，责任可追溯"的目标。

三、经验效果

1. 拓宽了农产品销售渠道　电子商务综合示范县建设之后，催生了"千军（电商企业）万马（微商）"的电商营销队伍。2020年，全县农产品网售额达20亿元，其中，销售秭归脐橙16.5万余吨，销售额18亿元；销售茶叶、板栗、土蜂蜜等农副产品2万吨以上。同时，还通过阿里巴巴等跨境电商平台，年出口脐橙鲜果500多万美元，出口农业加工产品2 000多万美元。秭归脐橙稳居湖北省单品水果电商交易额第一，成为湖北省农村电商"第一果"。2018年年底，"快递＋秭归脐橙"被国家邮政总局命名为全国快递服务现代农业金牌项目，2018年快递发送脐橙突破1 200万件。全国农业农村电商工作会议公布，以县域口径计算，2018年秭归脐橙电商交易量超过赣南脐橙，成为全国第一。

2. 推动了县域经济发展　到2020年年底，全县发展电商及微商主体1 650家，在阿里、京东、苏宁、拼多多、今日头条等主流电商平台开设网店3 900家。通过培育发展，一批电商服务站成立了公司，成为秭归重点电商企业并进入限额以上商贸企业，推动了电商主体的大发展，涌现了屈姑食品、一苇电商、七公主电商、华维物流等一批电子商务龙头企业，不仅带动了全县5万多户特色农产品种植户增收，同时带动了15 000名电商微商从业人员就业，还带动了特色农产品加工、冷藏、包装、物流运输、仓储、店铺租赁、餐饮、住宿、旅游等相关产业的发展，间接带动9 000多人就业。

3. 提高了农产品附加值　电子商务示范县建成之前，秭归纽荷尔脐橙均价在1.6～2.0元/千克，遇上丰收年，均价在0.8～1.0元/千克。电子商务示范县建成之后，纽荷尔脐橙均价上升到4～5元/千克，伦晚脐橙均价攀升到6～10元/千克，不同品种的脐橙价格均实现了成倍的增长，其他特色农产品价格也呈现出不同程度的上涨。

4. 带动了农户减贫增收　电商带动了特色农产品，特别是脐橙价格的快速上涨，造就了一批亿元村和一大批年收入过十万元、百万元的大户，有脐橙产业的农户基本都走上了脱贫致富之路。对于非脐橙种植地区，推出了"电商＋产品基地"和"电商服务站＋专业合作社＋贫困户"的发展模式，支持电商企业在非脐橙种植区发展百香果、雪莲果等适合网销的农产品。以签约结对、村企共建的形式为贫困村农产品销售提供保障，43 家重点电商企业与全县贫困村开展结队帮扶，通过发展产业、销售、就业等方式带动 2 409 户贫困户增收。

5. 拉动了农户消费需求 通过发展电子商务，推动了"工业品下行"和"农产品上行"双向流通，构建了方便、快捷、优质、高效的服务体系，本地特色产品可以及时卖出，城乡居民所需的日常用品及高端商品能够方便快捷地买入；拉动了消费升级，全县城乡居民电脑、智能手机基本普及，大量柑农、茶农进城购房，轿车由城市逐渐进入农村市场，休闲消费快速增长。由于电子商务带动了商贸流通业的发展，全县社会消费品零售额增幅近 3 年来稳居全市前二位、全市山区县市第一位。

政府引导，多式带动，创新电商扶贫模式

蕲春县农业农村局　袁卫东
黄冈市农业农村局　王洋
湖北农村信息宣传中心　耿墨浓

一、基本情况

蕲春县地处长江中游北岸，大别山南麓，面积2 398平方公里，辖15个乡镇办、2个省级开发区和1个国家级湿地公园，总人口103万人。蕲春县属典型农业大县，是湖北省优质稻生产基地、湖北水产大县。县域内自然资源丰富，特色鲜明，拥有700余种中药资源，是名副其实的"华中药库"。"蕲春四宝"享誉全国，是世界公认的蕲艾种植基地，被中国中医药协会授予"中国艾都"称号。

蕲春县农业农村局作为蕲春县人民政府农业农村工作的主管部门，紧紧围绕打赢打好脱贫攻坚战和实施乡村振兴战略，立足特色资源优势，抢抓政策机遇，借助大数据、物联网等信息技术，有效整合全县特色产品资源，将电子商务与产业脱贫深度融合，探索出了一条以大健康产业为主导，以蕲艾特色产业为支撑，以"一村一品"特色农副产品为补充的电商脱贫之路。电商产业目前已经成为全县主导产业，农村电商已成为农民脱贫致富的重要依靠、乡村产业振兴的重要基础、县域经济新常态下的发展新动力。

二、主要做法

（一）实施背景

蕲春县曾经是国家扶贫工作重点县、大别山片区扶贫开发重点县，农产品"难买难卖"问题一直困扰着农村经济的发展。2016年，蕲春被商务部列为国家电子商务进农村示范县后，县委、县政府抓住"互联网＋"机遇，立足蕲春丰富的农产品资源，实施"政府引导，多式带动"电商扶贫发展模式，以蕲艾产业作为突破口，通过夯基础、建体系、搭平台、强品牌、育人才，着力培育蕲艾和农副特产网销品牌，提高其品牌影响力，助推农村电商持续健康发展。

（二）主要内容

为发挥电商推动产业结构调整和助农增收的作用，县委、县政府狠下功夫，全力构建大电商、大园区、大平台、大物流、大服务的农村电子商务发展格局。

1. 大电商　蕲春全力营造全域电商氛围，打造电商特色村镇，依托村级电商服务站的辐射作用，构建覆盖全域的电商网络。全县主要市场主体全部触网，线上销售，大批贫困户融入蕲艾产业链，实现增收脱贫。到2020年，电商发展指数居全省首位，全国进位靠前，成为中部地区电商大县。

2. 大园区　集商品交易、物流配送、融资支持、培训孵化等功能的多业态融合的电子商务全产业链集群已初具雏形。目前，已建成电商公共服务中心、电子商务孵化园等3

个电商产业园。

3. 大平台 农村电子商务已成为蕲春创新最活跃、带动力最强、渗透性最广的新兴产业。全县现有电商平台7 100多个，涉及果、茶、药、鱼、米多个领域，蕲春农特产品的品牌知名度、市场竞争力得到了很大提升。

4. 大物流 蕲春县整合物流行业，集中建设功能齐全、服务一流的电商物流园和农村电商服务站。该物流园区是全省面积最大、整合物流企业最多、信息化程度最高的园区之一，快递量居全省首位。电商快递覆盖全县450多个村。

5. 大服务 农村电子商务产业发展围绕"人、财、产、技"四个字做文章，坚持以人为本，全方位满足人们的触网需求；实施完善的金融政策扶持体系，助力电商发展；落根于产业产品，加快形成特色鲜明、产业链完整、服务体系完善的电子商务产业集群；加大技术创新力度，融合运用互联网、云计算、大数据等信息技术，提升电子商务的发展水平。

（三）运营模式

蕲春县采用"政府引导，多式带动"的电商扶贫发展模式，带动农民从"小生产"走向"大市场"、从分散经营走向专业化经营。

1. 特色产业带动模式 以蕲艾为核心，构建全产业链，实现三产融合发展，农户通过在产业链务工以及种植蕲艾实现脱贫目标。

2. 龙头企业带动模式 通过为规模企业开辟网销渠道，精准帮扶贫困户，实行订单代加工、保护价收购，并提供就业岗位，带领贫困户融入企业发展产业链条，实现脱贫增收。

3. 服务网点带动模式 以村级电商服务站点为基础，大力推广"服务站＋合作社＋农户"模式，将互联网的触角伸向农村田野，解决生鲜时令农副产品上行难等问题。

4. 结对帮扶带动模式 组织动员"药谷领头雁"、能人大户、返乡创业人员、致富带头人等，开展结对帮扶，通过安排就业、参股经营、兴办网店等方式，扶持贫困户发展产业、脱贫增收。

（四）解决的主要问题及方式

蕲春农村电子商务的发展也面临了工作推进慢，农民文化素养不高、参与意识不强，发展资金不足等问题。通过实施"三个健全"工程，有效解决了相关难题。

1. 健全组织保障体系 成立由县长任组长，分管副县长任副组长，各部门以及各乡镇办主要负责人为成员的电商扶贫工作领导小组。实行"季汇报、月督察、周调度"工作协调机制，并进行实绩考核，督促各单位各司其职、合力推进。

2. 健全人才培训体系 一是围绕产业抓电商。蕲艾是蕲春的电商主导产业，企业和群众的参与度高，因此，全县的培训课程设置主要围绕蕲艾进行。二是围绕人群深培训。电商公共服务中心针对农户、企业、合作社、农村创业青年、贫困户、残疾人等群体，开展量身定制的培训服务。三是围绕需求强培训。不同的时段，电商企业有不同的需求，针对不同需求确定培训内容。

3. 健全政策保障体系 蕲春县委县政府专门出台《蕲春县促进电子商务发展扶贫政策》《促进农村电商加快发展实施方案》《推进电商扶贫工作方案》等指导性文件，打造区域电子商务高地。一方面对蕲艾经营主体进行奖补，另一方面扶持涉艾电商运营。

三、经验效果

通过发展农村电子商务，实现城乡市场的对接，注重农产品上行建设，畅通商品流通渠道，拉动贫困户融入产业增收，促进了城乡经济高质量发展。

1. 创新服务　蕲春农产品产量大但比较分散，优质农产品多但离网货化距离远。为此，蕲春探索出符合自身发展需要的"12510"工程，即1个村级电商服务站定向跟踪指导2家种植和养殖大户或专业合作社，带动周边村民开5个网店或微店，帮助10个贫困户销售产品，加快脱贫。全县建立起以村级服务站为基点，覆盖所有种植和养殖大户、专业合作社、新农人的服务网络，不断完善农产品电商供应链，确保优质农产品供应端稳定供应。

2. 创新模式　蕲春实行"政府引导，多式带动"的电商扶贫发展模式，全方位、多形式带动企业和农户加入产业链。推行"一枝独秀，不如百花齐放"的方针。到2020年，全县共有电商团队7 100多个，涉农电商企业900余家、天猫店48家、京东店18家、微店8 000多家、C店2 700余家，全县60%以上的涉农企业建立了电商团队，"多式带动""百花齐放"的电商局面悄然形成。

3. 社会经济效益　在电商的催化下，蕲春电商物流从业人员2.4万余人。其中，带动主导产业蕲艾种植面积20多万亩，涉艾全产业链从业人员4.1万余人。2020年，全县电商交易额达5.1亿元，其中网销过亿元企业2家、过千万元企业12家、过百万元企业30余家。通过发展蕲艾产业和电商扶贫，全县贫困人口实现脱贫增收，产业务工人均增收2 100元/月，土地流转增收400元/亩，蕲艾种植户户均创收超过3 000元，土地入股户均分红3 500元。农村电子商务发展增加了农民就业创业的门路，实现了农民增收致富，推进了乡村振兴的建设步伐。

4. 社会评价　蕲春县大力推进农村电子商务，先后被授予"阿里巴巴全国十佳消贫县""农村淘宝东南最强县域""中国电商示范百强县""国家电商优秀示范县""湖北省农产品电商出村试点县""全国名优特产快递量过千万件县市"，农产品上行量居全国第59位。在国务院扶贫办社会扶贫司公布的2019年全国电商精准扶贫案例50佳名单中，湖北蕲春以"一株艾草演绎的电商扶贫传奇"案例上榜。

农村电子商务的发展也带动了"蕲艾"品牌影响力的快速扩大。2016年，蕲春被中国中医药协会授予"中国艾都"称号；2017年，被国家旅游局和国家中医药管理局授予"国家中医药健康旅游示范区创建单位"。

让农业电商成为乡村振兴"加速器"

湖南惠农科技有限公司（惠农网）　申斌

一、基本情况

惠农网是国内农业 B2B 产业互联网平台，成立于 2013 年，由湖南惠农科技有限公司开发运营，致力农产品交易和信息化服务。平台囊括水果、蔬菜、畜禽肉蛋、水产、农副加工、粮油米面、农资农机、种子种苗、苗木花草、中药材十大类目，涵盖 2 万多种常规农产品，服务覆盖全国 2 818 个县级行政区，用户超过 2 100 万人，为农业从业者提供 B2B 在线交易、行情、农技、代卖、物流、金融等服务。

顺应"互联网＋"时代，平台创新孵化出基于农村电子商务的县域电商服务，通过农产品品牌培育、农产品上行、供应链打造、农产品溯源体系建设、农村电商人才培训等落地方式推进农业电商健康可持续发展，深度服务了全国 14 省、超 60 个县域，在促进农产品出村进城、农村产业发展，以及下沉农村地区等方面有较丰富的实操经验和案例。

二、主要做法

惠农网以农产品线上交易为核心，利用互联网、物联网等技术和大数据分析手段，提升农产品流通效率。同时，全面下沉农村市场，建设电商生态体系，助力乡村振兴。

1. 以农产品在线交易为核心，促进买卖双方高效对接　惠农网充分发挥农业 B2B 电商平台优势，创新农产品销售渠道。同时，提供行情大数据、线上农技、电商知识服务，推动农业信息资源顺畅流通。

（1）打破信息壁垒，搭建产销对接网络。农业生产过程中的信息不对称会直接导致农产品生产和销售脱节。为了打破产销信息壁垒，惠农网双向布局全国农产品主产区和大型农批市场，利用大数据分析手段，将分散的农产品产能和农产品需求进行精确匹配，帮助农业从业者"触网"，让农产品突破传统流通模式的限制，直达全国市场。同时，依托平台上千万家的采购商资源，举行产销对接会、网上采购节，以县域"扶贫产业带"展销专区、社群营销等方式，有效解决农产品难卖、贱卖问题。

（2）解读行情数据，提供农业决策参考。惠农网以平台电商数据为基础，率先开展农产品电商大数据标准化建设，实时采集线上平台 2 100 万名用户真实的交易行为数据和线下 4 万多名行情官的一手行情动态，以及全国多个批发市场的最新价格数据，经过大数据智能清洗和过滤，为农业从业者提供实时、精准的农产品产销行情。借助商机日报、价格预警等数据服务，为农民增收和产业兴旺提供可靠的数据参考。

（3）线上农技培训，农业专家云端共享。农技推广是实现农业现代化的必要条件。惠农网"农技学堂"入驻了1 000多名教授、研究员、畜牧师、农艺师等，涵盖2 000多个品种的技术咨询，免费提供农技知识、"一对一"问答和系统性课程。目前累积解答了超15万个农业生产问题，发布了超20万篇农技知识，开设了300多节视频课程，为全国农产品生产经营者建成了一所"线上大学"，打开了一条学习先进技术的致富之路。

2. 全面下沉农村地区，带动农业产业链发展 农村电商只有扎根乡村才有生命力。惠农网全力推进各项业务下沉农村，全方位推进农村电商建设，拓展农业产业链、价值链。

（1）下沉产地，全面建设县域电商生态体系。惠农网依托自身平台优势，深入农村地区，全面构建电商综合服务体系。通过政府主导搭平台、畅通物流保销路、强化培训树人才等措施，助推县域电子商务快速发展。2019年以来，惠农网先后承建湖南、内蒙古、四川等7省（自治区）近20个县域的电子商务进农村综合示范项目，有效带动农产品上行，让电商成为农村现代化的新动能、新引擎。

（2）品牌培育，加速农业品牌战略实施落地。惠农网从县域、企业和产业的实际出发，针对农业产业"品种多、品牌少"的问题，对县域特色优质农产品进行重点开发，成功孵化了"崀里果崀""长寿硒品""沅味泸溪"等区域公用品牌，并为其提供传播推广、品牌市场化等中长期服务，打造"一县一品""一县一业"，使农副产品的价值得到提升、农民收入持续稳定增长。

（3）防伪溯源，助力地方农特优产品品质提升。针对农产品生产标准化程度低、品控难的现状，惠农网自主研发了专业的农产品质量安全溯源平台——真源码。通过产地身份认证、全程追踪、明暗双码、智能物联、溯源大数据可视化等功能，确保农产品生产及流通全过程质量可追溯、责任可追查、品牌可保护。目前已完成农产品赋码2.4亿个，为全国9个省、38个县域、2万余家农业合作社和涉农企业提供标准化生产监控及全程可视化溯源服务。

（4）人才培育，为数字农业持续发展注入活水。人才是现代农业发展的核心推动力。惠农网集合国内农业电商领域的知名专家、学者组成专业讲师团队，为政府、涉农产品生产及经营企业或个人提供农村电商人才适用、实操培训。截至2020年10月，惠农网在全国范围内完成培训课程1 700余场，服务人数超过14万人，带动万余名青年回乡创业，培养了大批电商带头人。

三、经验效果

1. 实施成效 通过深度发力农业电商领域，惠农网为加快农产品流通效率、助力产业兴农贡献了企业力量。同时，通过农业电商生态体系建设，为乡村振兴提供了长效助力。

（1）打造线上B2B交易平台，农产品流通效率大幅提升。惠农网平台开发了多条适合大宗交易的业务线，用户和交易规模呈现大幅增长。2019年以来，平台用户年均增长104.6%，2020年实现农产品销售107.7亿元，同比净增33.4%。疫情期间，惠农网线上撮合交易1 000万次，交易总订单数141.18万笔，带动近500个农产品品种销售，其中销售种苗778.1万株，大米、葱、姜、蒜等生活必需品5 202.06吨。在线下流通方面，惠农代卖布局全国20余个大型农批市场，熟练操盘300多个农产品品类，帮助产地货主快速销售农产品，2020 年代卖销售额同比增长 136％，年交易额超百万的货主超 120 名。

（2）创新电商生态体系，产业实力整体提升。惠农网为县域提供网货开发、品牌打造、产销对接、仓储物流及标准化供应链建设等"全案"服务。联合各地政府，结合县域农业产业实际，孵化出 10 个农产品区域公用品牌及 39 款子产品品牌。2020 年全年实现12 个县域县乡村三级物流配送体系 100％覆盖，销售农产品 1.07 亿元，有效提升了当地农产品的价值和品牌知名度，促进农民增收致富和县域经济全面发展。

（3）创新电商扶贫模式，强力助推脱贫攻坚。惠农网探索出"人＋货＋链"可持续扶贫模式，助力产业兴农。2020 年，惠农网向 832 个贫困县脱贫攻坚输送力量，深度开展的驻点扶贫工作遍布全国 8 省 22 个国家级贫困县的 4 717 个行政村，累计销售农产品5.38 亿元。惠农网的扶贫成效得到了国家相关部门和社会各界的高度认可，先后获评国务院扶贫办"2019 年全国电商精准扶贫典型案例 50 佳"、商务部中国电商扶贫联盟"2019 年度突出贡献奖"等多个奖项；董事长姜仕获评湖南省 2020 年"百名最美扶贫人物"；惠农网助力延安苹果产业振兴的事迹，被记录在 2021 年国家广播电视总局脱贫攻坚重点纪录片《脱贫大决战——我们的故事》当中。

2. 借鉴意义　农业电商是数字乡村建设的"火车头"。惠农网以电商为核心，立足农业产业链源头，以数字信息技术赋能乡村，把"农"字做精、做深。

一是数字乡村，数据先行。面向农业生产、交易、服务、金融等环节，积极探索涉农信息化服务，借助大数据分析，有效指导农业生产资源配置，让数据推动农业生产向规模化、集约化转型。二是产业联动，聚合发展。以电商为引，加速农业产业链重构进程，助推乡村特色产业打造，实现内外资源的有效链接。三是数字富农，人才为本。通过知识帮扶和信息普及，帮助农业从业者享受技术发展带来的经济红利。同时，加大对新型农业人才的引进和培养，为产业富农起到领导带头作用。"技术＋产业＋人才"三管齐下，共同作为乡村振兴增长极，真正激活数字农村的强大生命力。

湖南省农产品"身份证"管理平台

湖南省绿色食品发展中心/湖南省农产品质量安全协会　李铭
湖南省农业农村厅　李维峰

一、基本情况

为贯彻落实党中央、国务院实施质量兴农战略和湖南省委省政府推进"六大强农行动"的决策部署，创新农业质量发展路径和品牌建设管理模式，进一步提高湖南省农产品质量安全水平，切实提升农产品品牌美誉度和综合竞争力，湖南省从 2018 年起，按照"生产有标准、质量可管控、产品有标识、信息可查询、营销有策略、政策可支撑"的要求，建立湖南省农产品"身份证"管理平台（网址：www.hnncpsfz.com.cn）。该平台由湖南省农业农村厅主管、湖南省农产品质量安全协会主办，集农产品质量管理、产品追溯、形象展示、网上交易等功能于一体，在品牌集群推广，提升品牌辨识度、美誉度和市场竞争力，推进现代营销等方面起到了显著作用。

二、主要做法

1. 建立湖南省农产品"身份证"管理平台　依托物联网、大数据等现代信息技术，建立湖南省农产品"身份证"管理平台，将生产经营者、消费者、监管者有机联系起来。一是加强质量管理。生产经营企业依托"身份证"平台发展智慧农业，实现农产品质量安全全程控制；政府监管部门依托平台实施全程监管，受理投诉举报，并与国家农产品追溯平台、社会征信平台共享信息，对农产品质量安全和生产经营企业实施智慧监管。二是集中品牌展示。"身份证"平台汇聚全省数万个农产品，集中展示产品品质和企业形象，访问平台或手机扫描"身份证"标识，可全面了解产品质量标准和控制流程，在线浏览产地环境、生产加工场景，通过地理信息系统（GIS）地图检索并导航到每个企业和基地，让"湘"字品牌深入人心。三是推进电子商务。"身份证"平台汇聚上千家湖南农业企业，与国内外主流电商平台合作，组织团体推介营销活动，促进线上线下销售，满足消费者多样化、个性化的需求。同时，发挥品牌集群效应，提高湖南农业品牌的影响和市场占有率。

2. 构建农产品"身份证"管理六大体系　坚持以提升产品品质、增强产业竞争力为核心，从生产源头抓起，加强全程管控，强化政策制度保障，着力构建六大体系。一是生产标准体系。按照"一个产品一个标准、一个品牌一套标准"的思路，进一步制定完善农业生产技术规程（规范）和农产品地方标准，纳入"身份证"管理的农产品全面实行农业标准化生产，从源头保障质量、提升品质。二是产品追溯体系。按照"统一标识、一品一码"的原则，以二维码为主要追溯载体，建立可全面查询农产品和企业信息的产品追溯体系，在市场流通领域全面实行"身份证"赋码标识，提高品牌辨识度和市场影响力。三是质量控制体系。以"落实生产主体责任、确保质量安全"为核心，支持企业建立质量安全全程控制体系（GAP），采用传统生产技术和加工工艺，保持农产品的独特品质和特色风味，支持开展 ISO9000、ISO22000、HACCP、BRC 等企业质量管理认证。四是监督管理体系。以"落实属地管理责任、依法监管"为核心，全面推行"网格化"管理责任制，强化"从农田到餐桌"全程监管，严厉打击假冒侵权等违法行为，保护消费者、生产经营企业的合法权益和农产品品牌形象，提高农产品"身份证"管理公信力。五是现代营销体系。坚持"政府搭好台、企业唱好戏"，制定农产品"身份证"品牌营销总体策略，深入实施"湘品出湘"工程，深化与境内外电商平台的合作，支持连锁机构和专柜专区销售；引导鼓励企业细分市场、精细营销，提升品牌美誉度和竞争力。六是制度保障体系。坚持"政策引导、制度约束"相结合，鼓励农产品生产经营企业加强质量管理和品牌建设。同时，将"身份证"管理作为农产品及其生产经营企业认定认证、评选评优、展示展销，以及相关财政政策支持的前置条件（图 1）。

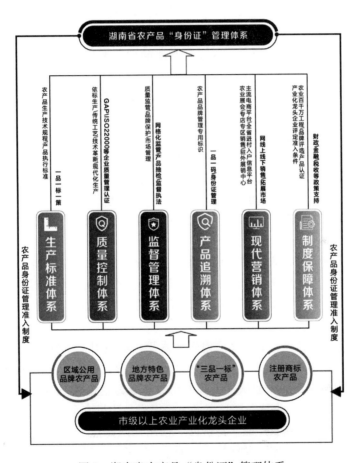

图 1　湖南省农产品"身份证"管理体系

3. 建立政策保障与部门联动机制　为进一步提升品牌带动能力，形成品牌集群效应，2019 年 6 月，湖南省人民政府办公厅发布《关于推进农产品"身份证"管理体系建设的实施意见》（湘政办发〔2019〕30 号），在全省推进农产品"身份证"管理，重点打造"一个平台"，建立"六大体系"；2019 年 11 月，省委省政府出台《关于深化改革加强食品安全工作的实施意见》，重点部署农产品"身份证"管理工作；2020 年 3 月，湖南省农业农村厅办公室发布《关于明确农产品"身份证"管理工作职责的通知》（湘农办质

〔2020〕30 号），明确处室职责分工，形成合力，全面推进农产品"身份证"管理工作，加快推进质量兴农强农；2020 年 6 月，省农业农村厅、商务厅、市场监督管理局、林业局、粮食和物资储备局联合发布《关于联合推进农产品"身份证"管理工作的通知》（湘政联〔2020〕49 号），落实部门责任，构建和完善农产品"身份证"管理制度与长效机制。

三、经验效果

2019 年以来，湖南在全国率先推行农产品"身份证"管理制度，开创了管理、营销新模式，取得了积极成效。目前，全省已有 4 040 家农业企业、11 365 个农产品入驻"身份证"管理平台，实行"身份证"管理，门户网站访问量突破 328 万人次。生产经营企业和广大消费者参与度高，市场反响热烈，人民网、新华网、学习强国、《农民日报》《湖南日报》、湖南卫视、红网等多次对此进行报道。

1. 宣传推介初见成效，塑造了"湘"字农业品牌新形象　推行农产品"身份证"管理，坚持一手抓生产、抓质量，一手抓市场、抓营销，深入挖掘品牌核心价值，集中展示产品品质和企业形象，有力增强消费者的辨识度和美誉度，塑造了"湘"字品牌新形象。从市场反应来看，农产品"身份证"受到了消费者的追捧。

2. 开展全省"两证＋追溯"培训，统一思想　县乡两级是推行"两证＋追溯"制度的骨干力量。2020 年，湖南省农业农村厅、省农产品质量安全协会分批次、分片区开展了 12 场集中培训，全省县市区、乡镇农产品质量安全监管人员 1 900 余人参训，进一步统一思想、提高站位，增强了基层操作人员的实际操作能力。各地以农产品"身份证"管理为抓手，深入推进"质量强农"行动，在全省形成抓农业质量发展、抓品牌建设的良好氛围。

3. 典型企业逐步涌现，农产品市场竞争明显提升　在农产品"身份证"管理工作的推进过程中，涌现了一批典型示范企业，在规范用标、信息完善、物联网对接、品牌建设等方面表现突出。农产品"身份证"增强了消费认同，竞争力明显增强，有力拓展了线上线下市场。

4. 标准化生产日渐完善，农产品质量安全水平大幅提升　2020 年，省农业农村厅征集发布农业技术规程制修目录 300 项，逐步实现"身份证"农产品"一个品牌、一套标准"。平台投诉举报机制得到企业认可，认为此功能既为企业和消费者之间搭建了信息沟通的新通道，又为企业进一步掌握产品市场、确保产品质量安全提供了新手段。

5. 引入市场机制，开展农产品"身份证"信用保险试点　2020 年，中国人寿财险针对进入湖南省农产品"身份证"管理平台，且有完善质量控制体系的食用农产品生产企业，创新性地推出了农产品"身份证"质量保险，既提振了消费者对"身份证"农产品的信心，又促进了平台企业的销售。

创新农产品上行渠道　助力巩固脱贫攻坚成果

广东购大大科技有限公司　林焕彪

汕头市农业农村局　潘育玫

广东购大大科技有限公司成立于 2015 年，专注于安全食品供应，长期与国内外众多知名企业拥有良好、稳固的合作关系。该公司同时也是一家科技型公司，致力于打造智慧食安与数字农业，在解决食品安全问题上具有比较先进的技术。

总公司位于深圳市福田区红荔西路，企业投资资金 1.6 亿元，下设 3 个子公司。目前其自营情况如下：线下 24 小时门店拥有 200 万名固定用户，线上食品商城拥有 3 000 多万名用户，还有 2 万米^2 的网红直播带货基地、农业品牌推广交易中心、消费扶贫农产品交易中心、县级益农信息社运营中心和潮汕安全食品网红基地。

一、主要做法

1. 助力农产品品牌建设　立足汕头市龙湖区农产品的特点，打造企业品牌知名度。在汕头市农业农村局的指导下，协助符合条件的经营主体申报农民专业合作社、农业龙头企业和农业品牌，做优做强龙湖区农产品品牌，提升农产品的核心竞争力和综合效益，促进农业农村电商发展。公司还以图文展示、短视频等形式，为各企业、合作社打造有特色的店铺，全方面展示农产品，吸引顾客眼球，打造"网红店铺"，大力推介质量佳、价格惠的农产品。

2. 积极开展农产品产销对接　综合利用线上线下渠道，积极参加农产展销活动，大力发展多样化、多层次的农产品销售模式。2020 年 9 月，参加 2020 年龙湖区农民丰收节；2020 年 10 月 22 日，参加全国农商互联展会；2020 年 11 月 29 日，参加"1130 龙湖创新日"并获得提名奖；2020 年 12 月 15—17 日、2020 年 12 月 28—29 日、2021 年 1 月1—3 日，分别在汕头市龙湖区展览馆、广州东西部协作产品交易市场、汕头市龙湖区新海街道十一合村承办龙湖区品牌宣传暨消费扶贫爱心购活动。利用活动平台，宣传推介汕头市龙湖区农业企业和产品，提高知名度，帮助企业拓宽销售渠道，促进农业农村电子商务对接和交流，推动农产品线上线下交易。

3. 利用电子商务促进农产品销售　受疫情影响，2020 年，汕头市各类农产品都出现了不同程度的"卖难"困境，农村电商成为疫情期间农产品稳产保供的核心关键。2021 年春节期间，为确保农产品有效供给和市场稳定有序，保障市民消费需求，在汕头市农业农村局和龙湖区农业农村局的积极引导下，公司承办了汕头市"保供稳价安心"数字平台 2021 迎春网络年货节，为汕头市农产品生产经营主体免费提供销售平台

和直播带货服务，为广大市民提供优质的农产品和便捷的购物体验。全市共有 50 多家企业入驻，品种达到 3 000 多种，疏通了农产品春节期间的销售渠道，也充分满足了市民的消费需求。

二、经验效果

1. 用好农业品牌建设推广中心、消费扶贫农产品交易中心　自 2020 年 8 月创建农业品牌建设推广中心和消费扶贫农产品交易中心以来，公司积极打造具有影响力的"粤字号"和"一带一路"农产品品牌市场，以建设龙湖区农产品线上线下品牌中心为契机，以深化品牌建设发展为方向，以推广龙湖区农产品为工作重点，以"线上＋线下""商品＋文化"为主要模式，集成"农产品＋电商＋网红直播带货"营销模式，搭建一体化营销平台，有效提升农产品品牌知名度，推动扶贫农产品销售，帮助龙湖区农产品"走出去"，带动农户脱贫致富。打造网红直播带货基地，利用当下直播带货热潮，聘请有直播经验的主播，借助抖音、快手等直播平台，以实时性、可体验、互动性的销售方式，充分展示农产品的优点，弥补传统农产品营销短板，缓解农产品销路窄的难题，积极促进农业发展、农民增收，为农产品销售开阔新活路。自平台账号开通上线至 2021 年 4 月，共拍摄短视频 56 条，粉丝量从一开始的几百上升到几千，获赞 3 977 个，直播场次达 110 场，交易额达 26 万元。

2. 用活益农信息社县级运营中心　益农信息社是汕头市重点实施的信息进村入户工程。公司按照建设要求，成功申报益农信息社县级运营中心，利用益农信息社县级运营中心平台接收机关单位通知，及时将相关利好政策传达给社区农户各信息员。同时，与全市的扶贫和美丽乡村建设工作结合起来，使益农信息社能更好地服务农户。重视与农户农企的沟通交流，定期收集各社区农户信息员的信息，及时反馈，并提供农产品检测追溯、政策法规宣传、农技农品推广、民情信息反馈等配套服务，推动农户农企经营提质增效，让益农信息社真正成为农民农企的好帮手，走出一条信息化扶贫新路子。2021 年，公司荣获由广东省扶贫开发办公室颁发的"2020 年广东省消费扶贫突出贡献单位"。

3. 用足龙湖区农村电商服务站　利用公司电子商务优势，打造龙湖区农村电商服务站，实现资源、技术、信息共享。推动当地农产品上行，联合当地农户和企业，让特色农产品入驻电商平台，推动汕头特色农产品上网销售。加快特色品牌建设，结合本地区资源优势，积极推动农产品品牌设计、包装策划和宣传推广，打造具有本地特色的农产品品牌，使当地农民群体获得更好的收益。强化政策扶持和服务，借助农村电商扶持政策，积极开展技能培训活动，为当地农村电商从业人员提供实操技能培训和创业就业指导。开展品牌展示交流，宣传当地农村电商特色品牌，积极促进社会资源与当地农户和农产品企业对接交流，提高农村电子商务"一村一品"的影响力。

4. 探索数字农业建设　搭建食安牛数字农业大数据可视化系统，为实现乡村全面振兴提供有力支撑。数字农业是解决农业众多问题的有效途径。当下，"数字化"在田间地头广泛普及和应用，从农资供应，到农产品生产、加工、流通，再到终端销售各环节，在云计算、大数据、物联网、人工智能等数字技术的推动下，农业的种植模式正在发生深刻变革，推动传统农业向智能化转变。2020 年 11 月，公司将食安牛数字农业系统带到南京参加 2020 年全国农商互联暨精准扶贫产销对接大会，展示"互联网＋大数据＋云计算＋AI 智能＋区块链"的系统建设成果及实际应用案例。

"泥巴学堂"——农村电商人的线上"加油站"

广东省农村电子商务协会　李娴　赵少真

广东省农业农村厅　林主伟

一、基本情况

广东省农村电子商务协会以"推动电商赋能乡村振兴战略实施"为使命，树立"奉献、创新、共享、共赢"的价值观，坚持以"全心全意为'三农'服务"为宗旨，整合行业资源、维护行业秩序、带领会员做大做强农村电子商务，努力打造成为全国一流的资源对接平台、政策研究平台、业务咨询平台。

协会成立了广东省农村电子商务专家委员会、广东农村电子商务学院、广东省电商扶贫联盟、广东省农村电子商务专业委员会等组织，组织策划了"广东省农村电子商务峰会""中国·广东'农电奖'""广东农村电商年货节"等大型活动，举办了"农村电商讲师认证培训班"等各类培训和活动，通过联合社会力量，开展以农村电子商务各项工作为载体的多领域、深层次的合作，服务超过4 000家会员单位及电商企业。

协会搭建全国首家农村电商短视频学习平台——"泥巴学堂"，运营省扶贫办首个授权运营的线上消费扶贫平台——"东西优选网"。协会先后被省扶贫开发办公室授予"脱贫攻坚突出贡献单位""广东消费扶贫热心社会组织"等荣誉称号。

二、主要做法

1. 实施背景　根据广东省商务厅、省农业农村厅联合印发的《关于进一步加强我省农村电商培训推动创业就业的工作方案》文件精神，为加快培养广东省农村电商人才，解决农村电商线上培训瓶颈，协会在广东省商务厅、广东省农业农村厅（省扶贫办）的指导下，结合自身业务，于2019年8月在第四届广东省农村电子商务峰会上举行启动仪式，正式上线了农村电商线上学习平台泥巴学堂。

2. 主要内容　泥巴学堂以助推国家乡村振兴战略为背景，以"互联网＋在线学习"为主要方式，将农村电商培训从线下转移到线上，解决了培训受时间、空间限制的问题，可以随时学、随心学。泥巴学堂组织联动全国涉农电商领域知名专家教授、大咖学者、创新创业者、行业开拓者等，以前沿的电商动态、权威的电商指导、全面的专业支持，促进推动农村电商工作的全面高质量发展。泥巴学堂设立了多项贴近农村电商发展的特色专栏，相关课程均由来自全国涉农电商领域的专家、企业家、一线实践者等深耕农村电商一线的人员提供。

（1）名师专家"把脉"农村电商。2019年8月8日，泥巴学堂正式上线，在广东省商务厅、广东省农业农村厅的指导下，淘宝辣酱"倪老腌"创始人倪向明等100多位全国各地农村电商领域的名师专家皆为泥巴学堂代言，并为其免费录课，开始为农村电商线上培训教育"把脉"。

（2）各类生动课程令学员们大呼"长见识"。广东省农村电子商务协会高度重视课程内容，研究创新"同课异构""交互式双师课堂"等现代化教育形式，开创了"岭南大讲堂""县域共创营""新农人风采""乡创最前沿""理事智慧说""渠道对接地""网货直通车""扶贫1＋1""品牌研究所""数据会说话"等10余类课程，全方位打开了扶贫助农新世界的大门。

（3）疫情期间全站免费开放。2020年疫情期间，协会立足"互联网＋'三农'"，加强与全国知名电商专家的联系，全面优化线上课程的内容，推出泥巴学堂全网资源免费服务，广大学习者可足不出户，安心宅家"充充电"！

泥巴学堂利用"互联网＋"技术，汇聚全国农村电商领域专家，为全国各地涉农群体传授农村电商相关知识。这是广东省实行助农扶贫的创新之举，有效将农村、农民、农产品与短视频直播等形式结合起来，挖掘乡村特色，展示乡村魅力。

三、经验效果

1. 经验成效　泥巴学堂是全国首家农村电商短视频学习平台，通过落地广东农村电商实训基地，运营线上平台＋线下基地的模式，理论学习＋实际操作，全面建成农村电商人才培养体系，形成"招收＋培养＋就业"的闭环模式。

泥巴学堂充分整合农村电商行业资源，提高电子商务行业人才的专业水准，便于传播农电商知识，致力于将泥巴学堂打造成为拥有500万用户的学习平台。平台立足广东、辐射全国，利用5G时代的技术手段，以App和小程序为载体，运用当下最为火热的直播和短视频传播方式，融合各大线上学习平台的优势，结合线下活动，更好地培养全面的、紧缺的、务实的电商人才。泥巴学堂将以最新的行业动态和资讯，最权威的行业洞察和研究成果，为各类深继电子商务行业的人士提供最切合的学习需求，不断运用平台力量，传播电商知识，培养电商人才。

泥巴学堂深度结合线下基础设施和活动，如线下实训基地，每年定期举办的各种大型活动、培训会议，具有行业影响力的论坛峰会等，以最新的行业动态和资讯，最权威的行业洞察和研究成果，为所有深耕电子商务行业的各类人士提供最切合的学习需求。泥巴学堂将汇集国内知名专家学者，行业大咖和深耕行业的一线研究者和实践者，以扎实的实践经验和深度研究的理论知识为平台提供权威的、专业的、全面的内容支撑。

2. 推广应用　泥巴学堂现有"岭南大讲堂""政策最前沿""品牌研究所""电商技术派""直播短视频""泥巴会说话""理会智慧说""法律直通车""资源全对接""人才集结号"10个板块，上传学习视频89个，线上观看人次已达59 136人次。目前，泥巴学堂共开展了80期农村电商公益课程，还开展了乡村振兴、直播电商、短视频营销、农产品上行等课程，直播累计观看人次超7万。泥巴学堂将农村电商培训从线下转移到线上，满足了深耕电子商务行业的各类人群的学习需求。

"巴味渝珍"平台推动重庆市农产品数字化及市场化进程

重庆禾茂商务信息咨询有限公司　廖瑜

一、基本情况

重庆禾茂商务信息咨询有限公司（以下简称"禾茂公司"）成立于 2011 年 3 月，目前是市农科院下属的全资国有企业，主要承担以下职能职责：一是组织实施"巴味渝珍"重庆农产品电商大平台（简称"巴味渝珍"平台）的建设、运营、宣传、营销平台及渠道的对接工作；二是负责巴味渝珍平台的数据管理及分析，并为重庆市农业农村委员会提供农产品数据分析支撑服务；三是负责重庆市信息进村入户工程的电子商务进村入户服务，开展从培训指导到农产品电商化、营销推广等工作；四是负责巴味渝珍市级区域公用品牌的线上线下运营推广；五是负责东西扶贫协作、渝鲁协作相关活动的落地实施；六是负责重庆市农业农村委员会信息化及品牌相关落地活动及论坛的承办。

二、主要做法

1. 平台简介及背景　巴味渝珍平台是重庆市农业农村委员会围绕"互联网＋农业"这一细分领域，指导打造的农产品电商大平台。该平台运用互联网、大数据、人工智能等信息技术，让全市的农产品快速上网，促进千家万户的小农户有效对接千变万化的大市场，进一步增强农民开拓市场、获取收益的能力，积极发挥市场需求的导向作用，更好地满足广大市民对绿色、优质、安全的品牌农产品和原生态农产品的生活消费需要。

2. 运营模式　巴味渝珍平台采用了创新的三级整合运营模式。第一级是区县层资源汇聚平台（线上线下），承担整合本区/县农产品资源的任务；第二级是市级巴味渝珍平台，整合各区县农产品资源，并进行质量安全追溯和认证；第三级是流量营销渠道，集中抱团，对接各大流量营销渠道，最终全方位拉动农产品市场化。

通过三级整合运营模式，形成以市级巴味渝珍平台为中心和枢纽的多品类整合及多网营销，实现信息流、数据流、资金流的一脉相承，实现抱团整合的利益共享、机制共赢效应。

3. 解决的主要问题及方式

（1）推进全市农产品电商化转型。禾茂公司结合"进村入户"电商服务商及巴味渝珍品牌运营推广的职能职责，深度整合全市主要农产品，特别是巴味渝珍品牌授权的农产品，按照农产品电商触网标准，实现电商化转型，让全市农产品在线一触可得。

（2）实现全市农产品电商官方发布及多渠道整合营销。以巴味渝珍平台为基础，构建全市农产品电商官方发布平台，根据时令、品牌、地区等要素，通过构建的官方发布平台推出，同时开放系统接口，链接其他第三方营销平台，汇聚其他营销平台的力量，共同助推重庆农产品通过电商进行流通。

（3）推动全市农产品电商内容营销。结合全市农产品特性，融合重庆农产品的山地特点，持续打造适合电商新媒体传播的内容，尤其是视频内容，结合直播电商，与抖音、微信、西瓜视频等新媒体深度结合，以巴味渝珍平台为服务载体，构建场景体验式直播电商消费场景，推动重庆农产品享受直播电商带来的红利。

（4）推动全市农产品全渠道营销。通过巴味渝珍平台牵头整合，解决全市农产品营销资源分散的问题。第一，配合媒体宣传，实现线上销售推广。积极与央视等各大媒体合作，实现广告与在线销售的紧密结合，对石柱辣椒、巫山脆李、黔江羊肚菌、奉节脐橙、巫溪洋芋、彭水红薯粉等品牌进行宣传，让全国人民可以方便快捷地购买产品。第二，参加展销节会，配套线上销售推广专区。组织重庆特色农产品，特别是巴味渝珍授权产品参加大型行业展销节会，积极参与线上线下的大型展会，对巴味渝珍品牌进行推介，完成并构建在线展会，配套宣传推广专区进行持续的宣传推广。第三，开展线上节庆及相关主题活动。基于巴味渝珍平台，开展品牌线上节庆及相关主题活动，营造重庆特色农产品，特别是巴味渝珍授权产品的推广氛围，带动销售。第四，开展扶贫产品进机关活动。响应市委直属机关工委、市农业农村委联合发起的"党员扶贫公益行·特色农产品进机关志愿服务活动"，融合线上线下推广模式，走进更多的机关单位。第五，开展品牌农产品电商营销与媒介营销。充分利用电商手段、短视频以及直播开展重庆优质特色农产品，尤其是巴味渝珍品牌产品的推广和营销。

（5）推动重庆农产品大数据中心的发展。通过平台的实际运作，沉淀下实际来自供需两端的精准数据，现已形成市/区（县）/企业三级农产品交易大数据，将全面展示重庆农产品在全市的分布、分类、产量、营销等情况，并通过大数据全面分析指导重庆农产品电商的发展。

三、经验效果

1. 创新成效 巴味渝珍平台的宗旨是采用信息化手段促进重庆农产品出村进城，在平台技术、资源组织、运营制度上都进行了开创性的模式创新，整个平台技术架构采用最先进的云网端技术体系，资源组织上充分发挥政府的指导作用，与市场化落地方式相结合。平台于2018年1月19日正式面向市场进行运营推广，打造了网站端、微信端进行融合运营，结合移动互联网特性，日常运营主要以微信平台推广为主，消费者用手机扫一扫即可关注。

平台已经汇聚了全市38个区县的1 876家企业、5 234款重庆优质农产品，包含14个贫困区县的1 342款产品，所有产品都已完成电商化网络化过程，可实现在线一键购买。

在设计结构上，平台不仅按照产品类别进行分类，还按照各类产品的认证进行分类，在平台上，消费者可清晰地看到哪些是品牌授权产品，哪些是有机食品、绿色食品、地标产品以及重庆市名牌农产品、中华老字号产品等。通过这样的方式，体现政府的公信力，让老百姓可以放心地购买。平台设置了 38 个区县馆，消费者可以方便快捷地找到区县的特色产品，此外，还专门开辟了精准扶贫产品在线专区，让广大市民可以在线购买全市的扶贫农产品。

2. 经济及社会效益 2018 年 1 月 18 日，巴味渝珍平台首次亮相第十八届中国西部农交会，获得农业部领导的现场表扬鼓励；2019 年 6 月 19 日，在 2019 年 CCTV 巴味渝珍品牌宣传推介工作会上，重庆市领导及重庆市农业农村委领导向全国人民推介巴味渝珍品牌及平台；2020 年 5 月 19 日，在新华社民族品牌工程服务巴味渝珍战略合作云签约仪式上，禾茂公司作为唯一一家企业，与新华社下属中国广告联合有限公司签订合作协议，促进"巴味渝珍平台"和"新华 99"平台的深度联合；2020 年 9 月 1 日，在农业农村部市场与信息化司和中国农业科学院农业信息研究所共同编著的《中国农业电子商务发展报告（2020）》一书的地方篇重庆专篇中，专门重点提及巴味渝珍平台，作为重庆农产品电商的典范进行推广。

巴味渝珍平台及其合作平台，如"重庆机关党建""新华 99 平台""腾讯微信集市"、抖音平台、快手平台等的用户复购率在 30％左右，已经积累了非常多的忠实用户。通过整合抱团营销方式和线上线下融合发展方式，2020 年，巴味渝珍平台带动销售 4 900 多万元，其中扶贫农产品 980 余万元。

3. 数字乡村建设意义 通过 3 年多的实际运营，巴味渝珍平台沉淀了大量农产品产销数据、用户行为数据、产业发展数据，平台密切关注数据的动态实时发展，以便更为精准地出台政策以及进行更为精准的产销对接，为数字乡村建设提供实时数据参考。

电商数字化运营助力乡村振兴

重庆吉之汇农品供应链科技股份有限公司　唐文学

一、基本情况

重庆吉之汇是西部地区较早推进线上线下融合发展的新型农批市场。近年来，紧紧围绕乡村振兴战略，基于五年创新运营基础，联合高等院校、电商平台和科技公司，深入农产品基地，共创数字农品模式。围绕农产品"产—供—销"全产业链条，以消费市场的"外部视角"，实施农产品"2+1"数字化工程（数字营销、数字云仓和数字基地）。2020年，吉之汇线上线下整体交易额实现103.58亿元，其中线上农产品全网销售额约2.32亿元。

重庆吉之汇秉承"从产地到市场、从产地到餐桌"的经营理念，依托"全国农贸联盟骨架网＋供应链全网直供平台"两大载体，利用互联网数字化技术，构建特色数字农品供应端体系，打造吉之汇数字供应链生态。目前，已在重庆、云南、四川和湖南等地建立产地云仓22个，完成奉节脐橙、开州春橙、永川黄瓜山梨等数字基地，初步完成了主营农特产品"产供销"全程数字管护。遵照"从产地到餐桌"的理念，吉之汇线上深度对接淘宝、天猫、京东、拼多多、花生日记、芬香、云集和每日一淘等各大电商平台，初步形成了线上营销网络。遵照"从产地到市场"的理念，吉之汇运用数字化平台，助力4 000余吨奉节脐橙和万州柠檬销售到国内大型农批市场。2020年，吉之汇数字化精准营销万州柠檬、奉节脐橙、开州春橙、巫山恋橙、黔江果蔬、盐源苹果和昭通土豆等国家级贫困区县农产品约400万件。抗疫助农期间，吉之汇线上线下销售农产品1.68万吨，位居重庆电商平台前列，登上了国家发改委、商务部等部委官网首页，获评"中欧数字化抗疫优秀案例"。

二、主要做法

2021年作为"十四五"开局之年，也是巩固拓展脱贫攻坚成果同乡村振兴有效衔接的起步之年。重庆作为集大城市、大农村、大山区、大库区、集中连片贫困地区于一体的特殊直辖市，在脱贫攻坚战中，全市14个国家级贫困区县、4个市级贫困区县全部脱贫摘帽，1 919个贫困村全部脱贫出列，动态识别的190.6万名建档立卡贫困人口全部脱贫。在"三农"工作重心转向全面推进乡村振兴的新阶段，如何巩固拓展脱贫攻坚成果同乡村振兴有效衔接，进一步加快发展农村电商，强化农产品产销高效对接能力，提升农业农村数字化水平，为乡村振兴提供新动能、新载体，已成为地方农业产业发展的当务之急。吉之汇持续围绕农产品"产—供—销"全产业链条，以消费市场的"外部视角"，依托互联网数字化技术手段，实施农产品"2+1"数字化工程（数字营销、数字云仓和数字基地），构建特色数字农品供应端体系，打造吉之汇农品数字供应链生态，创新模式运营成效显著。

1. 以西南贫困地区的柑橘、马铃薯等扶贫产品为核心，启动建设数字农品总部，初步形成了农产品线上线下营销网络　遵照"从产地到餐桌"的理念，吉之汇农品线上深度对接淘宝、天猫、京东、拼多多、花生日记、芬香、云集、粉象和每日一淘等各大电商平台，线上销售渠道初具规模。遵照"从产地到市场"的理念，在中国农产品市场协会的指导下，吉之汇倡导成立了全国农贸销售战略联盟，初步建立了线下农批市场数字化营销网络，布局数字地网中心1个，助力奉节脐橙、万州柠檬等精准对接广州江南农批市场等国内大型农批市场。

2. 从"最后一公里"向"最初一公里"数字化延伸，深入农村田间地头，建设产地云仓和数字化基地　吉之汇已在重庆永川、奉节、开州、万州、黔江、云南昭通、四川盐源、眉山和湖南麻阳等地建立产地云仓22个。联合国内遥感领域专家团队，利用"卫星＋无人机"遥感技术手段，共同打造数字农业天空地遥感监测体系。数字化打造农产品"最初一公里"，打造奉节脐橙、开州春橙和永川黄瓜山梨数字基地，遥感监测重庆柑橘种植面积342.6万亩、永川黄瓜山梨种植面积3.2万亩，初步完成了主营农特产品"产供销"全程数字管护，提高了农产品"出山进城"的运行效率，农产品优产优销、品牌打造水平进一步提高。

3. 携手各大电商平台，利用新媒体、新技术，巩固拓展抗疫助农助销成果与助力乡村振兴有效衔接　吉之汇发挥农产品供应链"2＋1"数字化体系优势，开创"党政领导＋知名主播＋带货达人＋电商平台＋供应链"等新模式，推出"抗疫促销·爱心助农"暖春战"疫"线上线下系列专场推介活动，携手淘宝、天猫、拼多多、京东、花生日记、芬香、云集和每日一淘等各大电商平台，先后举办永川书记直播推介、开州区区长直播带货、昭通市委书记推介、昭阳区区长直播带货、奉节扶贫办主任短视频推介、农货主播果园直播和达人溯源推广等暖春战"疫"系列专场活动20余场次，直播专场在线观看量累计超过3 200万人次，推广短视频关注点赞超过4 000万人次。吉之汇农产品供应链应用数字化技术，全网营销，精准推广，产地果园直采直发，云仓果品数字分选，高效直连农产品原产地"最初一公里"和消费端"最后一公里"，精准营销奉节脐橙、开县春橙和泸沽湖苹果等贫困地区农产品超过1.68万吨，有效助力农民"抗疫"不误脱贫，实现逆势增收，成功入选2020中欧数字化抗疫优秀案例。

4. 依托马铃薯种植扶贫示范基地，建立贫困农户利益联结长效机制　吸纳农村贫困人员就近务工，助力农民增收致富，推进乡村全面振兴。吉之汇在重庆市永川区青峰镇启动建设马铃薯种植扶贫示范基地约1 000亩（已建成约500亩），吸纳莲花石村等20余户建卡贫困户就近务工，开展马铃薯种植技术培训，探索建立绩效奖励机制，公司将经营利润的20％二次分配给贫困户，激发贫困户的内生动力。通过建立马铃薯标准化种植示范基地，不断升级数字化产销运营手段，加快推动一二三产业融合发展，引领数字化农产品基地建设。同时，吉之汇同步拓展与阿里巴巴数字农业的合作，开展农业普惠金融创新服务，共同帮助农民合作社改进种植、生产标准，实现生产与销售的良性联动。

5. 发挥平台B2B2C模式的独特优势，扩大单位团餐和社区居民生鲜配送，努力实现订单农业新效益　共同扩大平台云配-2B服务能力，实施"线上下单，批发直供；线下配送，新鲜直达"，探索市民零接触爱心送菜服务。依托农批市场，发挥吉之汇B2B2C运营基础优势，扩大现有生鲜食材配送能力，确保机关、医院、银行等单位食堂的食材安全供给。疫情防控期间，吉之汇云配-2B 端累计销售额已突破 300 万元；吉之汇云配-2C 端订单超过 5 000 笔，爱心送菜约 32 100 斤。目前，吉之汇整合全国团餐规模较大的集团资源，深化团餐配送和营养餐管理运营水平，加强与农产品种植基地的联动，努力发展订单农业，以"种植、收购、销售、链接"一条龙服务群众，促进农民增收，加快实现农业"以产促销、以销定产"的良性循环生态。

三、经验效果

近年来，吉之汇围绕农产品"产—供—销"全产业链条，以消费市场的"外部视角"，大力实施农产品种植、流通、提质等数字化、标准化能力打造，企业核心竞争力持续加强，为农、务农、富农的能力不断提升，探索创新运营成效明显。吉之汇在农产品供应链电商平台、数字农品管理技术、全产业链条管理运营、农业大数据建设等方面均取得了长足发展，形成了农产品数字基地、数字云仓、数字营销的"2＋1"数字化创新运营体系，为数字乡村建设做了较好的实践与探索。吉之汇农品已成为地方服务创新和农业农村经济社会发展的新范式，赢得了地方政府、社会各界、广大农民的充分认可。

重庆黔江"农掌柜"搭建"线上＋线下"新平台

重庆农掌柜数据科技有限公司　许鑫

一、基本情况

重庆农掌柜数据科技有限公司是一家以大数据及云计算技术为支撑、专注农产品品牌打造与销售的电子商务公司。

公司重点围绕农产品批发零售一体化电商平台运营，利用数据集中、算力集中、资源集中系统，通过 S2B2C 模式，与全国农业企业一起服务消费者。平台定位于推动"农产品进城"，致力于"让中国农产品更有价值"。

2020 年，在重庆市最大的易地扶贫搬迁李家溪集中安置点升级打造了全国首个"互联网＋社会扶贫"基地，面积共计 2 000 米^2。基地由社会扶贫成果展示馆、"农掌柜"电商扶贫产品馆"线上＋线下"平台、扶贫大数据中心、农产品供应链优化中心、短视频＋直播电商培训中心"两馆三中心"五部分组成。基地紧紧围绕全面落实习近平总书记在决战决胜脱贫攻坚座谈会上的重要讲话精神，积极带动黔江区扶贫产品拓展区外市场，促进扶贫产品上行，增强困难群众造血功能，实现脱贫攻坚与乡村振兴有效衔接。

二、主要做法

1. 搭建农掌柜数字农业供应链管理云平台　通过新基建聚合新一代信息技术，围绕"应用＋技术＋数据"三大核心理念，基于生产、销售、公共管理、现代生产服务融合的应用场景，运用互联网、物联网、大数据搭建农业产业供应链管理云平台，实现互联网＋特色高效产业（黔江特色农业）和消费扶贫数据化运营，全面推进产业扶贫、消费扶贫。数据收集员下乡对农户进行线上销售农产品现场教学，一对一指导，使农户能够自行上传产品、下单成交、发货并提供售后服务，改变传统售卖法，直接变为网络销售。运营以来，平台上线企业 91 家、合作社 54 家、大户 353 户、贫困户 510 人，零售销售数量达到 3 336 件，销售总额 12.18 万元，批发销售数量达到 118 吨，实现农掌柜平台市场化总交易金额 92.5 万元。带动贫困户解决滞销产品，胡家坝村种植的生态无公害土豆因为销售渠道问题无法售出，经农掌柜数字农业平台引客商后，短短一周时间，就卖出将近 8 万斤；通过农掌柜数字农业平台，与黔江脆红李种植户、企业分别签订 50 000 斤订单，实现产销精准对接；帮助阿蓬江镇 20 余家果农上线农掌柜电商平台，助力阿蓬江果农从传统"公路边售卖"向"网路式营销"转变，共计销售 10 000 多单、54 000 斤，其中一名果农通过农掌柜平台销售 800 单，实现 8 000 斤销售。公司帮助销售黔江农副产品，推动黔江特色农产品"走出去"、卖得好，扩大了黔江区扶贫产品和农业产业的品牌影响力。

2. 搭建扶贫电商平台　基地电商平台分为线上、线下两块，线上已入驻中国社会扶贫馆重庆消费馆、832 平台、农掌柜、淘宝、拼多多等多个平台；线下分为黔江电商扶贫生活馆和中国西部消费中心重庆黔江馆，两个馆内共陈列展示扶贫产品 100 余款，销售额达到 160.5 万元。

3. 搭建就业创业平台　围绕"企业＋贫困户"方向,通过扶持安置贫困户到基地保洁、后勤服务等相关岗位就业,增强他们脱贫致富的信心,并组织他们参加岗位专业培训。与金溪镇长春村形成村社联动,扶持创业青年在本地创业,开设长村小店。

4. 搭建短视频＋直播电商培训平台　拥有爱心助农主播团队,带动贫困户销售滞销产品。助农团队先后帮助脱贫农户王贞六、建卡贫困户谢云书等写出各自产业背后的故事,快速打开了流通销路,解决了农副产品卖不出的问题。目前,针对新农人打造,已培训 20 场次、3 000 余人次。以直播带货的形式,让山货出山,使手机成为"新农具"、直播成为"新农活"、数据成为"新农资"。同时,开展了"主委变主播""群团主席助农增收""第一书记走进直播间""中信集团助农增收直播活动"等多个直播活动。

5. 搭建农产品供应链优化平台　一是优化扶贫产品,设计打造 100 款网销产品,并重点投资打造今算公司今王蜂蜜、水果茶黔江好物等产品,使扶贫产品邻鄂藤茶、邻鄂菊花、长村小店桑枝黑木耳、小麦菇娘羊肚菌饺子、黔江脆红李、黔江鸡杂等升级为网销爆品。二是协助三清桃、藤茶等扶贫产品认证绿色食品,成功申报寻乡电子商务公司、黔拓公司为科技型企业,黔江藤茶和土家阳雀羊肚菌获得对外贸易经营许可。

6. 搭建双创服务平台　免费为扶贫企业提供双创服务,为全区扶贫农产品提供电子商务、免费扶贫产品认证、咨询、详情页制作等服务。

三、经验效果

1. 各平台已成功在重庆市黔江区运营使用　其中搭建并投入使用的有:F2C 消费扶贫微商城、F2B 农产品批发 App、工会/团购消费扶贫管理平台、供应商/采购商管理平台、农业产业供应链管理平台、农业产业供应链大数据展示平台。

2. 在重庆市黔江区取得了良好的工程试验价值　一是实现了产需对接管理。农民可在管理平台上直接获得客户,与客户交换信息并完成供销,让山、少、贫地区的农户直接面对市场。二是平台多级管理体系。可根据区、镇(乡)、村(社)各级管理者的需要,以行业或大单品为单元复制应用。

聚力乡村全面振兴　立足"三农"高质发展

蒲江县农业农村局　刘富程

一、基本情况

蒲江县位于成都市西南，是进藏入滇的咽喉要道，川藏铁路、京昆高速等穿境而过。全县面积 583 平方公里，森林覆盖率 66.94%，总人口 28 万人，其中农村人口占 62%，是全国首批"生态文明建设示范县"和"地名文化遗产千年古县"。

近年来，蒲江县坚持以农业供给侧结构性改革为主线，聚力全面推进乡村振兴，突出抓好电商主体培育和供应链建设，持续推动农村电子商务规模化、集聚化、现代化发展，不断增强服务"三农"的能力。截至 2020 年年底，全县建成电商产业园 1 个、电商示范镇 4 个、电商示范村 14 个，电商服务站点实现村级全覆盖；电商主体达 5 435 家，较"十二五"末增长 16.7 倍，其中，有年销售额亿元以上的电商企业 5 家、千万元以上的 30 家；全县网络零售额达 44 亿元，其中农产品网络零售额实现 18.49 亿元，较"十二五"末增长 5.2 倍，初步构建了"买全国卖全国"的农村电商发展格局，获评"全国电子商务进农村综合示范县"。农村电商发展实现群众"家门口就业"3 万余人，农民人均可支配收入达 25 805 元，排全省第 10 名，助推蒲江县获评"全国农业农村信息化示范县""国家现代农业产业园"和四川省首批"实施乡村振兴战略先进县"。

二、主要做法

1. 坚持以农为本，夯实农村电商产业基础　蒲江县立足农业抓电商，依托良好的生态禀赋优势，持续抓好现代农业"四个三"工程，即坚持优质茶叶、猕猴桃、晚熟柑橘"三业并举"，品种、品质、品牌"三品提升"，规模化、标准化、市场化"三化促动"，农业、农产品加工业、农业休闲旅游业"三产融合"。全县茶叶、猕猴桃和晚熟柑橘种植基地分别达 10 万亩、10 万亩和 25 万亩，其中绿色食品认证面积 3 万余亩，三大主导产业全部建成国家农业标准化生产示范区、全国出口食品农产品质量安全示范区。着力构建"区域品牌＋企业品牌＋产品品牌"体系，"蒲江猕猴桃""蒲江丑柑""蒲江雀舌"三大地标产品均入列"2020 中国品牌价值评价榜单区域品牌（地理标志产品）"前 50 强，地标产品品牌价值逾 384 亿元，获评国家地理标志保护产品示范区。

2. 坚持示范引领，强化农村电商主体培育　依托国家电子商务进农村综合示范县建设，加强农产品电商应用，推动农产品线上营销与线下流通融合发展。构建"政府—平台—企业"联动协作机制，引导电商企业加入天猫、京东、苏宁、拼多多等平台开展线上销售，开设蒲江特产馆、旗舰店，促进蒲江特色农产品线上销售；积极发展抖音、快手等社交电商模式，打造农村电商服务集聚区和西部农产品直播基地，拓宽农产品销售渠道。鼓励电商创业，培育电商创业带头人，壮大网商队伍，形成以蒲江特色农产品销售为主的电商交易群体，涌现了"全国农村青年致富带头人"杨添财、"全国物流行业劳动模范"杨丽霞等一大批电商物流行业创业就业标兵。蒲江县相继获得"阿里巴巴中国电商示范百佳县""京东农村电商推广示范区"等称号，入围阿里巴巴农产品电商销售全国 50 强县，排名第 19 位。

3. 坚持创新驱动，筑牢农村电商支撑体系 蒲江县不断完善农村商贸流通基础设施，加快建设电商物流集散中心，持续降低流通成本，提升流通效率。一是构建县、乡、村三级物流体系。建成以县城为中心、乡镇为骨干、城乡社区为支点的三级流通网络，构建"工业品下乡"和"农产品进城"双向流通体系，支持物流快递企业建设配送终端，为城乡居民提供送货上门、到店自提及农产品销售等服务，镇、村（社区）配送服务站点达 134 个，打通了农村电商的"最后一公里"。二是加强冷链物流体系建设。全县建成冷链物流静态库容 15 万吨，引进原乡现代农业水果物流中心、北京新发地、阿里巴巴集运中心、（申通）西南水果仓储物流中心等重点物流项目 25 个，干线配送达 27 个省级区域，正积极筹建西南（蒲江）水果冷链物流贸易港。三是促进快递物流降本增效。完善农村物流配送体系，推动快递物流价格进入 2.0 时代，以 3 千克发全国为例，快递物流价格从 2016 年约 4 元每单降到 2020 年的 2 元左右，运输时长从 72 小时降低至 48 小时，促进了省内外农产品在蒲江的集聚。2020 年，全县快递日均出港 30 万单。

4. 坚持提质赋能，释放农村电商溢出效应 蒲江县依托农村电商，激活农业农村发展新动能，推动区域协同发展。一是促进产业链就业。县域电商带动冷链物流、包装印刷等产业链各环节共同发展，目前全县农村电商产业链从业人数逾 3 万人，占全县总人口的 10.7％。二是发挥农村电商的辐射带动作用。积极构建农产品营销平台，搭建起辐射全国的农产品电商销售渠道，集聚海南芒果、湖南冰糖橙、新疆苹果、广西百香果及省内会理石榴、安岳柠檬、米易枇杷等 20 余个特色水果品牌进行销售。三是创新"买全国卖全国"模式。农村电商突破时间和空间限制，发挥电商运营和冷链物流优势，形成"买全国卖全国"的农村电商发展模式。2020 年销售其他地区农产品逾 8 万吨，销售金额达 6 亿元。

三、经验效果

蒲江县牢固树立"以服务为导向"的工作理念，坚持把农村电商发展作为加快农业供给侧结构性改革、实施乡村振兴战略及推动产业转型升级、融合发展的重要抓手，围绕"电商为媒、产业互动、创新协同"的目标，持续优化农村电商发展营商环境，不断提升电子商务服务"三农"的水平。

1. 建立工作推进机制 蒲江县高度重视全县农村电商发展，成立了以县委县政府主要领导为组长、分管县领导为副组长、相关部门为责任单位的工作推进领导小组，建立联席会议制度，负责全县电子商务重大项目和重要事项的协调。

2. 完善电商扶持政策 蒲江县鼓励全县电子商务产业发展，全面贯彻落实国家、省、市电子商务扶持政策，制定出台了《蒲江县加快电子商务产业发展的实施意见》《蒲江县扶持电子商务产业发展的若干意见》等专项扶持政策，先后投入逾 4 000 万元支持电子商务园区、企业、服务站点建设和电子商务普及应用，推动农产品进城与工业品下乡。在新冠肺炎疫情期间，针对电商企业和网商主体的实际困难，蒲江县印发了《有效应对疫情稳定经济运行政策措施》，减免企业入驻园区的场地租金，给予物流补助，鼓励企业加强与协会、合作社和农业基地的对接，拓宽销售渠道，提升市场供给能力。

3. 提升电商公共服务　蒲江县依托电商产业园，全面整合全县电子商务公共服务资源，建成农村电子商务公共服务中心，搭建产业、技术、金融、人才、法律等公共服务平台，涵盖电商公共服务、网商主体孵化、人才培育等功能，为全县电商企业提供产业链配套服务，打造网商孵化基地及电商服务集聚区。农村电子商务公共服务中心投入运营以来，入驻网商主体逾 100 家，服务企业 500 余家。在新冠肺炎疫情期间，蒲江县积极指导电商企业全面落实"防控机制到位、员工排查到位、设施物资到位、内部管理到位、宣传培训到位"，保障了电商企业经营活动的正常开展，2020 年全县农产品网络零售额较 2019 年增涨 42.9%。

4. 加强电商行业监管　蒲江县成立农村电商质量安全监管领导小组，印发《蒲江县电子商务市场监管办法》，强化农业农村、市场监管、商务物流等多部门联合执法，落实对农产品生产、贮藏、销售等各环节的监督检查。与奇虎 360 等大型网络科技公司合作，建立电子商务网络监管系统，集网店监测、品牌维权、市场执法风险预警等功能于一体。成立电子商务协会，加强行业自律，吸纳会员 1 034 个，制定《蒲江县农村电子商务企业信用评级管理办法》，推动电商主体参与信用体系建设，有效规范网络市场，实现共建共享。

电商融合农业现代化　助力乡村振兴

四川省青联众创电子商务有限公司　张辉

一、基本情况

四川省青联众创电子商务有限公司是四川省知名电商服务企业，专注服务县域农村电商，曾获得"四川省优秀县域电商服务商""四川省农业电子商务示范企业""2019四川电子商务乡村振兴示范企业""2020四川电子商务企业50强"称号。公司现有农村电商专业人才170名，先后参与了四川省渠县、宣汉、广安、苍溪等11个国家级电商进农村综合示范县的建设，总投入1.5亿元，拥有农村电商网点1 500余个，培育电商人才3万多人。公司合理利用电商网点资源，多方整合平台、金融、物流等资源，引导农产品走进城市，建立健全了示范县电商全产业链。

二、主要做法

1. 实施背景　渠县是2014年国家首批电子商务进农村综合示范县，以建设农村电商市场体系、推进电商精准扶贫为工作重点，通过多年的实践和探索，成效明显。近年来，渠县把建设现代农业园区作为现代农业发展的重要抓手，不断完善农业物联网体系、农产品溯源体系、农业产业电子商务供应链体系的建设及应用。目前，全县建成渠县有庆省级现代农业粮油园区、李馥青花椒园区等21个省市县级现代农业园区。通过产销融合发展，渠县已初步形成了线上线下互动、农户客户直通、增收脱贫并重的电商扶贫格局。

2. 主要内容　创新实践农村电商三步走。通过近年来的实践和创新，青联众创探索出了一整套农村电商发展模式。一是在电商精准扶贫方面成绩突出，在渠县参与创立了"电商＋党建"精准扶贫新模式，利用产业扶贫、培训扶贫、网商扶贫、信息扶贫带动贫困户增收。二是在农产品上行方面扎实有效，建立了"平台商＋服务商＋企业供货商＋农民创业网商"的生态产业链，利用淘宝、京东、天虎云商、一亩田等电商平台推广渠县柑橘、黄花、大山村土鸡蛋等名优农特产品，带动其单价平均增长30％以上，累计销售农产品6 000余万元。三是在电商主体培育方面卓有成效，通过"精准式滴灌"的培训模式，培育了大批电商创业者，作为电商带动贫困农民脱贫致富的典型，充分展现了电商精准扶贫以及电商进农村的示范效应。

3. 运营模式　建立开放合作模式，广泛整合社会资源参与。一是与国内知名电商平台合作。在淘宝、京东、苏宁等平台建设渠县特色馆，在一亩田、有赞微店等平台开设渠县土特产网店，鼓励本土创业网商在知名平台开设网店，共同搭建渠县农特产品网络营销渠道，打造本土网络品牌。二是与本土相关企业合作。与中国电信、渠县农信社、红盘凯歌连锁超市、涉农电商企业及专合社合作，依托"宽带乡村"工程、"惠农兴村"工程、"万村千乡"市场工程现有网点资源，共同建设乡镇、村级电商服务站点，健全三级电商服务体系。三是与相关职能部门合作。与县委组织部、团县委、人社局、经信局等部门合作，整合相关部门的项目资金、人力资源、平台资源等，引导本土传统企业开展互联网转型升级，引导创业青年开展互联网创业，并优先对重点龙头企业、专业合作社以及电商创业者进行扶持。四是与第三方物流企业合作。与顺丰、申通、韵达等第三方快递物流企业合作，共同建设县级电商物流集配中心、物流信息平台，整合县域快递资源，建立城乡三级电商物流配送体系。

4. 全方位解决农村电商普及、应用问题 融入重点中心工作，加快激活农村电商活力。一是融入"精准扶贫"中心工作。运用"互联网＋"思维，建立电商精准扶贫新机制，推进扶贫开发与电商产业发展相融合。持续开展特色产品网销专项行动，带动产业发展，帮助村民脱贫奔康。2016年4月，全省电商精准扶贫现场会在渠县召开，重点参观学习了渠县电商精准扶贫经验和模式。二是融入"互联网＋党建"重点工作。在商务局党委的指导下，服务中心建立了党支部，通过网销行动，引导贫困村党支部、农民专合社党支部、农村骨干党员发挥模范带头作用，积极参与电商精准扶贫。三是融入"双创"重点工作。全面落实"大众创业、万众创新"部署，把电商发展作为解决贫困群众就业难的一大途径，累计孵化创业网商1 500余人，新增网店600余个，新增电商从业岗位3 500余个。比如，渠县大学生张双创立了四川恒睿乐创电子商务有限公司，通过互联网多元化发展，2020年实现销售额500余万元，解决贫困人口就业30余人。四是融入"传统产业转型升级"重点工作。围绕农业供给侧改革，支持农产品加工企业与电商共生发展、做大做强，目前已成功帮助宕府王食品、亚博柠檬专合社等16家新型经营主体通过互联网实现转型升级。2020年，宕府王食品公司通过网销产品实现销售收入5 600万元（占企业年销售收入的45％），带动全县黄花、红粮等产业的发展。

三、经验效果

1. 创新电商工作举措，电商精准扶贫转型电商乡村振兴 一是开展农村电商产业振兴。主推"电商＋产业基地""电商＋龙头企业""电商＋村党支部＋贫困户"等模式，建立农产品线下展示、线上交易、产销对接机制，解决农产品销售难问题。累计销售柑橘180万斤、柠檬160万斤、鸡蛋5 300盒、黄花20万斤、秋葵2万斤。通过打造"渠县柑橘""大山鸡蛋"品牌，使柑橘平均收购价由0.5元/斤上涨到1.2元/斤，鸡蛋收购价从0.6元/个上涨到1.5元/个，品牌优势真正转化成了增收优势，累计助农增收1 400余万元。二是开展农村电商人才振兴。坚持"因材施教、精准培训"，设计不同的培训课程，满足不同层次人群的培训需求，带动一批农村青年创业就业。目前，已累计对第一书记、村支书、产业带头人才等开展电商培训312期、11 520人次。三是开展农村电商行业振兴。支持个人及企业网商与贫困村、贫困户结对帮扶，形成"一店助多户、一店助一村"等电商结对扶贫模式，引导积极参与"电商精准扶贫专项行动"。目前，已有26名个人网商与建档贫困户建立了结对帮扶关系，并建立了"互联网＋她"妇女网商扶贫新模式，涌现出了林夕秋、谢明琴、徐晖等妇女创业网商典型。2016年11月，全省"巾帼创业"现场会在渠县召开，重点推介渠县妇女网商电商精准扶贫的相关做法。四是开展农村电商信息振兴。依托已建成的228个电商服务站点，以村级电商服务点为载体，利用现代化信息技术，收集、发布农特产品供需信息。现已利用村级电商服务点帮助92个贫困户、59个城市采购商完成了农产品供销信息对接，交易金额超过150万元。

2. 农村电商实施案例

渠县柑橘搭上电商快车

三板乡大雾村是渠县传统的贫困村，素有栽种柑橘的历史，2015 年柑橘种植面积达 9 488 亩，产量 1.2 万吨，主要品种有脐橙、椪柑、锦橙等。2015 年 11 月底，青联众创的工作人员主动联系了该村第一书记黄彦先和村支书孙良松，发起了以"真心橙意，温暖同行"为主题的电商扶贫行动。2016 年，在阿里巴巴、淘宝、幸福渠县公众微信号、有赞微小店四大平台网销三板乡柑橘，吸纳了 40 余名电商参与此次网销活动。通过电商宣传引导，吸引了全国各地采购商来渠县考察，签订采购合同数量达到 30 万斤。

截至 2020 年，累计帮助三板乡网销柑橘 900 万斤，促使柑橘采购价从最低的 0.2 元/斤提高到平均 1.2 元/斤，助农增收 1 400 余万元。

大山土鸡蛋插上电商翅膀

渠县渠南乡大山村位于渠城南部，由于地势原因，全村人均耕地仅 0.71 亩，没有优势集中的产业支撑，养鸡是大山村村民的主要经济来源，且村里以老人居多，鸡蛋又不易存放和运输，其销售成了困扰村民们的难题。

四川省青联众创电子商务有限公司通过大山村电商服务站了解到这一情况之后，进行了实地考察。在大山村村委会的支持下，2016 年 3 月 28 日上午 9 点，由青联众创负责实施的大山村"电商精准扶贫"行动正式启动。青联众创采取"以多带一"的模式，在淘宝、有赞微小店、幸福渠县微信公众平台及苏宁易购等平台同时上线大山土鸡蛋，同时还鼓励渠县的个人及企业网商上架分销。截至 2020 年，大山村土鸡蛋年均网销 285.23 万元，带动村民人均增收 5 156 元。

全民直播，让渠县特产流行起来

近年来，渠县将电子商务发展作为加快农民增收致富的重要抓手，广泛动员社会力量参与农村电商扶贫工作，积极打造"电商＋农业产业"模式，加大扶持培训力度，打造本土"网红"主播，让渠县农产品走向更广阔的市场。

2020 年 9 月，四川省青联众创电子商务有限公司参与承办，四川观察全程直播报道的"渠县第三届中国农民丰收节暨渠县农特产品直播大赛"取得了圆满成功，有 100 余名来自渠县本土的网络主播参加比赛，大力宣传推介渠县名优农特产品。在 1 小时的直播比赛中，直播间点赞量累计超过 23 万个，完成 300 余万元的在线订单。

目前，渠县已规划建设多个农村电商直播基地，多家电商企业均已筹建直播运营团队，积极通过直播带货推动渠县农业产业现代化发展。

在乡里、为乡亲，乡里乡亲电商在行动

贵州乡里乡亲电子商务有限公司　陆胜勇

一、基本情况

贵州乡里乡亲电子商务有限公司（以下简称"乡里乡亲"）成立于 2015 年 8 月，是一家致力于发展西部农村电子商务的创新创业型企业，秉承"社会效益和商业发展相辅相成、共同发展"的宗旨，扎根农村、服务农村，主要为农村小商店与区域内外供应商之间提供供销平台，为城乡闲散物流资源和物流需求提供对接服务，为农村农特产品搭建销售平台。

乡里乡亲已经为 1 800 多家商超、200 余家区域内外供应商提供服务，在六盘水市境内乡镇设服务站点 220 余个，覆盖水城区、钟山区、威宁县、纳雍县、赫章县等地，辐射人数近 280 万人，实现了"刚需品下行，农产品上行"线上线下的闭环销售。乡里乡亲有员工 21 名，均为 80、90 后本科或大专学历青年及当地贫困户。

从 2015 年成立至今，乡里乡亲先后获得"贵州省第九批省级扶贫龙头企业""贵州省 2020 年线上线下融合发展示范企业""贵州省'万企融合'优秀企业标杆""六盘水市级电商龙头企业""六盘水市级电商示范企业""阿里巴巴桂商问道优秀企业""中国青年创新创业大赛贵州第一名""爱心企业"等荣誉称号。

二、主要做法

1. 明确电商平台发展定位　乡里乡亲作为服务于农村的电子商务公司，始终秉持"在乡里，为乡亲"的服务理念，坚持以脱贫攻坚、乡村振兴为己任。其运行模式主要依托互联网技术，通过在农村乡镇建设实体服务站，采取"线上＋线下"相结合的模式，把线下乡镇商超、农村超市、小卖部、粮油店等直接在一线服务人民群众的平台纳入互联网之中，打通电商下乡的"最后一公里"，搭建上游供货商与下游经销商之间的供需平台，提高城乡信息和物资流动效率，即以互联网模式降低农村商业运营成本，提升传统农村商业模式的效率和水平。

2. 精选电商平台产品种类　乡里乡亲利用 B2C、B2B、O2O 销售平台，如订货宝平台（服务 B 端客户）、微信小商超（e 超市服务 C 端客户）、淘宝网、黔农云线上平台、贫困地区农户产品 832 网络销售平台、一码贵州平台、抖店、云闪付商城等进行商品销售，主要销售水城区红心猕猴桃及其加工产品、水城春绿茶及红茶系列、天门红米、满全苦荞产品系列、六枝岩脚面、魏老妈辣椒系列、豆豉肉末火锅底料、水城初好和云上刺梨系列，以及当地的蜂蜜产品、桃花鸡蛋、大米、土豆、时令蔬菜、水果、食用油、生活日用品等。随着新增平台数量的增多，利用产品销后数据分析，对各个平台销售的商品种类进行实时动态管理，及时调整平台商品数量。目前，各平台销售产品约1 000种，当地农户种植、养殖的农副产品上传到各平台的商品种类也在稳步增加。

3. 强化电商平台市场开发 对于农副产品销售的B端市场，乡里乡亲本着"以企业为主体、产品为重点、市场为核心"的原则，建立企业自身的商品订货平台（商城），并着力进行市场调研和市场开发。遵循"由近及远"的总体思路，地毯式摸排需求商家，开展商业合作，发挥各自的市场职能，确保在销售渠道稳定的同时向其他城市延伸。此外，乡里乡亲还积极与各大银行开展合作，即银行出资借助乡里乡亲B端订货平台开展平台订货"返利活动"。银行通过客户参与平台的订货实现引流，乡里乡亲增加平台产品销售量，终端商超得到进货返点，形成多方"共赢"的局面。

4. 加大电商平台宣传力度 在产品C端平台方面，乡里乡亲选择具有当地特色的农副产品进行上传。在保证基本盈利的情况下，结合我国各类传统节日、新生节日开展平台商品促销活动，并充分利用新媒体平台开展网络直播带货。同时，为提升乡里乡亲的知名度，扩宽农产品销售渠道，还与中央电视台、贵州电视台、浙江卫视、吉林电视台、中国好声音、贵州电商云、六盘水师范学院、六盘水职业技术学院、六盘水市供销商贸集团和六盘水市农投集团等平台形成战略合作伙伴关系，进一步提升企业知名度。落实产品售后的电话回访、信息回访制度，在店铺商品销售后一周内对客户进行回访，及时收集消费者的意见建议，不断改进平台功能，完善店铺资源配置，初步形成了有"温度"的农村电商平台。

5. 加强电商平台自身发展 单一的营销模式跟不上日新月异的市场变化，传统的宣传路径已经满足不了新时代电商平台的发展需求。为此，乡里乡亲始终紧跟时代潮流，上下一心，充分整合资源，大力拓展平台线上销售渠道。结合新时代大环境背景，创新农副产品销售渠道，同步推进"线上+线下"产品销售，管住乡里乡亲中间主体，拓宽线上线下销售渠道，助力当地农副产品走出大山。乡里乡亲号召全体干部职工积极学习各级政府相关文件精神，用新时代新思想武装员工头脑，读懂弄通文件精神，做实平台店铺的商品销售，用新的电商发展理念维护平台日常管理，促进电商平台健康发展。积极运用企业微信公众号宣传渠道，每周至少推送一篇商品促销的相关消息，让客户清楚了解平台商品的销售价格。通过大数据，分析平台商品销售情况，针对销量较好的商品，乘胜追击，开展该类商品的促销活动，全力打造平台"网红产品"。通过"网红产品"进行市场引流，增加店铺的浏览量，带动店铺其他产品触网销售。

三、经验效果

"打铁还需自身硬"，电商平台亦是如此。良好的平台信誉度、优良的商品质量、高效的物流配送、优质的服务质量是电商平台立足市场的基础。乡里乡亲结合自身发展实际，充分借鉴其他电商平台的成功经验，分析、总结符合当下市场的运行规律，使电商平台步入发展正轨，成为当地示范性电商平台企业。

创新是企业发展的第一动力，在乡里乡亲电商平台引入"创新发展"已经成为"必选项"。乡里乡亲抓住电商平台这一中心点，强化平台、技术、组织等形式创新，整合当地市场资源，联合本地电商各大企业抱团发展，充分利用水城区电商协会平台，组织开展

"网红直播大赛"，吸纳有实力、有能力、有经验的"网红"辅助平台店铺开展直播带货。与省内外高校开展合作，把高校作为电商专业人才培训的"孵化园"，邀请有电商运营经验的专家、成功的创业者开展专项技能培训，并为有意向加入电商行业的学员提供学习就业机会。目前，乡里乡亲已经为100余名学员提供实习、见习、就业平台，为社会解决就业问题提供了有力保障。同时，店铺所销售的农副产品均为当地农户生产，累计带动贫困人口约2 500余人，为农户实现增收致富搭建了有利平台。

乡里乡亲在保证产品质量的前提下，加大网络直播投入，与当地实力派"网红"签订全职、兼职劳动合同，借助其影响力开展直播带货，所取得的成效已经初步显现，商品销售量成正比例增长，带货前景较为乐观。落实电话回访、信息回访是乡里乡亲的一项基本程序，询问消费者的购物真实体验是店铺改进的渠道之一，优质的服务是消费者购物的最好"礼物"，现在，乡里乡亲的各类电商平台店铺正在逐步向有"温度"的电商全速迈进。2020年，乡里乡亲各个平台实现产品销售额约1 000万元，线上产品销售额占比80%以上，带动就业人员22名，利益联结带动贫困人口114名，同时解决了22名大学生的实习、就业问题。

乡里乡亲从成立至今，得到了社会各界及省级、市级等相关部门的认可，这也成了乡里乡亲前进的最大动力。在助力乡村全面振兴发展的道路上，只要初心不变，敢于直面问题，勇于接受挑战，农村电商发展前景广阔。

探索"产品开发＋品牌塑造＋供应链管理＋全网营销"一体化农产品电商运营新模式

陕西聚锦华美电子商务有限公司　姚晓东　向丹

一、基本情况

陕西聚锦华美电子商务有限公司成立于 2016 年 4 月，是一家以陕西农产品营销、农产品品牌打造、农产品供应链管理为核心的农业电商运营公司。公司自成立以来，始终坚持深入农村、深入产业，以挖掘陕西地方特色农产品为主导思想，以客户需求为核心，通过运营数据分析、区域化市场定位、产品品牌升级和源头供应链管理等方式推动陕西农产品上行，探索出了"产品开发＋品牌塑造＋供应链管理＋全网营销"的农产品电商运营模式。

2018 年，由陕西省农业农村厅授权建设运营天猫"陕西原产地商品官方旗舰店"，2020 年，由陕西农产品质量安全中心授权建设运营"陕西农业品牌网"。公司以"陕西原产地商品官方旗舰店"和"陕西农业品牌网"两个平台为运营核心，投入 100 余万元，建设 10 000 米^2 的杨凌中心仓，联合产地企业（合作社）建设渭南大荔仓、宝鸡眉县仓、延安宝塔仓、西咸供应链配送仓。公司运营团队有 4 个部门，现有 43 人，拥有专业的产品开发、品牌打造、平台运营、直播运营和供应链管理团队。各业务部门分工明确、任务清晰，整体运营工作有序开展，2020 年开发产品 50 余个，销售量超过 6 700 万元。

二、主要做法

1. 项目背景　在中央农村工作会议精神的指引下，在乡村振兴大战略下，在"十四五"实施之际，发掘打造一批陕西优质农业品牌尤为紧要。公司通过整合农产品生产、销售上下游企业，结合线下销售市场、线上电商平台等产品销售流通渠道，构建供应端向销售端流通全环节服务，提供精准、专业、灵活的运营体系，加快产品流通效率，提升业务量。通过全新的供应链服务业态，促进品牌发展，在供应链服务体系的助力下，让更多的陕西优质农产品流向市场，打造农产品供销一体化集群平台。

2. 产品开发和供应链管理　在省农业宣传信息中心和省农产品质量安全中心的指导下，公司根据不同的产品类别，区分标准产品和生鲜产品两大类，建设完成了西安集配中心仓。联合农产品供应厂商和本地快递物流公司，建设完成了延安、周至、富平、阎良、临潼5 个生鲜发货仓。所有仓储均配备了 ERP 管理系统，快递物流发货管理工作正常开展。

公司供应链团队深入全省 53 个县进行产品的整理、收集和调研，与 23 个具备供应能力、资质齐全的涉农企业签订了农产品销售合同。截至 2021 年 3 月，已经完成洛川苹果、

周至猕猴桃、阎良甜瓜、蓝田樱桃、临潼石榴、大荔冬枣、定边马铃薯、兴平红薯、富平柿饼、淳化南瓜、黄龙蜂蜜、泾阳茯茶、汉中仙毫、米脂小米、绥德小米、洋县黑米、横山绿豆、富平羊奶粉、蒲城石子馍、大荔辣椒、吴堡挂面、三原香油、芝麻酱等50余个品牌共计146个产品链接上线运营。

3. 品牌营销和产品推广　公司推广团队在人群分布、人群结构、消费能力等方面进行数据分析。依托微信、微博、微淘分类网站、新闻门户、抖音、今日头条等平台，发布产品介绍、品牌介绍等相关信息，实现有效传播，品牌及产品综合曝光浏览量为2 770万次。同时，在视频网站、直播平台进行持续的直播活动，邀请网红、商家、农户等向用户全面展示产品细节，吸引更多用户的关注，有效地提升了产品及品牌的知名度。

2020年，陕西农业品牌网承办多个品牌推广活动，在农业农村部网站、陕西省人民政府官网、学习强国、农林卫视、央广网、中华网、陕西省农业农村厅、陕西网、西部网、陕西日报、群众新闻网等多个官方网站及主流媒体平台和微博、今日头条、百度、一点资讯、腾讯新闻、微信公众号、网易新闻、凤凰新闻、搜狐、知乎等新媒体平台共计发表稿件5 200余篇，发布活动短视频以及各区县政府领导、涉农干部、乡镇干部、农民代表代言视频1 670余条，全网累计浏览量已经超过9亿人次。

4. 平台运营推广工作　在平台运营过程中，公司根据全省农产品的产业分布、产品属性和产出时间等现实情况，有针对性地制订了店铺运营计划、产品开发计划、供应链管理计划和品牌建设计划，确保各项工作落到实处，2020年总发货量突破270万单，营业额突破6 700万元。截至2021年3月，公司联合杭州、上海、广州、成都等地知名直播和达人，在直播平台、短视频平台完成农产品推广活动130余场，总观看量突破5 000万人次，有效提升了产品及"陕"字号农产品品牌的知名度。整体运营工作顺利推进，农产品销售稳步上升，客户评价、物流服务等综合评分达到行业优秀。

同时，指导和培训产地创业青年、合作社、农产品电商从业者600余人次，开展农产品直播活动，特别是采取"农户＋主播＋田间地头"的方式，向用户全面展示产品细节，吸引了更多用户的关注，取得了很好的效果。

5. 运营项目案例

案例1：2019年年底，富平柿饼作为聚锦华美的年度重点项目如期启动。在前期准备充足的情况下，公司团队踏实做好每一件事，认真对待每一个客户，从每一个细节入手，以精益求精的态度对待每一件小事。在零基础的情况下，45天内完成销售目标9万单，实现销售45万斤。2020年，公司进一步优化产品，国潮版的包装和完美的口感使产品一上市就受到了众多客户的热力追捧，30天完成销售12万单，实现销售70余万斤，提前10天完成2020年度柿饼销售目标。

案例2：眉县猕猴桃向来以个大味美、营养丰富著称。2019年9月，在前期精心筹备下，眉县猕猴桃项目正式启动。专业的冷藏、包装设备，充分的宣传、预热，为猕猴桃大规模销售做足准备。上市后，首日销量就高达7 000多单。截至2019年年底，天猫、淘宝、拼多多、有赞、快手等平台共计销售猕猴桃37万余单。

案例3：地标产品"阎良甜瓜"于2020年在各大电商平台及众多微商平台上线，得到了阎良当地政府的高度重视与大力支持。公司6个包装场地同时开工，日雇佣当地包装工人近300人，在30天内发货23万单，实现甜瓜销售130多万斤，使甜瓜价格远高于往年，直接帮助当地瓜农增收近 300 万元，实现企业与农民的双赢。

三、经验效果

1. 以品控和标准化倒逼生产，促进品质提升 根据市场需求和政府产业规划，深入产区，按照农产品商品化的要求，采取定向开发、联合集采的方式，带动本地农户和企业从生产源头开始，不断提高生产管理和质量把控，以产品商业化的运营规则倒逼生产，提升农产品品质。公司和农产品基地以联合经营的方式，完善适应全国市场流通的农产品标准化生产管理体系，从品牌建设、生产标准、供应规模、品质控制等方面入手，打造一批品质稳定的农产品。以销促产，开展适度规模的订单农产品，主打绿色、有机农产品，扩大销量。依托陕西省优质农产品质量安全追溯平台，实施农产品质量追溯管理，从而达到品牌农产品产业化发展。以大荔冬枣为例，在省农安中心等部门的支持下，与大荔县政府联合制定了大荔冬枣等级标准，对当地种植环节从严要求，保证了产品品质，有效地提升了大荔冬枣的品牌影响力。

2. 大力推广"陕"字号农产品品牌，多方受益 以区域品牌为引领、以农产品企业品牌为主体思路，拓宽品牌推广和爆款产品的打造力度。夯实陕西地方特色品牌，增强地理标志产品知名度。以地标产品的推广销售推动当地休闲农业、涉农旅游的发展，标志着特色农产品销售进入一个新阶段，不仅为陕西特色农产品提供新的销售渠道，同时也为陕西地标农产品涉农企业和农户的增产增收提供了途径，必定会为陕西特色农业做出重要贡献。以陕西茶叶为例，举行了"遇见陕茶遇见你"陕茶系列推广销售活动，以多种形式获取产品种植、加工、生产的全过程，保障了平台销售产品的品质。通过现场推介等活动，带动茶乡旅游项目，让老百姓真正通过电商销售、网上展示等途径获得产品和旅游的双收益。

3. 创新营销模式，强化自身运营能力，提升产品销量 公司团队规模不断扩大，吸纳了一批专业人才，在精细化运营、数据化运营等方面形成了一套专业的运营体系，不断优化客户的消费体验，使"陕西原产地商品官方旗舰店"成为陕西农产品的一个窗口、一张名片。以"陕西原产地农产品"为核心，不断优化产品种类，与天猫平台进行更深层次的合作，联合举办各类助农销售活动，与各特色农产品原产地紧密合作，组成了陕西原产地产品供给矩阵。同时，加强产地生鲜供应链仓的运营和管理，以各产品产地仓为接口，对接京东、苏宁易购、社区社群、直播电商等平台，进行产品的大批量供应，再次扩大农产品销售数量。在新形势下，积极培养带货主播，同时协助当地政府孵化组建"村播"团，以"田间地头＋风土人情＋产品展示＋包装生产"这种更接地气的宣传营销方式，提升当地农产品的销售水平。公司加大直播和短视频平台的运营力度，并在新媒体推广中提升产品的附加值和粉丝黏性，使自主经营农产品销量大幅增加，以"新"电商模式有效助推农村经济发展。

探索实践陕南山区"电商＋合作社"直播带货消费帮扶新模式

平利县富硒堂茶业有限公司　王秀梅　曹丽君　罗华珍
平利县委宣传部　沈奕君

一、基本情况

富硒堂位于平利县陈家坝电商中心,于2016年3月注册成立。公司以数字区块链为主,建设农业示范基地639亩,带动产业户种植3 000亩,拥有自主商标、企业标准,有线上线下店铺30多个。公司代销农副产品、工业品、生鲜产品、手工艺品等100余款产品,是集种植、研发、加工、包装、销售、培训、电商于一体的现代化综合企业。

公司通过深化农产品数字化应用,带动全县农产品加工企业;建立"种植—经营—销售"数字追溯体系;完善电商平台及配套基础设施和冷链设备;制定适合农村电商产品的技术标准和产品标识,促进工业品下乡、农产品出村进城,实现小农户与大市场的有机衔接。公司带动200余名大学生、退伍军人、残疾人、农户、社区人员就业,带动2 000多户农户实现稳步增收,由于脱贫攻坚贡献突出,得到了社会各界和群众的广泛好评,多次被评为安康市助力脱贫攻坚"社会扶贫先进单位""最美帮扶企业""脱贫攻坚优秀企业""优秀茶企""安康市诚信守法企业"。

二、主要做法

公司创办人王秀梅既是新农人,也是电商直播网络达人,还曾与央视主持人蝴蝶、王筱磊一起联播带货,实现单场平利绞股蓝销量170 00单、销售额57万元的收益。2020年9月7日,在"农民丰收节——金秋消费季"央视新闻直播间,王秀梅与央视主播张腾岳、蔡紫一起直播带货,单场总交易额1 070万元。央视新闻《面对面》、农业农村频道《田间示范秀》对王秀梅的扶贫带动事迹做了专场报道,王秀梅也作为全国14个新农人代表参加了"丰收中国"晚会。2020年,通过多场线上活动,实现营业额6 000多万元。

1. 回乡创业办茶厂,让父老乡亲因茶脱贫　平利县属秦巴连片特困区,是全国14个集中连片特困地区之一。集中连片特困地区贫困程度深、脱贫和巩固脱贫成果难度大,都是贫中之贫、困中之困,是最难啃下的"硬骨头"。"十二五"末,全县依然有贫困村79个,贫困发生率高达22.4%。

面对这样的现状,富硒堂实行种植农业和订单农业,依托种植户的茶叶、绞股蓝,通过电商销售,取得了成功,让一部分贫困群众增加了收入。为了让更多群众脱贫增收,公司筹办工厂,建立富硒堂基地,创建独立品牌标识。经过不断努力,相继在广东、西安等市成立了17家连锁店。

几年来,公司积极发挥脱贫攻坚的社会力量,在公司成立扶贫小组,制订帮扶方案,流转闲置土地639亩,用于种植绞股蓝,为农户量身定做,创造工作岗位,让农户通过土地经营权让渡和居家就近务工获得稳定增收。2017 年，通过土地流转、劳务用工、产品回购、入股分红、技能培训等多种方式，帮助村里 110 户、279 人实现人均增收1 000 元。

2. 开启扶贫新模式，与农户共享创业成果 社会扶贫必须开启新模式，要与时俱进、因地制宜、开拓创新。源于这样的思考，富硒堂一直在探索实践。2019 年，在国务院扶贫办社会扶贫司和拼多多的撮合下，平利县人民政府与拼多多平台签订扶贫助农合作协议，新型的扶贫模式"多多农园"成了富硒堂的新模式。

"多多农园"的优越性在于让建档立卡贫困农户成为全产业链的利益主体，这种模式的关键在于通过"电商＋合作社"的管理方式，将贫困农户联结起来。贫困户通过合作社共享销售收益，合作社同时负责店铺运营，保证了这些贫困户可以安心生产。2019 年 9月，公司带领 51 户种植绞股蓝的贫困户组成了"多多农园"，拼多多"多多农园"项目组资助了 52 万元作为启动金，对标现代企业管理制度，准确实现"资金变股金，农民变股民"，参与的 51 户贫困户全部成为股东，共同分享商业收益。"多多农园"运行仅半年多，效果就开始显现，产业覆盖的 3 个村均完成脱贫任务。

3. 紧抓时代新风口，直播带货助力平利农产品上行 2020 年，受疫情影响，农产品销售面临难题，富硒堂紧抓风口，通过电商直播带货，帮助平利农产品上行，免费给贫困村、扶贫产品做代言、找销路。参与制定地方农产品标准、产品追溯体系建设，在贫困村建设冷链冻库1 200 米^2，解决产品保存问题；整合 4 家快递公司，确保农产品出村进城畅通无阻；与拼多多、淘宝、抖音等平台合作，拓宽渠道，反向提升产业链。

4. 打造扶贫梦工厂，使更多的群众富起来 脱贫攻坚是一项系统工程，企业不仅要做好带贫工作，更要让越来越多的群众富起来。富硒堂不仅把扶贫焦点放在村里，而且着重打造新农人平台，培育更多的创业者，让他们成为社会扶贫的中坚力量。在公司就职的有很多大学生，他们一边工作，一边创业，一边投入脱贫攻坚，通过扶贫圆梦人生。不仅如此，富硒堂还利用各种方式，通过苏陕协作，架桥搭线，助力消费扶贫。为了让平利的土特产走进江苏人的餐桌，公司投入资金，在柳坝村建立加工厂和基地仓库，设立农副产品收购站，与贫困户签订收购订单。2018 年，通过苏陕合作，帮扶 29 户贫困户、110 人实现增收。

三、经验效果

习近平总书记在平利县考察脱贫攻坚情况时，对公司法人王秀梅寄予了这样的希望"直播是趋势，要好好珍惜。"公司全体成员倍受鼓舞，也将总书记的殷殷嘱托作为工作动力，落实到实际工作当中来。目前，公司发展呈倍增态势，建立了以秦巴连片特困区为半径、辐射全国的营销网络，开办直播带货的消费扶贫新模式，通过"多多农园"的"电商＋合作社"管理模式，将贫困农户联结起来，与村集体、农户利益共享。

自 2016 年成立以来，富硒堂始终把"产业＋电商扶贫"作为企业的重点内容来抓，把握"农业＋互联网"的新方式，在拼流量的同时更加注重质量和口碑，加强产品开发。打造乡村好产品、好品牌，真正通过数字化将家乡农产品和互联网深度链接，让好产品飞出大山，释放家乡发展新动能，为乡村振兴贡献力量。

社会赋予企业成长的机会，企业也要承担社会责任。作为贫困山区企业，虽然全体农户脱贫了，但平利县是以农业为主的大县，老百姓的收入相对于发达地区还是比较低的。因此，企业有责任帮助更多的老百姓增收，让他们在脱贫之后稳步发展，让更多的年轻人加入"产业＋电商"新模式，在乡村产业发展中圆梦，让越来越多的群众增收致富奔小康。

拓展电商销售渠道　助推果农脱贫致富

静宁县红六福果业有限公司　王志伟

一、基本情况

静宁县红六福果业有限公司成立于 2011 年，是一家从事静宁苹果种植、加工、贮藏及销售的省级农业产业化龙头企业。公司建设有 1 座万吨果品恒温保鲜库、3 000 亩有机苹果和 1 万亩绿色苹果生产基地；联合社当前建设有苹果果园面积 2.6 万亩，重点开发富硒绿色、有机苹果，获得了 ISO 9001 质量管理体系和 ISO 22000、HAPPC 食品安全体系认证，拥有自营出口权。公司联合 16 家农民专业合作社，吸纳 709 户贫困户组建红六福农民专业合作社联合社。企业开发的产品荣获甘肃农业博览会金奖、第 20 届中国绿色食品博览会金奖，"红六福"被评为甘肃省著名商标。2018 年，联合社有 9 个合作社注册了商标。2018 年，红六福品牌价值提升至 2.11 亿元，获得中国果品商业品牌价值前十强，是国家农民专业合作社示范社，被市政府评为十大果品营销企业、甘肃名牌产品。2020 年，公司被省农业农村厅等评为农业产业联合体、甘肃省农业农村产业化重点龙头企业，获平凉市东西协作电商扶贫暨电商双创大赛企业组一等奖，静宁苹果获评"中国苹果产业榜样 100 品牌"。红六福依托静宁苹果产业资源优势，加大农产品品牌培育，积极推动龙头企业、合作社创新网络营销观念，通过"企业＋电商＋扶贫车间"模式，让电商扶贫真正成为助农致富的"新引擎"，走出了一条"电商脱贫"的新路子。

二、主要做法

以电商扶贫为手段，以产业扶贫为根本，建立健全利益联结机制，激发合作社成员的生产积极性和发展内动力，走出了一条龙头带动、联合经营、互助共赢、脱贫致富的电商扶贫路子。

企业发展始终秉持"一个理念"，创出了"两种模式"。

1. 一个理念　一个理念即有机健康理念。合作社以生产有机生态、安全健康的果品为理念，培育"长寿之福、健康之福、平安之福、富贵之福、和谐之福、智慧之福"的企业文化，打造"红六福"品牌。严格按照国家绿色、有机果品生产标准，施用有机肥和生物菌肥，采用物理、生物等病虫害综合防控技术，从生产到销售，实行全过程质量安全控制，确保舌尖上的安全。生产出的富硒有机苹果具有软化血管、增强免疫、延缓衰老等营养保健作用，增加了产品附加值，满足了多元消费需求，提高了市场竞争力，扩大了品牌影响力。

2. 两种模式　一是"合作社＋"模式。最初由当地 9 名有经营意愿的农民自愿联合，

共同出资 100 万元组建了合作社，进行联合生产、农资供应、果品购销等生产经营活动。为了增强市场竞争力，规避市场风险，实现果品的反季节销售，合作社于 2011 年成立了红六福果业有限公司，投资 3 000 万元建成万吨果品恒温保鲜库，增强了合作社的吸引力，联建富硒有机苹果基地 3 000 亩，带动周边 4 个乡镇 2 000 多户果农建立苹果标准化生产基地 1 万亩。合作社制定了《合作社章程》和《富硒有机苹果操作技术规程》，实现了"六统一"（统一生产标准、统一技术指导、统一农资供应、统一信息服务、统一包装销售、统一收益分配）。聘请 5 名果业专家驻社指导，每年培训果农 3 000 多人（次），培养务果能手 600 多人、技术明白人 1 500 多名。设立农资服务店，组建病虫害防治服务队，免费发放富硒专用肥料，推广富硒有机苹果生产技术，开展病虫害统防统治，保障了苹果绿色有机生产，形成了联合生产、市价收购、集中贮存、打包销售的经营特色。积极与甘肃银行、邮储银行、农业银行对接，采取信用担保、联户担保、质押担保等方式，解决了社员果业发展资金不足的问题，形成了"合作社＋农户＋公司＋基地＋互助金融"的模式。二是"互联网＋"模式。注册了"红六福""静红"商标，将"互联网＋"思维融入生产、流通、营销等环节，通过自建的静宁苹果网及微博、微信等第三方信息平台，大力宣传推介，扩大品牌影响，使果品销往重庆、成都、北京、上海、广州等 10 多个大中城市。2014 年，合作社产品成功入驻淘宝网、阿里巴巴、京东、乐村淘等国内知名电商平台，开辟了电商销售通道。2020 年，静宁苹果在渤海商品交易所挂牌上市，进行现货交易，对接资本市场，"红六福"仓库被指定为全国交收厂库，实现了 B2C、O2O 和 P2C 的线上线下交易。通过现货交易，提升了合作社产品的知名度和定价话语权，有力助推了苹果产业的发展。2020 年交易 1 100 吨，交易额 2 400 万元，收入 600 万元以上。

公司坚持以市场需求为导向，以绿色有机为基础，以产品质量为生命线，坚持标准化生产、规范化经营、现代化管理。联合社通过电商平台运营，引导合作社强化产品质量管理，不断完善"三品一标"认证，实行投入品源头管控和果品标准化生产，健全农产品质量可追溯管理体系，同时，为合作社和农户提供种苗、配方施肥、病虫害统防统治、机械化生产、电商培训等服务。进一步培育村农民专业合作社，开发优质农产品，打造合作社品牌，发展村集体经济，不断拓展线上线下市场销售渠道，更好地让农业增效、农村增绿、农民增收、企业增利。

三、经验效果

联合社电商发展坚持政府引导、龙头带动、市场运营、社会参与，以"互联网＋消费扶贫"的方式，以市场化运营为目标，通过整合农产品加工企业、合作社、电商服务企业和物流配送企业，优化电商服务链条，进一步拓展农产品网销渠道，提升静宁农产品品牌的知名度和附加值，增加农户价值链增值收益，电商产业促进贫困群众收入显著提升。

联合社充分发挥龙头企业的带动作用，联合 16 个农民专业合作社打造红六福万亩富硒有机苹果品牌，建设出口食品质量安全示范区，将互联网手段融入生产、流通、营销等环节，拓展了内销外贸、线上线下销售渠道，建设并成功运营静宁县农产品质量安全追溯平台，与京东商城静宁扶贫馆、淘宝、苏宁等一批优秀的静宁农产品网销平台合作，实现了网络经济与实体经济的深度融合，拓宽了静宁农产品的销售渠道，使静宁农产品和电商服务融入全国大市场。参与央视财经频道"改革开放 40 年"中国电商扶贫行动、甘肃卫视"扶贫第一线"等电商宣传推介活动 20 多场次。

2020 年，通过电商平台销售 2 400 多万元，合作社贫困户收益分红 186 万元。通过电商平台社员的销售收入最高达到 8 万元，贫困户通过销售果品、劳务收入、入股分红，收入最高达到 2.6 万元。联合社以"三变改革"为导向，以农产品为重点，村集体和农户以土地、果园、人力资源、技术等入股合作社，资源变资产；贫困户以产业配股资金、精准扶贫贷款和闲余资金入股，资金变股金；龙头企业通过电商平台运营，实现利益最大化，农户获取收益分红，农民变股民。通过"三变"改革，将小农户和现代农业生产、电商经营体系有机地衔接在一起，构建稳定的利益联结机制，打造有效的电商扶贫体系。联合社建成电商体验馆、电商扶贫示范园、农民创业园、苹果产业扶贫车间，吸纳当地 96 名贫困群众参与就业，增加劳务收入。通过带动，让贫困户主动加入村农民专业合作社，专业合作社为龙头企业提供质量稳定合格的网货产品，龙头企业以优质的网货商品通过电商平台创品牌、拓市场，实现企业赢利、合作社增收、贫困户致富的利益持久共赢模式。实行按股分红、按劳分红、按村集体分红 3 种方式。在按股分红中，贫困户按不低于 10% 的优先股保底分红，普通成员则按照普通股进行收益分红。在按劳分红中，贫困户通过在联合社电商扶贫车间务工获取劳务收入。在按村集体分红中，村集体依托本村合作社开发网货产品，为平台提供标准化产品，实现收益分红，其中收益的 60% 主要用于公用事业、应急扶贫资金和发展留存资金，剩余 40% 按照贫困户 60%、一般户 40% 的比例进行二次分配。

联合社将进一步与电商平台拓展合作渠道，开发"土字号""乡字号"等特色产品品牌，通过电商品牌，打造现代农业产业体系和经营体系，让更多的贫困群众分享互联网带来的产业增值效益。

附录

附　录　一

2019 全国县域数字农业农村
电子商务发展报告

农业农村部信息中心
中国国际电子商务中心研究院
2019 年 4 月

摘　要

2018 年，国家高度重视"互联网＋农业"的融合发展，围绕农村电商、农产品电商、电商扶贫等领域，陆续发布了《乡村振兴战略规划（2018—2022 年）》《关于开展 2018 年电子商务进农村综合示范工作的通知》等一系列促进农村电商发展的政策文件。

2018 年，我国县域电商市场规模达 4.63 万亿元，占全国网络零售额的 51%；县域农产品、农产品加工品及农业生产资料网络零售额为 4 018 亿元，其中农产品网络零售额为 2 176.3 亿元，占全国农产品网络零售额的 94%。从产品结构看，县域地区的吃、穿、用类商品贡献超过 50%。从区域结构看，县域电商发展不均衡，华东地区的县域网络零售额占比超 60%，整体呈东强西弱格局。从电商平台看，县域电商发展依然以综合电商平台为主，但社交电商、服务电商平台正在紧追，发展势头强劲。从农产品网络零售看，农产品上行以休闲食品、粮油调味、生鲜食品为主。

目前，县域电商产业的政策红利逐渐释放，电商基础设施逐渐完善，农业品牌化进程不断加速，新业态新模式不断涌现，农村电商全面助力乡村振兴战略。随着电商进农村的不断深入，县域地区的电商发展也面临着许多挑战，如偏远地区的基础性制约依然明显、农产品产业链短板明显、部分地区对电商扶贫缺乏长远规划等。未来，我国县域电商将围绕乡村振兴战略、《电子商务法》等法律法规要求以及相关政策导向，着力打造农村电商产业链，加快农业品牌建设，推进农村电商向高质量发展，强化农村电商人才培养，结合典型案例宣传引导县域电商发展。

《2019 全国县域数字农业农村电子商务发展报告》对全国县域电商发展现状、发展特点、存在问题进行深入分析，预测未来县域电商市场的发展趋势，旨在加强政策引导，推动县域电商高质量发展，促进电商扶贫工作的有效开展，助力乡村振兴。

本报告主要数据由北京欧特欧国际咨询有限公司通过监测主要电商平台县域电商交易额所得。县域监测对象是各地农业农村部门上报的全国 2 094 个县域（包括北京市、上海市、天津市等农业区），其中包括 832 个国家级贫困县；监测平台涵盖天猫、淘宝、京东、苏宁、拼多多、饿了么、美团、美团团购、大众点评 9 个主要电商平台；监测商品对象依据上述平台的产品分类，包含家居家装、餐饮美食、电脑办公等 22 大类。同时，还引用了国家统计局、中国互联网络信息中心、商务部等部门机构的数据。

2019 年 4 月

1 中国县域电子商务发展概况

1.1 全国县域电子商务发展现状

1.1.1 县域电商市场规模超 4 万亿元

2018 年，我国电子商务市场规模持续扩大，电子商务交易额达 31.63 万亿元，网络零售额达 9.01 万亿元，农产品网络零售额达 2 305 亿元。随着我国农村电商政策体系逐步完善，电商扶贫政策深入推进，全国县域电商基础设施、农产品上行体系日趋健全，县域电商取得较好发展。据欧特欧监测数据，2018 年全国县域[①]电商市场规模达 4.63 万亿元，约占全国网络零售额的 51%；县域农产品网络零售额达到 2 176.3 亿元，占全国农产品网络零售额的 94%（图 1-1）。

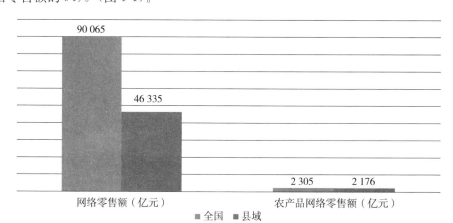

图 1-1　2018 年全国电商与县域电商对比情况
（数据来源：统计局、商务部、欧特欧。）

1.1.2 吃穿用类商品贡献超过 50%

据欧特欧数据，全国县域网络销售量排名前五的品类分别是家居家装，餐饮美食，电脑办公，农产品、农产品加工品及农业生产资料，服装服饰，网络零售额分别为 8 091.37 亿元、3 054.06 亿元、2 695.45 亿元、4 018 亿元和 8 846.84 亿元，这五类商品占全国县域电商市场规模的 57.64%。县域农村地区劳动力成本低、数量大，且吃穿用类商品主要是劳动密集型产品，对技术依赖度较低，电商市场发展迅猛。

1.1.3 区域发展呈现东强西弱

从区域分布看，我国县域电商发展极不均衡，从东向西呈递减趋势，沿海地区电子商务明显领先于内陆地区。华东、华北、华南地区的县域电商发展最快，其中，华东地区的县域电商市场份额高达 60.87%，远超其余六个地区；华北地区紧随其后，占比 18.30%；西北地区的县域电商发展较为滞后，其市场份额仅为 0.53%（图 1-2）。

从省区市情况看，浙江省、北京市、上海市等东部省市的县域电商远远领先其他省区

---

① 本报告所指县域是各地农业农村部门上报的全国 2 094 个县域（包括北京市、上海市、天津市等农业区）。

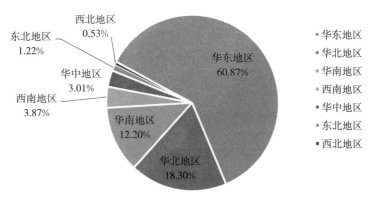

图 1-2 2018 年县域电商区域分布情况

（数据来源：欧特欧。）

市，县域电商市场规模分别达到 10 664.7 亿元、6 874.2 亿元和 6 832.4 亿元，占全国县域电商规模比重分别为 23.02%、14.84% 和 14.75%，合计占比达 52.6%，如图 1-3 所示。受经济发展、地理位置和产业结构影响，西藏、甘肃、青海等西部省份县域电商发展明显滞后，三者市场份额仅为 0.13%，且没有一个县级单位进入前 100 名。

图 1-3 2018 年各省份的县域网络零售分布情况

（数据来源：欧特欧。）

1.1.4 服务、社交电商紧追综合电商

天猫、淘宝、京东等综合电商平台在县域电商发展中仍然起主导作用，三者的县域

电商交易额占比超过 80%。其中，天猫平台县域电商交易额为 16 814 亿元，占比 36.29%，在县域地区最受欢迎；其次是淘宝、京东，县域电商交易额分别为 15 231 亿元和 9 018 亿元，占比分别为 32.87% 和 19.46%，如图 1-4 所示。以美团、饿了么为代表的餐饮电商发展势头强劲，县域电商交易额分别达 1 742 亿元和 1 026 亿元，占比分别为 3.76% 和 2.21%。拼多多作为社交电商代表，在县域电商发展中表现抢眼，县域电商规模达到 860 亿元，占比为 1.85%。从整体电商渠道看，服务电商和社交电商的市场份额逐渐扩大，以综合电商平台为主的格局正在被打破，边界模糊化和产业融合是县域电商的发展趋势。

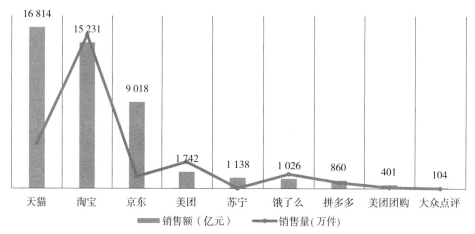

图 1-4　2018 年电商平台县域网络零售情况

（数据来源：欧特欧。）

1.1.5　县域电商 TOP 100 集中在华东地区

县域电商前 100 名的市场规模总额达到 3.49 万亿元，占全国县域电商市场规模的比重为 75%。其中，海淀区、朝阳区、白云区位居前三，电商规模分别是 2 045.6 亿元、1 708.6 亿元和 1 593.1 亿元。从区域分布看，前 100 名具有明显的区域分布特点，74% 分布在华东地区，12% 在华北地区，9% 在华南地区，3% 在华中地区，2% 在西南地区，如图 1-5 所示。

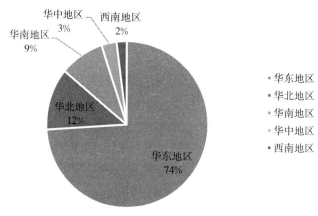

图 1-5　2018 年县域网络零售 TOP 100 区域分布情况

（数据来源：欧特欧。）

从省市分布看，浙江省有 34 个排在前 100 名，江苏省有 19 个，北京市有 10 个，广东省有 9 个，上海市有 8 个，福建省有 7 个。由此看出，发达省份的网商聚集度高、销售能力强，能更好地组织对接原产地，率先完善县域电商产业链，对县域电商发展发挥带动作用。

从热销农产品看，前 100 名县在网络上畅销的农产品主要是生鲜与休闲食品，如鲜肉、水果、坚果炒货、肉干肉脯等，详情如表 1-1 所示。

表 1-1　2018 年县域网络零售 TOP 100

排名	省	县	销售额（亿元）	是否贫困县	热销农产品
1	北京市	海淀区	2 045.6	否	鲜肉
2	北京市	朝阳区	1 708.5	否	液态奶
3	广东省	白云区	1 593.1	否	水果
4	上海市	浦东新区	1 523.2	否	调味品
5	北京市	大兴区	1 420.2	否	调味品
6	广东省	增城区	1 362.9	否	液态奶
7	浙江省	义乌市	1 119.1	否	糖果
8	上海市	金山区	1 030.4	否	鲜肉
9	浙江省	余杭区	987.8	否	坚果炒货
10	浙江省	西湖区	900.9	否	龙井
11	上海市	嘉定区	881.9	否	海鲜水产
12	浙江省	萧山区	821.5	否	坚果炒货
13	上海市	闵行区	788.1	否	调味品
14	上海市	松江区	773.8	否	咖啡/咖啡豆
15	上海市	奉贤区	761.7	否	鲜肉
16	山东省	崂山区	703.5	否	水果
17	浙江省	鄞州区	615.5	否	海鲜水产
18	上海市	青浦区	566.2	否	液态奶
19	浙江省	永康市	531.8	否	其他传统滋补
20	北京市	丰台区	527.3	否	海鲜水产
21	江苏省	吴中区	501.9	否	大米
22	江苏省	常熟市	499.1	否	海鲜水产
23	福建省	石狮市	456.6	否	鲜肉
24	广东省	南海区	450.1	否	水果
25	上海市	宝山区	427.6	否	咖啡/咖啡豆
26	安徽省	鸠江区	426.7	否	坚果炒货
27	浙江省	慈溪市	416.1	否	鲜肉
28	安徽省	蜀山区	377.0	否	坚果炒货

（续）

排名	省	县	销售额（亿元）	是否贫困县	热销农产品
29	北京市	通州区	335.2	否	调味品
30	福建省	晋江市	316.1	否	糖果
31	广东省	惠城区	311.2	否	其他传统滋补
32	浙江省	海宁市	270.4	否	花卉绿植盆栽
33	江苏省	昆山市	258.4	否	海鲜水产
34	广东省	花都区	258.3	否	糖果
35	天津市	武清区	248.0	否	其他传统滋补
36	浙江省	瑞安市	229.3	否	肉干肉脯
37	浙江省	鹿城区	228.0	否	肉干肉脯
38	浙江省	吴兴区	223.6	否	调味品
39	浙江省	桐乡市	217.8	否	花草茶/花果茶
40	湖北省	东西湖区	208.7	否	坚果炒货
41	江苏省	睢宁县	205.9	否	花卉绿植盆栽
42	安徽省	弋江区	202.1	否	坚果炒货
43	北京市	昌平区	196.6	否	其他传统滋补
44	浙江省	海曙区	192.5	否	水果
45	江苏省	栖霞区	188.2	否	禽蛋
46	四川省	涪城区	186.3	否	方便面
47	浙江省	瓯海区	163.8	否	鲜肉
48	江苏省	相城区	160.7	否	海鲜水产
49	浙江省	苍南县	160.7	否	糖果
50	广东省	澄海区	160.3	否	乌龙茶
51	浙江省	温岭市	160.3	否	肉干肉脯
52	江苏省	江宁区	156.6	否	方便面
53	浙江省	永嘉县	155.4	否	石斛/枫斗
54	浙江省	诸暨市	153.8	否	坚果炒货
55	浙江省	秀洲区	149.9	否	坚果炒货
56	北京市	房山区	149.4	否	液态奶
57	北京市	门头沟区	148.5	否	调味品
58	江西省	南康区	146.8	是	南北干货
59	福建省	安溪县	144.2	否	铁观音
60	江苏省	吴江区	142.0	否	咖啡/咖啡豆
61	广东省	潮南区	140.6	否	其他传统滋补
62	云南省	瑞丽市	138.2	否	肉干肉脯

排名	省	县	销售额（亿元）	是否贫困县	热销农产品
63	福建省	南安市	136.5	否	肉干肉脯
64	浙江省	乐清市	135.7	否	石斛/枫斗
65	江苏省	东海县	133.4	否	水果
66	浙江省	南湖区	126.4	否	熟食腊味
67	浙江省	天台县	125.3	否	枸杞
68	江苏省	沭阳县	124.9	否	花卉绿植盆栽
69	江苏省	新吴区	124.7	否	肉干肉脯
70	浙江省	北仑区	124.4	否	巧克力
71	浙江省	余姚市	123.2	否	水果
72	江苏省	武进区	120.5	否	花卉绿植盆栽
73	江苏省	江阴市	116.8	否	面条/挂面
74	广东省	普宁市	113.4	否	其他传统滋补
75	江苏省	海州区	110.2	否	海鲜水产
76	北京市	怀柔区	104.8	否	液态奶
77	浙江省	龙湾区	104.6	否	肉干肉脯
78	浙江省	婺城区	104.4	否	熟食腊味
79	湖北省	黄陂区	102.3	否	绿茶
80	安徽省	包河区	102.3	否	杂粮
81	浙江省	武义县	101.0	否	花草茶/花果茶
82	河北省	清河县	100.6	否	花卉绿植盆栽
83	浙江省	江北区	98.7	否	花卉绿植盆栽
84	浙江省	平阳县	97.8	否	肉干肉脯
85	浙江省	黄岩区	96.8	否	方便面
86	江苏省	通州区	96.0	否	调味品
87	湖北省	江夏区	95.6	否	蜜饯果干
88	北京市	顺义区	95.4	否	鲜肉
89	广东省	惠东县	95.2	否	鲜肉
90	福建省	城厢区	94.0	否	海鲜水产
91	福建省	福安市	94.0	否	红茶
92	江苏省	新北区	93.5	否	水果
93	江苏省	邗江区	91.2	否	坚果炒货
94	浙江省	椒江区	90.5	否	海鲜水产
95	浙江省	安吉县	88.7	否	绿茶
96	江苏省	锡山区	88.7	否	水果

（续）

排名	省	县	销售额（亿元）	是否贫困县	热销农产品
97	浙江省	浦江县	88.6	否	水果
98	福建省	德化县	87.5	否	铁观音
99	江苏省	滨湖区	87.3	否	鲜肉
100	浙江省	宁海县	86.0	否	海鲜水产

数据来源：欧特欧。

1.1.6 贫困县电商扶贫空间较大

2018年，随着电商扶贫工作的深入推进，全国贫困县电子商务取得较好发展势头。据欧特欧数据，832个国家级贫困县电商市场规模达867.6亿元，占全国县域电商市场总额的1.86%，电商扶贫空间较大。从网络零售额看，排在前100的国家级贫困县电商市场规模达616.8亿元，约占所有贫困县电商规模比重的71%。这100个贫困县中，31%分布在华东地区，22%分布在华中地区，22%分布在西南地区，17%分布在华北地区，7%分布在西北地区，1%分布在东北地区，主要集中在东中部，西部地区与东北地区的贫困县电商发展较为滞后，如图1-6所示。

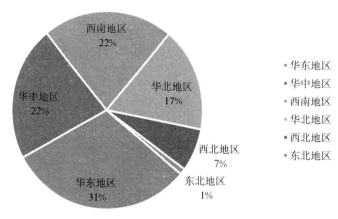

图1-6 2018年贫困县网络零售TOP 100区域分布情况

江西南康区是唯一进入全国排名前100县的国家级贫困县，县域电商规模达146.8亿元，占832个国家级贫困县电商总规模的17%。从热销产品看，南康区网上卖得最好农产品是南北干货。排名第二的河北平乡县市场规模为28.6亿元，热销农产品为杂粮；河北武邑县的电商规模为19.3亿元，网络热销农产品为禽蛋。详情如表1-2所示。

表1-2 2018年县域网络零售贫困县 TOP 100

排名	省	贫困县	零售额（亿元）	热销农产品
1	江西省	南康区	146.8	南北干货
2	河北省	平乡县	28.6	杂粮
3	河北省	武邑县	19.3	禽蛋
4	河南省	镇平县	15.9	蔬菜

排名	省	贫困县	零售额（亿元）	热销农产品
5	安徽省	裕安区	12.0	绿茶
6	安徽省	砀山县	11.6	方便面
7	黑龙江省	克东县	11.4	调味品
8	江西省	上犹县	11.4	咖啡/咖啡豆
9	安徽省	舒城县	11.4	禽蛋
10	河北省	望都县	11.3	调味品
11	云南省	芒市	9.9	调味品
12	西藏自治区	城关区	9.6	冬虫夏草
13	云南省	文山市	9.2	三七
14	重庆市	万州区	9.0	调味品
15	西藏自治区	达孜区	8.9	肉干肉脯
16	西藏自治区	堆龙德庆区	8.4	肉干肉脯
17	四川省	古蔺县	8.2	其他传统滋补
18	河北省	曲阳县	7.6	其他传统滋补
19	湖北省	蕲春县	7.2	糖果
20	河南省	虞城县	7.0	液态奶
21	重庆市	秀山土家族苗族自治县	6.7	水果
22	河北省	广宗县	6.5	蜜饯果干
23	江西省	修水县	6.3	花草茶/花果茶
24	湖南省	平江县	5.8	肉干肉脯
25	云南省	隆阳区	5.6	咖啡/咖啡豆
26	河南省	郸城县	5.3	方便面
27	江西省	于都县	5.2	水果
28	甘肃省	麦积区	5.1	水果
29	河北省	涞水县	4.9	调味品
30	云南省	勐海县	4.7	普洱
31	安徽省	宿松县	4.5	鲜肉
32	河南省	内乡县	4.5	蔬菜
33	河北省	巨鹿县	4.5	其他传统滋补
34	江西省	上饶县	4.4	蔬菜
35	安徽省	望江县	4.2	大米
36	河南省	兰考县	4.1	水果
37	江西省	石城县	3.9	水果
38	安徽省	颍东区	3.8	方便面

（续）

排名	省	贫困县	零售额（亿元）	热销农产品
39	安徽省	潜山县	3.8	坚果炒货
40	河北省	威县	3.8	杂粮
41	河南省	滑县	3.8	肉干肉脯
42	安徽省	利辛县	3.7	其他传统滋补
43	江西省	寻乌县	3.7	水果
44	江西省	瑞金市	3.7	方便面
45	河北省	唐县	3.4	鲜肉
46	新疆维吾尔自治区	喀什市	3.3	蜜饯果干
47	河北省	盐山县	3.3	白茶
48	云南省	昭阳区	3.3	水果
49	安徽省	颍上县	3.2	调味品
50	陕西省	富平县	3.2	蜜饯果干
51	贵州省	西秀区	3.2	肉干肉脯
52	安徽省	太湖县	3.2	花草茶/花果茶
53	湖南省	隆回县	3.0	调味品
54	湖南省	新化县	3.0	肉干肉脯
55	河北省	饶阳县	3.0	禽蛋
56	安徽省	泗县	3.0	南北干货
57	河南省	封丘县	2.9	方便面
58	湖北省	恩施市	2.9	绿茶
59	河北省	顺平县	2.9	熟食腊味
60	河南省	光山县	2.8	绿茶
61	安徽省	阜南县	2.8	糖果
62	河南省	睢县	2.8	禽蛋
63	河南省	民权县	2.8	坚果炒货
64	贵州省	碧江区	2.8	调味品
65	江西省	吉安县	2.7	大米
66	江西省	余干县	2.6	禽蛋
67	安徽省	岳西县	2.6	绿茶
68	河南省	固始县	2.6	绿茶
69	重庆市	开州区	2.6	黑茶
70	四川省	巴州区	2.6	水果
71	贵州省	正安县	2.6	调味品
72	湖北省	阳新县	2.5	龙井

（续）

排名	省	贫困县	零售额（亿元）	热销农产品
73	陕西省	汉滨区	2.4	蔬菜
74	内蒙古自治区	翁牛特旗	2.4	肉干肉脯
75	四川省	广安区	2.4	禽蛋
76	甘肃省	岷县	2.4	其他传统滋补
77	河南省	台前县	2.4	蔬菜
78	河南省	太康县	2.3	肉干肉脯
79	云南省	鹤庆县	2.3	花卉绿植盆栽
80	江西省	鄱阳县	2.3	鲜肉
81	河北省	武强县	2.3	蔬菜
82	四川省	阆中市	2.2	肉干肉脯
83	江西省	宁都县	2.1	水果
84	湖南省	安化县	2.1	黑茶
85	安徽省	金寨县	2.1	绿茶
86	安徽省	临泉县	2.1	鲜肉
87	贵州省	七星关区	2.0	杂粮
88	陕西省	镇安县	2.0	坚果炒货
89	重庆市	酉阳土家族苗族自治县	2.0	调味品
90	河北省	宣化区	1.9	蜂蜜/蜂产品
91	青海省	格尔木市	1.9	枸杞
92	云南省	宣威市	1.9	调味品
93	江西省	井冈山市	1.9	杂粮
94	江西省	遂川县	1.8	水果
95	江西省	广昌县	1.8	南北干货
96	河南省	柘城县	1.8	调味品
97	江西省	安远县	1.8	水果
98	湖北省	麻城市	1.8	南北干货
99	河北省	万全区	1.7	杂粮
100	河北省	易县	1.7	水果

数据来源：欧特欧。

1.2 全国县域农产品网络零售现状

1.2.1 休闲、粮油、生鲜食品热销

欧特欧数据显示，2018年，全国县域农产品、农产品加工品及农业生产资料电商规

模保持快速增长，其中，热门的八类农产品网络零售额为 2 176.3 亿元。从农产品销售情况看，休闲食品、粮油调味、生鲜食品排名前三，合计占农产品网络零售总额的 74％。休闲食品的网络零售规模为 635.19 亿元，市场份额达到 29.19％，位居榜首；其次是粮油调味、生鲜食品，网络零售额分别为 535.51 亿元和 442.14 亿元，占比 24.61％ 和 20.32％（图 1-7）。

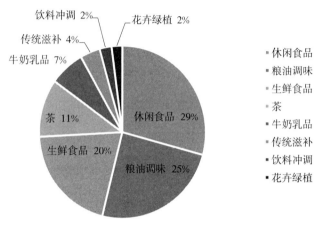

图 1-7　2018 年农产品热门品类网络零售情况

（数据来源：欧特欧。）

1.2.2　华东地区引领农产品上行

据欧特欧监测数据，全国县域农产品网络零售大致分为三个梯队。华东地区作为第一梯队，电商发展基础好、供应链体系较完善，农产品网络零售额为 921.6 亿元，占农产品零售总额的 42.35％，大幅领先于其他地区；其次是华南地区与华北地区，农产品网络零售额分别为 406.2 亿元和 386.2 亿元，占比分别是 18.67％ 与 17.74％；西南、华中、东北、西北地区为第三梯队，农产品网络零售情况大致持平，都不超过 1 成，如图 1-8 所示。

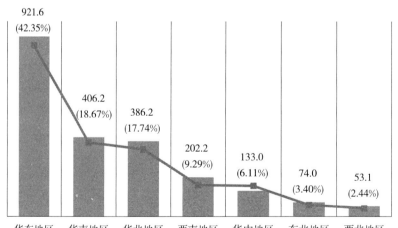

图 1-8　2018 年农产品网络零售区域分布情况

（数据来源：欧特欧。）

从省市情况看，广东省、北京市遥遥领先，农产品网络零售额为 330.6 亿元和 319.8 亿元，占比依次为 15.19％和 14.70％；前十个省的农产品网络零售规模达到 1 741 亿元，比重达到 80％，如图 1-9 所示。其中，云南省、广西壮族自治区的农产品网络零售额位列前十，特色农产品的知名度逐渐增强，例如云南的普洱、广西的肉干、宁夏的枸杞等地标性特色农产品在网络销售效果显现。

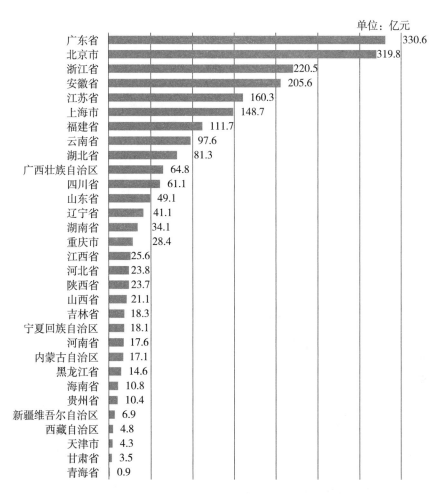

单位：亿元

图 1-9　2018 年各省份的县域农产品网络零售情况
（数据来源：欧特欧。）

1.2.3　天猫、淘宝为上行主渠道

五大电商平台中，天猫平台农产品网络零售额为 994.88 亿元，市场份额达 45.71％，占比最大；第二名淘宝的市场占比为 28.35％，二者市场份额约占 75％；紧随其后的是京东、拼多多和苏宁平台，农产品网络零售额市场占比依次为 23.77％、1.72％和 0.45％，如图 1-10 所示。无论是从农产品的网络零售额还是销售量来看，天猫、淘宝平台依然是县域农产品线上销售的主渠道，且其他电商平台在短时间内难以赶超。拼多多后来居上，在农产品网络零售上已经远超过苏宁平台，苏宁平台的农产品网络零售额占比不到 1％。

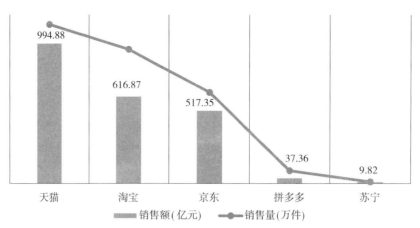

图 1-10　2018 年电商平台（部分）农产品网络零售情况

（数据来源：欧特欧。）

1.2.4　平台热销农产品趋同度高

从各电商平台热销农产品看，销量最好的是休闲食品、粮油调味和生鲜食品，消费者对于线上购买农产品具有一定的稳定性，如图 1-11 所示。天猫平台上销量最好的农产品

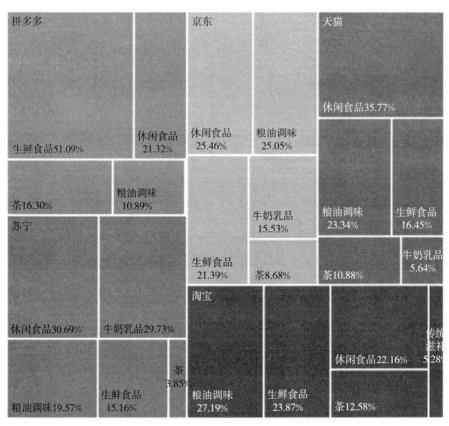

图 1-11　2018 年各电商平台热销农产品 TOP 5

（数据来源：欧特欧。）

是坚果炒货、肉干肉脯、蜜饯果干，均属于休闲食品，网络零售额分别是 169 亿元、104.8 亿元和 69.5 亿元，占天猫平台农产品网络零售总额的 17.0％、10.5％和 7.0％；京东平台上的热销农产品是坚果炒货、液态奶、水果，网络零售额分别是 81.5 亿元、80.3 亿元和 35 亿元，占京东平台农产品网络零售总额的 15.8％、15.5％和 6.8％；拼多多平台上销量最高的农产品是水果、坚果炒货、茶，网络零售额分别是 12.6 亿元、8.0 亿元和 6.1 亿元，占拼多多平台农产品网络零售总额的 33.7％、21.3％和 16.3％。

1.2.5 农产品上行 TOP 100 的市场规模占七成

欧特欧数据显示，农产品网络零售前 100 名县的零售额合计 1 537.77 亿元，占全国县域农产品网络零售总额的 70.7％。广东增城区、北京朝阳区、安徽弋江区位列前三，农产品网络零售额分别是 281.23 亿元、124.32 亿元和 122.19 亿元，分别占县域农产品网络零售总额的 12.9％、5.71％和 5.61％，如表 1-3 所示。其中，前 10 名县农产品网络零售总额为 911.29 亿元，占县域农产品网络销售总额的 42％。前 10 名县中有 5 个在华东地区，3 个分布在华北地区，其余分别在华南与华中地区。

表 1-3　2018 年县域农产品网络零售 TOP 100

排名	省	市	县	销售额（亿元）
1	广东省	广州市	增城区	281.2
2	北京市	北京市	朝阳区	124.3
3	安徽省	芜湖市	弋江区	122.2
4	北京市	北京市	大兴区	109.8
5	浙江省	杭州市	萧山区	78.6
6	湖北省	武汉市	东西湖区	53.1
7	上海市	上海市	浦东新区	51.4
8	北京市	北京市	房山区	31.8
9	福建省	泉州市	安溪县	30.9
10	江苏省	苏州市	相城区	27.9
11	上海市	上海市	金山区	23.8
12	云南省	昆明市	官渡区	23.4
13	上海市	上海市	青浦区	20.5
14	浙江省	杭州市	西湖区	18.6
15	云南省	昆明市	盘龙区	18.4
16	北京市	北京市	海淀区	17.1
17	福建省	南平市	武夷山市	15.3
18	浙江省	杭州市	余杭区	14.8
19	上海市	上海市	嘉定区	14.8
20	广东省	广州市	白云区	14.0

（续）

排名	省	市	县	销售额（亿元）
21	北京市	北京市	丰台区	13.9
22	上海市	上海市	宝山区	13.3
23	浙江省	杭州市	临安区	13.3
24	江苏省	宿迁市	沭阳县	12.9
25	安徽省	合肥市	蜀山区	11.4
26	上海市	上海市	松江区	10.2
27	江苏省	苏州市	吴中区	9.2
28	辽宁省	大连市	金州区	9.1
29	云南省	昆明市	五华区	8.9
30	江苏省	泰州市	兴化市	8.8
31	浙江省	金华市	金东区	8.7
32	安徽省	芜湖市	鸠江区	8.2
33	上海市	上海市	闵行区	7.9
34	安徽省	亳州市	谯城区	7.8
35	云南省	昆明市	西山区	7.7
36	广西壮族自治区	玉林市	北流市	7.6
37	江苏省	苏州市	昆山市	7.4
38	四川省	成都市	蒲江县	7.3
39	江苏省	连云港市	海州区	7.1
40	江苏省	连云港市	赣榆区	7.0
41	云南省	文山壮族苗族自治州	文山市	6.8
42	四川省	眉山市	东坡区	6.8
43	福建省	厦门市	同安区	6.7
44	上海市	上海市	奉贤区	6.4
45	北京市	北京市	昌平区	6.1
46	广西壮族自治区	南宁市	西乡塘区	6.0
47	北京市	北京市	通州区	6.0
48	山东省	青岛市	城阳区	5.9
49	辽宁省	大连市	甘井子区	5.7
50	福建省	宁德市	古田县	5.7
51	宁夏回族自治区	银川市	西夏区	5.6
52	江苏省	徐州市	丰县	5.3
53	广西壮族自治区	柳州市	鱼峰区	5.3

（续）

排名	省	市	县	销售额（亿元）
54	广西壮族自治区	南宁市	江南区	5.2
55	安徽省	合肥市	包河区	4.8
56	湖南省	长沙市	长沙县	4.8
57	宁夏回族自治区	中卫市	中宁县	4.8
58	福建省	宁德市	福鼎市	4.6
59	浙江省	湖州市	安吉县	4.5
60	浙江省	金华市	武义县	4.4
61	重庆市	重庆市	渝北区	4.4
62	江苏省	苏州市	太仓市	4.4
63	江苏省	南京市	江宁区	4.3
64	四川省	成都市	郫都区	4.3
65	黑龙江省	哈尔滨市	五常市	4.2
66	湖南省	长沙市	浏阳市	4.2
67	安徽省	六安市	舒城县	4.2
68	云南省	西双版纳傣族自治州	勐海县	4.2
69	安徽省	黄山市	歙县	4.1
70	江苏省	连云港市	东海县	4.1
71	浙江省	金华市	婺城区	4.0
72	山东省	枣庄市	滕州市	4.0
73	海南省	海口市	美兰区	4.0
74	浙江省	台州市	玉环市	4.0
75	陕西省	咸阳市	武功县	3.9
76	海南省	海口市	琼山区	3.9
77	辽宁省	沈阳市	新民市	3.9
78	浙江省	宁波市	鄞州区	3.8
79	云南省	昆明市	呈贡区	3.8
80	江苏省	苏州市	常熟市	3.7
81	山东省	青岛市	崂山区	3.7
82	云南省	红河哈尼族彝族自治州	蒙自市	3.7
83	浙江省	温州市	瓯海区	3.6
84	重庆市	重庆市	璧山区	3.6
85	福建省	漳州市	龙海市	3.5
86	浙江省	温州市	鹿城区	3.4
87	四川省	成都市	双流区	3.4
88	辽宁省	大连市	旅顺口区	3.3

（续）

排名	省	市	县	销售额（亿元）
89	江苏省	扬州市	高邮市	3.3
90	浙江省	金华市	义乌市	3.3
91	北京市	北京市	怀柔区	3.2
92	重庆市	重庆市	秀山土家族苗族自治县	3.2
93	福建省	莆田市	涵江区	3.2
94	广东省	佛山市	南海区	3.2
95	浙江省	嘉兴市	秀洲区	3.1
96	江苏省	南京市	栖霞区	3.1
97	四川省	成都市	龙泉驿区	2.9
98	河北省	邢台市	南和县	2.9
99	浙江省	嘉兴市	桐乡市	2.9
100	安徽省	宿州市	砀山县	2.9

数据来源：欧特欧。

2　我国县域电子商务发展特点

2.1　电商政策红利逐渐释放

近年来，国家持续加大对县域农村电商的政策支持力度。2018 年中央一号文件《关于实施乡村振兴战略的意见》提出鼓励支持各类市场主体创新发展基于互联网的新型农业产业模式，深入实施电子商务进农村综合示范，加快推进农村流通现代化；要实施数字乡村战略，加快农村地区宽带网络和第四代移动通信网络覆盖步伐，大力建设具有广泛性的促进农村电子商务发展的基础设施，弥合城乡数字鸿沟。2018 年 5 月，商务部印发《关于推进农商互联助力乡村振兴的通知》，进一步加强产销衔接，发挥农产品流通对促进农业生产和保障居民消费的重要作用，推进农业供给侧结构性改革。2018 年 6 月，中共中央国务院在《关于打赢脱贫攻坚战三年行动的指导意见》中，明确提出要实施电商扶贫，优先在贫困县建设农村电子商务服务站点；继续实施电子商务进农村综合示范项目；动员大型电商企业和电商强县对口帮扶贫困县，推进电商扶贫网络频道建设。2018 年 12 月，国务院办公厅印发《关于深入开展消费扶贫助力打赢脱贫攻坚战的指导意见》，支持贫困地区完善网络基础设施和公共服务平台，不断提高贫困人口使用网络和用户终端等能力；鼓励大型电商企业为贫困地区设立扶贫专卖店、电商扶贫馆和扶贫频道，并给予流量等支持。

2.2　电商基础设施持续完善

在积极推进乡村振兴和网络强国的战略中，政府和相关企业纷纷加大对农村电商基础设施建设投入，县域地区宽带网络、快递物流的覆盖率均有明显提升。

2018 年，我国农村互联网覆盖范围进一步扩大，行政村通光纤比例提升至 98%。贫困地区网络基础设施"最后一公里"逐步打通，贫困村通宽带比例达 95%，城乡之间"数字鸿沟"加快弥合。2018 年，我国农村已经有 2.22 亿名农民上网，占整体网民的 26.7%，较 2017 年增幅 6.2%；农村地区互联网普及率为 38.4%，同比提升 3 个百分点。国家信息进村入户工程在 18 个省份整省推进，已建成村级益农信息社 27.2 万个，已覆盖全国一半行政村。

快递物流体系建设深入推进。全国乡镇快递网点覆盖率达到 92.4%，21 个省份实现乡镇快递网点全覆盖。全国新增直接通邮建制村 1.6 万个，直接通邮率超过 98.9%，内蒙古、广西、宁夏、西藏等 24 个省份实现全部建制村直接通邮。特别是针对冷链流通体系建设，商务部、国家标准化管理委员会于 2017 年组织开展了农产品冷链流通标准化城市试点和企业试点工作。各试点城市和企业积极推动农产品冷链流通标准的推广应用，探索新型农产品冷链流通模式，营造优质优价的市场环境，取得了积极成效，在农产品冷链流通基础设施建设、标准化、信息化、集约化以及构建全程农产品冷链流通链条 5 个方面形成了 17 条可复制推广的经验和模式。2018 年，经专家评估，确定厦门等 4 个城市和山东中凯兴业贸易广场有限公司等 9 家企业为 2018 年农产品冷链流通标准化示范城市和示范企业。

2.3 农业品牌化进程加速

近年，我国农业越来越重视品牌的培育，国家也在品牌建设发展方面持续发力。2016 年，国务院发布《关于发挥品牌引领作用推动供需结构升级的意见》，要求积极探索有效路径和方法，更好地发挥品牌引领作用。2018 年，中央一号文件着重强调实施农业品牌战略已经成为推动农业转方式、调结构，加快推进农业现代化的一项紧迫任务。国务院还将每年的 5 月 10 日确定为"中国品牌日"，这展示了国家推进品牌发展的坚定决心，标志着品牌建设进入全面发展新时代。

农业农村部、财政部将优势特色主导产业发展纳入农业生产发展资金项目予以支持，推进集约化、标准化和规模化生产，着力发展优势特色主导产业带和重点生产区域，培育打造了一批有影响力的区域、企业和产品品牌。在电子商务的推动下，农业品牌化进程不断加速，地域特色农产品的品牌效应开始显现，如云南的鲜花饼、福建的铁观音都是网上热销的农产品，产生了热点区域，出现了一系列"网红"品牌。2018 年，农业农村部发布的《关于加快推进品牌强农的意见》指出，未来 3~5 年要打造 300 个国家级农产品区域公用品牌、500 个国家级农业企业品牌、1 000 个农产品品牌。

2.4 电商扶贫工作初见成效

近年来，电子商务作为精准扶贫的重要抓手，越来越多的农民通过电子商务实现了脱贫致富。尤其是迅速兴起的各类"淘宝村""微商村"，充分展示了贫困落后地区借助互联网实现跨越式发展的巨大潜力。

2018 年，综合示范工作引导地方以具备条件的建档立卡贫困村、贫困户为服务重点，在县域农村产品供应链、人员培训和公共服务等政策安排上进行倾斜；以农村产品和服务上行为工作重点，大力推进农村产品和服务标准化、规模化、品牌化进程，提升贫困地区产销对接能力。2018年新增示范县260个，其中国家级贫困县238个（含三区三州深度贫困县64个）、欠发达革命老区县22个。电子商务进农村综合示范累计支持1 016个示范县，覆盖全国28个省区，其中，国家级贫困县737个，占国家级贫困县总数的88.6%，有深度贫困县137个。

2.5 县域电商新业态不断涌现

2018年，社交电商、内容电商、视频电商等电子商务新模式实现跨越式发展。研究机构数据显示，我国社交电商月活跃用户量达到1.7亿人，有效满足了消费者多层次、多样化的需求，在激发县域电商发展方面发挥了重要作用。

由于线上获客成本越来越高，以拼购、分销等为典型模式的社交电商成为电商平台快速吸引客流的新方式。欧特欧数据显示，拼多多在县域电商的市场份额仅次于天猫、京东和淘宝，社交电商平台的快速发展标志着中国电商发展进入了新的阶段。至此，阿里、京东、苏宁等巨头纷纷推出自有的社交电商平台，比如京东和苏宁的拼购业务。社交媒体平台也开始进行流量变现，今日头条、抖音、快手均推出了自己的"三农"类扶持计划，通过培养内容创业者，拉通内容供应与产品销售的渠道，将粉丝转变为农特产品消费者。

2.6 农村电商助力乡村振兴

随着信息技术向"三农"领域逐步渗透，"互联网＋农业"模式全面对接农业生产、经营、管理和服务等各个环节，成为农业组织形态的新框架、农民生产经营的新工具、农村全面发展的新载体。其中，电子商务作为"互联网＋"战略的重要组成部分，在优化农村产业结构、助推农业供给侧结构性改革方面的作用显著，推动数字农业发展，并为乡村振兴赋予了新动能。

农村电商的快速渗入促进了农业产业与数字技术的深度融合，推动互联网、物联网、大数据、人工智能等数字手段在农业生产、加工、流通、销售、服务等环节的推广应用，加速了追溯体系建设和信息的互通共享，为发展数字农业打下了基础。同时，农村电商的兴起引领农民融入现代信息生活，打破城乡之间的数字壁垒，带动一批年轻人到农村创业，实现乡村人才的回流，助力乡村振兴。

3 我国县域电子商务面临挑战

3.1 县域电商的基础性制约依然明显

我国区域发展的不平衡，导致区域之间的县域电商鸿沟在短时间内难以弥合。截至2018年，全国非网民规模为5.62亿人，其中农村地区非网民占比超过一半，达到65.2%。从网络信息建设看，目前宽带网络仍未覆盖的地区、网络普及水平较低的地区基本上都是地处偏远、自然环境复杂的地区，这些地方网络建设难度大、投入成本高，很大程度上阻碍了电商的发展。从前100名县的区域分布也可以看出，74个县（区）集中在华东地区，仅有 2 个位于西南地区。

在物流配送方面，物流体系依然是阻碍农村电商发展的一个"瓶颈"。物流配送网尚未覆盖乡镇偏远地区，交通不便利的偏远地区更是直接被物流公司排除在外。其中，仓储保管系统不完善、冷链物流基础设施薄弱，缺乏为中小电商企业和农户提供标准化冷链物流的公共服务平台，生鲜农产品在流通过程中损耗较大，导致生鲜农产品上行困难。

在电商人才方面，县域电商人才缺口大与人才质量不高的问题并存。很多地区普遍面临电商人才难引、难招、难留的难题，懂得信息技术、电商企业经营管理、品牌推广运作和市场行业培育的人才很少。农村电商培训面临师资不足、培训教学与农村电子商务发展互相脱节等问题。

3.2 农产品电商产业链短板逐渐暴露

我国农民生产组织化程度低，很难形成网上可销售的商品。农产品在生产、加工、运输、销售等方面运营主体规模小，服务能力和市场竞争力不强，尚未形成完整的农产品产业链，导致农产品物流资源分散，难以形成规模效应。据欧特欧数据监测，现有上行农产品以粗加工的干果炒货为主，细分品类较分散，无区域公用品牌意识，观念落后。

不少地方特色农产品出自家庭作坊式生产或个体加工，受限于场地、人员、设备等条件，很难达到申请生产许可证的要求，无法进行质量认证、注册品牌商标，导致地方特色农产品无法在电子商务平台上"合规"销售，农产品的规格化、标准化、包装化亟待提高。

地方政府受财力限制，对电商行业，尤其是农村电商的补贴性投入不够。银行直接融资门槛较高，承贷企业或组织的贷款准入和担保措施要求较高。多数农村电商中小型企业前期投入多，盈利周期长，资金紧张，市场化生存艰难。

3.3 电商扶贫工作任重道远

欧特欧数据显示，截至 2018 年年底，全国 832 个国家级贫困县实现网络零售额867.6 亿元，农产品网络零售额仅为 113.4 亿元。在前 100 名贫困县名单中仅有 1 个国家级贫困县，且排名靠后，可见贫困县与其他县域的电商发展差距极大。在当前各地开展的电商扶贫工作中，一些电商企业缺乏与贫困地区产品供应商、企业的长效服务机制，很多都成了一次性宣传或者营销活动。一些地方在开展电子商务进农村示范项目的过程中，政府和运营服务商之间缺乏长远规划，商业模式不具备可持续性。电商扶贫与贫困地区经济社会发展，特别是与脱贫攻坚的主要目标深度结合不够，与就业扶贫、产业扶贫、教育扶贫、公益扶贫融合不够。

电商扶贫的根本依然在农业产业，但是，目前我国农产品没有完全商品化，农村电商体系不完善，缺乏系列标准化认证，远不能达到触网的要求。消费者对农产品品牌的认知度较弱、体验层次较低，农产品自身的附加值不高、竞争力不强，难以实现良好的可持续发展。

3.4 农村电商要素的协同不足

在顶层设计过程中，各政府部门之间缺乏协同性，经常出现政出多门的现象。政策的

多重发布、部门的职权交叉给电商企业带来一定的困扰，造成不必要的成本支出，导致电商发展效率降低。在电商运营过程中，电商平台企业、电商服务企业、基层网点、快递物流、电商园区等参与主体之间的协同性也比较欠缺。各平台之间数据、物流无法有效打通，运营效率难以提升；基层站点分散在各个运营企业，不同的平台自成体系。在农村电商县乡村三级服务体系建设中，存在着明显的重复建设，上行流量成本过高。一些电商园区的建设缺乏实际业务需求的支撑，甚至成了摆设。这些做法加大了农村电商的社会成本，特别是加重了贫困地区开展电商扶贫配套投入的负担。

4 我国县域电子商务发展趋势

4.1 县域电商将围绕乡村振兴全面发力

实施"乡村振兴"战略是当前和今后一个时期"三农"工作的总抓手。作为数字经济的重要组成部分，电子商务在农村地区发展迅猛，为乡村振兴战略的实施提供了新动能、新载体。随着电商资源的引入，围绕农村地区乡村振兴五大问题，电商都具有一个先导性作用。

县域电子商务以产业振兴为核心，促进原有乡村产业市场拓展升级，并催生新产业。当地政府部门应根据不同的地区位置、不同的产业类型，制定不同的电商发展政策，因地制宜。根据各县域具体情况，综合考虑本地优势、市场形势、发展环境和外部经验等诸多因素，充分挖掘当地特色农产品、旅游资源、民俗文化等优势，深入推进现代农业，促进农业农村一二三产业融合发展。通过电商的注入，物流服务点、电商服务站点的陆续建立，农产品上行的冷链、仓储、检测中心的逐渐完善，县域地区的产业基础将得到极大改善。

4.2 县域电商将推动农业产业向数字化发展

电子商务的快速发展，推动我国农业产业逐渐向数字化、现代化转变。围绕"互联网＋农业"模式，以物联网技术为支撑，以农业生产大数据为依据，运用互联网农产品检验检测和溯源服务，实现数字化农业生产与管理。

县域电商通过数字化手段，实时监控果蔬等农产品从采集、运输到消费者餐桌上的全过程流通，做好安全监控。在分拣包装环节，应用智能设备、遥感器等，对农产品进行精准定位、品相识别、抓取、分类和摆放，提升农产品分拣包装的效率和准确度。在销售配送环节，应用联网的堆垛机、输送机、无人机等，可以帮助扩大销售范围，提高配送速度，有效降低农产品流通成本。在农产品溯源环节，将农产品信息与上下游供应链系统整合对接，实现农产品从田间到餐桌的可视化溯源，确保农产品源头可追溯、流向可跟踪，有力保障农产品安全。

4.3 《电子商务法》施行将推动县域电商向高质量发展

我国居民消费已经进入了需求多元发展、结构优化升级的新阶段。县域农村电商的发展也必须要适应互联网消费升级，适应消费者对"价格敏感"转向对"品质敏感"的趋势，满足消费者多元细分的诉求，提供高质量的商品和服务。为更好地应对消费升级，县域地区的电子商务要从农业生产、农产品运输、营销、销售等各个方面进行相应的优化升级。

2019 年施行的《中华人民共和国电子商务法》进一步推动了农产品电商规范化发展。该法的实施将提高农村电商从业门槛，加快农村电商网站的优胜劣汰，促进农村电商运营者进一步提升质量和服务。农业农村部提出实施农产品质量安全保障工程和国家质量兴农战略规划，加强国家农产品质量安全追溯平台推广应用，落实追溯管理与创建认定、产品认证等挂钩机制，推进产地准出及食用农产品合格证管理，建立准出准入衔接机制，农产品质量安全水平将不断提升。

4.4 电商精准扶贫有望取得新突破

根据《中共中央、国务院关于打赢脱贫攻坚三年行动的指导意见》和《商务部办公厅关于进一步强化扶贫导向全力抓好电商扶贫政策贯彻落实的通知》要求，围绕脱贫攻坚和乡村振兴，以电子商务进农村综合示范为抓手，以贫困村、贫困户为服务重点，继续开展电商扶贫工作。积极推动电子商务在农业生产数字化、农业经营网络化、农村产业集群化、农村流通现代化、农村服务信息化、农村管理精细化等方面发挥作用，为贫困偏远地区实现全面小康贡献力量。

目前，消费扶贫被纳入国家脱贫攻坚政策体系，成为电商扶贫的新方向。动员社会各界扩大贫困地区产品和服务消费，调动贫困人口依靠自身努力实现脱贫致富的积极性，促进贫困人口稳定脱贫和贫困地区产业持续发展。基于互联网与电商平台的各类众筹、预售、领养、共享等创新扶贫方式的不断出现，推动贫困地区农产品加速走出深山，为电商扶贫工作的开展带来新动力。

5 我国县域电子商务发展思路

5.1 明确电商产业政策导向

随着"乡村振兴"战略的全面开展，农村电商成为电商发展新方向。从顶层设计到农民民生，县域地区将逐渐加大电商政策的实施力度，确保并梳理政策导向的一致性。此外，2019 年正式生效的《中华人民共和国电子商务法》专门对商品、企业、信用、消费者权益等方面做出了相应的法律规范，县域电子商务市场将告别粗放式、放养式发展阶段，逐渐进入规范、有序和高质量发展阶段。

5.2 打造农村电商产业链

农村电商同质化竞争现象越来越普遍，倒推农村电商进行农业产业结构升级，完善农村电商产业链建设，建立适用于数字农业经营主体的电子商务产品、包装、配送、验收、质量、物流标准体系。推动农业标准化生产、商品化处理、品牌化销售、产业化经营，在产品包装、仓储快递、冷链物流、营销运营、内容美工、追溯防伪、人才培训、金融服务等产业链环节上进行优化。根据欧特欧监测数据，华东地区有 74 个县进入县域电商前 100 名，可以利用华东地区网商的高聚集度和强运营能力，突出企业主体地位，组织对接

原产地，协调配置物流、生产加工、溯源、仓储等各环节的资源，充分发挥地区聚集效应，推动华东地区在完善农村电商产业链建设中起到带动作用。

5.3　加快农业品牌建设

以农业特色产业为重点，培育具有差异化竞争优势的农业品牌。立足地方产业优势，发挥特色农产品资源、生态优势资源，运用数字监测与管理手段，建立完善的区域公用品牌培育、保护和监管体系，引导鼓励品牌创建主体注册地理标志、原产地保护以及证明商标，打造具有地方特色、安全绿色、市场认可的品牌集群。同时，强化品牌体系，促进农业品牌与当地文化内涵的融合，引导农业电子商务企业向差异化、特色化和品牌化发展。深入挖掘农业的生产、生活、生态和文化等功能，积极促进农业产业发展与当地农业非物质文化遗产、民间技艺、乡风民俗、美丽乡村建设深度融合，加强对老工艺、老字号、老品种的保护与传承，培育具有文化底蕴的中国农业品牌。从质量、技术、文化、服务、营销等方面共同发力，打造一批有影响、有特色的区域公用品牌、企业品牌、产品品牌。

5.4　强化农村电商人才培养

针对农村地区普遍面临电商人才难引、难招、难留的难题，建议从实际需求出发，制定具有本土特色的电子商务人才培训规划，建立电子商务人才培训基地，成立相关协会等行业组织，加快普及电子商务知识，切实解决农村地区专业人才缺失问题，带动县域电子商务发展。此外，进一步加大县域农村电子商务专题培训举办力度，通过就地培训人才，改变农村地区专业人才缺失现状，通过培训，促进资源对接、规模发展和协同进步，帮助新型经营主体降低入驻知名电商平台的门槛。2018年5—9月，中共中央组织部、农业农村部农村实用人才带头人培训首次举办五期农业农村电子商务专题培训班，培训的531名学员均是各省具有典型示范作用的带头人，其中127名学员来自贫困地区。

5.5　深入开展县域电商宣传

及时发现当地电子商务的好经验、好做法、好典型，对电商致富典型、电商从业经验进行提炼、宣传、推广。通过整体策划、专题活动、定期宣传等方式，总结推广先进运营模式，树立一批农村电子商务创新典型，提高农业生产经营主体与广大农民的积极性和参与度，促进农民和经营主体利用互联网与电子商务改变传统经营模式，提升获利能力。此外，还可以通过开展网上创业大赛、网商产品展销会、网上创业项目投资洽谈会、网上创业优秀典型宣传等活动，努力营造以点带面、整体推动的浓厚氛围。

特别是电子商务进农村综合示范项目，可根据实际需要，制定一系列有计划、有步骤、有针对性的电子商务专题宣传推广方案，充分利用媒体合作，宣传政策导向，及时总结推广发展电子商务方面的典型经验和做法，广泛宣传报道电子商务示范企业和优秀人物，提升示范带动效应，营造良好的发展氛围。

附　录　二

2020 全国县域数字农业农村电子商务发展报告

农业农村部信息中心

中国国际电子商务中心研究院

2020 年 4 月 30 日

摘　要

2019 年，中央一号文件再次强调发展农村电商，提出实施数字乡村战略，深入推进"互联网＋农业"，国家陆续发布了《中共中央国务院关于实施乡村振兴战略的意见》《乡村振兴战略规划（2018—2022 年）》《数字乡村发展战略纲要》《数字农业农村发展规划（2019—2025 年）》等一系列促进农村电子商务发展的政策文件。

2019 年，我国县域电商零售额为 30 961.6 亿元，占全国网络零售额的 29.12%，其中农产品网络零售额为 2 693.1 亿元。从产品结构看，非实物类商品网络零售额增速明显，同比增长了 66.4%。从区域分布看，县域电商发展仍存在巨大差距，华东地区县域电商发展水平持续引领全国，东北地区、西北地区发展滞后。从农产品网络零售品类看，农产品上行以植物类加工食品、粮油调味、植物类生鲜为主。

目前，县域电商公共服务体系明显改善，电子商务扶贫工作深入推进，新业态、新模式不断涌现，农村居民消费升级明显，农村产业数字化转型加快。县域电子商务蓬勃发展，但仍然面临县域电商发展不平衡、农产品电商上行供应链保障能力薄弱、农产品品牌影响力弱、农业农村数字化水平较低、县域电商人才匮乏等方面的挑战。

未来，我国将继续加快实施数字乡村战略，助力乡村振兴。大力发展数字农业，推动农业数字化产业转型，提升农村电商产业链，加快推进农产品品牌建设，加强县域电商人才培训，推动创业就业，推进县域电商高质量发展。

《2020 全国县域数字农业农村电子商务发展报告》对全国农业农村生产现状，县域电商发展现状、发展特点、面临挑战进行深入分析，预测未来县域电商市场的发展趋势，旨在加强政策引导，加快以创新驱动推动县域电商高质量发展，加快建设数字农业农村，缩小城乡间的数字鸿沟，推进数字技术与农业农村深度融合。

本报告涉及的数据主要来源于北京欧特欧国际咨询有限公司提供的电商平台监测数据，以及国家统计局、农业农村部、商务部等部门。报告所指的县域范围包括国家统计局《中国县域统计年鉴》中所涵盖的 2 083 个县级行政区，其中包括 832 个国家级贫困县。本报告数据监测的电商平台涵盖天猫、淘宝、京东、苏宁、拼多多等 40 多家主流电商平台。

2020 年 4 月 30 日

1 全国农业农村发展环境

1.1 农业农村发展保持良好势头

近年来，我国农业农村发展稳中有进，农业总产值快速增长，2018年达到61 452.60亿元，同比增长5.84%。在稳定粮食生产方面，2019年，全国粮食生产创历史新高，粮食种植面积保持在17.4亿亩以上，产量达到66 384万吨，连续5年站稳1.3万亿斤（65 000万吨）台阶，如图1-1所示。在促进农民稳定增收方面，农民收入增速继续保持"两个高于"，2019年，农村居民人均可支配收入为16 021元，实际增长6.2%；农村居民人均消费支出13 328元，实际增长6.5%。农业农村生产是民生根本，农业农村的良好发展为稳定经济社会大局和应对风险挑战提供了有力支撑。

图1-1　2014—2019年粮食产量（万吨）变化

（数据来源：国家统计局。）

1.2 生鲜农产品产量供给充足

作为农产品重要的组成部分，我国蔬菜、水果、肉类等生鲜农产品生产保持稳定增长，从2015年开始，全国生鲜农产品产量①连续超过11亿吨；2018年，生鲜农产品产量达到11.7亿吨，同比增长1.7%，其中，蔬菜产量70 346.72万吨、水果产量25 688.35万吨、肉类产量8 624.63万吨、水产品总产量6 457.66万吨、禽蛋产量3 128.28万吨、牛奶产量3 074.56万吨。充足的生鲜农产品市场供给，为创新发展生鲜电商、加速优化冷链物流体系奠定了扎实的基础。

1.3 农业发展质量进一步提升

为了调整优化农业结构，我国继续推进农业供给侧结构性改革，提高农业发展质量

---

① 生鲜农产品产量包括蔬菜产量、水果产量、肉类产量、水产品总产量、禽蛋产量和牛奶产量。

和竞争力。在质量兴农方面，农业结构持续优化，大豆种植面积增加 1 380 万亩，粮改饲面积达到 1 500 万亩，畜禽规模养殖比重提高近 3 个百分点，农产品质量安全例行监测合格率达到 97.4%。在科教兴农方面，农业科技进步贡献率达到 59.2%，全国农作物耕种收综合机械化率超过 70%，主要农作物自主选育品种提高到 95% 以上，培育高素质农民 100 万人次。在绿色兴农方面，三大主粮化肥利用率达到 39.2%，农药利用率达到 39.8%，分别比 2015 年提高 4 个和 3.2 个百分点；耕地轮作休耕试点面积扩大到 3 000 万亩。在品牌强农方面，累计认定绿色、有机和地理标志农产品 4.3 万个。

1.4 农村发展环境不断改善

在发展现代化农业的驱动下，我国新型农业经营主体发展迅速，家庭农场超过 70 万家，农民合作社达到 220.1 万家，全年托管服务面积 14 亿亩次，服务小农户 6 000 万户。2019 年新认定了 299 家农业产业化国家重点龙头企业，建设了 52 个国家现代农业产业园和 298 个农业产业强镇。

另一方面，乡村产业发展扎实推进。农村一二三产业融合加快发展，乡村旅游接待量约 32 亿人次，返乡入乡创新创业人员超过 850 万人；产业扶贫成效突出，贫困地区特色产业提升加快，贫困地区农产品产销对接加强，消费扶贫深入开展，各级农业农村部门组建了 4 100 多个扶贫技术专家组，选聘了 26 万名产业发展指导员，举办了 10 场"三区三州"等贫困地区产销对接活动，累计培育带贫新型经营主体 70 万个，带动 92% 的贫困户参与产业发展。

2 全国县域电子商务发展现状

2.1 全国县域网络零售现状

2.1.1 县域网络零售额达 3.1 万亿元

2019 年，我国电子商务市场规模持续增长，稳居全球网络零售市场首位。国家统计局数据显示，2019 年，全国网上零售额 106 324 亿元，同比增长 16.5%，其中，实物商品网上零售额 85 239 亿元，增长 19.5%，占社会消费品零售总额的比重为 20.7%。随着电子商务在县域地区的渗透与发展，相关政策扶持、标准制定、品牌建设、特色产业培育、农产品上行等体系逐步完善，县域电商逐渐进入高质量发展阶段。欧特欧监测数据显示，2019 年，全国县域网络零售额达 30 961.6 亿元，同比增长 23.5%，如图 2-1 所示。其中，实物类商品的网络零售额同比增长 20.4%，非实物类商品的网络零售额同比增长 66.4%[①]。中国国际电子商务中心研究院测算，县域网络零售额约占全国网络零售额的 29.1%。

2.1.2 非实物类产品电商高速发展

欧特欧监测数据显示，2019 年全国县域网络零售额排名前五的品类是家居家装（6 808.5 亿元）、服装服饰（6 672.4 亿元）、家用家电（3 134.0 亿元）、食品酒水（2 683.3

---

① 欧特欧零售监测非实物类商品包括虚拟商品、生活服务、在线餐饮、医疗健康、教育培训、休闲娱乐和交通旅游。

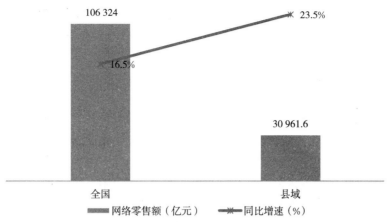

图 2-1　2019 年全国网络零售与县域网络零售对比情况

（数据来源：国家统计局、欧特欧咨询。）

亿元）以及母婴产品（2 108.6 亿元），占比依次为 22.0%、21.6%、10.1%、8.7% 和 6.8%；从网络销售量看，家居家装（451.6 亿件）、在线餐饮（209.8 亿份）、电脑办公（111.4 亿件）、服装服饰（102.7 亿件）、珠宝礼品（92.7 亿件）排名前五。从网络零售额增长情况看，交通旅游、医疗健康和虚拟商品分列前三，较去年同比增长 552.4%、252.1% 和 121.9%，呈井喷式增长态势。随着信息技术的不断渗透，电子商务与县域特色产业加速融合，交通旅游、医疗健康等非实物类产品迎来高速发展时期。

2.1.3　县域电商发展呈现东强西弱的区域格局

从区域分布看，我国县域电商发展不平衡。欧特欧监测数据显示，2019 年，华东地区网络零售额为 18 710.4 亿元，占比 60.4%，依托健全的电子商务基础设施、完善的支撑服务体系、良好的营商环境，其县域电商发展水平持续引领全国；华南地区紧随其后，网络零售额占比约为 18.6%；东北地区、西北地区发展滞后，网络零售额合计占比仅为 1.8%。从增长情况看，中西部地区县域电商高速发展，西北和华北地区的网络零售额增速最快，同比增长率为 47.3% 和 45.6%；西南地区和西北地区的网络零售量增速远高于其他地区，同比增长了 66.7% 和 62.7%，如图 2-2 所示。

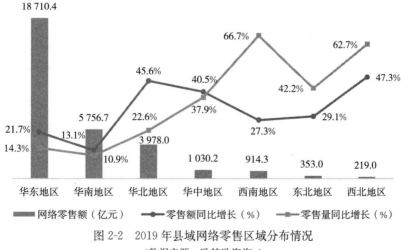

图 2-2　2019 年县域网络零售区域分布情况

（数据来源：欧特欧咨询。）

从省市情况看，浙江省、广东省、江苏省的县域网络零售额排名前三，分别为9 300.7亿元、5 638.6亿元、4 193.7亿元，合计占县域网络零售总额的61.8%，"头部"地位较难撼动；由于产业结构、交通物流等因素的制约，海南省、宁夏回族自治区和青海省的电商产业发展较落后，其网络零售总额占比仅为0.13%。

2.1.4 县域 TOP 100 网络零售额超 1.7 万亿元

欧特欧监测数据显示，2019年，全国县域电商前100名的网络零售总额达到17 026.46亿元，占全国县域电商市场的55.0%。从区域分布看，依然是华东地区表现突出，TOP 100中有74个县级地区集中在华东地区，网络零售额占比达到46.02%；12个县分布在华南地区，网络零售额占比为5.60%；9个县分布在华北地区，网络零售额占比为2.25%；4个县分布在西南地区，网络零售额占比为0.79%；1个县在华中地区，网络零售额占比为0.34%；东北与西北地区没有县域上榜，如图2-3所示。

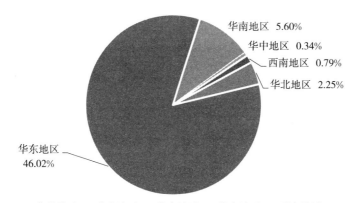

图 2-3 2019年 TOP 100 县域网络零售额的区域分布情况

注：网络零售额占比为 TOP 县域网络零售额占全国县域网络零售额的比重。

（数据来源：欧特欧咨询。）

从排名看，排名前十的县均分布在东部沿海地区，网络零售额合计占比达22.94%。其中，网络零售额排名前三的是浙江金华义乌市、浙江杭州萧山区、上海奉贤区，网络零售额占比分别为4.15%、3.17%和3.05%。可以看出，具备完善的电商产业链条与服务支撑体系是带动县域电商高速发展的核心动能，详情如表2-1所示。

表 2-1 2019 年县域网络零售 TOP 100

排名	所属省份	县域	占全国县域网络零售额比例（%）	热销品类
1	浙江省	义乌市	4.15	生活日用
2	浙江省	萧山区	3.17	休闲食品
3	上海市	奉贤区	3.05	五金工具
4	福建省	石狮市	2.41	休闲裤
5	江苏省	常熟市	2.24	休闲裤
6	浙江省	鄞州区	1.81	空调
7	浙江省	永康市	1.72	生活日用

排名	所属省份	县域	占全国县域网络零售额比例（%）	热销品类
8	广东省	南海区	1.61	五金工具
9	浙江省	慈溪市	1.43	洗衣机
10	江苏省	吴中区	1.35	扫地机器人
11	福建省	晋江市	1.21	童鞋
12	浙江省	桐乡市	1.11	童装
13	浙江省	海宁市	1.10	皮草
14	江苏省	昆山市	0.93	笔记本电脑
15	广东省	禅城区	0.86	生活日用
16	广东省	澄海区	0.84	玩具乐器
17	浙江省	瑞安市	0.79	童鞋
18	江苏省	睢宁县	0.74	生活日用
19	江苏省	沭阳县	0.66	女羽绒服
20	江苏省	江宁区	0.64	生活用纸
21	浙江省	苍南县	0.62	生活日用
22	浙江省	温岭市	0.62	童鞋
23	福建省	安溪县	0.61	铁观音
24	浙江省	永嘉县	0.56	玩具乐器
25	江西省	南康区	0.54	布艺软饰
26	福建省	南安市	0.54	马桶
27	浙江省	诸暨市	0.51	袜子
28	浙江省	天台县	0.49	汽车美容装饰
29	江苏省	吴江区	0.48	扫地机器人
30	江苏省	武进区	0.47	生活日用
31	浙江省	乐清市	0.47	五金工具
32	福建省	福安市	0.45	按摩设备
33	浙江省	余姚市	0.43	生活日用
34	江苏省	通州区	0.42	床品套件
35	江苏省	江阴市	0.42	保暖内衣
36	上海市	崇明区	0.40	商用电器
37	广东省	普宁市	0.40	睡衣/家居服
38	浙江省	建德市	0.39	家庭软饰
39	江苏省	东海县	0.36	时尚饰品
40	福建省	德化县	0.36	家庭软饰
41	北京市	怀柔区	0.35	笔记本电脑
42	浙江省	平阳县	0.35	童鞋
43	北京市	密云区	0.34	冰箱
44	湖南省	长沙县	0.34	内裤
45	河北省	清河县	0.34	女毛呢大衣
46	浙江省	宁海县	0.33	童装
47	广东省	惠东县	0.33	女靴
48	江苏省	锡山区	0.32	电动车

（续）

排名	所属省份	县域	占全国县域网络零售额比例（%）	热销品类
49	江苏省	太仓市	0.32	童装
50	江苏省	邗江区	0.32	玩具乐器
51	浙江省	武义县	0.32	五金工具
52	浙江省	安吉县	0.30	生活日用
53	广东省	潮安区	0.30	马桶
54	河北省	高碑店市	0.30	女包
55	四川省	双流区	0.29	空调
56	江苏省	海门市	0.29	床品套件
57	浙江省	浦江县	0.29	布艺软饰
58	浙江省	嵊州市	0.28	烟机灶具
59	浙江省	东阳市	0.27	家庭软饰
60	浙江省	平湖市	0.27	女羽绒服
61	广东省	四会市	0.27	翡翠玉石
62	广东省	新会区	0.26	生活用纸
63	山东省	曹县	0.25	童装
64	浙江省	临海市	0.25	太阳眼镜
65	广东省	揭东区	0.24	翡翠玉石
66	山东省	即墨区	0.24	童装
67	江苏省	浦口区	0.23	生活日用
68	福建省	仙游县	0.22	休闲裤
69	北京市	平谷区	0.22	手机
70	福建省	惠安县	0.22	休闲食品
71	浙江省	富阳区	0.22	马桶
72	浙江省	柯桥区	0.22	布艺软饰
73	江苏省	宜兴市	0.21	生活日用
74	云南省	瑞丽市	0.21	翡翠玉石
75	河北省	霸州市	0.20	生活日用
76	浙江省	嘉善县	0.20	全屋定制
77	江苏省	江都区	0.19	女靴
78	广东省	从化区	0.19	洗衣液
79	山东省	平度市	0.19	冰箱
80	江苏省	新沂市	0.19	皮草
81	河北省	南宫市	0.18	汽车美容装饰
82	河北省	冀州区	0.18	保健器械
83	江苏省	兴化市	0.18	五金工具
84	浙江省	上虞区	0.16	生活日用
85	江苏省	张家港市	0.16	生活日用
86	广东省	潮阳区	0.16	睡衣/家居服
87	江苏省	丹阳市	0.16	孕妇服饰
88	福建省	闽侯县	0.15	全屋定制
89	四川省	崇州市	0.15	凉席

（续）

排名	所属省份	县域	占全国县域网络零售额比例（%）	热销品类
90	山东省	胶州市	0.15	其他护理护具
91	广东省	惠阳区	0.15	腕表
92	浙江省	临安区	0.14	休闲食品
93	内蒙古自治区	和林格尔县	0.14	液态奶
94	江苏省	泰兴市	0.14	五金工具
95	江西省	南昌县	0.14	护肤套装
96	四川省	新都区	0.14	生活日用
97	江苏省	丰县	0.13	水果
98	山东省	博兴县	0.13	商用电器
99	浙江省	三门县	0.12	五金工具
100	浙江省	桐庐县	0.12	婴儿尿裤

数据来源：欧特欧咨询。

2.1.5 国家级贫困县电商市场规模持续扩大

社交电商、内容电商等新模式在县域地区乃至深度贫困地区快速普及，有效拉动了贫困地区的经济增长。欧特欧监测数据显示，2019 年，832 个贫困县网络零售额达 1 076.1亿元，同比增长 31.2%，电商扶贫工作取得较大进展。其中，赣州市南康区网络零售额占比 15.5%，连续排名第一，且远高于其他贫困县。作为实木家具之都，赣州市南康区依托家具、服装等产业基础，加大电商投资力度，将家具产业与网红直播相结合，打造家具电商生态。从第二名邢台市平乡县开始，网络零售额占比呈平滑递减态势，各个县之间的电商发展水平差距较小，详情如表 2-2 所示。

表 2-2　2019 年贫困县网络零售 TOP 20

排名	所属省份	县域名	占全国贫困县网络零售额比例（%）	热销品类
1	江西省	南康区	15.50	布艺软饰
2	河北省	平乡县	3.07	玩具乐器
3	河南省	镇平县	2.25	翡翠玉石
4	西藏自治区	堆龙德庆区	1.83	白酒
5	黑龙江省	克东县	1.83	婴幼儿奶粉
6	河北省	武邑县	1.79	保险柜
7	安徽省	舒城县	1.19	婴童寝居
8	四川省	古蔺县	1.03	白酒
9	安徽省	砀山县	1.01	水果
10	河南省	虞城县	0.98	生活日用
11	江西省	于都县	0.94	五金工具
12	河北省	望都县	0.87	休闲鞋
13	江西省	修水县	0.81	跑步机
14	江西省	兴国县	0.79	游戏设备

排名	所属省份	县域名	占全国贫困县网络零售额比例（％）	热销品类
15	河南省	固始县	0.78	冰箱
16	河南省	封丘县	0.76	冰箱
17	云南省	文山市	0.75	三七
18	安徽省	利辛县	0.70	户外服
19	重庆市	秀山土家族苗族自治县	0.70	调味品
20	湖北省	蕲春县	0.70	保健器械

数据来源：欧特欧咨询。

2.1.6 农民合作社加速触网升级

随着县域电商规模的进一步扩大，合作社开始借助电子商务手段对接市场，拓宽农产品销售渠道，助力农民增收。欧特欧监测数据显示，2019 年，全国农村电商合作社数量达 2 011 个，江苏省有 119 个农村电商合作社，全网零售排名第一，网络零售额[①]占比达 21.42％；紧随其后的山西省有 87 个农村电商合作社，网络零售额占比为 11.00％，详情如表 2-3 所示。"农户＋合作社＋电商"的发展模式，一方面盘活了农村地区的流通资源，实现了资源整合，助力农业供给端转型升级；另一方面提升了农户的产销对接能力，激活了县域电商带动村民致富的潜能。

表 2-3 2019 年各省农村电商合作社网络零售情况

省份	网络零售额占比（％）	网络零售量占比（％）	农村电商合作社数量（个）
江苏省	21.42	15.15	119
山西省	11.00	13.22	87
福建省	10.49	11.60	113
安徽省	7.85	6.34	73
山东省	7.67	6.53	211
浙江省	4.55	6.71	139
河南省	3.07	5.15	118
辽宁省	3.02	2.09	48
广西壮族自治区	2.96	3.57	58
江西省	2.68	1.79	71
湖北省	2.57	2.97	93
黑龙江省	2.52	1.95	142
陕西省	2.20	1.91	131
吉林省	1.93	2.08	59
新疆维吾尔自治区	1.92	1.32	25
云南省	1.69	1.86	39

① 农村电商合作社网络零售情况按全网口径统计，不局限于 2 083 个县域地区。

（续）

省份	网络零售额占比（%）	网络零售量占比（%）	农村电商合作社数量（个）
海南省	1.57	0.96	16
四川省	1.51	2.78	98
甘肃省	1.50	1.39	78
河北省	1.49	2.05	60
北京市	1.43	1.00	12
上海市	1.33	2.53	21
广东省	1.14	1.89	71
天津市	0.83	0.84	8
内蒙古自治区	0.54	0.58	15
湖南省	0.49	1.21	68
贵州省	0.31	0.26	15
宁夏回族自治区	0.22	0.15	13
重庆市	0.05	0.09	7
青海省	0.05	0.01	2
西藏自治区	0	0	1

数据来源：欧特欧咨询。

2.2 全国县域农产品网络零售现状

2.2.1 县域农产品网络零售额达 2 693.1 亿元

欧特欧监测数据显示，2019 年，全国县域农产品网络零售额达 2 693.1 亿元，同比增长 28.5%，农产品电商市场进一步激活。其中，植物类农产品的网络零售额为 2 142.9 亿元，占比 79.6%；动物类农产品的网络零售为 433.3 亿元，占比 16.1%；农资类产品的网络零售额为 116.9 亿元，占比 4.3%[①]。从品类看，重点农产品[②]网络零售总额约为 2 028.1 亿元，占县域农产品网络零售总额的 75.3%。其中，植物类加工食品、粮油调味、植物类生鲜排名前三，网络零售额占比分别为 17.5%、11.7% 和 8.4%，网络零售量占比分别为 19.6%、10.2% 和 7.9%，如图 2-4 所示。

2.2.2 品牌农产品竞争优势凸显

从农产品品牌发展看，"头部"品牌电商市场占比较大，"尾部"农产品品牌呈现种类多、流量少的特点。欧特欧监测数据显示，2019 年，休闲食品中的"三只松鼠"全网销售[③]第一，网络零售额占比为 14.34%，消费者黏度较大；"百草味""良品铺子"分列二、三位，全网零售额占比分别为 6.89% 和 6.23%。在粮油调味中，"金龙鱼""福临门""鲁

---

① 植物类农产品包括粮油调味、植物类生鲜、植物类中药材、酒、茶、植物饮料、植物类加工食品、粮油调味等；动物类农产品包括动物类中药材、动物类生鲜、动物类加工食品、牛奶乳品等；农资类包括肥料、农药、兽药、兽用器具、饲料、园林/农耕、其他农资等。

② 筛选农产品三级品类中的热销品类作为研究对象，包括休闲食品、水果、白酒、肉干肉脯、牛奶、调味品、海鲜水产、方便食品、食用油、园林/农耕、猪/牛/羊肉等、大米、花卉绿植盆栽、花草茶/花果茶、蔬菜、南北干货、葡萄酒、饮用水、红茶、咖啡/咖啡豆、啤酒、普洱、杂粮、熟食腊味、禽肉蛋品、绿茶等。

③ 农产品品牌网络零售情况按全网口径统计，不局限于 2 083 个县域地区。

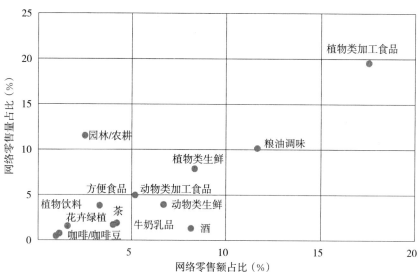

图 2-4　2019 年县域重点农产品（二级品类）网络零售情况

（数据来源：欧特欧咨询。）

花"排名前三，老品牌仍然具有一定优势。在生鲜食品中，京东生鲜自有品牌——"京觅"市场份额最大，网络零售额占比为 2.31%，"日日鲜"网络零售量占比最大，为4.53%，详情如表 2-4 所示。

表 2-4　2019 年重点农产品品牌网络零售情况

农产品品类	品牌	网络零售额占比（%）	网络零售量占比（%）
休闲食品 TOP 20	三只松鼠	14.34	10.19
	百草味	6.89	5.46
	良品铺子	6.23	5.42
	来伊份	0.89	0.73
	乐事	0.84	1.55
	德芙	0.82	0.53
	洽洽	0.76	0.82
	沃隆	0.66	0.15
	费列罗	0.65	0.25
	周黑鸭	0.64	0.39
	徐福记	0.57	0.61
	旺旺	0.54	0.88
	奥利奥	0.52	0.65
	好丽友	0.49	0.83
	达利园	0.48	0.70
	好想你	0.47	0.27
	稻香村	0.44	0.22
	双汇	0.43	0.45
	盼盼	0.43	0.49
	老街口	0.34	0.30

（续）

农产品品类	品牌	网络零售额占比（%）	网络零售量占比（%）
粮油调味 TOP 20	金龙鱼	5.13	2.73
	福临门	3.38	1.67
	鲁花	2.57	0.76
	十月稻田	1.88	1.07
	康师傅	1.55	2.37
	海天	1.22	1.82
	安佳	1.08	0.36
	多力	0.97	0.33
	统一	0.94	1.32
	海底捞	0.91	0.94
	柴火大院	0.85	0.24
	胡姬花	0.69	0.17
	三养	0.68	0.56
	李锦记	0.67	1.03
	双汇	0.60	1.09
	欧丽薇兰	0.56	0.08
	展艺	0.50	1.10
	雀巢	0.49	0.41
	千禾	0.49	0.44
	长寿花	0.48	0.16
生鲜食品 TOP 20	京觅	2.31	1.43
	王小二	1.74	1.68
	甘福园	1.61	1.38
	日日鲜	1.47	4.53
	大希地	1.22	0.53
	恒都	0.99	0.53
	福瑞达	0.84	1.02
	佳沛	0.84	0.35
	海鲜岛	0.82	0.53
	帝皇鲜	0.63	0.40
	天海藏	0.59	0.17
	正大	0.43	0.44
	小牛凯西	0.38	0.10
	泰森	0.36	0.42
	网易味央	0.31	0.02
	晓芹	0.29	0.01
	上鲜	0.29	0.23
	御果乡	0.28	0.03
	绝世	0.27	0.07
	国联	0.25	0.13

数据来源：欧特欧咨询。

2.2.3 农产品电商区域发展呈"头部集中、尾部多样化"

从区域情况看，由于农产品的时效性、保鲜度等限制，电商企业会优先选择在网商聚集度高、物流配送体系完善的东部沿海区域集中发展。欧特欧监测数据显示，2019年，华东地区县域农产品网络零售额达1 054.4亿元，占全国农产品零售总额的39.2%；华南地区的县域农产品网络零售额为631.0亿元，华北地区的县域农产品网络零售额为493.8亿元，分列二、三位，占比分别为23.4%和18.3%。从增长情况看，华北地区县域农产品网络零售额增速最快，较2018年增长了42.4%，华东地区、东北地区紧随其后；西南地区县域农产品网络零售量增速最快，同比增长率为52.2%，如图2-5所示。

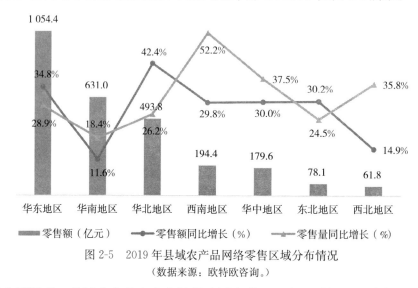

图2-5 2019年县域农产品网络零售区域分布情况

（数据来源：欧特欧咨询。）

从省市情况看，县域农产品电商市场梯队层次明显，出现"长尾"分布。广东省、北京市、浙江省排名前三，农产品网络零售额分别为592.1亿元、361.6亿元和331.4亿元，占比依次为22%、13.4%和12.3%，合计占县域农产品网络零售总额的47.7%；从重庆市开始，各省份的县域农产品网络零售额占比不到1%。发达省市的电商产业链完善、网商聚集程度高、农产品销售能力强，能更好地组织对接原产地，其农产品网络零售市场占比较大，与电商基础设施薄弱、"尾部"梯队的省份逐渐拉开距离。相较于广东、北京、浙江等电商实力雄厚的地区，拥有丰厚特色农产品资源的新疆、宁夏等省份的农产品电商市场占有率较小，如何提升这些省市的电商产业环境，打通农产品上行通道，完善农产品供应链体系是拉动当地特色农产品电商发展迫切需要解决的问题。

2.2.4 县域农产品网络零售额TOP 100达948.8亿元

欧特欧监测数据显示，2019年，全国县域农产品网络零售前100名的零售总额为948.80亿元，占县域总额的35.23%。从区域分布看，TOP 100中有60个县级地区集中在华东地区，农产品网络零售额占比达到25.39%；12个县分布在西南地区，农产品网络零售额占比为3.34%；8个在华中地区，农产品网络零售额占比为1.77%；8个在华南地区，农产品网络零售额占比为1.69%；6个在华北地区，农产品网络零售额占比为1.98%；4个在东北地区，农产品网络零售额占比为0.74%；2个在西北地区，农产品网络零售额占比为0.32%，如图2-6所示。

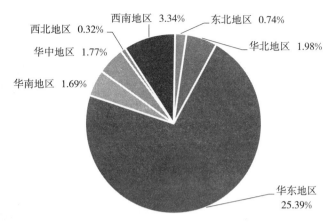

西南地区 3.34%　东北地区 0.74%
西北地区 0.32%
华中地区 1.77%　华北地区 1.98%
华南地区 1.69%

华东地区
25.39%

▪东北地区 ▪华北地区 ▪华东地区 ▪华南地区 ▪华中地区 ▪西北地区 ▪西南地区

图 2-6　2019 年 TOP 100 县域农产品网络零售额的区域分布情况

数据说明：网络零售额占比为 TOP 100 县域农产品网络零售额占全国农产品网络零售额的比重。

（数据来源：欧特欧咨询。）

从排名看，前十名中只有和林格尔县属于华北地区，其余 9 个县都集中在华东地区，可见，华东地区的农产品电商发展具有绝对领先优势；其中，杭州市萧山区、泉州市安溪区、宿迁市沭阳区排名前三，农产品网络零售额占县域农产品网络零售总额的 4.71％、1.50％和 1.44％，详情如表 2-5 所示。

表 2-5　2019 年县域农产品网络零售 TOP 100

排名	所属省份	县域	占全国县域农产品网络零售额比例（％）	热销农产品
1	浙江省	萧山区	4.71	休闲食品
2	福建省	安溪县	1.50	铁观音
3	江苏省	沭阳县	1.44	花卉绿植盆栽
4	内蒙古自治区	和林格尔县	0.94	液态奶
5	上海市	奉贤区	0.85	休闲食品
6	山东省	莱阳市	0.83	食用油
7	江苏省	丰县	0.74	水果
8	浙江省	慈溪市	0.65	饲料
9	江苏省	昆山市	0.60	碳酸饮料
10	浙江省	临安区	0.59	休闲食品
11	福建省	武夷山市	0.59	红茶
12	江苏省	兴化市	0.59	调味品
13	江苏省	吴中区	0.53	大米
14	江苏省	赣榆区	0.53	海鲜水产
15	浙江省	武义县	0.51	花草茶/花果茶
16	浙江省	义乌市	0.50	休闲食品
17	江苏省	江宁区	0.49	鲜肉

（续）

排名	所属省份	县域	占全国县域农产品网络零售额比例（%）	热销农产品
18	云南省	呈贡区	0.48	休闲食品
19	福建省	惠安县	0.44	休闲食品
20	山东省	海阳市	0.42	海鲜水产
21	四川省	古蔺县	0.39	白酒
22	北京市	怀柔区	0.39	液态奶
23	福建省	龙海市	0.37	休闲食品
24	福建省	晋江市	0.36	休闲食品
25	浙江省	桐乡市	0.35	粽子
26	浙江省	永康市	0.33	园林/农耕
27	西藏自治区	堆龙德庆区	0.33	白酒
28	江苏省	东海县	0.33	水果
29	贵州省	仁怀市	0.33	白酒
30	湖南省	浏阳市	0.33	肉干肉脯
31	广西壮族自治区	北流市	0.33	水果
32	山东省	寿光市	0.32	水果
33	浙江省	鄞州区	0.31	海鲜水产
34	广东省	南海区	0.31	休闲食品
35	四川省	郫都区	0.30	调味品
36	湖南省	长沙县	0.29	休闲食品
37	江苏省	新沂市	0.28	休闲食品
38	江苏省	太仓市	0.28	食用油
39	安徽省	砀山县	0.26	水果
40	山东省	龙口市	0.26	葡萄酒
41	河南省	临颍县	0.26	休闲食品
42	福建省	福鼎市	0.26	白茶
43	江苏省	邳州市	0.25	水果
44	四川省	蒲江县	0.25	水果
45	重庆市	璧山区	0.25	方便食品
46	浙江省	安吉县	0.25	绿茶
47	四川省	双流区	0.24	调味品
48	山东省	滕州市	0.24	绿茶
49	广东省	禅城区	0.24	调味品
50	黑龙江省	五常市	0.23	大米
51	福建省	福安市	0.22	休闲食品
52	河南省	长葛市	0.22	蜂蜜/蜂产品

（续）

排名	所属省份	县域	占全国县域农产品网络零售额比例（％）	热销农产品
53	福建省	古田县	0.22	南北干货
54	山东省	文登区	0.21	海鲜水产
55	山东省	兰陵县	0.21	农药
56	山西省	临猗县	0.21	水果
57	云南省	勐海县	0.20	普洱
58	重庆市	秀山土家族苗族自治县	0.20	调味品
59	湖南省	平江县	0.20	肉干肉脯
60	云南省	文山市	0.20	三七
61	山东省	东阿县	0.19	阿胶
62	广东省	饶平县	0.19	乌龙茶
63	江苏省	常熟市	0.19	海鲜水产
64	辽宁省	新民市	0.19	大米
65	福建省	长汀县	0.19	调味品
66	山东省	平度市	0.18	调味品
67	广西壮族自治区	东兴市	0.17	咖啡/咖啡豆
68	江苏省	武进区	0.17	休闲食品
69	河南省	夏邑县	0.17	休闲食品
70	山西省	汾阳市	0.16	白酒
71	宁夏回族自治区	中宁县	0.16	枸杞
72	河南省	新郑市	0.16	休闲食品
73	浙江省	温岭市	0.16	海鲜水产
74	四川省	新都区	0.16	调味品
75	吉林省	抚松县	0.16	人参/西洋参
76	浙江省	嘉善县	0.16	休闲食品
77	江苏省	沛县	0.16	园林/农耕
78	江苏省	高邮市	0.16	禽蛋
79	安徽省	歙县	0.16	花草茶/花果茶
80	黑龙江省	绥芬河市	0.16	休闲食品
81	陕西省	长安区	0.16	水果
82	广东省	新会区	0.15	休闲食品
83	浙江省	柯桥区	0.15	黄酒/养生酒
84	广东省	遂溪县	0.15	枸杞
85	广东省	普宁市	0.15	休闲食品

（续）

排名	所属省份	县域	占全国县域农产品网络零售额比例（%）	热销农产品
86	江苏省	靖江市	0.15	肉干肉脯
87	河北省	安国市	0.15	花草茶/花果茶
88	福建省	霞浦县	0.15	海鲜水产
89	江西省	南昌县	0.15	肉干肉脯
90	安徽省	肥东县	0.15	休闲食品
91	山东省	莱州市	0.14	园林/农耕
92	江苏省	泗阳县	0.14	白酒
93	湖北省	仙桃市	0.14	肉干肉脯
94	江苏省	浦口区	0.14	咖啡/咖啡豆
95	山东省	沂水县	0.14	休闲食品
96	江苏省	张家港市	0.14	调味品
97	福建省	闽侯县	0.14	食用油
98	河北省	沧县	0.14	休闲食品
99	山东省	平邑县	0.13	花卉绿植苗木
100	浙江省	苍南县	0.13	休闲食品

数据来源：欧特欧咨询。

2.2.5 国家级贫困县农产品上行区域特色明显

电商平台的不断下沉逐渐打通了贫困地区农产品上行通道，加速贫困地区的配套服务体系建设，深度挖掘与培育当地特色农产品产业，带动当地经济的快速发展。欧特欧监测数据显示，2019 年，832 个贫困县农产品网络零售额总额为 190.8 亿元，同比增长 23.9%。从农产品网络零售额看，排名前五的贫困县有 4 个属于西南地区，其中，泸州市古蔺县、拉萨市堆龙德庆区的农产品网络零售额分列一、二名，占比为 5.5%、4.7%。从农产品品类看，各县的热销农产品多为当地的特色农产品，如泸州市古蔺县网络零售第一的农产品是白酒，详情如表 2-6 所示。

表 2-6　2019 年贫困县农产品网络零售 TOP 20

排名	所属省份	县域名	占全国贫困县农产品网络零售额比例（%）	热销农产品
1	四川省	古蔺县	5.51	白酒
2	西藏自治区	堆龙德庆区	4.68	白酒
3	安徽省	砀山县	3.70	水果
4	云南省	勐海县	2.87	普洱
5	重庆市	秀山土家族苗族自治县	2.83	调味品

排名	所属省份	县域名	占全国贫困县农产品网络零售额比例（%）	热销农产品
6	湖南省	平江县	2.81	肉干肉脯
7	云南省	文山市	2.75	三七
8	河南省	虞城县	1.36	方便食品
9	安徽省	舒城县	1.20	禽肉蛋品
10	江西省	石城县	1.12	猪/牛/羊肉等
11	河北省	涞水县	1.09	杂粮
12	陕西省	富平县	1.05	休闲食品
13	云南省	宣威市	1.04	水果
14	安徽省	太湖县	1.01	猪/牛/羊肉等
15	云南省	昭阳区	1.00	水果
16	河南省	固始县	0.97	牛奶
17	河北省	万全区	0.96	杂粮
18	内蒙古自治区	翁牛特旗	0.95	肉干肉脯
19	内蒙古自治区	科尔沁左翼后旗	0.95	肉干肉脯
20	湖北省	罗田县	0.93	水果

数据来源：欧特欧咨询。

2.3 电商企业服务农业农村发展现状

随着国家扶持政策力度的加大以及农村互联网普及率的不断提升，电商渠道加速下沉，阿里、京东、拼多多等电商企业纷纷聚焦县域农村地区，在发展县域电商市场的同时，助力农业农村发展。

阿里通过聚合体系中涉农业务板块（如淘宝、天猫、蚂蚁金服、菜鸟物流、聚划算、淘宝直播等）的力量，加速推进农业数字化发展。2019年，阿里集团设立了数字农业事业部，通过开展"基地直采"模式，在农业源头端建立数字化基地，打造数字农场。同时，携手中华农业、北大荒等中央企业，加速布局农业领域。

京东在2014年年初提出针对县域经济发展的"3F战略"，包括工业品进农村战略（Factory to Country）、农村金融战略（Finance to Country）和生鲜电商战略（Farm to Table）。同时，通过与产业源头合作，在县域农业农村落地平台、运营、生态等，赋能农业产业链三大环节。

拼多多通过"拼模式"，深入农业主产区及"三区三州"深度贫困地区，帮助农户搭上社交电商"快速通道"，助力农产品上行，打开县域电商市场；通过"多多农园"模式重塑农业产业链条，实现消费端"最后一公里"和原产地"最初一公里"直连，以农户利益为核心，创新扶贫助农模式。

乐村淘、美菜网、一亩田、本来生活等垂直电商平台通过"源头直采"模式，在农产品细分领域深耕细作，推动农产品产业链升级，加速发展冷链物流体系。

字节跳动、快手等社交平台通过场景化、原生态的直播卖货模式，打破了时间和空间限制，提升消费者的参与度与信任度，真正实现了精准的产销对接。

美团、饿了么等本地生活电商平台以"生鲜电商"和"社区化服务"为切入口，布局社区"菜篮子"市场，通过前置仓模式，缓解农产品损耗、时效性等问题，实现菜场的数字化运营。

盒马鲜生、超级物种等新零售企业主要围绕"超市＋餐饮＋物流配送"模式，通过线下"超市＋餐饮"体验模式引流线上购物，增强用户黏性，带动线上线下协同发展；通过产地直采、基地直供等形态，上游农产品实现了标准化、品牌化和可溯源。

电商企业涉农服务情况如表 2-7 所示。

表 2-7　电商企业涉农服务情况

企业类型	企业名称	企业情况	扶农助农
综合类电商平台	淘宝网	2019 年，阿里巴巴升级农村战略，设立农业办公室，统筹由淘宝、天猫等 20 多个业务构成的数字助农网络，打造数字农业农村的新基础设施 全国共 4 310 个淘宝村、1 118 个淘宝镇，带动了 680 多万人就业 阿里云农业大脑帮助 2.6 万户农户和企业实现科学种养 菜鸟联合主要快递公司，已服务全国 3 万个村点	目前，淘宝"村播计划"的农产品相关直播达 140 万场，覆盖全国 31 个省份，吸引了 300 多名县长走入淘宝直播间 疫情发生后，发起爱心助农计划。截至 2020 年 4 月 2 日，淘宝天猫累计为全国农民售出超过 16.2 万吨滞销农产品
	京东	京东农场：在全国范围内完成了 17 家高标准合作示范农场建设 神农大脑：打造了铜梁数字农业综合服务平台 2019 年，重点扶持了呼伦贝尔呼垦源芥花油、五常大米、蒙清小香米、辛集皇冠梨等高品质农产品品牌	推出"春雨计划"：投入 15 亿元的资源，整合全平台营销能力，向滞销产品、商家倾斜资源 京东生鲜开通"全国生鲜产品上行绿色通道"等 推出"京源助农"计划，针对助农、扶贫项目等，以流量进行专项政策扶持和补贴支持
	拼多多	平台拥有 5.85 亿名活跃用户，商户 510 多万户 多多农园：培养了 5 000 名本土农村电商人才，孵化和打造了 100 个特色农产品品牌，构建一体化扶贫兴农产业链 推广"徐闻模式"：县长走进拼多多直播间，5 万件 30 万斤菠萝两小时内售罄	多多大学：与当地政府建立贫困基地，组织线下交流班 上线"抗疫农货"专区：设置了 5 亿元的专项农产品补贴，以及每单 2 元的快递补贴 上线首届"春耕节"：3 亿元补贴农资下行，联合 400 万农户保供促产 助农"双百万计划"
	苏宁	目前，苏宁易购建立了 398 个中华特色馆和 120 个拼购村农产品基地 通过苏宁拼购、苏宁生鲜、苏宁超市频道等生态产业链，深入农业产地，整合供应链 惠及全国约 1 万余个贫困村、761 万贫困人口，全渠道累计实现农产品销售 120 亿元	线下开设了苏宁扶贫实训店、苏宁易购零售云等 5 000 余家，共覆盖 184 个国家级贫困县 联合中国扶贫基金会率先成立农村电商学院，电商培训超过 3 万场次，普及 50 万人次 提出"助农 18 条"抗疫助农，解决农产品物流运输问题

（续）

企业类型	企业名称	企业情况	扶农助农
综合类电商平台	中粮我买网	依托中粮集团供应链优势，聚焦中产消费群 以自有品牌、海外直采、生鲜商品为特色的商品组合 覆盖了11个省24个国家级贫困县，上线300余款扶贫产品	承担定点扶贫和对口支援两类扶贫任务，涉及5个贫困县、1个单位 联合《源味中国》推出中粮我买优选黔阳冰糖橙 开启"湖北助农"专场活动
垂直电商平台	乐村淘	以B2B模式为主，同时积极拓展C端个人用户市场 主要是初级农产品和加工农产品 两大核心业务模式：乐6集和特色馆 物流："自营物流＋第三方"模式 在山西区域发展较好	上线乐村淘扶贫频道，打造贫困地区产品网络销售直通车
	美菜网	专注餐饮原材料采购服务，打造餐厅食材供应B2B/C平台 自建仓储、物流体系 "两端一链一平台"模式，整合农产品供应和用户需求	"美菜SOS精准扶贫全国采购计划"遍及26个地区，采购总量2 653.4万斤，产值2 401.8万元
	一亩田	聚焦农产品的原货市场，打造农产品B2B电子商务平台 新业务：飞鸽业务（产地找货）和豆牛业务（市场代卖）	"新疆千人亿元"新农人网红培育计划方案，开展主播网红培育 农业电商精英扶持计划 "中国农业直播大联盟 助农百县行——县长走田间"活动
	本来生活	垂直类生鲜公司：自营为主，没有商家入驻 具备农产品全程化管理的能力、品牌孵化能力、物流服务能力 本来扶贫3.0模式：搭建"全产业赋能平台"，实现"政府＋电商＋帮扶企业＋合作社/龙头企业＋贫困户（农户）"五方联动的帮扶模式	"百县百品"农产品赋能计划：上线了101个国家级贫困县的1 174个规格的农产品，涉及110个品种 集合多家合作企业，采购贫困地农产品600多吨驰援武汉 开展"荆品出乡·助农湖北"计划，帮助销售湖北农副产品超180吨
社交平台	字节跳动	拥有今日头条、抖音短视频、西瓜视频、火山小视频等App 国内总日活跃用户数量（DAU）超6亿，月活跃用户人数（MAU）超10亿，"三农"作者超3万人 152个县域景点，抖音"打卡"视频播放量超过1 000万次	"三农"合伙人：已招募"三农"合伙人16位，累计帮助13个国家级贫困县推广农产品38.5万单 山货上头条：7款重点打造扶贫产品提供了51.6亿曝光率 "110"网络扶贫创新活动
	快手	1 600多万人通过快手平台获得收入，其中有340万人来自国家级贫困县 快手用户覆盖570个国家级贫困县 全国各地孵化100位快手幸福乡村带头人，通过个体赋能，实现乡村振兴 快手小店、"散打哥"等	贫困县区中，超过115万名快手用户的销售额超过193亿元 "福苗计划"2019春季专场：2.34亿次山货曝光、1.54亿名用户逛集、16万名建档立卡贫困人口增收

（续）

企业类型	企业名称	企业情况	扶农助农
本地生活类平台	美团	美团买菜业务：App端＋便民服务站 生鲜前置仓模式 以"生鲜电商"和"社区化服务"为切入口 服务半径3千米之内的社区居民	
	饿了么	饿了么买菜业务：口碑饿了么与叮咚买菜实现战略合作 生鲜前置仓模式 目前，口碑饿了么买菜业务已在全国100个重点城市铺开，并将迅速扩张至500个城市	
新零售	盒马鲜生	"超市＋餐饮"线下体验引流，线上购物 客户群：富裕的80、90后消费者 供应链体系优势：农村淘宝、阿里系进口计划为支撑 联合大润发孵化"盒小马"，主攻二、三、四线城市	联合广东省农业部门新零售"基地大讲堂" 疫情期间，盒马已经助销全国各地600多吨滞销果蔬
	永辉超级物种	"高端超市＋生鲜餐饮＋O2O"的混合业态 与永辉超市共享多家生鲜直采基地及物流仓储基础设施 探索智慧零售＋无人机配送模式	搭建"贫困地区＋超市门店"的扶贫商品销售直通车，目前永辉在售产品覆盖了近50个国家级贫困县，2019年上半年，从国家级贫困县采购特色产品合计达129 177万元
	每日优鲜	专注于蔬菜生鲜的电商企业 首创社区前置后舱模式 "城市分选中心＋社区配送中心"极速达冷链物流体系	上线"爱心助农频道"，一周帮2 700万斤农产品解决滞销难题

资料来源：根据公开资料整理。

3 全国县域电子商务发展特点

3.1 县域电商基础设施建设持续完善

在"乡村振兴"和"数字乡村"发展战略背景下，电商企业重点布局下沉市场，县域电商保持较高速度增长，农村网民规模持续增加，县域电商基础设施建设进一步得到完善。

县域互联网覆盖范围进一步提升。截至2020年3月，全国农村网民规模为2.55亿人，占网民整体的28.2%，较2018年年底增长3 308万人。随着互联网的快速渗透，倒逼农村电商支撑服务体系加速完善，城乡间的"数字鸿沟"不断缩小。截至2019年10月，全国行政村通光纤和通4G比例均超过98%，贫困村通宽带比例达到99%；信息进村入户工程全面实施，已在18个省份整省推进，其余省份也在积极开展有关工作，2019

年年底建成益农信息社 38 万个，覆盖全国近 70% 的行政村。

快递物流体系加快建设。"快递下乡"工程稳步推进，有效解决了农产品进城、工业品下乡的"最后一公里"。目前，全国 55.6 万个建制村直接通邮，农村地区快递网点超过 3 万个、公共取送点达 6.3 万个，全国乡镇快递网点覆盖率达到 96.6%。随着农产品电商规模的扩大，政府与企业不断加强农产品冷链流通体系基础建设，探索新型农产品冷链流通模式。2019 年 3 月，国家发改委等 24 个部门联合发布《关于推动物流高质量发展促进形成强大国内市场的意见》，专门明确要发展"生鲜电商＋冷链宅配""中央厨房＋食材冷链配送"等冷链物流新模式。

3.2 政府重点投入县域电商公共服务体系建设

电子商务作为乡村振兴的新动能，有效带动农业产业标准、农产品品牌服务、追溯服务体系、金融服务体系、人才培训等公共服务体系进一步完善。政府部门陆续出台《中共中央国务院关于实施乡村振兴战略的意见》《乡村振兴战略规划（2018—2022 年）》《数字乡村发展战略纲要》《数字农业农村发展规划（2019—2025 年）》等文件，各地将电子商务作为乡村振兴、脱贫攻坚、数字乡村发展、供给侧结构性改革、大众创业万众创新等战略部署的重大举措，大力推动县域电商发展的政策体系和管理机制不断强化，电商发展环境持续改善。

在农业品牌发展培育方面，农业农村部出台品牌培育计划，实施品牌提升行动，建立中国农业品牌目录制度，营造了品牌建设良好环境；累计创建认定绿色有机和地理标识农产品 4.3 万个，打造了一大批叫得响的产品品牌，形成了西湖龙井、沁州黄小米、荣昌猪、赣南脐橙等特色地域名片，向社会发布 880 项乡村特色产品和 220 名乡村能工巧匠；通过茶博会、农交会等大型展会，举办了 170 余场品牌推介活动，中国农业品牌的市场竞争力和影响力得到有力提升。

在人才培训方面，对基层干部、致富带头人、高素质农民、新型农业经营主体、贫困人群等大力开展电子商务培训，充分利用农村实用人才培训等现有培训资源，加大互联网、电子商务等公益培训力度，2018 年和 2019 年，连续两年共举办了十期农业农村电子商务专题培训班，培训了 1 031 名一线电商骨干人才；持续开展农民手机应用技能培训，政企合作协同推进，2019 年累计培训 3 000 万人次，各类市场主体举办线上线下培训近千场，打造云上智农等移动平台，全面提高农民获取信息、管理生产、网络销售等能力。

3.3 电商企业逐渐向农业生产端渗透

县域电商的最终服务主体依然是农户（包括合作社、农产品加工企业等），核心发展环节仍然在农业生产端，其发展路径是通过电子商务等互联网手段促进农业生产转型升级，而不是照搬城市电子商务的发展方法。

目前，越来越多的电商企业向农业生产端渗透，产地直供、订单农业、云养殖等新模式不断涌现，带动新一代信息技术在农业生产经营管理中加速渗透与广泛应用，实现农业标准化生产、商品化处理、品牌化销售、产业化经营，重塑产业链，赋能县域传统产业。京东农场利用智能农机调度、人工智能、物联网、大数据、区块链等信息技术，完成数字农业管控和全程可视化溯源体系建设，从农业生产端进行改造，实现农业全流程数字化升

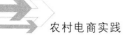

级。在 2019 年农业农村部开展的数字农业农村新技术新产品新模式征集活动中，奉节数字化脐橙园项目通过引入阿里巴巴"未来农场"管理系统，在生产端实现数字化管理，打造"订单农业"，实现农产品原产地直供。

同时，电商企业通过互联网手段有效聚合市场资源，需求侧的数据、信息日益成为供给侧结构性改革的新动能，农业的产业链、创新链、价值链正在加速重构。例如，汇通达通过农村加盟店汇聚大量农村地区的现有流通资源，根据各地农村互联网发展状况的不同，制定匹配当地实情的电商运营模式；拼多多通过"农货智能处理系统"和"山村直连小区"模式，数字化整合农货上行快速通道，培育新型农业经营主体，创新农业流通模式。

3.4 社交电商成为县域经济发展新抓手

2019 年是直播电商发展元年，直播带货、微商、社区团购、拼购等电子商务新模式、新业态在县域地区蓬勃兴起，手机变成了"新农具"，流量变成了"新农资"，直播变成了"新农活"，县域电商逐渐从传统电商向社交电商等模式转变，带动县域经济快速发展。

《2019 快手内容报告》显示，截至 2020 年年初，快手日活跃用户数量已突破 3 亿人，2019 年共有 2.5 亿人在快手发布作品，App 上有近 200 亿条视频。直播电商通过"网红直播""田间地头直播"等模式，将农村原生态产品资源更直接地呈现给消费者，对消费者进行有效引流，拓宽农产品上行渠道，拉动县域实体经济发展。欧特欧监测数据显示，2019 年，李子柒通过内容直播引流，李子柒旗舰店的网络零售额为 2.2 亿元，同比增长了 429.8%。

依托低成本、便捷操作、直观化等优势，直播电商成为脱贫致富新工具。2019 年，农业农村部信息中心会同相关省份农业农村信息中心联合字节跳动开展了"110"网络扶贫创新活动，打造 10 个核心示范县，辐射带动 100 个县，重点打造了湖北来凤藤茶、重庆巫山脆李、四川盐源苹果、云南怒江草果、甘肃礼县苹果、西藏青稞、河北万全玉米、河北涞源白石山景区等多个特色农产品品牌和乡村文旅品牌，活动品牌传播量达 30 亿次，新媒体人才培训近万人次，通过创新网络扶贫模式，促进了农业品牌建设、农产品销售和乡村旅游的发展。尤其是在新冠疫情防控期间，农产品线下流通渠道受阻，淘宝、拼多多等多个电商平台通过"直播带货"模式拓宽线上销售渠道，极大降低了疫情对农产品销售的影响，保障了农民的收入稳定，凸显了社交电商助力滞销农产品上行方面的潜力。"110"创新活动也持续深入实施，开展了供需信息匹配、线上产品推广、县长直播、达人产地直播等多种形式的扶贫专卖活动。

3.5 县域电商开始聚焦区域小流通

由于我国各个地区的自然资源禀赋、产业发展基础和生产要素聚集等各不相同，电商企业逐渐结合当地产业特色、生产规模、产品特点等，形成县域电商"小循环"模式，提高农村市场竞争力与吸引力，助力乡村产业振兴。

我国农村地区，尤其是贫困地区的特色产品具有原生态、绿色健康等优势，但由于产量低、生产体系落后、物流配送体系不完善等限制因素，产品较难实现产业化、标准化的发展，因此，"小而精、小而特、小而美"的电商发展模式顺势而生。农村电商有效缩短了农业供应链，让偏远山区、贫困地区农产品飞出乡村，实现溢价，成为"绿水青山就是金山银山"的转换器。目前，农业农村部通过组织 22 个扶贫任务重的省份、832 个贫困县编制完成产业精准扶贫规划，2019 年贫困地区累计实施扶贫产业项目 98 万多个，建成扶贫产业基地近 10 万个，832 个贫困县已初步形成特色主导产业 1 060 个，涵盖特色粮经作物、特色园艺产品、特色畜产品、特色水产品、林特产品 5 大类 28 个特色产业，基本形成"一县一特"的产业发展格局。

3.6　农村消费升级为县域电商提供新发展空间

新技术、新产业向县域地区快速渗透，带动县域经济高速发展，引领农民融入现代生活，消费方式开始向移动互联网方向发展，县域消费市场展现出旺盛的生命力。为进一步激活消费市场，政府也出台了《关于加快发展流通促进商业消费的意见》等相关政策，不断优化消费环境，激发消费者的购买欲望。

随着县域市场的不断开放，以个性化、品质化为代表的消费升级趋势在县域地区逐渐显现，县域地区年轻群体的消费能力与品味不断提升，尤其是对美妆、服饰、家居等高端品牌的消费需求表现突出，网购消费意愿大幅增强，电商企业迎来新的发展机遇。拼多多平台通过"品牌下乡"活动，将小米、GAP、Old Navy、立顿、苏泊尔等知名品牌下沉到县域农村地区，迎合县域消费市场升级需求。

此外，跨境电商消费升级的趋势也逐渐下沉到中国的三四线城市和县域地区。《2019年中国进口消费市场研究报告》显示，2018 年县域进口消费金额 TOP 20 中，有 17 个县级市的人均消费金额已赶超新一线和二线城市的平均水平；天猫国际数据显示，三至五线城市和县域地区用户占全国用户数的 45%，其中，县域地区跨境电商用户占比达 23%；2014—2018 年，县域地区跨境电商的渗透率从 1% 增长到 7%。

4　全国县域电子商务面临挑战

4.1　县域电商发展不平衡问题仍较突出

近年来，我国县域电商发展速度加快，电子商务成为县域经济发展新引擎，然而发展不平衡问题仍然突出。首先，区域发展不平衡。目前我国县域电商东南沿海优于中西部地区，京津冀、长三角和珠三角城市群优于其他省市区县，受基础设施、电商产业集群、服务资源、人才环境、数字化应用等影响，城乡间电商发展不平衡依然存在。其次，消费与市场供给不平衡。县域电商规模的高速增长在促进农民增收的同时，凸显了县域消费市场存在着巨大潜力。但是，电子商务在县域地区的功能较为单一，主要是促进农产品供给销售，缺少对农村生态价值的深度挖掘，未充分融入餐饮、旅游、娱乐、医疗等生活服务领域，县域电商在服务居民生活、拉动县域消费活力方面尚未充分发挥作用。电商物流配送存在配送时效性低和服务质量不高等问题，进一步阻碍了商品进村，降低了农村消费者的网购体验感，打击了农民消费的积极性。最后，政府主导与市场驱动不平衡。政府出台了一系列促进县域电商发展的支持政策，加大力度建设电商服务基础设施、提供补贴、开展人才培训、建立上行供应链等，政府一直充当县域电商发展的引路者，而市场作为真正驱

动电商发展的推动者，应支持市场主体做大做强，推动政府与市场协同发力。

4.2　农产品电商上行供应链保障能力薄弱

县域电商经过几年的快速发展，成为我国电子商务发展的重要阵地，在网购消费、营销推广、品牌建设、人才培育、物流配套等方面都已经形成了相对完善的服务体系。然而，大部分农村地区的农业生产组织化程度低，农产品分散化经营和生产，生产溯源体系尚未建立，选种、生产、包装、储藏等环节标准未统一规范，农产品质量较难控制，与电商产品标准化要求存在矛盾，无法在电子商务平台上"合规"销售。同时，产业链上游与中下游链接不够紧密，农户、农业企业、电商平台的利益联结机制未建立。面对电商市场日新月异的变化，新技术、新模式层出不穷，在原有的电商服务体系基础上，县域电商亟须建立起能够快速应对外部市场变化的敏捷反应机制，各个服务要素都需要不断调整升级。

4.3　农产品品牌建设滞后、影响力弱

随着电子商务向农村产业加速渗透，农村电商不再是单纯的"互联网＋农业"解决方案，已经成为促进农村产品高质量发展的新动力。但是，目前农产品品牌化建设不足、农特产品价值挖掘不足、品牌认知度低等问题制约了农产品上行，缺乏价格决定能力。农村电商模式缺乏个性化、差异化经营，对乡土文化、民俗文化、民族文化等农村特色产业开发培育力度不够，农产品品牌建设意识淡薄，在产品包装、品牌培育推广和品牌形象建设等方面重视不够，品牌化建设滞后，特色产品网络营销力度明显不足。随着更多的农产品借助互联网销售，农产品同质化问题凸显，导致农产品附加值变低，市场竞争优势削弱，进一步影响品牌的打造。农产品地域品牌数量多，然而农业品牌建设存在数量少、认知度低、投入低、市场竞争力弱等问题，影响农产品销量市场的拓展。此外，农产品在国际市场上的品牌影响力有待提高，尚无具有竞争力的农产品国际大品牌，与新西兰牛奶、智利车厘子、南非鲜橙等享誉国际的品牌有一定差距。

4.4　县域数字农业农村发展仍有较大提升空间

农业农村数字经济发展潜力巨大，数字乡村是乡村振兴的战略方向，也是建设数字中国的重要内容。农业农村部信息中心数据显示，我国县域数字农业农村发展总体水平已达33％，数字技术与农业农村加速融合，但数字农业农村发展仍面临诸多挑战。与工业、服务业等领域相比，农业农村领域数字化发展相对滞后，基层对建设数字农业农村的认识不到位，重视程度不够，农村居民的信息化程度不高；信息化硬件设施依然薄弱，农业信息服务资源开发和利用滞后，针对农村的各类信息资源匮乏；人工智能、物联网、大数据、云计算、区块链、5G 等新技术仍未普及应用，农业生产数据利用率低、数据挖掘意识不强，传统农业农村数字化转型仍处于起步阶段，信息技术对农业农村现代化发展的作用日益凸显。

4.5　县域电商发展面临人才匮乏

县域电商人才仍有大量缺口，由于县域农村地区产业化水平较低，与电商产业链相关

的物流仓储、网络运营、美工摄影、教育培训、创业孵化等服务业态尚未形成，无法持续吸引电商人才返乡创业就业。受限于县域农村地区经济条件及文化环境落后，发展空间有限，电商人才更倾向于留在城市发展，人才流失比较严重。县域电商人才培养力度不足，电子商务人才的培训模式以课程教授为主，教育培训与实际发展相脱离，理论不能很好地运用到实践中，培训质量受到一定影响，一线从业者少，培训教师对农村了解度不够。

5 全国县域电子商务发展趋势

5.1 县域农业农村电商的短板将迅速弥补，产业链环节日趋完善

伴随我国"邮政在乡""快递下乡"工程持续推进以及政府支持建设的县域电子商务公共服务中心、村镇电子商务服务站点的普及，县域农村电商的服务网络覆盖率将进一步提升，下行物流的"最后一公里"问题将得到缓解。在农产品电商上行销售基础设施方面，2020年的中央一号文件把集中力量完成打赢脱贫攻坚战和补上全面小康"三农"领域突出短板确定为两大重点任务，在农村道路完善，行政村光纤网络和第四代移动通信网络普遍覆盖，农产品仓储保鲜冷链物流设施建设，建设产地分拣包装、冷藏保鲜、仓储运输、初加工等农业基础设施等方面加大投入，农产品电商也将得益于农村农业基础设施的整体完善，弥补供应链各环节的短板，更好地服务城乡居民消费升级的需要。

5.2 电子商务引领县域农村消费升级，县域新消费市场快速崛起

近年来，国家发布多项措施促进消费升级，不断挖掘城乡消费潜力，优化消费环境，满足人民群众的消费需求，促进国民经济健康发展。县域电商的发展一方面通过工业品下行，丰富了城乡居民的消费选择和方式，另一方面，通过农产品上行，带动当地的就业和收入增长。随着农村居民人均可支配收入的增加，县域及县以下消费水平稳步提升，电商平台市场下沉，交通、物流、通信等消费基础设施逐步完善，驱动县域消费潜力进一步释放，消费升级趋势在县域农村地区愈加明显，呈现出个性化、高端化、品质化、多样化等特征。京东大数据显示，京东平台中，县域消费总额近年增速均高于平台整体，且增速差呈扩大趋势。电商平台争先向县域市场下沉，为县域消费者提供一站式商品购买和服务体验，不仅降低了购物成本，同时带来了城市的生活品质，助力农村消费升级。智能家居产品、健康产品、进口产品等消费品在县域消费持续增长，县域市场对品质商品的需求迫切，县域消费市场潜力巨大。

5.3 信息技术与县域农村产业深度融合，电商创新发展引领农业数字化转型升级

当前，我国正处于从传统农业向现代农业的转型期，农产品供给日益丰富，现代信息技术在农业领域广泛应用，已进入建设数字农业农村的新阶段。电子商务将随同互联网、大数据、人工智能、区块链、5G和农业全产业链的深度融合展现出新业态、新模式，基于大数据的电商创新将成为市场竞争的焦点，必将为推动县域经济增长提供新动能，为产

业转型升级增强新动力，数字红利将在农村地区，特别是贫困地区得到更宽领域、更深程度的释放，让农民群众更多更好地分享信息化发展成果。中国互联网协会数据显示，2018年我国农业数字经济占行业增加值比重为 7.3％，较 2017 年提升 0.72 个百分点，农业数字化水平逐年提高。应强化数字农业科技创新，建立数字化农业基地，打造数字农场，完成农产品流通数据在线化，利用农村电商大数据促进农业供给侧结构优化，针对市场调整生产结构，进行产品创新，降低成本，利用线上线下销售平台拓展农品销售，并根据销售数据提前补货，实现产—供—销的数字化管理，提升供给侧端的整体效益。

5.4 电商新业态新模式与县域经济加速融合，电商新生态快速发展

伴随县域电子商务蓬勃发展，新零售、共享经济、拼团、砍价、网红直播、短视频等新业态新模式将进一步发展成熟，直播电商成为电商发展新趋势，将激发返乡下乡人员的创业活力，大量的"村红"直接变身为农特产品、农村旅游资源的代言人，县域电商人才队伍将快速壮大。随着各地农产品出村进城加速推进，巨大的市场空间必将引领各类产业资源向农村聚集，加快农村地区、贫困地区接入新经济。县域内各类生活服务，如在线餐饮、休闲娱乐、美容美护、酒店、亲子、在线旅游及在线教育等生活性服务 O2O 市场发展迅速，为县域农村消费者带来了更加便利、更低成本、更高质量和更优服务的生活。休闲农业、农村文化旅游、农家乐等业态蓬勃发展，县域电子商务与乡村旅游业融合发展，借助抖音、快手、微信等新媒体开展网络营销，旅游服务带动当地农副产品的销售，增加农民收入、改善农村生态。值得注意的是，要防止直播电商野蛮生长，规范主播、规范商品、规范行为，只有这样，才能让"火"起来的直播电商行得正、可持续、走得远。

5.5 聚焦本地服务的区域小流通发展空间广阔，县域电商新市场活力凸显

快速提升的城乡居民可支配收入预示着区域性的地方市场消费潜力巨大，县域电商发展将进一步形成"政府＋市场"驱动机制，市场的决定性作用更加凸显，以县域为单元形成自循环的区域性小市场将加快发展。这个市场对于区域特色明显的农产品尤其适用，也吸引以赶街网为代表的一批农村电商企业扎根小区域、做实新流通，再加上抖音、快手等直播平台极大地降低了销售门槛，村播服务县域的产品地方化销售也蔚然成风。大量短期内无法形成规模化、标准化的农特产品可以通过县域及泛县域的电商小流通找到合适的消费群体，加之小区域流通物流成本低、保鲜要求低，"小而精、小而特、小而美"的电商发展模式更能激发当地市场活力，形成有效的可持续发展机制。

6   全国县域电子商务发展思路

6.1   强化协同合作，构建农村可持续化发展环境

各级相关政府部门应明确职能分工，统筹协作，整合各方资源，建立数据共享机制，梳理并明确政策导向的一致性，保障县域电商上下游各个环节逐渐进入规范、有序和高质

量发展阶段。

建立协同联系、可持续机制，引导县域电商市场规范、有序和高质量发展。在部委层面建立促进县域电子商务发展的协同联系机制，相关政府部门各有侧重、统筹协作，加强对县域电商发展的顶层规划设计，整合政策、资金资源，瞄准短板瓶颈问题，完善"农商互联""电商扶贫"等政策体系，形成合力，发挥与市场投入的互补效应；充分发挥已建成的县域电商公共服务体系的基础支撑作用，建立对政府和企业建设的乡村服务网点、物流配送点的衔接与共享机制。整合县域电商数据资源，建设县域电商的大数据中心，通过数据支撑赋能生产端，实现与市场数据的协同共享。

整合政府、平台、企业等各方力量，共建县域电商生态。协调政府与市场的关系，市场作为真正驱动电商发展的推动者，应支持市场主体做大做强，政府适当逐步退出，让位于市场，发挥市场的主动作用。政府做好营商环境建设，做好电子商务服务工作，让电子商务回归交易本源，而不是依赖政府补贴。促进电商平台规范发展，严禁平台出现"二选一"、压制生产者、嫌贫爱富、傍大欺小等行为，积极推出农民自产自销的模式，促进供需线上交易，既可维护农产品生产者的利益，又能满足消费者买到质量放心、价格便宜的优质农产品的需求。

6.2 加速提升产业链，深入推进农业供给侧结构性改革

加快推广云计算、大数据、物联网、区块链、5G、人工智能等信息技术在农业生产经营管理中的应用，加快提升农业农村发展质量，培育农产品品牌，延长产业链，优化供应链，提升产业附加值，促进农产品向高深精发展。

大力发展数字农业，加快建设数字乡村。加大云计算、物联网、区块链、5G、人工智能等信息技术在种植、加工、流通、销售、金融等环节的应用，实现智能化、精细化发展，提高农业资源效率，降低生产成本，实现数字化管理，打造农业数字"新基建"；依托电商交易的拉动，建立农村大数据共享平台，完善农产品信息发布和市场监测预警机制，着力构建农业农村数字资源服务体系；推进农产品的产品分级、生产流程、品牌包装及管理标准化建设，加强与电商市场标准的衔接；建立农产品追溯系统，实现农产品质量安全追溯及物流信息管理贯穿整个种植、生产、加工、包装、流通全产业链，提高消费者对农产品的信任度；打破中国传统零散乱的小农模式，建立规模化的数字农业基地。

推进农产品电商品牌化建设。创新县域电商应用新模式，借助渠道赋能，利用直播、短视频等社交电商新模式推广本地农业产品，加大与阿里、京东、苏宁、拼多多等电子商务企业的合作，提高产品知名度，互联互通，推动多方共赢；大力发展农产品区域公用品牌，培育一批知名的农业品牌，提高农业质量效益和市场竞争力，打造品牌，让好产品卖出好价格；继续调整优化农业结构，延长农业产业链，将文化创意融入农业生产和销售中，提高育种、生产、收购、加工、储运和销售等各环节的科技含量与附加值，推动农业产品向定制化和高端化发展，从源头上做好品种选择，加强品质化管理，并形成标准，创响一批"土字号""乡字号"特色农产品电商品牌，提升农民的生产经营效益。

因地制宜打造多元化县域电商模式。根据各地经济基础、资源禀赋、人文风俗等差异，打造各具特色的农业全产业链，合理有效利用当地资源开展电子商务，不能以专业化、标准化之名，扼杀了特色化、个性化，倡导"一村一品""一县一业"，坚持生态绿色

发展，打造"小而美"的电商发展模式。

6.3 完善支撑服务体系，助推县域电商快速发展

顺应"互联网＋农业"的发展趋势，向上下游纵向拓展产业链，完善产业配套体系、运营服务体系和支撑保障体系，补齐县域电商服务短板，促进城乡融合发展，构建县域商业可持续化生态体系。

加快县域生鲜供应链建设。鼓励跨地域整合产品资源，加强分拣、加工、冷链、包装等公共服务设施建设。通过数字化手段建设冷链物流和供应链体系，支持家庭农场、农民合作社、供销合作社、邮政快递企业、农业产业化龙头企业建设产地分拣包装、冷藏保鲜、仓储运输、初加工等设施。打通县乡村快递物流端点，加强农村现代流通体系建设，进一步健全农村流通网络，推进较大人口规模自然村（组）等硬化路建设，充分利用农村本地各类交通资源，发展农村"最后一公里"业务，为电商企业在农村市场发展提供源动力，助力农村消费市场的壮大。

推动电商上下游产业发展。优化农业农村投资环境，重点培育一批扎根县域电商市场的创新型企业，加大对企业的培育支持力度，鼓励企业做强做大，促进电商上下游集聚发展，壮大电商产业链，提高产品附加值。

6.4 发掘县域电商市场潜力，打造电商产业生态

创新已成为县域经济转型的关键要素，县域电商市场应开放生态，引入新零售、在线餐饮、在线旅游、在线教育、休闲娱乐等业态参与到县域互联网生态建设中，达到互利共赢的结果。

促进农村一二三产业融合发展。发展休闲农业、农村文化旅游等业态，推动农产品电子商务与乡村旅游业融合发展，通过举办民俗和节会活动，带动乡村生态游，以内容电商、社区团购等方式为农业农村发展注入新动能，以旅游服务带动当地农副产品的销售，增加农民收入，改善农村生态。

电商推动生活服务业升级。充分利用县域现有服务资源、服务设施，吸引生活服务业电商下沉市场，拓展服务领域，拓宽产品供给渠道。引导县域地区餐饮企业、流通企业等生活服务主体与电商平台加强合作，创新生活服务业模式，丰富本地生活服务网络消费模式，促进城乡生活服务均衡发展。

加强跨区域协同合作。推动东、西部县域地区协同合作、优势互补，整合发达地区电商服务资源和欠发达地区特色农产品，促进县域电商服务资源共享与互联互通，帮助欠发达地区完善电商生态。

6.5 加强县域电商人才培养，提高电商人才素质

加强县域电商人才队伍建设，引导具有实践经验的电子商务从业者从城镇返乡创业，鼓励电子商务职业经理人到农村发展，创新完善人才发展体制机制，为人才成长营造更宽松的环境。

大力培养县域电子商务人才。充分利用线上线下培训工具，针对不同受众、不同电商基础水平等情况，有针对性地开展电商基础知识、基本操作技能和网上营销等培训，加强

物流管理、店铺运营、市场营销等电子商务专业技能培训，提升农民的电子商务应用能力。提高农民信息化技能，积极开展农民手机应用技能培训和创业培训，提升农民参与的积极性。整合利用农业广播学校、涉农院校、涉农电商企业、农村电商专家等各类资源，加快构建农民电子商务教育培训体系，努力培养一批既懂电子商务，又懂农产品，紧跟市场，带领农民致富的复合型人才。

加大县域电商人才引进，激发返乡下乡人员创业活力。加大政策支持力度，开展电子商务培训，建立完善的县域电商服务体系。推动建设电商创业产业园区，在创业补贴、金融服务、贷款税收优惠、保险补贴、财政税收、用水用电用地上提供政策支持，鼓励优秀电商人才、大学生和外出务工青年返乡参与县域电子商务建设。

《2020全国县域数字农业农村电子商务发展报告》数据说明

本报告数据由北京欧特欧国际咨询有限公司通过监测主要电商平台县域电商网络零售情况获得。同时，还引用了国家统计局、农业农村部、商务部等部门数据。

【县域范围】依据《中国县域统计年鉴（县市卷）——2018》统计的2 083个县域（包括北京市、上海市、天津市等农业区）。

【区域划分】七大区域划分详情如下：

区域	省份
华北地区	北京市、天津市、河北省、山西省、内蒙古自治区
东北地区	辽宁省、吉林省、黑龙江省
华东地区	上海市、江苏省、浙江省、安徽省、福建省、江西省、山东省
华中地区	河南省、湖北省、湖南省
西南地区	重庆市、四川省、贵州省、云南省、西藏自治区
西北地区	陕西省、甘肃省、青海省、宁夏回族自治区、新疆维吾尔自治区
华南地区	广东省、广西壮族自治区、海南省

【贫困县范围】832个国家级贫困县。

【监测平台】涵盖天猫、淘宝、京东、苏宁、拼多多等40多家电商平台。

【监测品类】主要依据上述平台的产品分类标准，包含家居家装、在线餐饮、电脑办公、食品酒水、服装服饰、珠宝礼品、母婴、虚拟商品、个护化妆、运动户外、生活服务、医药保健、汽车用品、手机数码、家用电器、图书音像、箱包皮具、休闲娱乐、教育培训、医疗健康、交通旅游、农资绿植及其他23大类。其中，实物类商品分类如下：

一级品类	三级品类
服装服饰	男装、女装、男鞋、女鞋、内衣及其他服装服饰用品
箱包皮具	男包、女包、旅行箱包、电脑包、书包等
运动户外	运动鞋、运动服、户外鞋、户外装备、体育用品、骑行运动、垂钓运动、游泳运动、健身训练、户外服、运动包等
家用电器	大家电、生活电器、厨房电器、个人健康、商用电器等

（续）

一级品类	三级品类
手机数码	手机及配件、摄影摄像、时尚影音、智能设备、电子教育等手机数码用品
电脑办公	电脑整机、电脑配件、网络设备、办公打印、办公文仪、游戏设备、外设产品等
珠宝礼品	珠宝首饰、眼镜、钟表、礼品、乐器、邮币等
汽车用品	汽车整车、摩托车整车、汽车配件、汽车美容装饰、安全自驾等
个护化妆	面部护肤、彩妆、香水、洗发护发、美发造型、身体护理、口腔护理、女士护理等
母婴	辅食、尿裤湿巾、喂养用品、洗护用品、童车童床、童装童鞋、孕妇服饰、孕妇用品、婴童寝居、玩具乐器等
食品酒水	休闲食品、粮油调味、生鲜食品、冷藏/冻食品、牛奶乳品、饮料冲调、酒、茶等
家居家装	生活用纸、洗涤用品、宠物用品、厨具、家纺、生活日用、家居、灯饰照明、厨房卫浴、五金工具、电工电料、墙面地面材料、装饰材料、装修服务、家庭软饰、电子元器件市场等
图书音像	图书、音像、电子书、音乐等
农资绿植	农资、花卉绿植等
医药保健	营养成分、营养健康、传统滋补、隐形眼镜、中西药品、计生情趣、保健器械、处方药、护理护具等
其他商品	古玩藏品、宗教祭祀用品等其他

非实物商品分类如下：

一级品类	三级品类
虚拟商品	充值、游戏点卡、卡券等
生活服务	生活超市、居家服务、母婴亲子、鲜花绿植、洗涤护理、丽人美发、搬家运输、家装家修、结婚庆典、摄影写真、精品购物、汽车服务、手机服务、宠物服务等
在线餐饮	快餐便当、特色菜系、异国料理、小吃夜宵、甜品饮品、自助餐等
医疗健康	药店、医院、体检中心、齿科口腔等
教育培训	艺术培训、外语培训、驾校、职业技术培训、留学服务、升学辅导、兴趣生活等
休闲娱乐	运动健身、温泉/洗浴、足疗/按摩、酒吧、KTV、游戏游乐、咖啡厅、茶馆/棋牌室、DIY手工坊、网吧网咖、电影、私人影院、演出赛事、展会展览等
交通旅游	国内游、出境游旅游线路、景点/门票等
其他服务	软件开发、商务服务等

【农产品分类】依据农业农村部提供的农产品分类标准，包含植物类、动物类、农资3大类，如下表所示：

一级品类	二级品类
植物类	粮油调味、植物类生鲜、花卉绿植、植物类中药材、酒、茶、植物饮料、咖啡/咖啡豆、植物类加工食品、方便食品、植物类冷藏/冻食品等
动物类	动物类生鲜、动物类中药材、动物类加工食品、牛奶乳品、动物类冷藏/冻食品等
农资	肥料、农药、兽药、兽用器具、饲料、园林/农耕、种子、其他农资等

附 录 三

2021 全国县域数字农业农村
电子商务发展报告

农业农村部信息中心
中国国际电子商务中心
2021 年 9 月

摘　　要

2020 年是全面建成小康社会和"十三五"收官之年，也是脱贫攻坚的决胜之年。中央一号文件连续七年对农村电商做出部署，特别是新冠肺炎疫情发生以来，农村电商凭借线上化、非接触、供需快速匹配、产销高效衔接等优势，在县域稳产保供、复工复产和民生保障等方面的功能作用凸显，农村电商成为统筹疫情防控和经济社会发展新的重大举措、农业农村数字经济发展的领头羊和助力巩固脱贫攻坚成果同乡村振兴有效衔接的超常规武器。

随着"互联网＋"农产品出村进城、电子商务进农村综合示范、电商扶贫、数字乡村建设等工作深入推进，我国县域电商继续保持高速发展态势，县域网络零售市场规模和农产品上行规模不断扩大，县域消费市场潜力进一步释放。欧特欧监测数据显示，2020 年，我国县域网络零售额达 35 303.2 亿元，比上年增长 14.02％，占全国网络零售额的比重为 30.0％，提高 0.9 个百分点，其中县域农产品网络零售额为 3 507.6 亿元，同比增长 29.0％。

目前，县域数字农业农村电商保持良好发展势头，拉动县域数字化基础设施不断完善，推动电商扶贫可持续机制逐步成熟，催生新模式新业态不断涌现，带动农业农村数字化转型升级提速，促进一二三产业创新融合。但与此同时，仍然面临农产品电商供应链体系尚不健全、农村电商服务业有待提升、农村电商物流配送体系亟须完善、电商专业人才短缺、农村电商各类主体协同不足、区域发展不平衡等挑战。

2020 年 4 月 20 日，习近平总书记在陕西省柞水县小岭镇金米村考察调研时强调，电商作为新兴业态，既可以推销农副产品、帮助群众脱贫致富，又可以推动乡村振兴，是大有可为的。未来，立足构建以国内大循环为主体、国内国际双循环相互促进的新发展格局，应进一步激发县域农村消费潜力，重构质量兴农、绿色兴农、品牌强农的县域农村电商价值链，积极拓展产销加的县域经济产业链，提升产销精准对接的平台信息链，优化城乡双向流通的电商供应链，强化以人才培育为引领的电商创新链，推动县域电商迈入高质量发展新阶段。

《2021 全国县域数字农业农村电子商务发展报告》对全国县域电商发展环境、发展现状、发展特点、发展趋势等进行深入分析，旨在以县域农业农村电商为突破口，加强信息引导，促进现代信息技术与农业农村经济社会发展深度融合，弥合城乡数字鸿沟，助力全面推进乡村振兴、加快农业农村现代化。

本报告涉及的数据主要来源于北京欧特欧国际咨询有限公司对电商平台的监测，以及国家统计局、农业农村部、商务部等部门。报告所指的县域范围包括国家统计局《中国县域统计年鉴》中所涵盖的 2 083 个县级行政区。本报告数据监测的对象包括天猫、淘宝、京东、苏宁、拼多多等 40 多家主流电商平台。

1 全国农业农村发展环境持续改善

1.1 农业农村经济持续向好

2020 年是决胜全面小康、决战脱贫攻坚的收官之年，围绕乡村振兴战略，我国以县域作为城乡融合发展的重要切入点，不断深化农业供给侧结构性改革，强化科学技术示范推广，培育高素质农民，提升自主创新能力，探索农村产业多元化发展，增强农业农村发展内在活力，推进农业农村高质量发展。国家统计局数据显示，2020 年，农业生产总值达 71 748.2 亿元，同比增长 8.6%；农村居民人均可支配收入为 17 131 元，同比增长 6.9%；农村居民人均消费支出为 13 713 元，同比增长 2.9%。2019 年，全国县域数字农业农村发展总体水平达 36.0%，较上年提升 3 个百分点。县域农业农村发展持续向好，为电子商务发展奠定了良好基础。

各地加大力度推进乡村产业发展，深挖特色资源优势，纵向延伸产业链条，发展"乡字号""土字号"特色产品，建设一批特色产业基地，已认定全国"一村一品"示范村镇 3 274 个，推介 91 个全国乡村特色产业十亿元镇（乡）和 136 个全国乡村特色产业亿元村，培育 34 个产值超 100 亿元的优势特色产业集群，打造"一村一景""一村一韵"美丽休闲乡村 1 216 个，乡村休闲旅游精品线路 1 000 条。

1.2 农产品供给品质不断提升

近年来，我国主要农产品生产保持稳定增长，充分发挥"压舱石"作用，为经济社会发展奠定坚实基础。国家统计局数据显示，2020 年，全国粮食产量达到 66 949.2 万吨，连续 6 年站稳 1.3 万亿斤（65 000 万吨）台阶；蔬菜、水果、肉类等生鲜农产品生产保持稳定增长，2020 年，生鲜农产品产量超过 12.4 亿吨，其中，蔬菜产量为 74 912.9 万吨，水果产量为 28 692.4 万吨，肉类产量为 7 748.4 万吨，水产品产量为 6 549.0 万吨，禽蛋产量为 3 467.8 万吨，牛奶产量为 3 440.1 万吨，如图 1-1 所示。

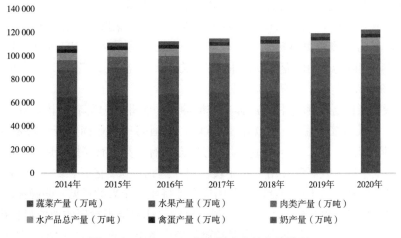

图 1-1　2014—2020 年生鲜农产品产量情况

（数据来源：国家统计局。）

221

在保障重要农产品有效供给的同时，我国持续加大农产品质量监管力度，以重点地区、重点品种为抓手，推动农产品质量安全追溯体系建设。2020年，农业农村部组织开展了4次国家农产品质量安全例行监测，监测数据显示，农产品例行监测合格率为97.8%，同比上升0.4个百分点，全国农产品质量安全水平继续稳定向好。同时，各地先行先试，加快农产品质量安全追溯体系建设的投入力度。山东省滨州市试点推行二维码追溯捆扎带，实现韭菜产品全程精准追溯；山东省潍坊市探索区块链等前沿信息技术在追溯体系建设中的应用，加快推动"区块链＋韭菜"试点项目落地实施，升级农产品质量安全智慧管控能力；四川省成都市通过物联网技术和大数据应用，构建了"全域物联＋责任网络＋全程监管"模式，实现了畜产品质量安全智慧监管。

1.3　农村产业数字化进程提速

2020年，新冠肺炎疫情突发，凸显了数字技术应用的重要性，激发了农村产业实现数字化发展的迫切需求，物联网、大数据、区块链、人工智能、5G等现代信息技术加速与农村产业融合应用，农业农村信息化不断创新发展，并取得了重要成果。融合主体不断壮大，2020年，全国农业产业化龙头企业达9万家，其中，国家重点龙头企业1547家，年销售收入过1亿元的近1.2万家，年销售收入过100亿元的有77家。融合业态持续丰富，形成"农业＋"态势，涌现出智慧农业、信任农业、认养农业、可视化农业、共享农业、体验农业、直供直销等新业态新模式。2020年，全国农业科技进步贡献率突破60%，高素质农民数量达1700万人。围绕优势特色产业发展科技服务需求，在全国2300多个农业县建设了5000个农业科技示范展示基地，选择40万个农业科技示范主体，点对面示范辐射带动小农户生产水平；组织全国2300多个农业县构建"专家＋农技人员＋示范基地＋示范主体＋小农户"的链式推广服务模式，加快主推技术进村入户到企。

1.4　农业贸易与投资稳中有进

在新冠肺炎疫情全球蔓延、国际经贸形势日益复杂的双重挑战下，农业农村部、商务部着重稳定农业外贸基本盘，农业对外贸易合作实现稳中有进。农业农村部启动农业国际贸易高质量发展基地建设，以基地带动标准化生产，创新形式，组织食博会、薯博会等线上线下融合的农业展会，调整出口退税政策，推动水果、茶叶等特色农产品出口，实现逆势增长，水产品出口增幅由负转正。2020年，我国农产品贸易额达2468.3亿元，同比增长8%，其中，进口为1708亿美元，同比增长14%，出口为760.3亿美元，同比减少3.2%，逆差947.7亿美元，扩大32.9%。

面对严峻复杂的经济形势和新冠肺炎疫情冲击，农业农村部着力拓宽资金渠道，稳定扩大农业农村有效投资。截至2020年11月底，全国第一产业固定资产投资（不含农户）12259亿元，同比增长18.2%。通过推动发行地方政府债券，有序扩大地方政府专项债券用于农业农村，全年地方政府债用于农业农村规模达到1665亿元，比2019年增加1400多亿元；推动出台调整完善土地出让收入范围优先支持乡村振兴的意见，明确提高土地出让收益范围用于农业农村比例达到50%以上；制定出台《社会资本投资农业农村指引》，引导社会资本积极投资乡村振兴；落实中央应对新冠肺炎疫情出台的一系列中小微农业企业优惠信贷政策，加强对新型农业经营主体等的金融信贷支持，激活农村资源要素活力。

1.5　农村创业创新持续升温

受新冠肺炎疫情影响，2020 年返乡留乡农民工增多，各地加大扶持力度，优化营商环境，持续推进农村创业创新。2020 年，全国各类返乡入乡创业创新人员达到 1 010 万人，比 2019 年增加 160 万人，同比增长 19%，是近年来增加最多、增长最快的一年，形成了农民工、大学生、退役军人、妇女 4 支创业队伍，1 900 多万名返乡留乡人员实现了就地就近就业。据统计，在返乡入乡创业项目中，55% 运用信息技术，开办网店、直播直销、无接触配送等，打造了"网红产品"；85% 以上属于一二三产业融合类型，广泛涵盖产加销服、农文旅教等领域。

2　全国县域电子商务发展现状

2.1　全国县域网络零售现状

2.1.1　县域电商进入规模化发展新阶段

国家统计局数据显示，2020 年，全国网上零售额 117 601 亿元，同比增长 10.9%，其中，实物商品网上零售额 97 590 亿元，增长 14.8%，占社会消费品零售总额的比重为 24.9%，比上年提高 4.2 个百分点。近年来，县域电子商务快速发展，在乡村振兴战略实施的背景下，支持农村电商、农产品电商、乡村人才发展的重要政策文件接连出台，县域电商进入规模化发展新阶段。欧特欧监测数据显示，2020 年，全国县域网络零售额达 35 303.2 亿元，同比增长 14.02%，其中，实物类商品的网络零售额同比增长 14.71%；非实物类商品的网络零售额同比增长 7.36%（图 2-1）。中国国际电子商务中心研究院测算，县域网络零售额占全国网络零售额的比重为 30.0%，比上年提高 0.9 个百分点。

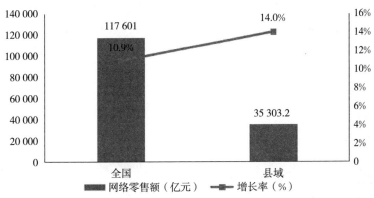

图 2-1　2020 年全国网络零售与县域网络零售对比情况
（数据来源：统计局、商务部、欧特欧。）

2.1.2　农资绿植线上销售增长迅速

欧特欧监测数据显示，2020 年全国县域网络零售额排名前五的品类是家居家装（7 998.27 亿元）、服装服饰（6 751.38 亿元）、家用电器（3 752.57 亿元）、食品酒水

（3 695.59亿元）以及母婴产品（2 123.72亿元），占比依次为22.7%、19.1%、10.6%、10.5%和6.0%；从网络销售量看，家居家装（424.26亿件）、餐饮美食（167.23亿单）、食品酒水（126.34亿件）、服装服饰（100.73亿件）、电脑办公（87.71亿件）排名前五，如图2-2所示。从增速来看，虚拟商品、农资绿植和食品酒水分列前三，同比增长依次为56.22%、51.72%和37.73%，呈高速增长态势。受疫情隔离在家影响，家庭园艺热度高升，种菜、养花成为人们缓解情绪焦虑、增加生活情趣的好方式，拉动绿植网络销售增长。

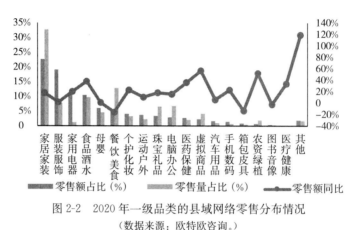

图2-2　2020年一级品类的县域网络零售分布情况
（数据来源：欧特欧咨询。）

2.1.3　电商产业集群化发展态势明显

欧特欧监测数据显示，2020年，华东地区县域网络零售额为21 486.3亿元，占全国县域网络零售额的比重为60.9%，华东地区县域电商发展一直独领全国，在全国县域电商发展中具有举足轻重的地位，已经形成了产业链条较为完整的电商集群；华南地区紧随其后，其县域网络零售额占全国县域网络零售额的比重约为19.5%；东北地区、西北地区发展相对滞后，县域网络零售额合计占全国县域网络零售额的比重仅为2.1%。值得注意的是，在华东、华中、东北、西北等地区，均出现了县域网络零售额正增长、县域网络零售量却是负增长的情况，说明在这些地区，县域网络零售的客单价实现较高增长，可见，这些地区的县域居民网络消费水平不断提升，消费市场潜力巨大，如图2-3所示。

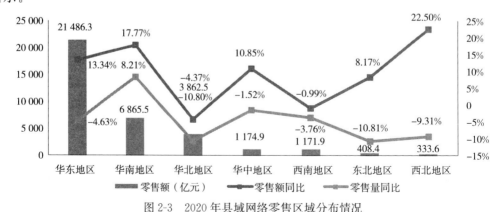

图2-3　2020年县域网络零售区域分布情况
（数据来源：欧特欧咨询。）

从省市情况看，浙江省、广东省、江苏省的县域网络零售额排名前三，分别为10 392.7亿元、6 722.7亿元、4 605.2亿元，合计占全国县域网络零售额的比重为61.5%，区域集中优势较为明显；海南省、宁夏回族自治区和青海省的县域电商产业发展相对落后，其网络零售总额占比仅为0.15%，县域电商发展亟待整体突破，如图2-4所示。

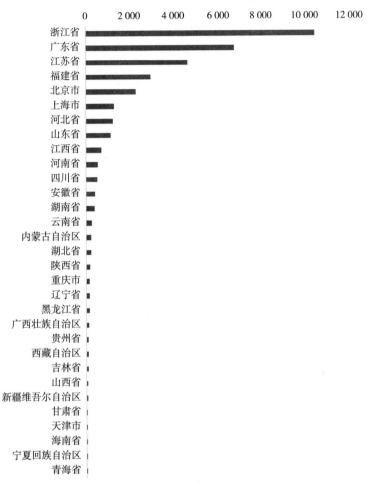

图2-4 2020年各省（区、市）县域网络零售额（亿元）情况

（数据来源：欧特欧咨询。）

欧特欧监测数据显示，2020年全国县域电商前100名的网络零售额达到19 075.0亿元，占全国县域网络零售额的比重为54.0%。从区域分布看，依然是华东地区表现突出，TOP 100中有59个县级地区集中在华东地区，网络零售额占比达到68.1%；21个县分布在华南地区，网络零售额占比为22.7%；10个县分布在华北地区，网络零售额占比为4.5%；3个县分布在华中地区，网络零售额占比为2.1%；6个县分布在西南地区，网络零售额占比为2.1%；1个县分布在西北地区，网络零售额占比为0.5%；东北地区没有县域上榜（图2-5）。

从排名看，排名前十的县均分布在东部沿海地区，县域网络零售额合计占比达22.66%，其中，网络零售额排名前三的是浙江金华义乌市、浙江杭州萧山区和上海奉贤区，县域网络零售额占比分别为4.22%、3.36%和3.06%。长三角地区已经形成较为完整的县域电商产业链和生态体系，电商产业集群化发展态势明显，详情如表2-1所示。

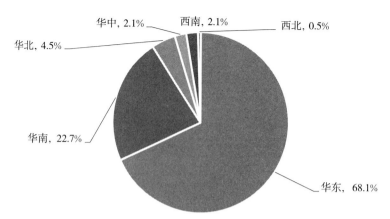

图 2-5　2020 年 TOP 100 县域网络零售额的区域分布情况

（数据来源：欧特欧咨询。）

表 2-1　2020 年县域网络零售 TOP 100

排名	所属省份	县域	占全国县域网络零售额比例（%）	热销品类
1	浙江省	义乌市	4.22	生活日用
2	浙江省	萧山区	3.36	其他女装
3	上海市	奉贤区	3.06	五金工具
4	福建省	石狮市	3.01	男装
5	江苏省	常熟市	1.88	女装
6	浙江省	永康市	1.74	厨具
7	广东省	南海区	1.65	家具
8	浙江省	慈溪市	1.48	洗衣机
9	福建省	晋江市	1.21	男鞋
10	浙江省	鄞州区	1.05	空调
11	江苏省	昆山市	1.00	五金工具
12	浙江省	桐乡市	0.91	女装
13	广东省	禅城区	0.88	家具
14	浙江省	海宁市	0.84	皮草
15	江苏省	吴中区	0.77	扫地机器人
16	江苏省	睢宁县	0.73	家具
17	江西省	南康区	0.73	家具
18	福建省	安溪县	0.69	家具
19	浙江省	温岭市	0.63	童装童鞋
20	浙江省	建德市	0.62	女装
21	江苏省	江宁区	0.60	宠物用品
22	浙江省	瑞安市	0.58	女鞋

排名	所属省份	县域	占全国县域网络零售额比例（%）	热销品类
23	上海市	崇明区	0.58	充值
24	福建省	福安市	0.57	按摩设备
25	浙江省	苍南县	0.52	办公文仪
26	福建省	南安市	0.50	男鞋
27	浙江省	诸暨市	0.49	袜子
28	江苏省	沭阳县	0.48	游戏点卡
29	浙江省	天台县	0.48	汽车美容装饰
30	浙江省	乐清市	0.48	五金工具
31	江苏省	通州区	0.47	床品套件
32	江苏省	武进区	0.46	家具
33	江苏省	锡山区	0.46	电动车
34	江苏省	江阴市	0.46	保暖内衣
35	浙江省	永嘉县	0.44	玩具乐器
36	江苏省	太仓市	0.44	运动鞋
37	福建省	德化县	0.42	厨具
38	北京市	怀柔区	0.41	精华
39	浙江省	余姚市	0.40	厨房电器
40	江苏省	吴江区	0.40	女装
41	广东省	澄海区	0.39	玩具乐器
42	浙江省	宁海县	0.36	办公文仪
43	江苏省	东海县	0.35	时尚饰品
44	广东省	普宁市	0.34	睡衣/家居服
45	浙江省	武义县	0.33	五金工具
46	江苏省	邗江区	0.33	玩具乐器
47	河北省	清河县	0.32	女装
48	浙江省	平阳县	0.31	办公文仪
49	福建省	仙游县	0.31	家具
50	广东省	潮安区	0.31	厨具
51	广东省	四会市	0.30	翡翠玉石
52	陕西省	长安区	0.29	笔记本电脑
53	浙江省	平湖市	0.28	女羽绒服
54	湖南省	长沙县	0.28	游戏点卡
55	广东省	新会区	0.28	生活用纸
56	江苏省	海门市	0.27	床品套件
57	浙江省	浦江县	0.27	布艺软饰

（续）

排名	所属省份	县域	占全国县域网络零售额比例（％）	热销品类
58	北京市	密云区	0.27	体育用品
59	山东省	平度市	0.27	冰箱
60	浙江省	安吉县	0.27	家具
61	广东省	惠东县	0.27	女鞋
62	浙江省	东阳市	0.26	家具
63	江苏省	浦口区	0.26	手机
64	北京市	平谷区	0.25	手机
65	广东省	揭东区	0.25	翡翠玉石
66	四川省	双流区	0.24	小吃夜宵
67	浙江省	嵊州市	0.24	烟机灶具
68	河北省	高碑店市	0.24	女包
69	浙江省	临海市	0.22	太阳眼镜
70	江苏省	宜兴市	0.22	厨具
71	江苏省	江都区	0.22	家具
72	西藏自治区	堆龙德庆区	0.22	白酒
73	山东省	即墨区	0.21	童装
74	江苏省	兴化市	0.21	五金工具
75	浙江省	富阳区	0.20	马桶
76	福建省	闽侯县	0.20	全屋定制
77	浙江省	临安区	0.20	坚果炒货
78	内蒙古自治区	和林格尔县	0.19	液态奶
79	河北省	冀州区	0.19	保健器械
80	广东省	海丰县	0.19	时尚饰品
81	福建省	惠安县	0.19	女鞋
82	四川省	新都区	0.19	生活日用
83	浙江省	柯桥区	0.19	布艺软饰
84	四川省	崇州市	0.19	家具
85	内蒙古自治区	土默特左旗	0.18	液态奶
86	河北省	南宫市	0.18	汽车美容装饰
87	江苏省	丹阳市	0.17	眼镜
88	江苏省	新沂市	0.17	服装服饰
89	江苏省	泰兴市	0.17	五金工具
90	江苏省	张家港市	0.17	小吃夜宵
91	河北省	霸州市	0.16	家具
92	广东省	惠阳区	0.16	腕表

（续）

排名	所属省份	县域	占全国县域网络零售额 比例（%）	热销品类
93	浙江省	江山市	0.16	手机
94	云南省	瑞丽市	0.16	翡翠玉石
95	山东省	曹县	0.16	家具
96	重庆市	江津区	0.15	家具
97	浙江省	上虞区	0.15	生活日用
98	浙江省	嘉善县	0.14	全屋定制
99	广东省	从化区	0.14	唇部彩妆
100	江西省	南昌县	0.14	护肤套装

数据来源：欧特欧咨询。

2.1.4 县域网络零售持续释放扶贫兴农新动能

欧特欧监测数据显示，在832个国家级脱贫县网络零售额排名方面，赣州市南康区连续两年排名第一，拉萨市堆龙德庆区、邢台市平乡县分列二、三位；在热销品类方面，从家居家装到食品酒水、母婴、珠宝礼品、生活服务、电脑办公、服装服饰、家用电器、运动户外、个护化妆，脱贫县热销品类更加多元化、细分化；在农产品上行方面，重庆市丰都县、云南省勐海县、安徽省砀山县等脱贫县通过网络销售鲜肉、普洱茶、方便食品等当地优质特色农特产品，首次成功跻身脱贫县网络零售20强。这些地方以推动农产品网络销售、助农增收为切入点，通过电商扶贫带动脱贫地区可持续发展、走向乡村振兴，详情如表2-2所示。

表2-2　2020年脱贫县网络零售TOP 20

排名	所属省份	县域	占全国脱贫县网络零售额 比例（%）	热销品类
1	江西省	南康区	17.34	家具
2	西藏自治区	堆龙德庆区	5.14	白酒
3	河北省	平乡县	2.97	童车童床
4	黑龙江省	克东县	2.75	婴幼儿奶粉
5	河南省	镇平县	1.58	翡翠玉石
6	湖北省	神农架林区	1.29	生活服务
7	河北省	武邑县	1.22	保险柜
8	江西省	于都县	1.06	女装
9	重庆市	丰都县	0.93	鲜肉
10	安徽省	利辛县	0.85	户外服
11	河南省	虞城县	0.83	洗衣机
12	安徽省	舒城县	0.81	婴童寝居
13	江西省	兴国县	0.74	游戏设备
14	云南省	勐海县	0.73	普洱

（续）

排名	所属省份	县域	占全国脱贫县网络零售额比例（%）	热销品类
15	江西省	吉安县	0.71	护肤套装
16	河南省	固始县	0.65	冰箱
17	陕西省	周至县	0.65	摄影写真
18	西藏自治区	达孜区	0.63	男鞋
19	安徽省	砀山县	0.62	方便食品
20	四川省	古蔺县	0.61	白酒

数据来源：欧特欧咨询。

2.2 全国县域农产品网络零售现状

2.2.1 县域农产品网络零售保持高速增长

2020年，欧特欧监测数据显示，全国县域农产品网络零售额达3 507.61亿元，同比增长29.0%，县域农产品电商市场保持高速增长。其中，植物类农产品的网络零售额为2 612.30亿元，占全国县域农产品网络零售额的比重为74.5%；动物类农产品的网络零售为695.71亿元，占比19.8%；农资类产品的网络零售额为199.60亿元，占比5.7%[①]。其中，植物类加工食品、粮油调味、酒类排名前三，占县域农产品网络零售额的比重分别为19.16%、18.05%和10.51%，占县域农产品网络零售量的比重分别为27.68%、18.74%和1.77%，如图2-6所示。值得注意的是，2020年城乡居民对于生鲜到家需求急速增长，前置仓、店仓一体化、社区拼团、门店到家、冷柜自提等新型运营模式发展态势良好。2020年，县域生鲜电商网络零售额为519.72亿元，同比增速24.5%。

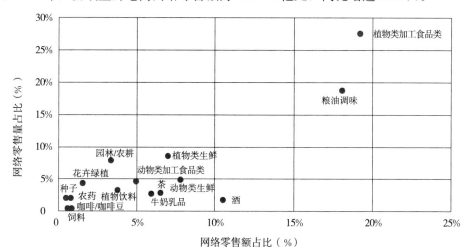

图2-6 2020年县域重点农产品（二级品类）网络零售情况
（数据来源：欧特欧咨询。）

---

① 植物类农产品包括粮油调味、植物类生鲜、植物类中药材、酒、茶、植物饮料、植物类加工食品、粮油调味等；动物类农产品包括动物类中药材、动物类生鲜、动物加工食品、牛奶乳品等；农资类包括肥料、农药、兽药、兽用器具、饲料、园林/农耕、其他农资等。

欧特欧监测数据显示，从区域情况来看，2020年，华东地区县域农产品网络零售额达1 481.7亿元，占全国县域农产品网络零售额的比重为42.2%，排名第一。从增速来看，东北地区县域农产品网络零售额增速最快，同比增长69.8%，如图2-7所示。近年来，"网红经济"在东北地区迅速崛起，带动了直播电商、网红带货等新业态新模式发展，并不断与特色产业、精准扶贫、县域经济等创新融合，为区域农产品电商发展提供了新的动能。

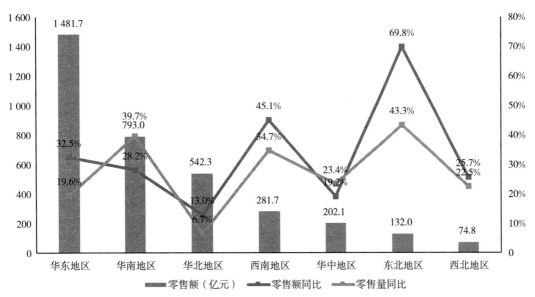

图 2-7　2020 年县域农产品网络零售区域分布情况

（数据来源：欧特欧咨询。）

西北地区县域农产品网络零售额占全国县域农产品网络零售额的比重有所下降，从2019年的2.3%下降至2020年的2.1%，详情如图2-8所示。西北地区是我国农产品集聚度较高的区域之一，但农产品电商发展相对缓慢，黑红枸杞、藏羊肉、牦牛肉干、青稞藜麦等"青字号"产品面临着品牌分散、影响力不足，农产品走不出去等问题。云南、西藏、新疆等地受地理环境影响，交通不便，造成物流成本高、时效弱，网购成本增加，如何将山里的好货卖出去、村里的特产运出去、能人强人吸引回乡去，是解决电子商务发展不平衡不充分，推动区域农产品电商协同发展的关键。

从省市情况看，广东省、浙江省、江苏省排名前三，农产品网络零售额占比分别为 21.4%、

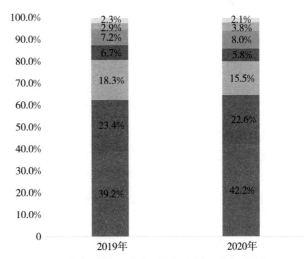

图 2-8　2019—2020 年县域农产品网络零售区域占比情况

（数据来源：欧特欧咨询。）

13.5％和11.0％，合计占县域农产品网络零售额的45.9％，详情如图2-9所示。

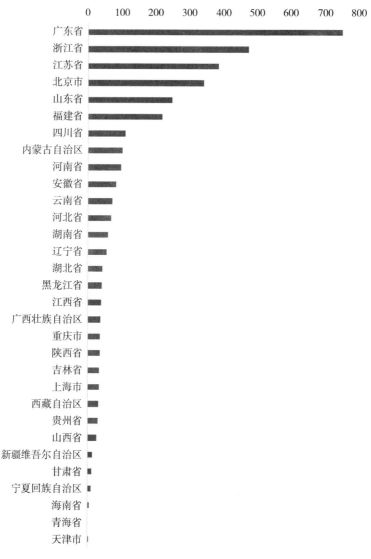

图2-9 2020年各省（区、市）县域农产品网络零售额（亿元）情况

（数据来源：欧特欧咨询。）

2.2.2 农产品品牌消费潜力巨大

欧特欧监测数据显示，2020年，在休闲食品中，百草味全网销售[①]第一，三只松鼠、良品铺子分列二、三位，消费者黏度较强；在粮油调味中，鲁花、金龙鱼、十月稻田排名前三，粮油大品牌更受百姓信赖；在生鲜食品中，京东生鲜自有品牌——"京觅"市场份额最大，排名第一，详情如表2-3所示。从市场竞争来看，在休闲食品、粮油调味、生鲜食品三大细分品类中，TOP 20的品牌集中度分别为12％、14％、8％，农产品品牌消费集中度不高，新兴品牌的市场空间还十分巨大。

---

① 农产品品牌网络零售情况按全网口径统计，不局限于2 083个县域地区。

表 2-3　2020 年重点农产品品牌网络零售情况

农产品品类	品牌	网络零售额占比（%）	网络零售量占比（%）
休闲食品 TOP 20	百草味	6.40	4.39
	三只松鼠	1.54	1.15
	良品铺子	0.78	0.68
	达利园	0.37	0.38
	双汇	0.29	0.27
	华味亨	0.28	0.27
	奥利奥	0.28	0.34
	乐事	0.27	0.36
	无穷	0.23	0.17
	好吃点	0.21	0.18
	德芙	0.20	0.12
	徐福记	0.19	0.18
	卫龙	0.19	0.30
	卡尔顿	0.17	0.10
	好丽友	0.17	0.18
	丽芝士	0.16	0.18
	费列罗	0.16	0.08
	海底捞	0.15	0.07
	俏香阁	0.15	0.12
	口水娃	0.14	0.16
粮油调味 TOP 20	鲁花	2.47	0.52
	金龙鱼	2.15	1.09
	十月稻田	2.06	1.22
	福临门	1.14	0.51
	柴火大院	1.10	0.40
	海天	0.89	1.28
	多力	0.78	0.23
	胡姬花	0.33	0.07
	安佳	0.31	0.08
	长寿花	0.29	0.07
	海底捞	0.28	0.43
	好人家	0.27	0.30
	金沙河	0.26	0.38
	西王	0.24	0.07
	新良	0.24	0.41

（续）

农产品品类	品牌	网络零售额占比（%）	网络零售量占比（%）
粮油调味 TOP 20	AIRMETER	0.23	0.11
	陈克明	0.19	0.30
	野三坡	0.18	0.29
	川娃子	0.18	0.29
	五丰	0.18	0.08
生鲜食品 TOP 20	京觅	2.75	1.18
	恒都	1.00	0.37
	正大	0.70	0.41
	上鲜	0.51	0.32
	福瑞达	0.38	0.58
	凤祥	0.37	0.20
	探味君	0.27	0.34
	大庄园	0.27	0.12
	红高粱	0.25	0.38
	温氏	0.22	0.12
	御品一园	0.19	0.35
	农夫山泉	0.18	0.05
	鲜菓篮	0.17	0.23
	京东跑山猪	0.17	0.09
	春禾秋牧	0.17	0.06
	今锦上	0.15	0.04
	圣农	0.15	0.07
	伊赛	0.15	0.06
	喜人喜	0.14	0.16
	优形	0.14	0.05

数据来源：欧特欧咨询。

2.2.3 县域农产品网络零售头部优势明显

欧特欧监测数据显示，2020 年，全国县域农产品网络零售前 100 名的零售总额为 1 337.0亿元，占县域农产品网络零售额的 38.1%。从区域分布看，TOP 100 中有 64 个县级地区集中在华东地区，农产品网络零售占比达 69.80%；12 个县分布在西南地区，农产品网络零售额占比为 10.42%；7 个县分布在华北地区，农产品网络零售额占比为 7.99%；7 个县分布在华南地区，农产品网络零售额占比为 4.16%；3 个县分布在东北地区，农产品网络零售额占比为 3.66%；6 个县分布在华中地区，农产品网络零售额占比为 3.36%；1 个县分布在西北地区，农产品网络零售额占比为 0.61%，如图 2-10 所示。

从排名来看，浙江萧山区、福建安溪县、宿迁沭阳县排名前三，农产品网络零售额占

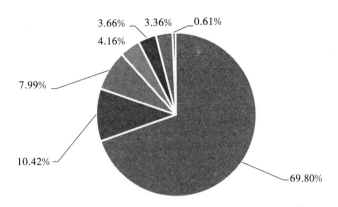

图 2-10　2020 年县域农产品网络零售区域分布情况

（数据来源：欧特欧咨询。）

全国县域农产品网络零售额的比重分别为 3.8％、1.6％和 1.4％。内蒙古土默特左旗、西藏堆龙德庆区、辽宁新民市首次上榜前十名，在前十名中，6 个县来自华东地区、2 个县来自华北、1 个县来自西南、1 个县来自东北，华东地区的农产品电商发展仍具有领先优势，详情如表 2-4 所示。

表 2-4　2020 年县域农产品网络零售 TOP 100

排名	所属省份	县域	全国县域农产品网络零售额占比（％）	热销农产品
1	浙江省	萧山区	3.83	坚果炒货
2	福建省	安溪县	1.55	铁观音
3	江苏省	沭阳县	1.36	其他
4	内蒙古自治区	和林格尔县	1.20	牛奶
5	山东省	莱阳市	1.06	食用油
6	浙江省	慈溪市	1.00	其他
7	上海市	奉贤区	0.89	冷藏/冻食品
8	内蒙古自治区	土默特左旗	0.87	牛奶
9	西藏自治区	堆龙德庆区	0.84	白酒
10	辽宁省	新民市	0.82	大米
11	江苏省	宿豫区	0.61	白酒
12	江苏省	江宁区	0.61	猪/牛/羊肉等
13	江苏省	昆山市	0.61	海鲜水产
14	江苏省	兴化市	0.59	调味品
15	浙江省	义乌市	0.57	其他
16	云南省	呈贡区	0.53	饼干蛋糕
17	浙江省	平湖市	0.53	水果
18	福建省	晋江市	0.52	加工食品
19	浙江省	永康市	0.50	其他

（续）

排名	所属省份	县域	全国县域农产品网络零售额占比（%）	热销农产品
20	福建省	武夷山市	0.47	红茶
21	福建省	龙海市	0.46	饼干蛋糕
22	浙江省	临安区	0.44	坚果炒货
23	黑龙江省	五常市	0.43	大米
24	江苏省	吴中区	0.42	大米
25	浙江省	武义县	0.41	花草茶/花果茶
26	浙江省	鄞州区	0.40	海鲜水产
27	广东省	南海区	0.39	饼干蛋糕
28	江苏省	丰县	0.39	水果
29	江苏省	赣榆区	0.38	肉干肉脯
30	福建省	惠安县	0.37	饼干蛋糕
31	江苏省	太仓市	0.36	食用油
32	湖南省	浏阳市	0.36	加工食品
33	重庆市	丰都县	0.35	猪/牛/羊肉等
34	福建省	福鼎市	0.34	白茶
35	四川省	郫都区	0.33	调味品
36	四川省	双流区	0.32	调味品
37	山东省	寿光市	0.30	其他
38	贵州省	仁怀市	0.29	白酒
39	云南省	勐海县	0.28	普洱
40	广西壮族自治区	北流市	0.28	水果
41	山东省	莱州市	0.28	其他
42	江苏省	邳州市	0.28	水果
43	北京市	怀柔区	0.27	白酒
44	江苏省	新沂市	0.27	坚果炒货
45	山东省	滕州市	0.26	茶
46	湖南省	长沙县	0.26	中草药
47	江苏省	邗江区	0.26	白酒
48	山东省	海阳市	0.26	海鲜水产
49	山东省	莱西市	0.26	水饺/馄饨/包子（冻）
50	浙江省	安吉县	0.25	绿茶
51	山东省	兰陵县	0.24	其他
52	四川省	古蔺县	0.24	白酒
53	江苏省	吴江区	0.23	粮油调味
54	陕西省	长安区	0.23	茶

排名	所属省份	县域	全国县域农产品网络零售额占比（%）	热销农产品
55	江苏省	常熟市	0.23	花卉绿植盆栽
56	四川省	蒲江县	0.22	水果
57	山东省	平度市	0.22	粮油调味
58	浙江省	嘉善县	0.22	其他
59	四川省	温江区	0.21	调味品
60	广东省	饶平县	0.21	乌龙茶
61	江苏省	张家港市	0.21	调味品
62	福建省	福安市	0.21	加工食品
63	河南省	长葛市	0.21	其他
64	浙江省	海宁市	0.20	花卉绿植盆栽
65	江苏省	武进区	0.20	其他
66	四川省	新都区	0.20	调味品
67	北京市	密云区	0.20	猪/牛/羊肉等
68	山东省	阳谷县	0.20	猪/牛/羊肉等
69	山东省	龙口市	0.20	葡萄酒
70	广东省	新会区	0.20	蜜饯果干
71	山东省	东阿县	0.19	阿胶
72	福建省	古田县	0.19	南北干货
73	福建省	闽侯县	0.19	食用油
74	广东省	禅城区	0.19	调味品
75	江苏省	沛县	0.18	中草药
76	广东省	普宁市	0.18	蜜饯果干
77	福建省	长汀县	0.18	粮油调味
78	山西省	临猗县	0.18	水果
79	江苏省	靖江市	0.18	肉干肉脯
80	内蒙古自治区	临河区	0.17	猪/牛/羊肉等
81	江苏省	东海县	0.17	坚果炒货
82	山东省	文登区	0.17	肉干肉脯
83	江苏省	锡山区	0.17	食用油
84	江苏省	浦口区	0.17	其他
85	安徽省	太和县	0.16	粮油调味
86	福建省	南安市	0.16	饼干蛋糕
87	山东省	荣成市	0.16	海鲜水产
88	内蒙古自治区	锡林浩特市	0.16	猪/牛/羊肉等
89	河南省	夏邑县	0.15	坚果炒货

（续）

排名	所属省份	县域	全国县域农产品网络零售额占比（%）	热销农产品
90	湖南省	宁乡市	0.15	粮油调味
91	浙江省	瑞安市	0.15	肉干肉脯
92	吉林省	抚松县	0.15	人参/西洋参
93	浙江省	苍南县	0.15	饼干蛋糕
94	江苏省	高邮市	0.15	禽肉蛋品
95	广东省	遂溪县	0.15	中草药
96	山东省	莘县	0.15	阿胶
97	河南省	新郑市	0.15	粮油调味
98	浙江省	柯桥区	0.15	黄酒/养生酒
99	四川省	峨眉山市	0.14	绿茶
100	江苏省	宜兴市	0.14	其他

数据来源：欧特欧咨询。

2.2.4 脱贫县特色农产品电商价值链逐步显现

欧特欧监测数据显示，从832个国家级脱贫县的农产品网络零售额看，排名前五的脱贫县全部在西南地区，其中，拉萨市堆龙德庆区、重庆市丰都县的农产品网络零售额分列一、二名，占全国脱贫县农产品网络零售额的比重分别为11.5%、4.8%。从农产品品类看，各县的热销农产品多为当地的特色农产品，如重庆丰都县的牛羊肉、西双版纳傣族自治州勐海县的普洱茶、云南文山市的三七等。各县围绕农产品上行，通过对本土特色农副产品进行重点扶持、开发、宣传，融合短视频、直播等营销推广渠道，培养出了一批网红产品，如勐海县的普洱茶、平江县的辣条、砀山县的砀山梨等，打通了脱贫县农产品出村的新通路，带动了脱贫县农产品供应链产业链优化升级，提升了价值链，详情如表2-5所示。

表2-5 2020年脱贫县农产品网络零售TOP 20

排名	所属省份	县域	全国脱贫县农产品网络零售额占比（%）	热销农产品
1	西藏自治区	堆龙德庆区	11.54	白酒
2	重庆市	丰都县	4.84	猪/牛/羊肉等
3	云南省	勐海县	3.84	普洱
4	四川省	古蔺县	3.32	白酒
5	云南省	文山市	1.89	三七
6	湖南省	平江县	1.84	其他加工食品
7	重庆市	秀山土家族苗族自治县	1.67	调味品
8	安徽省	砀山县	1.47	其他中草药
9	河南省	固始县	1.35	白酒
10	河南省	内乡县	1.31	饼干蛋糕
11	河北省	涞水县	1.28	其他粮油调味

（续）

排名	所属省份	县域	全国脱贫县农产品网络 零售额占比（%）	热销农产品
12	江西省	石城县	1.12	猪/牛/羊肉等
13	甘肃省	岷县	1.10	其他中草药
14	河北省	万全区	1.10	杂粮
15	贵州省	黎平县	0.97	白酒
16	安徽省	舒城县	0.94	猪/牛/羊肉等
17	内蒙古自治区	翁牛特旗	0.93	肉干肉脯
18	安徽省	利辛县	0.82	其他中草药
19	安徽省	太湖县	0.80	猪/牛/羊肉等
20	河南省	虞城县	0.75	牛奶

数据来源：欧特欧咨询。

2.2.5 农民合作社积极开展电商业务创新

当前，我国农民合作社蓬勃发展，截至 2020 年 5 月底，全国依法登记的农民合作社达 222.5 万家，联合社超过 1 万家。近年来，越来越多的农民合作社联合电商企业、物流企业等，开展电子商务业务，积极促进农产品产销对接，创新农产品流通方式，带动农民增收致富。欧特欧监测数据显示，2020 年，全国开展网络销售的农民合作社数量达 2 473 个。从省市情况看，安徽省有 68 个合作社开展了电子商务业务，网络零售额排名第一；紧随其后的山东省共有 364 个农民电商合作社，网络零售额排名第二，详情如表 2-6 所示。农业农村部与淘宝、滴滴橙心优选等平台积极合作，探索电子商务与农民合作社的合作模式，在农产品采销、冷链仓储、品牌推广上进行对接，推动合作社产品进城，增加农民收入。合作社通过与电子商务平台、农业龙头企业、县域网商、农村电商服务商等建立多种形式的利益联结机制，融入农村电商生态，引领小农户与现代农业有机衔接，融入国内消费大市场。

表 2-6　2020 年各省（区、市）农民电商合作社网络零售情况

省份	网络零售额占比（%）	网络零售量占比（%）	电商合作社数量（个）
安徽省	19.52	6.88	68
山东省	14.10	19.62	364
广东省	8.23	5.44	173
河南省	7.72	6.60	116
浙江省	6.49	24.92	229
江苏省	6.48	10.68	196
吉林省	4.46	1.52	59
西藏自治区	3.29	0.21	7
云南省	2.76	0.99	93
内蒙古自治区	2.39	1.61	16
四川省	2.35	1.71	108

（续）

省份	网络零售额占比（%）	网络零售量占比（%）	电商合作社数量（个）
陕西省	2.16	1.12	94
广西壮族自治区	2.04	2.16	83
黑龙江省	1.97	2.04	102
辽宁省	1.92	1.57	51
福建省	1.76	0.84	132
湖南省	1.75	3.29	61
北京市	1.53	0.20	38
甘肃省	1.26	0.81	62
宁夏回族自治区	1.18	0.36	23
河北省	0.96	1.51	84
上海市	0.85	0.45	43
湖北省	0.79	0.83	89
山西省	0.76	0.44	38
海南省	0.71	0.71	21
江西省	0.66	2.17	54
青海省	0.53	0.21	4
天津市	0.39	0.15	13
贵州省	0.37	0.06	17
新疆维吾尔自治区	0.32	0.13	12
重庆市	0.27	0.76	21
香港特别行政区	0.02	0.00	2

数据来源：欧特欧咨询。

2.3 平台企业深度布局农业农村电商市场

随着农村电商的发展进入成熟期，大型涉农电商平台逐步从单纯的网络交易平台向农业全产业链服务平台转型，通过在补齐农业农村基础设施短板、创新农产品流通方式、提升农业农村数字化服务能力等领域重点发力，不断解决困扰农产品上行、农业转型升级过程中的各种难题，为科技赋能农业农村数字化、现代化发展提供助力。

在数字化基础设施建设方面，阿里巴巴在成都、淄博、南宁、昆明、西安建设五大产地仓，覆盖了 18 个省 300 个县域，正在建设 1 000 个数字农业基地、120 个盒马村。苏宁推出新十年"乡村振兴 521 计划"，规划未来十年在乡村地区布局 5 000 个苏宁村、2 000 个县级苏宁易购中华特色馆、10 万家苏宁零售云门店。京东升级"京心助农"战略，计划在未来三年，打造百亿级流量池，培养 100 万名农业电商人才，共建 10 万个农产品直播基地。

在拓宽脱贫地区销售渠道方面，每日优鲜孵化社交电商"每日一淘"，对接 300 多个脱贫地区，上线数百款扶贫产品，扶贫总销售额超 8 亿元。苏宁充分利用线上线下融合优势,在线下,深入乡村市场以及国家级脱贫县开设苏宁扶贫实训店、苏宁易购零售云等8 000余家,覆盖了388个国家级脱贫县;在线上,依托中华特色馆、苏宁拼购、苏宁超市等频道,惠及全国1万余个贫困村、761万名贫困人口,全渠道累计实现农产品销售140亿元。中国邮政在邮乐平台开通扶贫地方馆875个,实现了全国832个国家级脱贫县的全覆盖。字节跳动发布的《信息普惠 助力脱贫—字节跳动扶贫白皮书》显示,2019年11月至2020年11月,字节跳动全平台帮助国家级脱贫县销售商品19.99亿元。拼多多依托"农地云拼"等技术创新体系,探索"造血式"扶贫助农新模式,2020年,拼多多农产品订单的年成交额超过2 700亿元,同比涨超100%。

在农业农村数字化服务方面,每日优鲜于2020年下半年推出"智慧菜场"业务,通过赋能传统菜市场,对其进行数字化改造升级,实现经营环境改善、运营效率提升以及规范化管理。美团平台为广大县域,特别是脱贫县生活服务业商户提供线上化经营渠道,目前,已有超过98%的脱贫县接入美团,线上活跃商户达48万家,2020年全国脱贫县商户在美团平台产生了约7亿笔订单,交易金额达348亿元,分别同比增长27%和22%,覆盖餐饮、景区、酒店、民宿和农家乐等多个品类。一亩田提供批发市场供应链服务,其业务覆盖54个大型批发市场,拥有自营和合作档口3 000余个。

3 全国县域电子商务发展特点

3.1 县域电商政策支持力度持续加大

党中央、国务院高度重视农村电商发展,2020年4月20日,习近平总书记在陕西省柞水县小岭镇金米村考察调研时强调,电商作为新兴业态,既可以推销农副产品、帮助群众脱贫致富,又可以推动乡村振兴,是大有可为的。2014—2020年,中央一号文件连续七年对农村电商做出全面部署。2020年中央一号文件指出,有效开发农村市场,扩大电子商务进农村的覆盖面,支持供销社、邮政快递企业等延伸乡村物流服务网络,加强村级电商服务站点建设,推动农产品进城、工业品下乡双向流通。

为贯彻落实党中央、国务院的决策部署,2020年,农业农村部、国家发展改革委、商务部、国务院扶贫办等部门围绕脱贫攻坚、农村物流配送体系、冷链基础设施、农产品电商供应链体系、电子商务进农村综合示范等相继出台一系列政策文件,持续加大对农村电商发展的支持和引导。3月,国家发展改革委、国务院扶贫办等联合印发《2020年网络扶贫工作要点》,明确指出了到2020年年底前,电商服务通达所有乡镇,快递服务基本实现乡乡有网点,电商帮扶贫困户增收作用更加明显;国家发展改革委印发《消费扶贫助力决战决胜脱贫攻坚2020年行动方案》,指出大力发展农村电子商务,研究制定加强农产品仓储保鲜冷链物流设施建设的政策措施,加快补齐农产品冷链物流短板,启动"快递进村"工程;4月,国家邮政局印发《快递进村三年行动方案(2020—2022年)》,明确到2022年年底前,符合条件的建制村基本实现"村村通快递";5月,农业农村部办公厅发布《关于开展"互联网+"农产品出村进城工程试点工作的通知》,计划优先选择一批示范县,健全适应农产品网络销售的供应链体系、运营服务体系和支撑保障体系,实现农产品出村进城便捷、顺畅、高效；财政部办公厅、商务部办公厅、国务院扶贫办综合司发布《关于做好 2020 年电子商务进农村综合示范工作的通知》，明确以"提升电子商务进农村"为主线，更好地服务脱贫攻坚和乡村振兴。

3.2 电子商务在县域疫情防控中发挥重要作用

新冠肺炎疫情突发，县域经济社会受到严重冲击，农村电商在助力县域抗疫保供、提振县域乡镇消费、促进农业经营主体复工复产、带动农民就业增收等方面发挥了重要作用。

新冠肺炎疫情期间，传统农产品购销渠道受阻，不少地区出现农产品滞销的情况，县域经济发展面临严峻挑战。作为新兴业态，农村电商充分发挥线上化、非接触、供需快速匹配、产销高效衔接等优势，着力打通农产品上行通路，解决产销信息不对称等问题，为保障市民"菜篮子"和丰富农民"钱袋子"提供了有力支持。疫情期间，农业农村部组织了 3 场农产品产销对接视频会商活动，通过组织产销主体视频协商、网络签约等方式，帮助各地解决农产品卖难问题，累计网络签约销售金额达 6.9 亿元。一亩田在 App 首页开设"农业战疫联盟频道"，搭建"保供稳价安心平台"，帮助广东等地销售农产品超 10.3 亿元。拼多多上线"抗疫开拼、爱心助农"专区，覆盖全国近 400 个农产区、230 多个国家级脱贫县，帮助脱贫地区和部分农产区解决农产品滞销问题。京东在新冠肺炎疫情期间推出"移动'菜篮子'"项目，将新鲜蔬菜从批发市场直接送达小区门口，满足了居民对日常新鲜食材的采购需求。疫情重塑了城乡居民消费习惯和消费场景，服务线上化、产品线上化的"宅经济"需求持续增长，电子商务成为激活县域消费潜力的重要引擎。

3.3 直播带货、社区团购成为县域电商新亮点

新冠肺炎疫情加速推动了县域数字经济与实体经济的融合，拉动县域农村电商迭代创新提速，直播电商、网红带货、社区团购、农旅直播等新业态新模式在县域掀起热潮，手机变成了"新农具"，数据变成了"新农资"，直播变成了"新农活"。商务部数据显示，截至 2020 年年底，国家级脱贫县网商总数达 306.5 万家，较 2019 年增加 36.6 万家，同比增长 13.7%。

新冠肺炎疫情发生以来，网络直播、短视频带货等呈现爆发式增长，创造了大量灵活就业的岗位，帮助大量无法及时返工返学的农民工、大学生实现就业创业，在县域市场释放巨大能量。一方面，网络直播具有较强的互动性、场景感、体验感等优势，成为农业经营主体、农产品电商企业、县域网商等创新升级数字营销方式的重要选择，大家纷纷开展直播业务。另一方面，网络直播、短视频作为新时代的信息普惠工具，简单易学。越来越多的农民通过网络直播、短视频平台等开展电子商务，为自家农副产品、文旅产品、原生态风光等带货，涌现了一批"网红"新农人，分享数字技术红利，走上增收致富之路。快手《2020 年快手"三农"生态报告》显示，2020 年，"三农"创作者电商成交单数超过 5 000 万单，快手"三农"电商用户比 2019 年增长 330%。抖音平台探索发展"兴趣电商"，"蜀中桃子姐"通过制作反映农村生活、乡土气息浓郁的美食教学短视频，吸引超过 2 000 万名粉丝，带动自家生产的钵钵鸡、麻辣兔头、麻辣萝卜干等农产品实现销售上亿元，年纯收入超过百万元。

2020 年，社区团购模式在新冠肺炎疫情期间得到快速发展，美团、苏宁拼购、兴盛优选等平台更是加速了拼团业务在县域市场的扩张，带动服务资源在县域不断集聚。一方面，社区团购模式通过将农产品原产地与社交用户直连，叠加丰富的营销和裂变手段，搭建了农产品直供直销最短通路，能够让农村中小型经营主体直接触达国内消费大市场。另一方面，社区团购模式利用互联网手段聚合订单，可以推动农业农村地区购销需求集中、上下行需求规模化匹配、农业农村产业链高效整合，为解决我国农业生产流通中长期以来面临的小生产和大市场、集中性市场和分布式需求的矛盾提供了新的路径，发展潜力巨大。苏宁拼购推动专耕苏宁拼购经营的商户以村为单位集聚发展，打造"拼购村"，截至 2020 年 6 月，苏宁拼购已初步形成由 40 个拼购村、23 个产业基地、85 个拼拼农庄以及 71 个拼拼工厂组成的"直卖矩阵"，带动产业规模化发展。2020 年 9 月，美团优选宣布推出"千城计划"，加速县域市场业务布局。2020 年 9 月，"岳麓峰会"期间，兴盛优选披露数据显示，兴盛优选目前业务覆盖范围包括 13 个省、161 个地级市、938 个县级市、4 777 个乡镇、31 405 个村。

3.4　电商扶贫助力脱贫攻坚完美收官

自电商扶贫被纳入扶贫攻坚以来，各地政府积极探索适宜本地的电商扶贫模式，多地走出了电商扶贫特色路、致富路，脱贫地区的群众、农户、合作社、家庭农场等被纳入"全渠道电商＋特色产品网货＋贫困户"的电商产业链条，通过产业带动、就业带动、农旅带动等方式，共享产业增值收益，政府引导、市场主体、社会参与的电商扶贫可持续性机制日益成熟，电子商务助推脱贫攻坚的内生动力持续增强。商务部数据显示，2020 年全国 832 个国家级脱贫县网络零售总额 3 014.5 亿元，同比增长 26.0%，其中，农产品网络零售额为 406.6 亿元，同比增长 43.5%，远远高于全国农产品网络零售额 26.2%的同比增速。农业农村部信息中心会同字节跳动、联合 22 个有脱贫攻坚任务的省级农业农村信息中心，继续深入开展"110"网络扶贫创新活动，直接销售农产品 5.83 亿元，带动 110 个参与县农产品电商销售比例与全国同步提升到 10%以上，打造 110 个特色品牌，培训扶贫达人 1 055 人，农业农村部农村实用人才带头人农业农村电子商务专题培训班的 908 名学员利用网络销售农产品超过 17 亿元。截至 2020 年年底，脱贫地区农副产品网络销售平台（简称"扶贫 832 平台"）累计入驻活跃供应商 8 739 家，覆盖 22 个省、832 个脱贫县，累计成交总额突破 80 亿元。2020 年，电子商务扶贫联盟通过打通脱贫地区产品销售、开展品牌推介洽谈、培育农产品品牌、实施"三品一标"认证扶贫项目等方式，开展多种形式的助农帮扶，2020 年上半年，对接销售农产品超过 20 亿元。

电商扶贫规模化发展拉动脱贫地区特色产业的标准化、品牌化建设，提升特色产业链、重塑价值链，带动脱贫地区特色产业规模效益全面提升，为切实巩固拓展脱贫攻坚成果与乡村振兴有效衔接提供源源不断的动力。如，陕西省商洛市柞水县积极发展木耳种植产业，联合阿里巴巴、京东等电商龙头企业，帮助企业健全线上线下全渠道营销网络体系，借助电商平台带货能力，将柞水木耳推向全国。宁夏回族自治区中卫市中宁县现有枸杞种植面积12.8 万亩，通过打造具备产品展示、线下体验、平台办公、公共孵化、培训实践、仓储周转、视频直播等功能的电子商务产业园，集聚国内电子商务市场主体，布局各类枸杞产品的线上销售体系，推动"小枸杞、大集聚"效应日益显现。云南省文山州丘

北县探索"电商＋旅游＋产业＋扶贫"旅游电商扶贫体系，将农村电商扩展到乡村旅游、休闲农业，发展文旅电商新业态，形成"一三互动"农村电商扶贫新模式。

3.5 跨境电商开启县域市场国际化大门

2020年，新冠肺炎疫情在全球蔓延，传统的线下贸易渠道受阻，农产品海外销售渠道加速向线上迁移，跨境电商平台、跨境直播、在线展会等成为县域企业展示产品、开拓海外市场、寻找客户的新途径，农村电商与跨境电商联动发展效应逐步显现，来自中国的优质农货借助跨境电商渠道走出了国门。如，甘肃省陇南市宕昌县通过"请进来、走出去"的方式，为甘肃琦昆中药材发展公司引进跨境电商团队，开通阿里巴巴国际站，2020年完成1万美元淫羊藿海外订单、300千克蜂蜜海外订单，带动脱贫县农产品走向国际市场。2020年12月31日，广东省湛江市遂溪县创新跨境电商直播营销模式，在中国（广东）香蕉国际网络文化节期间，通过Lazada、LazLive以及南方＋、春丰天集、一亩田等国内外线上直播平台向国内外消费者推介广东优质香蕉制品，促进香蕉制品跨境电商销售。

4 全国县域电子商务发展趋势

4.1 乡村振兴全面推进，为县域电商发展提供广阔舞台

在脱贫攻坚目标任务完成以后，"三农"工作重心历史性地转向全面推进乡村振兴。随着乡村振兴战略的深入实施，制约农业农村发展的基础设施和公共服务突出短板将加快补齐，可以让土地、物流、人才、资金、技术等各类农村资源要素活跃起来，持续增强对县域农村电商发展的要素支撑作用，引领推动县域农村电商高质量发展。同时，在乡村振兴的背景下，要求加快农业农村现代化，农村电商作为服务农业农村发展的新动能，可全面对接农业生产、经营、管理和服务等各个环节，改变农民的生产、生活方式，加深城乡经济往来，是全面推进乡村振兴的重要抓手。

4.2 内容电商在农村地区潜力巨大

新冠肺炎疫情加速了直播电商、网红带货等模式在农村地区的渗透，为农村电商发展提供了新的赛道。农产品具有特殊性，通过直播、短视频等，可以多维度展示和传播农产品的种植环境、生长过程以及农耕文化等内容，带给消费者更多的直观体验，在弥补农产品非标品短板、消除农产品安全质疑、提升消费信任度等方面拥有十分明显的优势。同时，乡村文旅直播、短视频带货在推广县域小众景区、特色民风民俗上具有很好的效果，土生土长的主播围绕本地特色，直接与游客在线互动，乡村风光、民俗文化通过短视频生动呈现和传播，有助于宣传推广乡村文旅品牌，丰富"旅游＋农业"业态，为农副产品、风土人情等向文旅产品转化提供契机，有助于涉农产业链的提质增效，发展潜力十分巨大。

4.3 电商从推动城乡商贸流通迈向重塑县域市场价值

在大城市互联网人口红利消失的今天，淘宝、京东、苏宁这样的成熟企业，以及后起

之秀的拼多多，火遍城市乡村的抖音、快手均将视线转移到以县域为主的下沉市场，力求维持用户和流量的继续增长。农村居民通过电商，接触到国内丰富、多元的消费大市场，消费理念逐步转变，追求更高的消费品质和体验，激活了新的消费需求。数字化生活方式也影响着小镇青年，在线教育、在线问诊、餐饮外卖、在线旅游、在线休闲娱乐等加速普及。数字化创新由点到线再到面，辐射性拓展延伸，从商贸流通到数字生活，让县城居民生活更加便捷美好，县域市场的商业化价值将被不断放大。

4.4 电商助力农业农村数字化转型驶入快车道

在促进农业数字化转型方面，电子商务从流通端切入，逐步向农业产业链上游延伸，渗透到农业生产、加工、流通等环节，推进农产品在生产、组织、管理、加工、流通、储运、销售、营销、品牌、服务等环节互联网化，助力农业全产业链的数字化转型。借助消费端积累的大量消费者数据，电子商务让农业生产按照消费者的需求来确定种植品种和方式，与市场建立持续、稳定的新型供需关系，赋能订单农业、定制农业、众筹农业、预售农业等创新发展。

在推动数字乡村建设方面，在信息进村入户工程、国家电子商务进农村综合示范工程、"互联网＋"农产品出村进城工程的带动和引领下，农村地区网络基础设施逐步完善，为数字农村建设提供了良好的基础。地方政府、电商企业等充分利用电商大数据，推动电商大数据与农业管理深度融合、巩固和拓展脱贫攻坚成果、助推智慧物流发展，数据要素成为驱动农村电商助力数字乡村建设的重要抓手。

5 全国县域电子商务发展政策建议

尽管电子商务在县域蓬勃发展，但仍面临农产品电商供应链体系不健全、农村电商服务业有待提升、物流配送体系亟须完善、专业人才短缺、各类主体协同不足、区域发展不平衡等诸多挑战。为推动县域农村电商高质量发展，进一步强化农村电商作为服务农业农村发展的新动能作用，切实助力巩固脱贫攻坚成果同乡村振兴有效衔接，加快农业农村现代化，提出如下政策建议。

5.1 从供应链角度规划农村电商发展

统筹政府与社会资源，坚持公益化与市场化相结合，在部委层面建立促进农村电商发展的协同推进机制，构建有效合理的利益共享机制，加强统筹协调、支持引导和服务保障。瞄准农村电商发展的短板瓶颈环节，推出一批以农村电商为引领的农业农村数字经济创新中心、数字农业应用推广基地等重大工程项目，优化农村资源配置，突出地域特色，调整产品结构，促进产业融合，培育打造品牌，树立区域形象，让农村电商产业和相关特色产业实现上下游联动效应。推进电商供应链数字化、智能化转型，包括智能清选分级和预冷、智能加工包装和仓储、智能物流装卸和配送，以及供应链管理的标准体系、质量体系、服务体系、预警体系、风险管控体系等，推进全链条数字化生产经营。

5.2 深入推进农产品流通体系建设

加快完善农村电商基础设施，深入推进"互联网＋"农产品出村进城工程、电子商务进农村综合示范工程、农产品仓储保鲜冷链物流设施建设工程，改造提升农村寄递物流基础设施，打通农产品"出村进城"通道，降低冷链物流成本，健全县乡村三级农村物流体系。加强供应商、生产商、冷链物流企业、采购商、批发商、分销商、零售商和消费者等各环节的衔接，加快资源整合利用，推动快递包装绿色转型。加强大数据、物联网、区块链、人工智能、第五代移动通信网络等现代信息技术应用，创新农产品流通方式，支持短链供应，鼓励电商企业、物流企业等开放数据，发展第三方电商大数据信息服务。

5.3 创新构建县域农村电商应用场景

针对县域电商发展问题和痛点，推动地方政府、农产品企业与电商平台等深入合作，将县域农村电商发展与农业生产"三品一标"、农产品"三品一标"建设有机结合起来，注重突出农村电商在推动农产品供给侧数字化方面的作用，促进农产品种植、加工、分配、流通、消费等各环节的贯通，全面增加农产品有效供给，推动农产品电商优质品牌建设，发展订单农业。促进农产品品牌建设与地方民俗、旅游等资源创新融合，丰富乡村业态，加强直播电商、社交电商、兴趣电商等新模式新业态规范快速发展。发挥乡村产业龙头企业和互联网领军企业的骨干作用，牵头构建以产业为核心、以电商为引领、以信息技术综合应用为支撑的县域特色产业数字生态，会同有关科研机构、金融机构及企业，辐射带动农业生产经营主体，推动县域特色产业实现质量变革、效率变革、动力变革。

5.4 全面加强县域农村电商服务支撑

把农产品电商作为未来智慧农业建设、数字乡村发展的关键环节，以电商倒逼农业，实现标准化、规模化、组织化、品牌化。强化电商人才培养，鼓励各地建设专业的农村电商人才培训基地，建立校企合作的人才培养长效机制，培养熟悉农业以及愿意扎根农村的复合型人才、紧缺型人才，培育专业团队，开展网络运营、美工、推广等业务指导。打造农村电商公共服务平台，让农村的绿水青山、优质特色农产品，以及农民的劳动、能力、技艺、资产等都能转化为社会经济价值。

《2021 全国县域数字农业农村电子商务发展报告》数据说明

本报告主要数据由北京欧特欧国际咨询有限公司通过监测主要电商平台县域电商网络零售额所得。同时，还引用了国家统计局、农业农村部、商务部等部门的数据。

【县域范围】依据《中国县域统计年鉴（县市卷）—2018》统计的 2 083 个县域（包括北京市、上海市、天津市等农业区）。

【区域划分】七大区域划分详情如下：

区域	各省（区、市）
华北地区	北京市、天津市、河北省、山西省、内蒙古自治区
东北地区	辽宁省、吉林省、黑龙江省
华东地区	上海市、江苏省、浙江省、安徽省、福建省、江西省、山东省
华中地区	河南省、湖北省、湖南省
西南地区	重庆市、四川省、贵州省、云南省、西藏自治区
西北地区	陕西省、甘肃省、青海省、宁夏回族自治区、新疆维吾尔自治区
华南地区	广东省、广西壮族自治区、海南省

【脱贫县范围】国务院原扶贫办认定的国家 832 个贫困县。

【监测平台】涵盖天猫、淘宝、京东、苏宁、拼多多等 40 多家主流电商平台。

【监测品类】主要依据上述平台的产品分类标准，包含家居家装、在线餐饮、电脑办公、食品酒水、服装服饰、珠宝礼品、母婴、虚拟商品、个护化妆、运动户外、生活服务、医药保健、汽车用品、手机数码、家用电器、图书音像、箱包皮具、休闲娱乐、教育培训、医疗健康、交通旅游、农资绿植及其他 23 大类。其中，实物类商品分类如下：

一级品类	三级品类
服装服饰	男装、女装、男鞋、女鞋、内衣及其他服装服饰用品
箱包皮具	男包、女包、旅行箱包、电脑包、书包等
运动户外	运动鞋、运动服、户外鞋、户外装备、体育用品、骑行运动、垂钓运动、游泳运动、健身训练、户外服、运动包等
家用电器	大家电、生活电器、厨房电器、个人健康、商用电器等
手机数码	手机及配件、摄影摄像、时尚影音、智能设备、电子教育等手机数码用品
电脑办公	电脑整机、电脑配件、网络设备、办公打印、办公文仪、游戏设备、外设产品等
珠宝礼品	珠宝首饰、眼镜、钟表、礼品、乐器、邮币等
汽车用品	汽车整车、摩托车整车、汽车配件、汽车美容装饰、安全自驾等
个护化妆	面部护肤、彩妆、香水、洗发护发、美发造型、身体护理、口腔护理、女士护理等
母婴	辅食、尿裤湿巾、喂养用品、洗护用品、童车童床、童装童鞋、孕妇服饰、孕妇用品、婴童寝居、玩具乐器等
食品酒水	休闲食品、粮油调味、生鲜食品、冷藏/冻食品、牛奶乳品、饮料冲调、酒、茶等
家居家装	生活用纸、洗涤用品、宠物用品、厨具、家纺、生活日用、家居、灯饰照明、厨房卫浴、五金工具、电工电料、墙面地面材料、装饰材料、装修服务、家庭软饰、电子元器件市场等

（续）

一级品类	三级品类
图书音像	图书、音像、电子书、音乐等
农资绿植	农资、花卉绿植等
医药保健	营养成分、营养健康、传统滋补、隐形眼镜、中西药品、计生情趣、保健器械、处方药、护理护具等
其他商品	古玩藏品、宗教祭祀用品等其他

非实物商品分类如下：

一级品类	三级品类
虚拟商品	充值、游戏点卡、卡券等
生活服务	生活超市、居家服务、母婴亲子、鲜花绿植、洗涤护理、丽人美发、搬家运输、家装家修、结婚庆典、摄影写真、精品购物、汽车服务、手机服务、宠物服务等
在线餐饮	快餐便当、特色菜系、异国料理、小吃夜宵、甜品饮品、自助餐等
医疗健康	药店、医院、体检中心、齿科口腔等
教育培训	艺术培训、外语培训、驾校、职业技术培训、留学服务、升学辅导、兴趣生活等
休闲娱乐	运动健身、温泉/洗浴、足疗/按摩、酒吧、KTV、游戏游乐、咖啡厅、茶馆/棋牌室、DIY手工坊、网吧网咖、电影、私人影院、演出赛事、展会展览等
交通旅游	国内游、出境游旅游线路、景点/门票等
其他服务	软件开发、商务服务等

【农产品分类】依据农业农村部提供的农产品分类标准，包含植物类、动物类、农资3大类，如下表所示：

一级品类	二级品类
植物类	粮油调味、生鲜、花卉绿植、中药材、酒、茶、植物饮料、咖啡/咖啡豆、加工食品类、方便食品、冷藏/冻食品等
动物类	生鲜、中药材、加工食品类、牛奶乳品、冷藏/冻食品、加工食品类等
农资	肥料、农药、兽药、兽用器具、饲料、园林/农耕、种子、其他农资

附　录　四

全国农产品跨境电子商务发展研究报告

农业农村部信息中心

中国国际电子商务中心研究院

2020 年 9 月

前　　言

我国是农业大国，随着农业开放水平不断提高，农产品贸易持续提升。近年来，我国跨境电子商务快速发展，成为外贸高质量发展的重要抓手。在政策红利、技术赋能、消费升级叠加作用下，农业与跨境电子商务创新融合不断加强，逐步成为拉动农业贸易增长、驱动农业贸易变革、赋能数字农业发展、助力数字乡村建设、重塑农产品跨境消费的新引擎。

2019 年，我国农产品跨境电子商务出口稳步发展，但仍处于起步阶段，整体上呈现出规模小、平台少、发展慢、潜力大等特点，市场亟须激活；农产品跨境电子商务B2B2C 出口正基于海外仓提供多元化、复合型的服务，对农产品跨境电商的服务支撑能力不断升级。在进口方面，农产品跨境电子商务 B2C 进口处在平稳增长期，市场规模不断扩大，B2B 进口进入数字化转型期，B2B2C 模式成为农产品跨境电子商务创新增长点。与此同时，跨境社交电商引领新模式、新业态，跨境直播、短视频与农产品跨境电商加速融合发展，婴儿奶粉、优质生鲜以及来自世界各国的特色农产品广受国内外消费者欢迎。

在新的贸易方式下，我国政府和企业开展了一系列创新实践，农产品跨境电商出口在助力脱贫攻坚、加速农业国际品牌出海、倒逼农产品供应链转型升级等方面不断释放新动能。农产品跨境电商进口在促进农业贸易便利化、引进优质海外农企农品、便捷跨境智能消费等领域持续注入活力。

《全国农产品跨境电子商务发展研究报告》对全国农产品跨境电商发展形势、发展特点、创新实践和发展经验进行深入分析，对未来农产品跨境电商产业发展提出建议，旨在为政府主管部门及市场主体科学决策提供支撑，提高各界对农产品跨境电商为国际农业贸易竞争、农业贸易结构优化、农业产业结构调整、数字农业提质增效等带来的价值的认识，进一步挖掘和释放跨境电商价值，加快推动农产品跨境电商持续、健康、高质量发展，开辟农产品国际贸易新途径，促进农产品国际贸易新增长，持续释放产业发展潜力和市场空间，凸显电子商务在数字经济与数字农业中的重要作用，在全球范围内促进资源配置优化。

一、农产品跨境电商发展形势

（一）国际方面

1. 数字化生活消费方式重塑全球大市场

随着互联网广泛应用，智能手机加速普及，数字基础设施不断完善，电子商务在全球范围深入发展，全球网络零售市场不断扩大。据 eMarketer 发布的《电子商务 2020》报告显示，2020 年全球零售电商的预期销售总额将达 3.914 万亿美元，增速达 16.5%，数字化消费生活方式逐步养成。数字消费将进一步引发市场需求、生活方式和商业模式的深刻变革，借助数字技术的跨境消费场景将得以重构，基于社交网络、视频直播等为代表的新型跨境电商消费形态不断扩大，跨境电商平台深度链接全球产能、市场和消费资源的枢纽作用将进一步释放，全球电子商务市场协作将走向深入融合发展新阶段。据《2019 中国跨境电商发展趋势专题研究报告》测算，2019 年全球 B2C 跨境电商交易规模将突破 8 000 亿美元。数字消费的蓬勃发展正为经济全球化注入新动力，为推动形成"买全球、卖全球"的国际大市场集聚新的动能。

2. 跨境电商推动农产品国际贸易转型发展

当前，跨境电商作为新型贸易业态在全球快速兴起，借助新技术变革和普惠共享模式，正在丰富全球贸易形态、调整贸易结构、重塑价值分工。传统农产品国际贸易由出口商、进口商、批发商、零售商、品牌商等环节组成，借助跨境电商方式，让农产品生产企业可以直接和全球消费者对接，缩短了交易链条、减少了中间环节、优化了传统贸易流程，也降低了企业参与农产品国际贸易的成本，提高了农产品跨境贸易全链路的运转效率。借助跨境电商实现农产品交易，有利于打破市场准入、关税配额、反补贴、反倾销等贸易壁垒，通过社交获客、直播营销、线上交易、本土服务等手段，推动全球农产品贸易渠道变革，加速全球农产品贸易走向自由化、便利化、均衡化。跨境电商为全球农产品贸易迭代升级、逐步迈向新一代农产品数字贸易提供了强大的驱动力。

3. 全球数字农业方兴未艾

随着数字技术加速向农业领域渗透发展，全球范围内正在开启一场更深层次、更具有革命性的农业数字化转型，农业数字革命悄悄到来。世界主要发达国家都将数字农业作为战略重点和优先发展方向，相继出台了"大数据研究和发展计划""农业技术战略"和"农业发展 4.0 框架"等战略。美国政府重视信息技术和物联网技术的推广，该技术在美国大农场中实现了高达 80% 的应用率；欧洲已经形成了大田作物信息化精准管理模型；以色列农业基于大数据，面向不同农场的个性化耕种解决方案也逐步成熟。数字农业也成为我国农业发展主流风口。2020 年中央一号文件指出，加快物联网、大数据、区块链、人工智能、第五代移动通信网络、智慧气象等现代信息技术在农业领域的应用。同时，阿里、京东、拼多多等企业也加速数字农业布局，深耕互联网定制私人农场、数字农业基地、智慧农场、智能养殖、无人农场等领域，尝试打通消费互联网与农业产业互联网融合发展通道。根据《联网农场——智慧农业市场评估》预测，2020 年中国智慧农业的潜在市场规模有望达到 268 亿美元，年复合增长率达 14.3%。

（二）国内方面

1. 跨境电商新业态蓬勃发展

跨境电商是互联网时代发展最为迅速的贸易方式，并逐渐成为决胜未来国际贸易竞争的关键领域。近年来，我国政府以国家战略高度推动跨境电商快速健康发展，大力推进政策创新，将其视为国际贸易发展的新引擎、产业转型的新业态和对外开放的新窗口。习近平总书记在首届进博会开幕式上指出，"中国将进一步降低关税，提升通关便利化水平，削减进口环节制度性成本，加快跨境电子商务等新业态新模式发展"，再一次凸显了跨境电商在我国新一轮更高层次对外开放中的战略地位。在持续的政策利好推动下，我国跨境电商保持蓬勃发展态势。海关总署数据显示，2019 年通过海关跨境电子商务管理平台的零售进出口商品总额达 1 862.1 亿元，同比增长 38.3%。其中，进口 918.1 亿元，同比增长 16.8%；出口 944 亿元，同比增长 68.2%（图 1）。

图 1　2015—2019 年中国跨境电子商务零售进出口总额
（数据来源：中国海关总署。）

2. 农产品贸易多元化趋势明显

尽管受国际环境不稳定、不确定因素增多的影响，我国农产品贸易在运行中面临不少挑战，但得益于"一带一路"倡议深入推进以及数字技术叠加驱动，我国农产品贸易仍呈现出强劲的多元化发展趋势。

从贸易市场看，近几年来，尤其是产生中美贸易争端以来，随着中美农产品贸易关税的提升以及南美国家大豆、玉米等农产品价格的上涨，中国对"一带一路"沿线国家的农产品贸易规模及产品数量不断扩大。从 2018 年年末开始，中国开始扩大从俄罗斯的大豆进口。以中粮为例，2020 年 2 月，不到两个月时间，中粮就从俄罗斯进口大豆 2 万多吨。2020 年，中粮还首次从保加利亚进口玉米。中国海关的统计数据显示，2019 年，中国与泰国、俄罗斯、印度尼西亚、马来西亚、印度等"一带一路"沿线国家的农产品贸易都有较大增长。

从贸易模式看，数字化浪潮方兴未艾，加快农产品传统贸易与跨境电商、市场采购、外贸综合服务平台、直播电商、社交电商、新零售、在线国际展会等线上线下融合发展，催生出多样化的农产品贸易新场景、新模式、新业态。与此同时，还带动了一批中小农企及卖家参与到全球农产品贸易竞争中，推动了农产品贸易主体多元化，进一步增强了内生动力。

从贸易方式看，农产品贸易的碎片化趋势明显，越来越多的进口商将大额采购订单进行分割，以小额的采购方式进行农产品采购。2019 年 5 月，第 125 届春季广交会吸引了众多来自全球的农产品采购商，本届广交会累计出口成交 297.3 亿美元，成交订单中，3个月以内的短单占 42.3%，3～6 个月的中单占 33.4%，6 个月以上的长单占 24.3%，中短单占比居高不下，长单占比相对偏低。

3. 农产品跨境电商发展潜力巨大

我国是世界上的农产品生产大国和消费大国，农产品贸易总额持续增长。2019 年中国农产品进出口额 2 300.7 亿美元，同比增长 5.7%。其中，出口额为 791.0 亿美元，同比下降 1.7%；进口额为 1 509.7 亿美元，同比增长 10.0%（图 2）。

图 2 2016—2019 年中国农产品进出口总额及增速

（数据来源：农业农村部。）

2019 年，我国粮食、棉花、油料、蔬菜、水果、肉类、禽蛋、水产品等产量均居世界首位，也是世界重要的茶叶和水产品出口国，优质的农产品越来越得到国际市场的认可。随着跨境电商渗透率的日益提升，跨境电商产业链和生态体系的不断完善，农产品跨境电商出口仍有很大发展空间。2016—2019 年中国农产品出口总额及增速如图 3 所示。

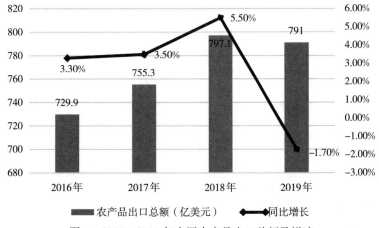

图 3 2016—2019 年中国农产品出口总额及增速

（数据来源：农业农村部。）

我国新一代消费群体崛起，数字化消费方式普及，跨境电商消费兴起，引发了从渠道、选品、支付、结算、营销到品牌建设的跨境进口消费产业链深度变革。2019 年 7 月，商务部发布的《主要消费品需求状况统计调查分析报告》表明，消费者对鲜果、水产海鲜和鲜奶等品类的进口农产品需求强烈。跨境电商通过连接全球大市场，让"餐桌全球化"成为可能，能够从供给侧更好满足国内对高品质、个性化、多元化、绿色化、定制化农产品的消费需求。随着国内一系列刺激消费政策的落地实施，以及跨境电商全链路上的数据要素驱动、线上线下融合、供应链支撑等能力的进一步提升，农产品跨境电商进口市场的潜力将进一步释放。2016—2019年中国农产品进口总额及增速如图4所示。

图4　2016—2019年中国农产品进口总额及增速
（数据来源：农业农村部。）

二、我国农产品跨境电商发展特点

（一）农产品跨境电商试点政策务实创新

1. 试点示范载体不断扩大

中国跨境电商的快速发展在很大程度上受益于试点、试验区发展模式，通过选择有较强抵御风险能力和较大自身基础优势的区域进行先行先试，进而以点带面，实现突破性发展，基于不同类型试验区试点探索形成的创新体制机制已成为驱动我国跨境电商和外贸转型发展的重要方式之一。

2020年1月，商务部等六部门印发《关于扩大跨境电商零售进口试点的通知》，将石家庄等50个城市纳入跨境电商零售进口试点范围，开展网购保税进口（海关监管方式代码1210）业务，进一步发挥跨境电商丰富国内产品供给、促进新业态新模式发展、吸引消费回流、更好地满足居民需求等重大作用。

2020年5月，国务院发布《关于同意在雄安新区等46个城市和地区设立跨境电子商务综合试验区的批复》，同意在河北雄安新区等46个城市和地区设立跨境电子商务综合试验区，要求综合试验区推动产业转型升级，开展品牌建设，引导跨境电商全面发展，全力以赴稳住外贸外资基本盘，推进贸易高质量发展。

截至目前，全国86个城市（地区）和海南全岛纳入跨境电商零售进口试点范围，105个城市获批成立跨境电商综合试验区。跨境电商创新载体的不断扩容为跨境电商发展提供了更大的发展空间，对农产品跨境电商的发展意义重大。

2. 农产品成为正面清单扩容重点品类

我国跨境电商零售进口实行"正面清单"制度，只有清单上列出的税号商品，才能按照跨境电商的税制进口和通过跨境电商平台销售,"正面清单"外的其他商品则需要按一般贸易进口。通过创新"正面清单"管理制度,建立起跨境电商的准入标准。一是国家可有效防止跨境电商进口对国内产业造成的冲击,做到未雨绸缪;二是根据跨境电商零售进口发展态势,通过动态调整正面清单内容,可有效应对国内消费者的需求变化。

2019 年 12 月,国家发布新版《跨境电子商务零售进口商品清单》,跨境电商零售进口商品再次扩容,新增了 92 项商品,新增的涉农产品主要集中在水产、酒水等部分近年来消费需求比较旺盛的商品。根据新版清单,涉农商品达 300 余种,部分涉农产品仅限网购保税进口,如干、熏、盐制的肉及海鲜类、水果类等。部分农产品有数量额度限制,如大米、小麦每人每年不超过 20 千克,砂糖每人每年不超过 2 千克等。

跨境电商零售进口清单经过 2018 年年底以及 2019 年年底两次扩容,基本囊括了粮油、蔬菜、水果、肉类、奶类、海鲜等常见的农产品品类,尤其是进口海鲜类已经比较全面,进一步扫除了农产品跨境电商进口贸易政策上的障碍。

3. 创新跨境电商通关监管模式

跨境电商作为一种新兴的贸易业态,其碎片化、小批量、多批次的特点给传统海关监管方式带来诸多挑战。为了应对新形势,海关总署在跨境电商零售进出口领域开展了一系列卓有成效的改革和探索,通过模式创新、制度创新、管理创新和服务创新,形成了"创新、包容、审慎、协同"的监管服务理念,逐步建立起一套适应我国跨境电商零售进出口发展的监管服务新模式和新制度,归纳提出 4 种新型海关通关监管模式,即直购进口、网购保税进口、一般出口和特殊区域出口[①]。

对于开展海外农产品进口业务的企业而言,农产品,尤其是生鲜类农产品的进口面临的一个最大挑战就是保质期的问题,通关时效性尤为重要。在一般贸易模式下,由于通关时间较长,企业在选择开展农产品进口业务时,常常比较谨慎,不敢轻易尝试。如今,在跨境电商贸易模式下,中间环节减少,电子商务全程数据留痕、可追溯优势得以发挥,通关时效大大提升,可以大大降低企业的试错成本。在网购保税进口模式下,企业还可以提前采购农产品,并在海关特殊监管区域内进行存储、加工,消费者下单后,农产品直接从关区保税仓库发货,大大缩短了消费者收货等待时间,极大地提升了用户体验。目前,深圳、广州、上海等多地启动了跨境电商生鲜进口关检联合作业,将查验过程由原来的两小时缩短为半个小时,打造更为快速、高效、便利的通关通道,为跨境生鲜赢得了宝贵的时间。

跨境电商零售进口保税备货模式及海外直邮模式对比如表 1 所示。

表 1 跨境电商零售进口保税备货模式及海外直邮模式对比

模式	保税备货模式	海外直邮模式	
		小包裹直邮	集货直邮
基本概念	商品暂存在国内保税仓库,消费者下单后从保税仓清关、发货	消费者下单后,由国外供应商直接发货,经过海关清关,快递至消费者手中	消费者下单后,由境外供应商集中订单,统一采购、发货,经海关清关后,快递至消费者手中

---

① 四种新型海关通关监管模式具体海关解释见附件 2。

（续）

模式	保税备货模式	海外直邮模式	
		小包裹直邮	集货直邮
发货地点	广州/深圳/重庆/成都/上海/杭州等纳入跨境电商零售进口试点范围城市的关区保税仓	美国/加拿大/英国/新西兰/澳大利亚/日本/韩国/东南亚等海外地区和国家海外仓	
物流模式	保税仓→海关清关→快递→消费者	国外供应商→（海外仓库）→国际物流→海关清关→快递→消费者	国外供应商→海外仓库→国际物流→海关清关→快递→消费者
物流时效	国内发货，从发货到收货2~3天，时效接近国内普通电商快递	国际物流，平均4~7天，甚至更久	
成本	商品囤放在保税仓，如商品过期，需要在海关监督下进行销毁，跨境电商平台和商家要承担商品销毁的成本	海外仓建设成本、非规模化运营阶段的成本较高，但模式较为灵活	
包裹大小	小包裹	小包裹	大包裹
清关速度	较快，1~2天	较慢	较慢
消费者收货速度	最快，保税仓发货收货时间最快	较慢，等待收货时间长	最慢，等待收货时间最长
适用品类	标品；大众产品；复购率高的产品（奶粉/酒水等）	非标品（如生鲜）；长尾产品（需求不旺）	
适用品类——模式切换	存放在海外仓进行新品测试的商品被市场认可后，可以转为保税仓模式		
商品售后——退货	无法退回保税仓自建退货仓存放退货商品	（1）国内有保税仓，可将货物在保证二次销售的情况下退还国内分支或者保税仓 （2）国内无保税仓，需回程寄送	
商品售后——退货成本	退货商品无法进行二次销售，承担较大的退货成本	回程寄送的商品需要承担较高的国际物流配送、时效、清关等成本	
优势分析	物流快，消费者体验好；集采，运输成本低；海关监管，流程规范	品类齐全；库存占用小；环节少；模式灵活	
不足分析	库存量大，占压资金；品类单一，扩充有限；过期物品销货风险大	物流成本高；时效较慢；海外仓运营成本高	

注：以上内容根据艾瑞、德勤等资料整理。

2020年6月，海关总署发布《关于开展跨境电子商务企业对企业出口监管试点的公告》，在北京等10个海关开展跨境电子商务企业对企业出口试点。利用海关增列"9710（跨境电子商务企业对企业直接出口或跨境电商B2B直接出口）"和"9810（跨境电子商务出口海外仓或跨境电商出口海外仓）"监管方式代码的机会，鼓励跨境电商企业、跨境电商平台企业、物流企业等大力开展跨境电商B2B直接出口业务和跨境电商海外仓出口业务。农产品非常适合通过跨境电商海外仓出口模式解决保鲜期短、附加值低、运输成本高等问题，此次 B2B 监管试点的推出进一步为农产品跨境电商拓展了领域和空间。

4. 实行跨境电商综合税

（1）跨境电商零售进口税收

对于通过小邮包方式进境的商品，在目前全球多采用万国邮联通道征收行邮税的情况下，我国实行跨境零售单一税制，纳税主体为终端消费者，税基为网上零售额、运费和保险费。跨境电商综合税规定，消费者单次跨境消费额度在 5 000 元及以内，年度消费额度在 26 000 元及以内，关税税率暂为 0，进口环节增值税、消费税按法定应纳税额的 70％征收；对于超过单次消费限额或者超过年度限额的商品，将按一般跨境贸易增收全额税款。

海关按实际交易征税时，通过平台商家预交税款保证金，商品出区一个月后，监管系统自动扣除税款，实现税收应收尽收。跨境零售单一税制符合市场需求，便利关务操作，大大提升了贸易便利化服务水平。

跨境电商零售进口征税政策对比如表 2 所示。

表 2　跨境电商零售进口征税政策对比

	行邮税 2019 年 4 月	跨境电商综合税 2019 年 4 月
单次交易限值	1 000 元	5 000 元
年度交易限值	无	26 000 元
单件不可分割且超出单次交易限值的商品	按行邮税征税	按一般贸易方式全额征税
应征税率	视商品种类分为 13％、20％、50％	关税：暂设为 0 增值税：9.1％（13％×70％） 消费税：根据商品种类的税率×70％
应征税额 50 元以下	免征	不免征

跨境电商兴起之前，国内消费者只能通过海外旅游购物、直邮代购等渠道购买海外商品，购买渠道有限，商品选择少，价格也比较高。如今，消费者通过跨境电商零售方式购买进口农产品及食品，不仅十分便捷，在价格上面也有很大优势。在跨境零售进口方式下，增值税、消费税的税率可享受七折优惠，税率整体比一般贸易低。例如消费者要购买进口龙虾，在一般贸易方式下，综合进口税率在 16％左右，而在跨境电商方式下，综合税率只有 6.3％。相信消费者更愿意选择用跨境电商方式购买同样的进口海鲜。

（2）跨境电商零售出口税收

"无票免税"政策。2018 年 9 月 28 日，财政部、国家税务总局、商务部、国家海关总署联合发布了《关于跨境电子商务综合试验区零售出口货物税收政策的通知》（财税〔2018〕103 号），对所有跨境电商综试区内的跨境电商出口未取得有效进货凭证的货物，同时符合下列条件要求的，试行增值税、消费税免税政策：电子商务出口企业在综试区注册，并在注册地跨境电子商务线上综合服务平台登记出口日期、货物名称、计量单位、数量、单价、金额；出口货物通过综试区所在地海关办理电子商务出口申报手续；出口货物不属于财政部和国家税务总局根据国务院决定明确取消出口退（免）税的货物。

跨境电商出口企业所得税优惠政策。2019 年 10 月，国家税务总局发布《关于跨境电子商务综合试验区零售出口企业所得税核定征收有关问题的公告》（2019 年第 36 号），综试区内的跨境电子商务零售出口企业应准确核算收入总额，采用应税所得率方式核定征收企业所得税，应税所得率统一按照 4% 确定。同时，优惠政策还实现了叠加，根据政策要求，综试区内实行核定征收的跨境电商企业符合小型微利企业优惠政策条件的，可享受小型微利企业所得税优惠政策；其取得的收入属于《中华人民共和国企业所得税法》第二十六条规定的免税收入的，可享受免税收入优惠政策。

新政出台进一步明确了出口电商的征税标准，解除了跨境电商出口一直以来面对的税务风险，同时也有利于农产品跨境电商出口向着阳光化、合规化发展。

（二）农产品跨境电商市场活力凸显

1. 农产品跨境电商出口稳步发展

随着我国农业转型升级，农产品品质不断提高，农产品出口规模和效益稳步提升，在此背景下，农产品跨境电商出口也实现了稳步发展。商务大数据显示，在 2019 年跨境电商出口额排名前十商品大类中，"食品；饮料、酒及醋；烟草及制品"出口额为 20.7 亿元，排名在第十位。来自阿里巴巴的大数据显示，截至 2019 年 7 月，阿里巴巴国际站农业行业商品 SKU（单品）数为 111 万个，借助阿里国际站跨境电商平台，我国农产品出口连续三年复合增长率超过三位数，目前，中国的农产品已经销往全球 100 多个国家和地区。

2. 农产品跨境电商进口持续增长

近年来，跨境电商进口成为外贸新的增长点，加上国内消费升级，消费者对优质、绿色、安全的农产品及食品的需求更是飞速增长，驱动农产品跨境电商进口持续高速增长，已经成为国家扩大农产品跨境消费的重要抓手。商务大数据显示，在 2019 年跨境电商进口额排名前十商品大类中，"食品；饮料、酒及醋；烟草及制品"进口额为 311.1 亿元，排名第二位；"动、植物油、脂、蜡；精制食用油脂"进口额为 13.6 亿元，排名第十位。

（三）农产品跨境电商渠道日渐多元化

我国农产品跨境电商已形成了 B2B、B2C、B2B2C 等主流模式，并逐步与新零售、社交电商、直播电商、一般贸易等呈现融合发展的态势。

1. 农产品跨境电商 B2C 模式

在出口方面，我国农产品跨境电商 B2C 出口处于起步阶段。由于农产品及食品的特殊性，可出口的品类受限。跨境电商 B2C 模式可选择的平台也比较少，各大平台对于食用的品类都不太鼓励，对农产品上架审核十分严格，一般中小型农企无法在平台上进行销售。例如，Shopee、wish 等平台不设农产品类目；阿里速卖通上农产品、食品也比较少。总体上，我国农产品跨境电商 B2C 出口发展相对滞后，这在一定程度上也与国内农产品供应链体系低于国际水平、农产品跨境电商公共服务体系不够完善等有关，亟须通过优化整合农产品跨境电商政策、人才、物流、技术、资金、基础设施等要素资源来激活市场。

在进口方面，我国农产品跨境电商 B2C 进口处在平稳增长期。在跨境电商 B2C 进口模式中，跨境电商平台的作用至关重要。我国跨境电商进口平台数量众多，以运营方式划分，可分为自营性平台、开放性平台和混合平台。天猫国际、考拉海购、京东国际等都开设了农产品食品专区，不断扩充海外农产品品类，通过跨境电商平台，消费者可以直接购买来自世界各国的农产品。国内农产品跨境电商零售进口头部效应明显，这一定程度上是源于农产品进口供应链较长，对于清关报关、物流仓储、风险防控等要求较高，整体运营成本高、难度较大，头部综合性跨境电商企业在平台、资源、资本、管理、运营等多方面具有较强优势，且常年积累了海量客户，在消费者心中拥有天然的品牌优势和高信任度。

2. 农产品跨境电商 B2B 模式

在出口方面，农产品跨境电商 B2B 出口处在成长期。跨境电商平台经过多年发展，从信息平台到交易平台再到数字化平台，服务内容不断深化。B2B 模式具有客源稳定、买卖双方合作时间长的优势，已经进入较为成熟的发展阶段，3C、五金、服装等行业集中度都比较高，相比之下，农产品行业发展稍显不足，农产品跨境电商 B2B 出口整体上呈现出规模小、平台少、发展慢、潜力大等特点。在农产品跨境电商 B2B 出口模式中，综合性第三方平台以阿里巴巴国际站为代表，垂直类平台以"杨凌农科"跨境电商平台为代表。

❖ **典型案例**

"杨凌农科"农产品跨境电商交易平台于 2018 年 3 月上线，是由中国唯一的农业自贸区——杨凌示范区管委会主导的垂直类农产品跨境电商交易平台，打造了"杨凌农科公共品牌＋农产品高端国际展会＋跨境电商交易平台＋海外仓"的跨境贸易模式。2019 年，交易额达 6 483 万美元，同比增长 13.6%，以生鲜、干货为主的农产品发往俄罗斯、乌克兰、蒙古、新加坡、阿联酋等 16 个国家，在新加坡、迪拜、印度尼西亚等地拥有海外冷库交割仓。

"杨凌农科"农产品跨境电商交易平台运行模式如图 5 所示。

图 5 "杨凌农科"农产品跨境电商交易平台运行模式

该平台设置高入驻门槛，会员以市级以上农业龙头企业为主，充分发挥品牌价值超过 600 亿元的"杨凌农科"的品牌引领作用，通过"出口联合经营"的方式，为企业出口提供 CAIE 杨凌农科国际品牌授权，吸引了 2 000 多万的海外农业"点对点"采购商流量，每年约有 100 亿美元左右的国际农产品采购订单需求，在与以工业品采购流量为主的阿里巴巴国际站、以快速消费品采购流量为主的敦煌网的市场竞争中表现亮眼。

在进口方面，农产品跨境电商 B2B 进口进入数字化转型期。2019 年，交易撮合服务依然是农产品跨境电商 B2B 进口的主流模式，并逐步实现从提供求购信息和供应信息在线对接服务的信息平台向数字化平台转型，直接跳过了交易平台阶段。借助招商直播、视频展播、直播采购等方式，平台重构撮合交易场景，全球线上线下同步直播，高效推动数

字化展示和对接交易，进一步降低信息不对称的弊端，使产品细节展示更加生动、更加形象，极大提高了跨境农产品及食品的交易成功率。未来，在 5G 技术支撑下，随着直播深度融入平台营销领域，作为能够实现采购商与供应商之间沟通的重要渠道，该模式将会在整个平台数字化转型建设中释放更重要的价值。

3. 农产品跨境电商 B2B2C 模式

在出口方面，农产品跨境电商 B2B2C 出口模式以海外仓为核心，对跨境电商贸易出口的支撑服务能力不断优化升级。作为跨境贸易"新基建"的重要组成部分，海外仓为农产品企业开拓海外市场提供产地直采、直邮、生鲜加工、数字营销、海外接洽、大数据选品、展示宣传、本土化运营等复合型多元化的服务，大大提高了农产品跨境电商出口的便利化水平。

不同于工业品，农产品保质期短、易变质腐烂，在跨境贸易运行过程中，如果采用直邮运输，覆盖的海外市场范围有限，成本比较高。海外仓能为农产品卖家在销售目的地提供农产品冷冻仓储、加工、保鲜、养护、冷链派送等一站式管理服务，国外消费者在线上购买农产品后，卖家只要对海外仓库下达指令即可完成订单履行，大大缩短了从国内发货到目的地的周期，减少了运输过程中农产品的损耗。如果有退换货的情况，也可轻松解决，有助于大幅度提升海外消费者的购物体验。因此，有一定保存时间、形成稳定订单的农产品及食品非常适合采用海外仓模式开展跨境电商出口业务。

在进口方面，B2B2C 模式成为农产品跨境电商创新发展新的增长点。在大数据、云计算、物联网、区块链等信息技术的支撑下，农产品跨境交易的领域和范围不断扩大，跨境电商与一般贸易、新零售融合创新的步伐不断加快，海外农产品 B2B2C 全渠道新零售迅速崛起，海外农产品进口在线上与社交、短视频及直播产业合力发展，在线下与实体零售、社区电商及物流到家产业叠加创新，重构"人、货、场"三要素，实现了线上线下全渠道场景化。

4. 跨境社交电商等新模式发展迅速

农产品具有独特的地域性和非标化等特性，对于跨境在线销售来说，直播电商、短视频等不仅可以减轻文化和语言的差异，还可以生动地呈现农产品生产、种植的全过程，打破信息的不对称，让消费者更加直观和方便地了解海外农产品，增加可信度，已经成为农产品跨境数字营销和流量引入的重要手段。

在出口方面，跨境社交电商有望成为带动农产品国际化的新引擎。为了加速品牌化和国际化进程，良品铺子、三只松鼠等纷纷布局 Facebook、YouTube 等海外社交媒体，以贴近用户的方式，获取更多流量，增加品牌的认知度和国际影响力。截至 2020 年 1 月，YouTube 上中国区粉丝数 TOP 4 的网红创作者依次为：李子柒（816 万人）、办公室小野（814 万人）、滇西小哥（377 万人）、The Food Ranger（373 万人），其中 3 个都与中国美食文化相关。李子柒、滇西小哥、The Food Ranger 等展现了中国特色美食与文化生活，也体现出了中国特色美食在全球市场的巨大吸引力，为农产品借网跨境积蓄了巨大能量。

在进口方面，来自天猫、淘宝、抖音、天天果园等平台上的网红主播、达人、店铺主等，在泰国、马来西亚、迪拜等地开启原产地直播，呈现海外榴梿、樱桃、龙虾等农产品种植和生产的原生态场景，通过原产地溯源直播，获得了更多消费者的信任。在直播间，凭借主播与消费者的强互动性，也大大提高了农产品及食品营销的转化率。2020 年 5 月，为了促进全球受疫情影响滞销商品的销售，天猫国际联合淘宝直播共同发起跨国助农项目"国家爆款"承包计划，直播期间，卢旺达大猩猩咖啡豆 1 秒卖出 1.5 吨，来自智利的红酒酒庄卖空了 2020 全年的库存，比利时膳食纤维粉 5 分钟卖光了以日销 10 倍备货的商品。未来一年，天猫国际还将与五个国家合作，承包一定量的乌拉圭牛奶、斯里兰卡茶叶、马来西亚燕窝、挪威鱼油、意大利葡萄酒等产品的销售。

（四）农产品跨境电商特色商品更受欢迎

1. 婴儿奶粉和生鲜产品成为跨境电商零售进口两大领头羊

国内跨境电商零售进口清单顺应消费趋势动态调整，在清单中，基本囊括了粮油、蔬菜、水果、肉类、奶类、海鲜等常见的品类，其中，婴儿奶粉是消费占比最高的品类，海外生鲜品是增长最快的品类。

海外进口婴儿奶粉广受欢迎。90 后等新兴消费群体逐渐成为跨境电商母婴消费的主要人群。来自天猫国际的数据显示，母婴品类已经成为跨境购第二大品类。在跨境电商母婴各大品类中，婴儿食品类占据主要地位，也说明消费者对进口母婴产品更加信赖，日本、美国、德国成为最受欢迎的来源国。

跨境生鲜引爆新一轮增长。在国内消费升级背景下，品质消费浪潮兴起，消费者对优质、新鲜、安全、绿色的农产品日益追捧，一品多地成为趋势，生鲜农产品成为跨境电商新一轮增长引爆点。在近来的"双十一"中，巴西牛腩牛腱、澳大利亚牛排等海外原产地生鲜实现了三位数的增长，阿根廷红虾、墨西哥牛油果、加拿大北极甜虾、东南亚黑虎虾、新西兰佳沛奇异果、泰国榴梿等都成为平台上短期内的销售"爆品"。

丝路沿线特色产品需求旺盛。随着"一带一路"倡议的推进，丝路沿线各国的特色农产品也借助跨境电商插上翅膀，进入中国，国内消费者足不出户便可以品尝来自世界各地的特色农产品。根据《eWTP 助力"一带一路"建设——阿里巴巴经济体的实践》报告，丝路沿线国家特色商品地图显示，来自泰国的香米，马来西亚的饼干、速溶咖啡，匈牙利巧克力，俄罗斯的糖果，菲律宾的芒果干，越南的速溶咖啡，希腊的橄榄油，斯里兰卡的红茶，阿联酋的椰枣，伊朗的藏红花等商品，深受中国消费者喜爱。

2. 来自中国的特色小品类农产品广受世界消费者欢迎

特色小品类成为出口的关键突破口。在跨境电商的带动下，国内农产品加速实现国际化，同时也体现了我国农产品的特色。江西米粉、甘肃中药材、河南香菇、甘肃豆皮、贵州茶叶、湖北小龙虾、陕西苹果、云南花卉这些特色小品类的地域特色鲜明、饮食文化烙印明显，尚未形成规模化、标准化，却借助互联网的渠道在全球找到了合适的消费群体，成为农产品跨境电商出口的关键切入点和突破口。

· FT news 报道称，江西农民阿红创业做跨境电商，通过亚马逊平台，把自家米粉卖向马来西亚等地，实现月收入 5 万元。

· 中国新闻网报道称，2020 年 3 月，自全面复工生产后，宕昌首批 125 千克党参薄片样品通过跨境电商出口美国。此前，在防治新冠肺炎"甘肃方剂"公布的药方里，党参、黄芪等中药材列入其中，促使近期市场需求增大。

· 《南阳日报》报道称，河南西峡香菇入选阿里巴巴"亩产一千美金"计划，如今搭乘跨境电商快车，出口加拿大、日本、韩国等 30 多个国家和地区，2019 年累计创汇 52 亿美元。

· 甘肃良源电商公司是礼县跨境电商贸易的龙头企业，2016 年成立了外贸跨境电商团队，在青岛成立了外贸办事处，出口苹果、大蒜、土豆等生鲜果蔬至日本、冈比亚、贝宁等国家，2019 年累计跨境电商出口 3 860.6 万元。

• 甘肃兆丰农业公司主要开发腐竹、油豆皮、豆干、豆包等豆制品，现为甘肃省最大的绿色食品豆制品生产基地，成功取得腐竹和油豆皮两项绿色食品认证、HACCP 食品质量安全体系认证。企业通过淘宝、1688 陇南产业带等线上线下平台销售特色豆制品，2019 年实现出口 168 万元，产品销往马来西亚、新加坡、美国等地区。

• 亚盛好食邦是农垦旗下的公司，开通了亚盛集团阿里巴巴大宗商品国际站、亚盛国贸公司阿里巴巴国际站，采取双平台运营模式，积极打造数字化外贸。2020 年的询盘数是 2018 年的五倍，近三年累计向巴基斯坦、韩国、西班牙等 10 多个国家出口食葵、洋葱、马铃薯、红枣等甘肃农垦优质农产品 11 902 吨，出口创汇 1 380 万美元。

国际市场对中国坚果、食用油及动物制品需求强烈。阿里巴巴大数据显示，2019 年阿里巴巴国际站农业行业出口排在前三位的品类依次为坚果及干果、食用油和动物制品。由于坚果及干果类产品具备标准化、非即食性、低频消费等特性，同时单价适中，不需要低温运输，保质期又相对较长，非常适合在跨境电商渠道发展。在阿里巴巴国际站上，2019 年农业行业主要买家来源地排在前三位的依次是印度、美国和巴基斯坦（图 6）。

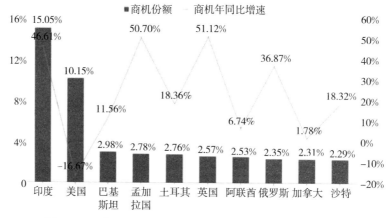

图 6　2019 年阿里巴巴国际站农业行业 TOP 10 买家来源国
（资料来源：阿里巴巴国际站。）

三、农产品跨境电商创新实践和发展经验

（一）创新引领发展，重塑农产品出口贸易数字化新格局

1. 创新跨境电商扶贫模式，提升电商扶贫效益

农产品跨境电商是普惠项目，能给农村、农民、中小农企带来更多新机遇。目前，电商扶贫成为各地脱贫攻坚的重要抓手，各地政府和企业不断创新升级电商扶贫新模式，在"全渠道电商＋特色产品＋贫困户"的电商扶贫链条中叠加释放跨境电商价值，推动特色农产品通过跨境交易平台对接全球大市场，卖到世界各地，吸纳贫困户到跨境农产品网货生产、加工、包装、物流、营销、售后等产业链环节中务工就业，进一步提高电商扶贫可持续发展成效，开创电商扶贫新局面。

例如，甘肃省陇南市礼县远亮果蔬有限公司创新"公司＋跨境电商＋贫困户"扶贫模式，利用跨境电商、传统外贸等资源，在全县大量收购苹果，涉及贫困户 684 户、3 109人。公司组建的电商团队核心成员均为贫困户，让贫困群众实现家门口就近就业。陇南市徽县兆丰农业开发公司将开发的豆制品通过1688陇南产业带、阿里1688平台和淘宝店铺销往世界各地，2019年度销售额到达2 350多万元，出口总额168万元，带贫300户，吸纳贫困户12人就业。

2. 挖掘跨境电商渠道价值，赋能农产品国际化

在传统农业贸易中，我国绝大多数涉农企业是以国际知名食品品牌代工厂的角色参与市场竞争的，始终未能掌握全球农产品零售市场渠道和话语权，打造农业国际品牌的难度更大。数字贸易时代，跨境电商平台帮助农企直接触达国外农产品进口商、国外批发商，甚至与来自全球的终端消费者进行互动，改变了原来单一的大宗农产品贸易方式，为打破国际农业贸易渠道垄断提供了新的路径。企业通过跨境电商渠道开辟国际市场，不断延伸产业链，开发独立包装、高附加值的农产品，培养自己的农业品牌，以品牌化带动农产品国际化为导向，在传统农产品国际市场中开辟出了新的空间，促进全球农业价值链重新分工，推动我国实现向全球农业价值链中高端迈进。

❖**典型案例**

山东金乡县是著名的"中国大蒜之乡"，有着"世界大蒜看中国，中国大蒜看金乡"的美誉。过去，金乡大蒜多以原材料方式被沿海的第三方公司、外商企业采购，或者沦为国际知名零食品牌的代工厂。现今，借助跨境电商，金乡大蒜直接对接全球消费者，能够准确了解和把握国际市场需求，在原有传统原材料贸易的基础上，横向延伸业务链条，纵向拓宽产品深度，开发满足终端消费者的大蒜汁、大蒜粉、大蒜素，将产业链延伸到调料、零食、保健品等各个领域，不断丰富产品品种、品类以及品牌，将过去厂家或少数人使用的专品变成大众普遍消费的快消品。近3年来，金乡开拓了8个新的国际出口市场，仅南美对金乡以大蒜为主的农副加工品采购就达到20多亿美元，跨境电商作为金乡传统贸易下的重要补充渠道，价值日益凸显。

3. 碎片化订单倒逼供应链优化，反哺农业提质增效

跨境电商改变的不仅是销售终端，企业的获客渠道、产品选择、生产研发、支付结算、运输方式、品牌塑造，乃至供应链对接模式，都发生了深刻变革。

跨境电商挖掘了原先未开发出的海外市场，农业企业可以获得很多来自不同国家的订单。为了满足碎片化、个性化、小批量、多批次的跨境电商订单需求，倒逼农产品供应链具备更快速的反应能力，以及更具灵活性和柔性的生产能力。通过数字化的跨境电商平台，使得农产品供应链从"链状"协作模式向"网状"协作模式转变，提升了供应链协同效率；基于来自数字农业设施设备的监测和控制，可以推动农产品供应链动态调整和优化，根据订单需求的不同创新研发"小而美"的优势特色农产品。未来，借助跨境电商平台聚合订单需求达到一定规模后，还将推动形成国际农产品反向定制模式，进而赋能新型农产品加工业实现升级迭代。

❖**典型案例**

贵州灵峰科技电商公司将开发的新品茶放在跨境电商平台上进行销售，再将销售数据和用户反馈情况与茶产业种植、生产技改、创新研发等环节有机结合起来，集中开发国内茶和出口茶。在"都匀毛尖"区域公用品牌下，建设多个子品牌，设计不同系列产品、包

装礼盒，面向国内外市场打好低中高端产品组合拳。绿茶主攻以上海为主的长三角市场；红茶主攻以广州为主的"粤港澳大湾区"；出口茶以俄罗斯、阿根廷等为重点，主攻欧洲、中亚、南美、非洲等市场。目前，企业已布局阿里巴巴国际站、亚马逊、eBay 等重要跨境电商平台，贸易洽谈国家达 20 余个，年出口额突破 500 万美元。

（二）制度开放先行，释放进口农产品多元消费新活力

1. 降低市场准入门槛，促进农产品进口贸易便利化

为了支持和促进跨境电商进口贸易健康、快速、有序发展，我国在推动跨境电商进口贸易便利化上进行了大胆的创新实践，为海外农企更快地进入中国市场、服务国内农产品市场需求提供了更为高效、便捷的进入通道。

在一般贸易模式下，海外农企开拓中国市场需要完成注册备案，满足较为严格的农产品及食品质量安全标准，而且还要受到农产品出口配额制度限制，落地壁垒较高。而跨境电商作为近年来高速发展的新兴业务模式，受到国家更多开放政策支持。根据规定，属于跨境电商零售进口商品"正面清单"内的商品，不执行有关商品首次进口许可批件、注册或备案要求，进口准入门槛相对较低。以保健品为例，海外企业进入中国市场需要获取 CFDA 保健食品标志，审批时间需要 1～2 年。跨境电商贸易模式可将传统进口渠道 1～3 年的引进周期缩短至 2～6 个月，大大降低了企业准入成本。

在现行政策下，跨境电子商务贸易进口商品不要求在商品上加贴中文标签，只需要在平台上用中文告知消费者有关的产品基本信息并附防伪码，如淘宝、京东、亚马逊等平台上销售的进口农产品及食品大多没有中文标签，只有防伪码，消费者可通过网站查看商品中文电子标签。而在一般贸易模式下，以越南水果进口为例，所有进口到中国的水果必须通过中国海关来注册原产地可追溯性的印章，并贴在产品或包装上。标签上必须包括有关种植园、包装设施等中文信息，这些信息必须从出口国获得，出口国需要经过中国海关总署的认定。可见，在商品监管方面，跨境电商模式享有的政策比传统国际贸易更为宽松。

2. 精准化服务支撑，打造海外农企入华跳板

在跨境电商作用下，中国作为全球农业品牌市场的重要性也日益上升。对于首次进入我国市场的海外农产品及食品品牌商而言，最大的挑战莫过于不了解国内的消费趋势和消费习惯，在一般贸易下，进入门槛高，如果采取大规模进入的方式，可能面临较大的不确定风险。跨境电商平台通过数据化的运营，能够为海外品牌商提供中国消费者购买偏好信息以及国内品牌商、农副市场、超市等需求信息，让海外品牌商快速了解中国市场，更加贴近市场需求，为其提供了更加低成本、低风险、高效率试水中国市场的机会。如今，越来越多的海外农业及食品品牌商选择跨境电商作为开拓中国市场的首选渠道。

第二届进博会期间，电商企业成为活跃在进博会采购军团中的一支重要力量，阿里巴巴、京东、苏宁、考拉海购等电商平台均向全球供应商开出了百亿元至千亿元级的超级订单，泰国、俄罗斯、墨西哥、秘鲁、阿根廷等 10 个国家宣布进驻天猫开设国家旗舰店，并携带"国家特产"参加"双十一"活动，其中包括新西兰大龙虾、智利车厘子、马来西亚猫山王榴梿、泰国金枕头榴梿、秘鲁蓝莓、阿根廷牛肉等。

3. 融合叠加跨境新零售渠道，助力消费体验升级

在政府和企业的双重支持下，"跨境电商＋新零售""跨境电商＋一般贸易"等模式的融合创新不断升级，通过线上线下新零售一体化运营，正在重塑国内消费者对全球特色农

产品及美食智能消费的新场景。

目前，天猫国际、考拉海购、海囤全球等纷纷开设了线下体验店，消费者既可以在各大平台的线上农产品及食品专区购买农产品，也可以前往实体跨境体验店，通过门店扫码、App、小程序等下单，消费者只要在店内扫码下单，海关自动比对三单信息，最快当天就能收到由保税仓发出的海外优质农产品和美食。在新零售环境下，贸易流、物流、资金流、信息流高效整合，使得供应链效率大大提升。以盒马鲜生为例，来自全球各地的海鲜可实现在半径 3 公里 30 分钟快速送达服务，带给消费者极致的体验。基于线上线下一体化运营，商家还向消费者推送农产品食品上新、饮食文化推介、店铺优惠信息、体验互动活动等内容，构建更精准、多维度、立体化的消费场景。鉴于农产品的特殊性，到店体验可以增加信任度，落地跨境新零售渠道，可以触达更多消费者，刺激新的购买欲。

四、农产品跨境电商发展建议

伴随着跨境电商在农产品贸易中的渗透率不断提高，国际国内电商产业链和生态体系不断完善，我国农产品跨境电商快速发展迎来了窗口期，市场上涌现出了 B2B、B2C、B2B2C、农产品跨境直播等新模式新业态，吸引了跨境电商企业、传统龙头农企、互联网食品品牌企业、新型经营主体、中小微农企等市场主体广泛参与。与此同时，我国农产品跨境电商发展尚处在初级阶段，受限于国内农产品供给质量不高、标准化和品牌化建设不足、质量安全认证体系不完善、溯源体系不健全、国际物流仓储和冷链设施不充足、农产品国际竞争力不强、专业化服务生态发展滞后等条件制约，我国在农产品贸易上的优势尚未通过叠加跨境电商发展释放倍增效应，农产品跨境电商发展的空间还很大，巨大的市场潜力有待进一步挖掘。

（一）因地制宜精准施策，激发农产品跨境电商高质量发展新动力

我国政府高度重视跨境电商、农产品电商、数字农业等新经济业态的发展，将其视为决胜未来全球竞争的关键，各级部门围绕不同领域，出台了一系列的扶持政策。农产品跨境电商供应链条长，发展难点、痛点比较多，单纯依靠企业力量推动难度较大，需要政府在现有政策基础上，出台专项政策，围绕农产品垂直类跨境电商平台建设、市场主体培育、农产品标准化、国际物流仓储及冷链基础设施、食品质量安全认证与溯源体系、国际农业品牌培育、专业人才培训等出台一些针对性、精准性的政策，真正解决产业发展的关键掣肘问题，为农产品跨境电商发展提供强有力的政策支持、环境支撑和措施保障。

（二）聚焦特色产品，培育区域农产品跨境电商新业态

由于地域特征、自然条件、气候环境、风俗习惯等因素的影响，世界各国农产品的产业结构、市场潜力、消费习惯等存在很大的差异，而农产品跨境电商碎片化、个性化订单的特性非常适合特色农产品小品类区域市场优势的发挥和市场潜力的释放。应把做大做强优势特色小品类作为提升农产品跨境电商产业发展的关键突破口，以具有资源禀赋、比较优势、品质优良、特色鲜明的农产品为依托，因地制宜、因品施策，深耕特色农产品小品类跨境电商，重点发力"小而精、小而特、小而美"的区域农产品跨境电商贸易新业态。充分发挥跨境电商直接对接国际消费者的优势，瞄准目标市场需求，实现真正的特色小品类消费聚焦，整合资源，叠加升级农产品标准、质量认证、溯源、品牌等供应链支撑服务能力，构建更为细分的农产品跨境电商消费市场。

（三）深化供应链联动，推动形成国内国际双循环相互促进新发展格局

进一步刺激农产品跨境消费，有效扩大市场规模，做强国内市场，带动国内农产品电商供应链进一步完善，优化农产品供给结构，打通农产品贸易环节；持续扩大特色海外农产品进口，吸引更多海外特产和美食借助跨境电商平台进入国内市场，打造全球特色农产品食品消费中心，提高外循环发展动力，推动内外贸农产品供应链协同、产业链协作，带动中国特色农产品跨境电商出口。提升农产品标准、认证、溯源、品牌等供应链支撑服务能力，减小传统农业企业及外贸企业向跨境电商转型的难度，大幅降低产业进入壁垒，助力企业赛道转换和渠道升级，释放农产品跨境电商产业价值，推进形成农产品跨境电商国内国际双循环相互促进的新发展格局。

（四）借力跨境电商赋能农产品品牌化，拉动我国农业迈入国际化快车道

在传统贸易中，我国农企大多数都是国际农业大品牌的代工厂，打造农业国际品牌难度较大。互联网改变了传统贸易的方式，也颠覆了品牌的创建和运营的路径，跨境电商已成为驱动企业快速创建品牌、扩大品牌认知度、加快品牌国际化的重要渠道之一。应引导企业进一步提高跨境电商为农业品牌建设带来的价值认知，借助渠道优势，通过数字化贸易平台建立起与国际消费者的沟通、互动渠道，以消费者需求为导向，加快优质农产品的创新开发与迭代，提升用户体验，进一步增强品牌黏性，再借助互联网传播性强、覆盖面广的优势，加速农业品牌"出海"，带动农产品国际化。结合农业农村部"品牌强农"战略落地，打造一批地域特色鲜明的"小而美"特色农产品品牌，进一步挖掘中华农耕文化内涵，在跨境特色农业品牌的培育上加大支持力度。

附件1　中国与重要贸易伙伴合作情况

一、美国

长久以来，农业是发展中美关系、深化中美合作的重要领域，在跨境电商蓬勃发展的背景下，天猫国际、京东国际、考拉海购等国内大型电商也都早早布局美国农产品供应链，凭借自身电商渠道优势、物流基础设施以及供应链管理能力，将美国的农产品食品直销回国，帮助美国中小农企和农户开拓中国市场。

以天猫国际为例，天猫国际先后与美国生鲜 B2B 平台 GrubMarket、美国农贸处、美国华盛顿州苹果协会、美国加州樱桃等企业、商协会等建立合作关系，美国车厘子、华盛顿苹果、阿拉斯加帝王蟹、美国黑豚猪、泰森鸡肉、阿拉斯加黑鳕鱼等百种农产品被搬上了中国百姓餐桌。在平台"双十一"活动期间或者遇到销售旺季，加力果、苹果、阿拉斯加海产、车厘子等都实现了爆发式增长，成为平台短期的网红爆品。

然而，近年来，美国政府多次对中国输美商品加征关税，涉及大豆、干鲜水果、猪肉及制品等多种农产品，作为应对措施，中国也陆续公布了对原产于美国的进口商品加征关税的商品清单。中美贸易摩擦不断，给中美跨境电商发展带来了一定的挑战。

二、俄罗斯

俄罗斯是我国跨境电商出口的重点新兴市场，目前，俄罗斯跨境网购的商品有 90% 来自中国，中俄跨境电商贸易逐步成为双边经贸关系的增长点和新亮点。

在国家政策层面上，中国和俄罗斯签署了《关于电子商务合作的谅解备忘录》，中俄双方建立电子商务合作机制，共同推进"丝路电商"合作，为中俄跨境电商发展奠定了良好的基础。

在企业合作层面上，阿里速卖通是俄罗斯境内访问量最高的跨境电商平台，为俄罗斯消费者提供包括农产品在内的中国优质品牌商品。而在京东、天猫、考拉海购等国内跨境电商平台上，也都能看到俄罗斯出产的糖果、巧克力、啤酒等食品，这些食品受到广大中国消费者的青睐。

在区域合作层面上，黑龙江省与俄罗斯相邻且农业发达，我国首条国际冷链物流专列"龙海号"以齐齐哈尔为起点，将全国各地的新鲜果菜、冷冻食品高效快速地送达俄罗斯及欧洲其他国家。俄罗斯等欧洲国家的新鲜农产品，诸如帝王蟹、三文鱼、奶酪等也可通过专列运回，实现从源头产地直达消费者餐桌，为中俄农产品跨境电商物流运输提供了极大便利。

三、日本

随着跨境电商的便利化，国内对日本农产品以及食品的需求正在迅速增加。2019 天猫"双十一"期间，在进口国家地区 TOP 10 榜单中，日本居首，成为"双十一"收获最大的国家，整个淘系拥有超过 1 000 个日本品牌。在食品农产品领域，日本食品巨头卡乐比早在 2016 年便在天猫国际开设 Calbee 海外旗舰店，成为第一家入驻天猫的日本食品企业，开始在中国市场销售人气干果营养麦片、薯条，成为备受中国消费者欢迎的"爆买"

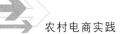

对象，之后也引发了信太郎、森永等一贯谨慎的日本零食品牌纷纷将电商作为更有效进入中国市场的重要渠道。

四、澳大利亚

数据显示，在澳大利亚对华出口中，以食品为代表的普通商品比重正在快速增加，谷物粉、乳制品甚至在成倍增长。其中，跨境电商发挥了重要的拉动作用。来自天猫国际和CBNData的研究显示，澳洲品牌位于天猫国际平台国外产品销售的第五位，该平台上最受欢迎的澳洲产品品类是健康和营养补充剂、奶粉、膳食补充剂以及咖啡。

首届进博会期间，在澳大利亚内陆车厘子被准入中国市场的第一时间，京东生鲜便成为其在国内的线上首发平台。双方通过"直采模式"合作，实现国外果园直达国内餐桌，澳洲车厘子最快 12 小时即可进入中国境内，最快 48 小时可送到消费者手中，最大限度让消费者吃到最好品质的进口水果。

五、东盟

2019 年，中国与东盟间的经贸往来密切，东盟超过美国、欧盟，成为中国最大的贸易伙伴。中国与东盟国家开展跨境电商业务合作主要集中于泰国、马来西亚、新加坡和印度尼西亚。

在国家政策层面上，商务部先后与越南、柬埔寨签署了《关于电子商务合作的谅解备忘录》《关于成立电子商务合作工作组的谅解备忘录》，加强政策沟通、企业合作、能力建设、人员培训和联合研究等电子商务领域的交流合作。

在企业间合作层面上，2019 年，马来西亚首次向中国出口整颗液氮冷冻带壳榴莲，选择在天猫、盒马、淘宝吃货三大平台联合首发。共抗疫情期间，泰国香米、榴莲，马来西亚白咖啡等商品在中国电商平台热销。在"走出去"方面，阿里巴巴、京东等中国主流电商企业通过收购、入股等方式加大对东盟电商、支付等企业的投资，带动东盟国家相关产业发展。目前，由阿里投资的 Lazada 已成为东南亚地区最大的在线购物网站之一。

在区域合作层面上，广西利用优越便利的区位优势，积极发展与东盟国家的农产品食品跨境电商业务，海购 365 平台、蚂蚁洋货、华南城"东盟购"等一批本地跨境电子商务平台发展壮大，并与越南、马来西亚、泰国等东盟国家建立合作关系，向国内提供优质的东盟产品，初步成为我国面向东盟开展跨境电商贸易的主渠道。

附件 2　跨境电商监管模式介绍

一、直购进口模式（9610 进口）

按照海关解释，符合条件的电子商务企业或平台与海关联网，境内个人跨境网购后，电子商务企业将电子订单、支付凭证、电子运单等传输给海关，电子商务企业或代理人向海关提交清单，商品以邮件、快件方式运送，通过海关邮件、快件监管场所入境，按照跨境电商零售进口商品征收税款。该模式在市场上通称集货进口，跨境电商的一些"长尾"商品多数通过此模式通关。

二、网购保税进口模式（1210 进口）

按照海关解释，该模式是指符合条件的电子商务企业或平台与海关联网，电子商务企业将整批商品运入海关特殊监管区域或保税物流中心（B 型）内并向海关申报，海关实施账册管理。境内个人网购区内商品后，电子商务企业或平台将电子订单、支付凭证、电子运单等传输给海关，电子商务企业或代理人向海关提交清单，海关按照跨境电商零售进口商品征收税款，验放后账册自动核销。该模式在市场上通称保税备货，跨境电商企业根据市场销售情况进行预测，将一些畅销品提前备货到保税区，消费者下订单后，经过三单对碰、清单核放等，商品出区，送达消费者手中。

三、一般出口模式（9610 出口）

按照海关解释，符合条件的电子商务企业或平台与海关联网，境外个人跨境网购后，电子商务企业将电子订单、电子运单等传输给海关，电子商务企业或代理人向海关提交申报清单，商品以邮件、快件方式运送出境。综试区海关采用"简化申报、清单核放、汇总统计"方式通关，其他海关采用"清单核放、汇总申报"方式通关。该模式在市场上通称为集货出口，是跨境电商出口的主流模式。

四、特殊区域出口模式（1210 出口）

按照海关解释，符合条件的电子商务企业或平台与海关联网，电子商务企业把整批商品按一般贸易报关进入海关特殊监管区域，企业实现退税；对于已入区退税商品，境外个人网购后，海关凭清单核放，出区离境后，海关定期将已放行清单归并形成出口报关单，电商凭此办理结汇手续。该模式在市场上通称为备货出口，此模式与"一般贸易＋海外仓"模式相比较，存在二次报关、配送时效差等问题，基本没有优势，出口量很少。

附　录　五

全国农产品跨境电子商务发展报告
（2020—2021）

农业农村部信息中心
中国国际电子商务中心
2021 年 12 月

前　　言

　　2020 年是我国"十三五"规划收官之年，也是全面建成小康社会、决战决胜脱贫攻坚之年。"十三五"时期，我国农业贸易实现稳步增长，全球贸易大国地位进一步巩固。

　　2020 年以来，在新冠肺炎疫情全球蔓延的背景下，新一代信息技术加速向农产品贸易领域渗透，农业农村电商与跨境电商进一步创新融合，带动农产品跨境电商新业态、新模式蓬勃发展，成为稳定农产品贸易基本盘的有效举措、驱动农业农村电商创新升级的重要引擎、推动农村数字经济与实体经济融合的关键动能、助力巩固脱贫攻坚成果同乡村振兴有效衔接的超常规武器。

　　2020 年，我国农产品跨境电商贸易规模持续扩大，呈现高速增长态势，凸显了新业态的巨大活力。据中国国际电子商务中心研究院测算，2020 年，我国农产品跨境电商零售进出口总额为 63.4 亿美元，同比增长 19.8%。其中，进口额为 61.8 亿美元，同比增长 24.1%；出口额为 1.6 亿美元，同比减少 48.4%，贸易逆差拉大。

　　目前，农产品跨境电商保持良好发展势头，催生了农产品跨境电商直播新业态新模式，带动了食品品牌快速出海，促进了电商脱贫兴农长效机制建设，激活了农业特色产业集群发展新动能。但与此同时，仍然面临扶持政策与监管制度不完善、跨境电商应用意识有待加强、跨境电商运营能力亟须提高、整体产业服务体系尚不健全、专业人才短缺等挑战。

　　党中央、国务院高度重视外贸新业态新模式发展，习近平总书记多次做出重要指示，强调要推动跨境电商等新业态、新模式加快发展，培育外贸新动能。未来，随着高水平对外开放、乡村振兴、数字乡村等战略的深入实施，新一代信息技术与农业农村电商经济的融合将从国内市场延伸到全球市场，农产品跨境电商发展潜力将进一步释放，农村电商与跨境电商协同创新效应将逐步显现，农产品跨境电商发展将迎来新的机遇。

　　《全国农产品跨境电子商务发展报告（2020—2021）》对全国农产品跨境电商发展环境、发展现状、发展特点以及面临问题等进行了深入分析，预测了农产品跨境电商的发展趋势，并对未来农产品跨境电商发展提出建议，旨在加强政策引导，以农产品跨境电商为突破口，促进数字技术与农业农村经济社会发展深度融合，推动农业贸易转型升级，助力全面推进乡村振兴，加快农业农村现代化。

一、农产品跨境电子商务发展环境

（一）全球农业贸易大国地位巩固

近年来，我国农业贸易发展态势持续向好，贸易规模持续扩大，贸易地位进一步巩固。2020年，农产品贸易额达 2 468.3 亿美元，与 2012 年相比年均增长 2.3％（图 1-1）。其中，进口额 1 708.0 亿美元、出口额 760.3 亿美元，年均增速分别为 5.4％和 2.3％（图 1-2、图 1-3）。目前，我国已稳居全球第二大农产品贸易国、第一大进口国、第五大出口国，是大豆、油菜籽、棉花、猪肉、羊肉、奶粉等大宗农产品的全球最大买家，也是大蒜、生姜、罗非鱼、苹果、茶叶等产品的最大出口国。

图 1-1 2016—2020 年中国农产品进出口总额及增速
（数据来源：农业农村部农业贸易促进中心。）

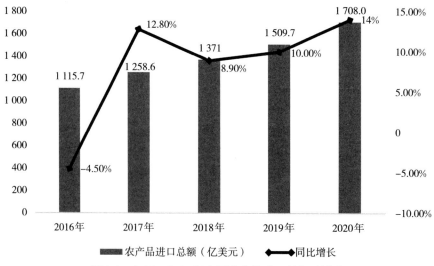

图 1-2 2016—2020 年中国农产品进口总额及增速
（数据来源：农业农村部农业贸易促进中心。）

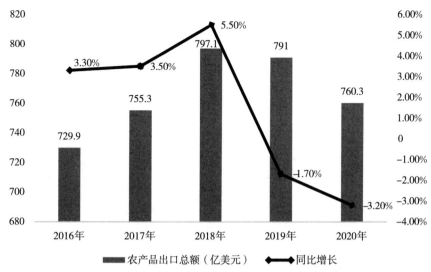

图 1-3　2016—2020 年中国农产品出口总额及增速

（数据来源：农业农村部农业贸易促进中心。）

（二）农业对外合作实现稳中有进

随着我国高水平对外开放建设进程提速，农业对外开放合作也迈上了新台阶。自2017 年以来，农业农村部认定 10 个境外农业合作示范区和 10 个农业对外开放合作试验区，为企业"走出去"搭建境外、境内两类平台，带动企业抱团出海、集群式发展。2021年 5 月，农业农村部认定首批 115 家农业国际贸易高质量发展基地，将 13 个基地纳入国贸基地管理体系，打造稳农业外贸基本盘、促进农业高质高效发展的平台载体。我国通过19 个自贸协定，与全球 26 个国家和地区建立了稳定的优惠贸易安排，2020 年与已生效自贸伙伴间的农产品贸易额合计 884.1 亿美元，占当年农产品贸易总额的 35.8%。与此同时，在自由贸易试验区、跨境电商综合试验区等以开放促改革的制度设计中，以及在进口博览会等高水平开放平台上，农业都是重要板块。

（三）新冠肺炎疫情加快贸易数字化进程

2020 年，新冠肺炎疫情全球蔓延，传统线下贸易遭受巨大冲击，超万家传统外贸企业触网上线，借助跨境电商平台、大数据精准营销工具、线上展会等进行客户开发、推广及引流，加快数字化转型。同时，零售、餐饮、教育、医疗等领域的在线服务需求激增，网络购物、在线旅游、在线教育、远程医疗等线上消费方式快速普及，通过数字网络实现的跨境贸易在稳定全球供应链和国际贸易活动中发挥了重要作用。eMarketer 数据显示，2020 年全球零售电子商务销售额达 4.213 万亿美元，同比增长 25.7%。《企业海外发展蓝皮书：中国企业海外发展报告（2020）》显示，预计在 2020 年，全球跨境电商交易规模将突破 1 万亿美元，年平均增长速度高达 30%，远远高于货物贸易的增长速度。

（四）跨境电商新业态蓬勃发展

随着全球数字经济时代的到来，跨境电商作为新型贸易业态，迎来了良好的发展机遇，尤其在新冠肺炎疫情全球蔓延背景下，跨境电商凭借其线上化、多边化、数字化、本地化等优势，呈现高速增长态势，为外贸企业应对疫情冲击发挥了积极作用，成为稳外贸的重要力量。海关总署数据显示，2020 年，我国跨境电商进出口 1.69 万亿元，增长 31.1%。其中，跨境电商出口 1.12 万亿元，增长 40.1%；跨境电商进口 0.57 万亿元，增长 16.5%；通过海关跨境电子商务管理平台验放进出口清单达 24.5 亿票，同比增长 63.3%，展现出了巨大的发展活力（图 1-4）。

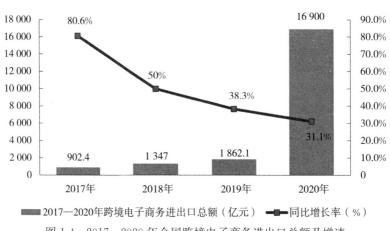

图 1-4　2017—2020 年全国跨境电子商务进出口总额及增速

（数据来源：海关总署。）

（五）外贸新业态新模式迎来政策红利

党中央、国务院高度重视外贸新业态、新模式发展。习近平总书记多次做出重要指示，强调要推动跨境电商等新业态、新模式加快发展，培育外贸新动能。李克强总理连续 7 年在《政府工作报告》中进行部署，强调要发展跨境电商等新业态、新模式。2021 年 7 月，国务院发布《关于加快发展外贸新业态新模式的意见》，围绕完善跨境电商发展支持政策、扎实推进跨境电商综试区建设、培育海外仓企业、扩大跨境电商零售进口试点等内容提出了一系列举措，促进跨境电商可持续发展。自 2015 年以来，国务院分 5 批设立了 105 家跨境电商综试区，初步建立了适应跨境电商发展的政策框架。商务部将 2021 年确定为"外贸创新发展年"，将以跨境电商为代表的新业态、新模式作为新时期推进贸易高质量发展的强大引擎。

同时，2021 年中央一号文件指出，深入推进电子商务进农村和农产品出村进城，推动城乡生产与消费有效对接。优化农产品贸易布局，实施农产品进口多元化战略，支持企业融入全球农产品供应链。从中可以看出，党中央、国务院高度重视电子商务在推动"三农"工作中的重要作用，还注重国际国内两个市场的开发和协同，从战略层面为农业贸易新业态、新模式发展指明了方向。

二、农产品跨境电子商务发展现状和特点

（一）农产品跨境电商规模不断扩大

面对新冠肺炎疫情全球蔓延的冲击，2020 年，中国农产品跨境电商贸易规模持续扩大，呈现高速增长态势，凸显了新业态的巨大活力。据中国国际电子商务中心研究院测算，2020 年，我国农产品跨境电商零售进出口总额为 63.4 亿美元，同比增长 19.8%。其

中，进口额为 61.8 亿美元，同比增长 24.1％；出口额为 1.6 亿美元，同比减少 48.4％^①，贸易逆差拉大。

（二）农产品跨境电商制度创新持续推进

一是跨境电商监管模式不断创新。各地海关结合实际，不断创新农产品跨境电商监管制度，提升贸易便利化水平，促进农产品跨境电商进出口效率不断提高。例如，2020 进博会期间，海关总署提供全力保障，允许展后将展品转入特殊监管区域，按照跨境电商网购保税零售进口商品模式进行销售，有力促进"展品变商品"，帮助来自全球各地的咖啡、奶品、酒水、坚果、茶等商品试水中国市场。2021 年 8 月，天水跨境电商综试区首单跨境电商 B2B 直接出口（监管代码"9710"）货物申报成功，来自甘肃省秦安县西川镇李堡大洼山蜜桃种植基地的 1.3 吨"秦安蜜桃"顺利出口至新加坡，打通了农产品跨境电商 B2B 直接出口的新渠道。2021 年 9 月，青岛海关创新"跨境电商＋转关"出口申报模式，将以济宁大蒜为代表的山东内陆地区农产品以更便捷的跨境电商新模式出口至东盟市场。2021 年 10 月，贵阳海关所属筑城海关成立跨境贸易出口海外仓工作专班，积极对接贵阳南明老干妈风味食品有限责任公司，帮助"老干妈"通过跨境电商海外仓模式（监管代码"9810"）实现出口。

二是平台载体建设取得积极进展。2020 年 10 月，由国家市场监督管理总局（国家标准化管理委员会）会同地方共同实施和建设的全国唯一的"国家农产品跨境电子商务标准化示范区"落户东莞，探索制定和实施可复制、可推广的农产品跨境电商标准体系。2020 年，广东省农业农村厅先后批复佛山市南海区里水镇、汕头市澄海区创建"农产品跨境电子商务"综合试验区，着力开展政策、制度等方面的创新，探索适合农产品特点的跨境电商发展模式，加快建立健全农产品跨境贸易产业链和服务生态体系。

（三）农产品跨境电商直播快速兴起

在"新基建"的机遇之下，信息技术的创新和普及正在推动跨境电商快速创新迭代，催生了农产品跨境电商直播新业态异军突起。

一是农产品跨境直播成为海外获客新入口。新冠肺炎疫情全面激活了直播电商发展，作为新时代的信息普惠工具，跨境直播凭借互动性强、简单易学、成本低等优势，成为外贸企业创新升级数字营销方式的重要选择，企业纷纷开通跨境直播业务，通过跨境直播为本土特色农副产品带货。例如，2020 年"中国·广东香蕉国际网络文化节"期间，来自广东的香蕉及香蕉制品进入跨境电商直播间，菠萝妹妹王小颖、"三农"网红猫猫和广东外语外贸大学高才生胡晓霖通过 lazada、淘宝直播等平台一同推介广东香蕉及香蕉制品，吸引近百万名海内外网友观看浏览；2021 年 9 月，春丰天集在 Lazada 平台进行直播，其主播用中泰英三语为直播间的观众推介梅州蜜柚、高山茶油、五香卤水鸽等本土特色农产品。

二是直播电商助力海外农产品加速入华。近年来，跨境电商作为海外品牌进入中国的"标配"路径，为全球优质特色商品带来许多机遇。随着直播电商的兴起，不少海外特色农产品通过直播带货，受到了中国消费者的青睐。例如，2020 年 6 月，泰王国驻沪总领事走进拼多多直播间，为广大网友推荐泰国优质产品，直播仅 4 小时，就吸引超过 33 万名用户驻足拼单。当天，泰国榴梿、山竹等进口水果的销量大幅提升。

---

① 数据来源：由 CIECC 研究院测算。

典型案例 1：

近年来，中国和智利在农业领域的双边贸易合作提速，智利对华水果出口在十年内翻了两番，远超美国、欧洲等传统的水果出口目的地，中国已成为智利最大的农产品出口市场。智利政府和企业瞄准中国庞大的内需市场以及蓬勃发展的线上经济，在电子商务领域积极开展务实合作，为两国农产品贸易发展注入了新动力。

贸易协定先行。2005 年，中智两国签署自由贸易协定，智利成为首个与我国签署自贸协定的拉美国家，得益于自贸协定，中国与智利的贸易额快速增长。2016 年 11 月，两国签署电子商务领域合作的谅解备忘录；2019 年，中智自贸协定补充议定书实现了对原有自贸协定的升级，双方在电子商务领域进一步实施互惠安排。这一系列措施为两国电子商务国际合作创造了良好环境，提供了制度保障。

布局线上销售渠道。中国电子商务蓬勃发展，智利政府和企业也积极利用这一新业态，加大线上渠道布局力度，通过自建和入驻第三方电商平台等方式，搭建多元化出口渠道，为智利农产品走入中国百姓家创造了重要条件。2019 年 6 月，智利外贸促进局推出电子商务平台"ChileB2B"，推动智利出口商与世界各国进口商进行联系，目前用户涵盖 1 000 多家智利出口商，商品和服务买家近 900 家。同时，智利先后在天猫、京东、拼多多等国内主流电商平台开设国家馆，大力发展海外农产品原产地直销模式，为中国消费者提供最新鲜实惠的智利农产品。

创新营销推广方式。智利政府和企业通力合作，通过政府背书、直播带货、促销活动等手段，开展多平台全网营销，为智利品牌引流。例如，智利驻上海商务领事在天猫直播间为车厘子带货，为中国消费者带来异域风情的商品讲解和文化介绍；智利水果出口商协会樱桃委员会联合拼多多以及头部水果商家，推出万人团促销活动；智利驻广州总领事站台支持车厘子到港开箱等。

破解跨境物流痛点。农产品跨境销售对物流要求较高，多年前，智利水果运往中国需要近 2 个月的时间，现在，智利开通"车厘子专机"和"樱桃航线"直送中国。通过专机运送，仅 3 天时间，便可将最新鲜的智利水果带上中国人的餐桌。不少船运公司也专门推出快船服务，让海运水果的航程缩短 1/3，大大节约了物流时间，提升了中国消费者的体验。

（四）跨境电商助力脱贫兴农升级

2020 年，我国脱贫攻坚圆满收官，电商扶贫成效显著，脱贫地区基本形成了政府引导、市场主体和社会共同参与的电商扶贫可持续性机制。伴随着电商扶贫的深入发展，"互联网＋"农产品出村进城工程持续推进，以跨境电商为代表的互联网新模式不断向脱贫地区渗透，一些脱贫地区的电商企业通过组建跨境电商团队、入驻跨境电商平台、升级数字营销工具等方式，将农产品网络销售的出村半径延伸至海外市场，跨境电商成为各地破解农产品销售难题的新路径、促进电商助农长效机制建设的新抓手。例如，甘肃省陇南市宕昌县通过"请进来、走出去"的方式，集结第一代、第二代电商人，重新组织优化电商营销团队，为甘肃琦昆中药材发展公司引进了一支跨境电商团队，同时开通了阿里巴巴国际站，办理了进出口备案登记证，2020 年完成 1 万美元淫羊藿海外订单、300 公斤蜂蜜海外订单，将脱贫县的农产品销往海外市场。甘肃省陇南市文县事丰农业开发有限责任公司开通"陇上春"阿里巴巴国际站，先后向韩国、日本等国际客户加工出口农特产品，并建成一处日吸纳劳动力 200 人次以上的扶贫车间，让脱贫户在家门口实现了就业，形成了"造血式"扶贫助农新模式。

（五）跨境电商成为食品品牌出海新通道

自新冠肺炎疫情发生以来，全球数字化转型提速，消费者线上消费习惯加速养成，中国国货出海迎来新机遇。得益于我国跨境电商基础设施和服务能力的持续完善，以及面向终端消费者的营销经验，国货食品品牌出海成效显著。2020 年 5 月，天猫海外官方发布年度国货出海十大新品牌榜单，李子柒、大益茶两个食品品牌上榜，跻身国货出海大军第一阵营，来自中国的网红美食、茶叶等在海外市场热销。2020 年，李子柒品牌通过天猫海外平台售出的螺蛳粉年销量近 50 万份，在美国、澳大利亚、日本、英国等多个国家地区热销。王老吉、王致和、涪陵榨菜等企业也在 2020 年入驻阿里巴巴国际站，开启国货食品出海新征程。此外，天猫淘宝海外、Lazada、京东等电商平台也积极布局国货出海市场，不断升级出海加持计划，夯实食品品牌出海贸易基础。例如，2021 年 5 月，天猫淘宝海外宣布战略升级，全面开放国货出海通道，升级物流、支付、运营、售后等服务，帮助出海企业降低出海门槛和运营成本。

典型案例 2：

李子柒因传播中国美食与传统文化被大家所熟知，成为首个 YouTube 订阅破千万的中文创作者，全球粉丝累计过亿。2018 年，李子柒个人同名消费品牌在天猫商城上线，开始正式向海内外消费者售卖中华美食。

精准定位特色和优势，专注打造品牌 IP。李子柒是一位古风美食视频创作者，其团队结合她的形象、生活和成长故事，基于对文明内化为产品力的消费趋势洞察，明确了"东方美食生活家"的品牌定位。随后，在 YouTube 上发布了一系列符合品牌调性的精美视频，传递出鲜活的品牌 IP 形象，凭借田园牧歌、传统农耕、东方古风等元素，收获大批粉丝，实现成功引流。

深耕故事营销，助力品牌广泛传播。李子柒擅长故事营销，她为每款产品量身定做产品故事和创意视频，讲述产品从田间种植采摘到制作加工的全过程，让消费者对品牌产生了天然、安全、美味的认知和联想，提升了对品牌的好感度，促进了营销引流，帮助品牌成功获客。

结合"田园山水文化"渗透，解锁海外市场。李子柒精准捕捉到现代文明下人们的压力和焦虑，借助视频，将扎根于中国传统文化的"山水田园梦"表达出来、传播出去，引发不同文化背景的消费者的认同与情感共鸣，突破了语言、文化、意识形态的偏见和阻碍，实现了广泛的本土化传播。巧妙融合中国传统文化和田园生活内容的中华美食，激发消费者的好奇心，迅速抢占了消费者心智，带动品牌在海外市场的快速渗透。

坚持消费者导向，以匠心研发美食产品。在选品和产品创新上，以消费者为中心，注重产品与消费者在情绪和心理层面的沟通。例如，李子柒柳州螺蛳粉是她与团队亲自品尝柳州当地 23 家知名店铺，经 30 多个版本测试才形成的独家配方，年销往海外 50 万份，受到 100 多个国家和地区消费者的喜爱；李子柒的粽子拆开后，粽叶可以 DIY，折成一条龙舟，放在家中当摆件，也能增加亲子互动。

（六）跨境电商带动农业特色产业集群发展成效初显

我国农产品跨境电商快速发展，拉动了特色农产品出口增长，激活了一些农业特色产业集群外贸发展的新动能，拓展了贸易增长的新空间。

一方面，跨境电商平台加速整合产业集群资源，打造数字化助农体系，赋能农产品国际化和农业数字化升级。例如，阿里巴巴国际站统筹旗下淘宝、天猫、盒马等多个助农惠农业务平台，强化数字外贸基础设施，形成农业在线展会、原产地跨境直播、直播带货等外贸新业态，实现"数字外贸＋数字农业"有机结合，推动山东大蒜、西北坚果、海南特色水果等多个特色农产品集群实现数字化、国际化、品质化升级。阿里巴巴国际站数据显示，2020年，平台农业行业的成交额同比增长183％，高于全平台101％的增速。其中，新鲜大蒜的出口额增长近5倍，在农产品中排名第一。

另一方面，跨境电商零售出口让我国外贸企业拥有了掌握国际市场渠道的能力。借助跨境电商零售出口渠道优势，产业集群上的农产品中小企业整合碎片化需求，并利用好跨境电商可以快速触达海外消费者的优势，通过电商消费数据指导农产品研发和生产，实现多元化需求反哺柔性化生产，进一步提高农产品质量和核心竞争力，促进农业特色产业集群实现品牌化发展和产业转型升级。

以柳州螺蛳粉产业为例，借势"互联网＋"的东风，它不仅在国内声名鹊起，还热销全球。除了李子柒之外，柳全、龙城螺香等螺蛳粉品牌也都有出海，各企业灵活地采用多元化渠道布局、线上线下一体化经营、短视频带货、搜索引擎优化、创新社交媒体营销等方式来引流，不断提升品牌在海外的认知度和影响力。2020年，柳州螺蛳粉出口额突破3 000万元，为2019年全年出口总额的35倍，在2020年全球严峻的经济形势下逆势飘红。值得关注的是，柳州螺蛳粉产业形成的"电商化＋规模化＋品牌化＋国际化"模式，为具备相应产业集群基础的地区借助跨境电商实现品牌转型提供了新的示范。

典型案例3：

阿里巴巴国际站成立于1999年，现已成为全球领先的跨境贸易B2B电子商务平台。近年来，阿里巴巴国际站协同阿里巴巴经济体不断创新中国农业"走出去"模式，助力中国农产品加速融入全球农业供应链、产业链和价值链。

全链路跨境贸易平台。作为全球最大的B2B跨境电商平台，阿里巴巴国际站不断创新数字技术应用，构建了数字化新外贸操作系统。2020年，为了更好地帮助农业及食品行业应对疫情影响，阿里巴巴国际站加速打造农业食品数字化外贸解决方案，并推出"春耕计划"，在营销商机、检测认证、物流履约等方面全面布局，进一步畅通农企数字化出海渠道。

数字技术赋能助农模式创新。在数字技术加持下，阿里巴巴国际站助农国际化模式不断创新。例如，2020年8月，举办线上食品农业综合展，覆盖农业、农业机械、食品饮料、食品机械、食品检测工具等领域，帮助企业实现交易链路的线上化，扩大海外销路；9月，在甘肃省玉门市的农田里进行全球原产地直播，通过跨境直播，向全球买家推介甘肃特色农副产品；10月，联合中国杨凌农业高新科技成果博览会，由阿里云提供技术支持和保障，实现"云上逛展"。

做实数字农业支撑。阿里巴巴于2017年8月提出"亩产一千美金"计划，旨在通过数字技术，为农产品供应链各环节赋能，实现产业、货品、营销、科技、人才、全球化六大方面的升级。目前，阿里巴巴在全国布局 1 000 个数字农业基地，构建了数字化农业全产业链服务体系，促进了农产品品质稳定和销售的可持续，真正帮助中国农货销往全球市场，让全球消费者享受来自中国的美味。

典型案例 4：

近年来，亚盛好食邦集团加快发展跨境电商步伐，积极打造数字化外贸模式，自2018 年起，利用阿里巴巴国际站等跨境电商平台开拓国际市场，将自产的白瓜子、辣椒碎、速冻辣椒、芸豆、扁豆、洋葱、马铃薯、水果、红枣等商品远销至巴基斯坦、韩国、西班牙、保加利亚、法国、以色列、泰国、越南、阿联酋、新加坡、马来西亚等国家，2020 年跨境电商业务创汇实现出口销售 460 多万美元。

从产业化转型品牌化。亚盛好食邦集团所属甘肃亚盛国际贸易有限公司最初以瓜子、辣椒、香辛料、鲜蔬类等大宗农产品贸易为主营业务，但传统原料销售渠道过于单一，利润率极低，抗风险能力差，2016 年，企业开始着力打造"好食邦"品牌，谋求从产业化到品牌化的转型。与此同时，2017 年，企业在兼顾内贸的基础上转型外贸，在建设跨境电商平台方面下大功夫，利用阿里巴巴国际站拓展海外市场，着力补齐外贸出口短板。

夯实跨境电商运营基础。为保证产品质量，企业下功夫完善农产品质量溯源体系，先后通过了 ISO9001 质量管理体系认证、CQC22000 食品安全管理体系认证、出口有机认证等多项资质认证。通过强化培训，组织员工学习国际贸易法律，熟悉产品出口规范流程，提升网络营销和运营能力。

创新农产品跨境营销模式。企业联合跨境电商平台，在其位于玉门市的葵花子原产地创新农产品原产地跨境直播模式，实现"大农业、大种植、大基地、大机械"全场景链路式向全球展示推介中国特色优质农产品。组建专业直播团队，孵化跨境网红主播，探索"境外直播带货"全新营销模式。通过参加米奥兰特线上展览、线上广交会、阿里巴巴511 直播等线上展会，丰富在线展会获客渠道，在疫情期间开发了土耳其、伊拉克、塞尔维亚等多国客户。

三、农产品跨境电子商务发展面临的问题

（一）扶持政策与监管制度不完善

近年来，国务院、海关总署、商务部等有关部门出台了一系列鼓励跨境电商、农村电商、农产品电商发展的政策文件，但聚焦农产品跨境电商领域的政策比较少，政策缺乏针对性。农产品跨境电商供应链长、环节多、流程复杂，涉及的相关监管主体、市场主体也比较多，国内尚未形成顺畅的农产品跨境电商协调机制。同时，农产品具有易腐性、保质期短、不易存储等特点，对通关要求比较高，与之相适应的进出口监管制度、法规标准和贸易便利化措施比较欠缺，在提高贸易效率和便利化程度等方面还有待提高。

（二）跨境电商应用意识有待加强

尽管我国跨境电商发展态势持续向好，市场规模持续增长，但农产品品类所占比重相对较小，农产品跨境电商的渗透率相对较低。涉农外贸企业开展跨境贸易经营的方式仍然以传统贸易方式为主，大部分农企对跨境电商的认识不充分，还未意识到跨境电商给国际

贸易带来的革命性变革，利用跨境电商渠道实现农产品对外销售、品牌转型、数字化升级的意识还有待加强。

（三）跨境电商运营能力亟须提高

农产品跨境电商涉及环节多、流程复杂、经营门槛比较高，而我国的农产品生产经营主体以中小型企业为主，其跨境电商运营能力和海外市场意识十分有限，自身开展跨境电商经营的难度比较大，实力不足。从供给端看，长期以来，我国农产品面临着供给质量不高、生产标准与国际标准不对接、市场认可度低等问题，大量农产品不能通过跨境电商平台直接销售，再加上不同国家、地区的跨境电商平台规则不同，对农产品要求的标准不统一，尤其是美、日、韩等国家对农产品品质要求更为严格，在一定程度上增加了农产品跨境电商的运营难度。此外，各国针对数字经济领域的监管日益严格，跨境电商平台也加大打击力度，2021年亚马逊对涉嫌刷单、刷评论等违反平台规则的商家给予强制性下架处罚，经营农产品的跨境电商卖家更需要增强风险意识，提高合规化经营能力。

（四）整体产业服务体系尚不健全

尽管随着国内跨境电商的发展，跨境电商产业链不断改善，但面向农业领域的跨境电商专业化服务却严重不足，这在一定程度上制约着农产品跨境电商的发展。例如，农产品跨境电商的经营以阿里国际站、速卖通、亚马逊等综合性的跨境电商平台为主，缺乏专门针对农产品的跨境电商平台，综合性跨境电商平台针对农产品品类的营销推广也比较少；在海关通关、外贸综合服务、代运营、国际标准认证、品牌营销、人才培训、跨境网货开发、海外仓、融资贷款等关键环节的支撑服务相对滞后，缺乏专业的农产品跨境电商运营服务主体；农产品跨境进出口通关手续较为繁杂、国际物流运输体系不健全、冷链物流基础设施建设相对落后，这些都制约着农产品跨境电商的发展。

（五）专业人才短缺问题亟待突破

当前，人才缺乏成为制约农产品跨境电商发展的主要瓶颈。跨境电商专业人才需要具备一定的外贸经验以及网络营销、外语、知识产权等多方面知识技能，还需要具备对海外市场需求的分析能力、对海外消费人群及文化的理解能力，而涉及农业领域的跨境电商人才要求更高，还需要掌握农业生产经营相关的知识。目前，国内开设相关专业的院校不足，提供专业培训的第三方机构数量少，人才的培养和输出远远落后行业实际发展需求，行业紧缺农产品跨境电商高端管理及基础运营等国际化、复合型人才。

四、农产品跨境电子商务发展趋势和机遇

（一）双循环新发展格局释放农产品跨境电商发展潜力

当前，加快形成"以国内大循环为主体、国内国际双循环相互促进"的新发展格局，已经成为我国重塑国际合作竞争新优势、实现更高水平发展的重大战略选择。跨境电商可以带动商品和要素的跨境便利流动，使国际国内两个市场、两种资源更好地利用，是连接"双循环"的重要纽带。

随着双循环新发展格局建设持续推进，我国农产品跨境电商发展潜力将加速释放。一方面，农产品跨境电商进口将立足国内消费升级和供给侧结构性改革，促进国内大循环提质增效。依托国内市场对优质农产品及食品的强大需求，跨境电商进口将在全球范围内优化配置资源，持续扩大、丰富、提升农产品及食品供给体系，满足国内多元化、个性化、

高端化的农产品消费需求，更好地满足人民日益增长的美好生活需要；利用数字技术，将进一步提升跨境农产品及食品在线消费体验，创新消费场景，跨境电商进口作为传统海外代购方式的重要补充渠道将进一步释放消费潜力。另一方面，农产品跨境电商出口将创新全球农业分工及协作方式，促进国内国际双循环畅通。在国际国内双循环条件下，国际大市场将对中国特色优质农产品出口形成强大支撑，中国农企将通过跨境电商、在线展会、跨境直播、社交电商、数字营销等渠道更高效地嵌入全球农业产业链和价值链，深入参与全球农业分工；借助跨境电商平台、数字化技术和工具等，将加速我国农业供应链数字化、智能化水平，培育我国农业国际贸易竞争新优势。

（二）区域贸易合作深化带来农产品跨境电商发展新机遇

随着《区域全面经济伙伴关系协定》（RCEP）和《中欧地理标志产品协定》等协定的生效，制约农产品跨境电商发展的相关标准规则有望在多双边市场率先实现突破、协同，将促进农产品跨境电商国际营商环境持续改善，为农产品跨境电商发展带来新的机遇。

RCEP区域是世界重要的农产品贸易市场，联合国粮农组织公布的数据显示，2019年，RCEP成员国农产品总产量占世界的20.1%，中国、新西兰、日本等都是传统的农产品贸易大国，东盟国家大多数都是农业资源丰富的国家。RCEP是一个全面的区域自由贸易协定，包括货物贸易、服务贸易、投资等一揽子措施，在农业领域电子商务合作方面，包括以下内容：简化海关通关手续，对易腐货物、快运货物等争取实现货物抵达后6小时内放行；采用新技术推动海关便利化，促进新型跨境物流发展；各协议缔结方对农产品的出口补贴限制与取消政策，以及实行范围全面、水平较高的电子商务规则等内容。RCEP的正式签订和实施，将进一步促进区域内农产品跨境电商贸易规则的优化和整合，降低跨境电商企业经营的不确定性和交易成本，为农产品跨境电商发展创造一个更加稳定、开放、透明和便利的营商环境。

2021年3月，《中欧地理标志产品协定》正式生效，中欧地理标志产品以农产品为主，农产品贸易迎来发展机遇。通过地理标志国际认证，中国农产品利用跨境电商"走出去"时，在平台准入规则、海关通关监管、知识产权保护、打响品牌知名度等方面将获得更高的便利度，同时也会增加海外消费者在线购物的信任感，进一步释放消费需求，为中国特色农产品走出国门奠定良好的基础。

（三）农村电商与跨境电商协同创新效应将逐步显现

随着新一代信息技术向农村地区加速渗透，农村电商正在与各种数字化的农产品流通方式创新融合，跨境电商则与农村电商具有协同发展的天然契合点。一方面，农产品跨境电商发展离不开规模化、网络化、标准化、特色化的农产品生产供应体系。商务部数据显示，2020年，全国农村网络零售额达1.79万亿元，同比增长8.9%，我国农村电商已经进入规模化、专业化发展阶段，农产品销售渠道日益增多，产品开发能力提高，熟悉电商运营和数字化工具的"新农商"主体不断壮大，农村地区基本形成了适应农产品网络销售的供应链体系、运营服务体系和支撑服务体系。另一方面，跨境电商平台打通了内外贸交易、流通等环节，使海关通关、支付结算、跨境物流、退税结汇等内外贸市场规则的差异逐步缩小，再辅以AI实时翻译、智能算法、营销自动化等便捷、低成本的数字化工具和解决方案，帮助中小农企降低参与国际贸易的门槛。

随着高水平对外开放、乡村振兴、数字乡村等战略深入实施，将会有越来越多的企业开始重视国内、国外两个市场，新一代信息技术与农业农村电商经济的融合将从国内市场延伸到全球市场。加之国际市场上多元化的农食产品消费需求正在加速释放，跨境电商基础设施和服务能力的不断完善，农村电商将支撑跨境电商发展壮大，跨境电商将激发农村电商发展活力，两者协同创新的效应将逐步显现。

(四)跨境直播打开农产品跨境电商发展新空间

跨境电商作为贸易新业态、新模式，是技术驱动商业模式变革的典型代表。当前，以5G、人工智能、虚拟现实等为代表的新一轮信息技术革命正在加速商业场景的变革，虚拟现实、5G超高清视频、智能语音识别等数字技术创新应用推动跨境直播电商等新模式快速普及，跨境电商场景化服务体验将有效提升，跨境电商的门槛也将进一步降低，跨境电商将走入万物可播、人人可播的普惠化时代。

农产品跨境电商的发展也将顺应这种趋势，跨境直播、视频电商、短视频带货等新业态将会成为农产品跨境电商的标配和拉动农产品跨境电商快速增长的重要引擎。一方面，农产品具有特殊性，跨境直播可以多维度展示和传播农产品的种植环境、生长过程以及农耕文化等内容，带给消费者更多的直观体验，在弥补农产品非标品短板、消除农产品安全质疑、提升消费信任度等方面拥有十分明显的优势。另一方面，跨境直播可以与消费者无缝连接、持续互动，并结合丰富多样的场景和形式，这些都有助于快速地打破跨语言、跨文化等方面的限制，更好地帮助农产品讲述特质、品质和文化，提高消费体验、引起情感共鸣，增强消费者对品牌的认知。

五、农产品跨境电子商务发展建议

(一)依托载体平台，健全农产品跨境电商政策体系

跨境电商代表着未来国际贸易的方向，是新一轮国际竞争的重要领域。政府需要加强对农产品跨境电商战略价值的认识，加强统筹谋划，突出问题导向，重点发挥好各平台载体的支撑引领作用，鼓励农业贸易高质量发展基地、农业对外开放合作试验区、跨境电商综合试验区、电子商务示范基地等围绕农产品跨境电商新业态开展先行先试，集聚政策和要素合力，打造农业贸易新业态的政策创新试验区和政策集成平台，培育壮大农产品跨境电商新业态。鼓励各载体平台围绕农产品跨境电商开展贸易便利化、国际认证、国际标准应用、国货出海、海外展示营销等专项行动，提升公共服务能力，激活产业发展动力。

(二)树立示范标杆，培育农业国际贸易新主体

政府要加强针对农产品跨境电商政策和模式的宣传引导，鼓励有条件的涉农企业借助跨境电商渠道开展农产品对外销售，利用数字技术建立线上线下融合、境内境外联动的营销体系，培育农产品出口国际竞争新优势。鼓励农产品电商企业"走出去"，引导有实力的国内农产品电商龙头企业应用跨境电商实现创新转型，聚焦农产品电商国内外市场运营的互补性、差异性、适应性，加快与跨境直播、社交电商、在线展会、一般贸易等模式的创新融合，探索具有中国特色的农产品国际化发展模式。积极开展农产品跨境电商试点示范，树立一批标杆企业，加强宣传推广，扩大示范效应。

(三)加强标准认证，提高农产品供给质量和效益

针对我国农产品质量参差不齐的问题，需要加大国际标准认证的推广力度，支持农业

外贸企业开展各类国际认证活动，保障相关产品符合跨境电商平台和国际市场要求，降低企业经营风险。鼓励跨境电商平台牵头，政府、协会、企业等多方参与，制定与农产品跨境电商发展相适应的质量标准规范，加快标准推广普及应用，以标准化引领农产品高质量供给体系，带动农产品跨境电商快速发展。要着力提高农产品供给质量的稳定性，引导农业生产经营主体基于跨境电商平台对接市场需求，培育和完善贯穿生产、流通与销售全流程的新型农产品供应链、贸易链，提升农产品可电商化水平，促进农业转型升级。

（四）突出品牌引领，推动农企借助跨境电商出海

将农产品跨境电商发展与农业生产和农产品两个"三品一标"结合起来，重点以农产品区域公用品牌为抓手，倒逼农产品"电商化＋品牌化＋标准化＋规模化＋国际化"联动发展，挖掘和培育一批有竞争力的新型农业合作社、农产品生产加工企业、贸易企业等，将其培育成为农业龙头跨境电商企业，培育一批地域特色突出、产品特性鲜明的"小而美"品牌，打造一批畅销全球的特色美食"爆品"。积极引导和发展农产品跨境直播模式，支持跨境电商平台、网络直播平台在地理标志保护区、特色农业区等布局建设跨境电商直播基地，在农产品种植、加工、包装、营销、品牌、仓储、物流等环节实行统一标准，面向全球展示中国特色农业生产和农耕文化，推广中国农业品牌。

（五）聚焦要素保障，加快补齐产业链和生态体系短板

农产品具有保鲜期短、易腐烂变质等特点，对跨境物流要求比较高。要增强跨境仓储物流体系的服务保障能力，进一步加大冷链基础设施建设投入力度，加强农产品产地冷库、冷链运输装备等方面的建设，满足农产品跨境电商新业态、新模式发展需要。鼓励传统农业贸易企业、跨境电商企业和物流企业等参与海外仓建设，积极推广"海外仓储＋零售加工"等模式，提升企业仓储物流、支付结算、海外营销推广等环节的专业服务水平，有效解决农产品易腐烂、保质期短、配送时效性高、退换货等问题。

加大农产品跨境电商专项培训力度，面向农业企业家、名优产品品牌经营者、农村电商创业者、新型农业经营主体等，组织开展农产品跨境电商专项培训。支持政府、高校与企业等加强合作，建设农产品跨境电商人才培训基地，培育一批行业紧缺、实操性强、专业化、国际化的跨境电商人才。